京津冀蓝皮书

BLUE BOOK OF
BEIJING-TIANJIN-HEBEI

京津冀区域一体化发展报告

（2012）

BEIJING-TIANJIN-HEBEI REGIONAL INTEGRATION
DEVELOPMENT REPORT （2012）

主 编／文 魁 祝尔娟

社会科学文献出版社
SOCIAL SCIENCES ACADEMIC PRESS (CHINA)

图书在版编目（CIP）数据

京津冀区域一体化发展报告. 2012/文魁，祝尔娟主编.
—北京：社会科学文献出版社，2012.3
（京津冀蓝皮书）
ISBN 978 - 7 - 5097 - 3138 - 3

Ⅰ.①京… Ⅱ.①文… ②祝… Ⅲ.①区域经济发展 -
研究报告 - 华北地区 - 2012 Ⅳ.①F127.2

中国版本图书馆 CIP 数据核字（2012）第 023253 号

京津冀蓝皮书
京津冀区域一体化发展报告（2012）

主　　编／文　魁　祝尔娟

出 版 人／谢寿光
出 版 者／社会科学文献出版社
地　　址／北京市西城区北三环中路甲 29 号院 3 号楼华龙大厦
邮政编码／100029

责任部门／财经与管理图书事业部（010）59367226　　责任编辑／陶　璇
电子信箱／caijingbu@ ssap. cn　　　　　　　　　　　　责任校对／高忠磊
项目统筹／陶　璇　　　　　　　　　　　　　　　　　　责任印制／岳　阳
总 经 销／社会科学文献出版社发行部（010）59367081　　59367089
读者服务／读者服务中心（010）59367028

印　　装／北京季蜂印刷有限公司
开　　本／787mm×1092mm　1/16　　　　　　　　　　印　　张／30.75
版　　次／2012 年 3 月第 1 版　　　　　　　　　　　　字　　数／527 千字
印　　次／2012 年 3 月第 1 次印刷
书　　号／ISBN 978 - 7 - 5097 - 3138 - 3
定　　价／89.00 元

京津冀蓝皮书编委会

主编简介

文　魁　首都经济贸易大学教授，博士生导师，应用经济学学科带头人，享受国务院政府特殊津贴专家和北京市有突出贡献专家，北京市社会科学界联合会副主席，北京市人民政府第六、七、八届专家顾问团顾问，北京市委研究室特约研究员，北京市政协委员、政协经济委员会副主任，北京市人大常委会预算监督顾问，国家社会科学基金评审委员会经济学科组成员，教育部经济学教学指导委员会委员，北京市社会科学规划经济管理学科评审组组长，北京市"十一五"规划、"十二五"规划工作专家咨询委员会委员等。研究领域和方向：经济学理论、劳动经济学、首都经济。主持和参加了多项国家社会科学规划重点课题的研究，参与了国内有关政治经济学重点教材的编写和评审，公开发表学术论文百篇，学术论著多部。特别是在劳动和收入分配、首都经济发展的研究上取得了突出的成绩。先后获得国家人文社会科学优秀成果二等奖、北京市哲学社会科学优秀成果一等奖。

祝尔娟　首都经济贸易大学教授，博士生导师，北京市经济社会发展政策研究基地专家委员会委员，国家社科基金项目同行评议专家，北京市教育科学规划学科专家，中国城市经济学会学科建设专业委员会常务委员，中国高科技产业化研究会理事，中国太平洋学会太平洋区域海洋经济分会专家委员会委员等。研究领域和方向：区域经济学、都市圈理论与首都圈战略。主持并完成了多项国家级、省部级以及委办局项目，主编及撰写的著作十几部，如《北方银都再兴——天津金融中心的历史、现状与发展》（1996）、《构筑创新高地——创新型城市的重要支撑》（2006）、《利用外资促进老工业基地产业结构调整升级问题研究》（2007）、《中国区域经济发展趋势与总体战略》（2007）、《京津冀都市圈发展新论》（2008）、《全新定位下京津合作发展研究》（2009）、《京津冀都市圈理论与实践的新进展》（2009）、《促进滨海新区与北京产业对接研究》（2010）、《"十二五"时期京津冀发展研究》（2010）、《京津冀产业发展升级研究》（2011）等。

摘　要

国家"十二五"规划纲要强调，要发挥东部地区对全国经济发展的重要引领和支撑作用，要在东部地区打造更具国际竞争力的城市群。未来一段时期，是我国大城市群形成和发展的关键时期。京津冀地区是我国东部地区三大城市群之一，是我国参与国际竞争和现代化建设的重要支撑地区，也是我国政治文化中心和经济最发达的地区之一。

"京津冀蓝皮书"是对京津冀每年的发展状况和发展态势进行综合分析和前瞻性预测的社科咨询类出版物，既有前沿的理论研究，又有现实发展的实证分析、空间分析以及政策分析，对长期关注和研究京津冀的理论工作者和地方政府决策部门，具有重要的参考价值。

《京津冀区域一体化发展报告（2012）》以京津冀区域经济一体化进程和发展趋势为主线，由总报告、分报告、专题报告三部分共 23 篇研究报告组成。总报告重点围绕京津冀区域发展中的重大理论问题和现实问题进行综合性分析，包括理论前沿、一体化进程、"十二五"发展趋势等；分报告重点围绕京津冀的人口与就业、产业发展、空间演化、城镇体系、差距问题、区域治理等方面进行实证分析和前瞻性预测；专题报告重点围绕"十二五"时期京津冀将要实施的一系列重大战略进行专题研究，包括打造首都经济圈、北京构建现代产业体系环首都绿色经济圈、河北沿海经济带、天津滨海新区、生态城市发展模式以及国外首都圈的经验启示等。

本书是京津冀三地作者通力合作的研究成果，作者既有来自北京大学、中国人民大学、首都经济贸易大学、河北工业大学、河北经贸大学、石家庄经济学院、天津行政学院的专家教授，又有来自北京市政府研究室、北京市社会科学院、天津滨海新区发改委、滨海综合发展研究院、天津市发改委经济研究所以及河北省政府研究室、河北省发改委政府研究机构的专家，可以说是高校和政府研究机构有机结合、共同奉献的智慧结晶。

Abstract

The Draft of China's 12th Five-Year Plan (2011 - 2015) stresses that the eastern part of China plays a role of leading and holding in the whole economy, and that metropolitan area in this region should be with more international competitiveness. In the near future, China's metropolitans step into the crucial period in the process of forming and developing. Beijing-Tianjin-Hebei metropolitan region, one of three major eastern metropolitan regions, is important for our country to attend international competition and realize modernization. It is also Chinese political and cultural center and one of the most developed regions.

Beijing-Tianjin-Hebei Regional Integration Report is the blue book that comprehensively analyze the every-year development of and forecast the trend of Beijing-Tianjin-Hebei region. Not only the cutting-edge theoretical study is contained, but also empirical analysis, spatial analysis and policy analysis on practical problems. Moreover, it will be an important reference for both theorists and local authorities with decision making power that follow and study development in Beijing-Tianjin-Hebei region consistently.

Regional economic integration development and trend of Beijing-Tianjin-Hebei metropolitan region is the thread running through the whole book of *Beijing-Tianjin-Hebei Regional Integration Development Report* (*2012*), which consists of three parts: general reports, subsidiary reports and special subject reports in the sum of 23 reports. First, general reports focuses on comprehensive analysis of important theoretical and practical problems in the development of Beijing-Tianjin-Hebei region, including leading issues, integration status, the trend in the period of China's 12th five-year plan, etc. Second, subsidiary reports pay attention to empirically analyses and forecasts of some problems, such as population and employment, industry development, spatial evolution, urban system and regional governance. Third, special subject reports attach much importance to striking problems in the integration development of Beijing-Tianjin-Hebei region and a series of significant strategies that will be implemented, such as studying gradient difference and poverty band, Construction of modern industry system in Beijing building Capital Economic Circle, building Green Economic Circle around the Capital, building Hebei Coastal Economic Zone, building Tianjin Binhai District, studying eco-city development model and learning from foreign country capital circle.

The current achievements of this book attribute to authors all over the Beijing-Tianjin-Hebei region. Some of them are professors from Peking University, Renmin University of China, Capital University of Economic and Business, Hebei University of Technology, University of Business and Economics in Hebei, Shijiazhuang University of Economics and Tianjin Administration Institute. Others are experts from Beijing Government Research Office, Beijing Academy of Social Sciences, Tianjin Binhai Development and Reform Commission, Binhai Research Institute in Tianjin, Institute of Economic Research of Tianjin Binhai Development and Reform Commission, Hebei Government Research Office and Research Institutes of Hebei Development and Reform Commission. In brief, this book is the crystalization of wisdom of professors from both universities and government.

目 录

Ⅲ 专题报告

皮书数据库阅读 使用指南

CONTENTS

B I General Reports

B II Subsidiary Reports

B Ⅲ   Special Subject Reports

总 报 告

General Reports

B.1

京津冀区域一体化的研究进展
与理论综述[*]

祝尔娟　鲍晓雯　张梦心^{**}

摘　要： 京津冀为我国三大城市群之一，其区域一体化已进入到全面推进阶段，相应的理论研究也上升到国家战略层面和实际操作层面。本文在对京津冀区域一体化理论研究进行历史回顾的基础上，重点对近年来理论界关于京津冀区域一体化的宏观背景与发展趋势、一体化进程及发展症结、战略重点与空间演化、产业升级与区域合作、资源生态与区域协调机制体制等热点问题的讨论及主要观点进行了系统梳理，以期为专业人员和

---

* 本文为 2011 年度北京市教委社科重点项目"北京建设世界城市与京津冀一体化发展"（项目编号 SZ201110038020）和 2011 年度北京市自然科学基金"北京依托首都圈建设世界城市的路径研究"（项目批准号 9112004）的阶段性成果，获得北京市教委科研基地——科技创新平台——"都市圈研究中心（2011）"（项目编号 PXM2011_ 014205_ 113522）项目的资助。

** 祝尔娟，首都经济贸易大学城市经济与公共管理学院教授，首都经济研究所所长，博士生导师；鲍晓雯，首都经济贸易大学硕士生；张梦心，首都经济贸易大学硕士生。

政府相关部门了解关于京津冀区域发展研究的最新进展及其主要观点提供线索和理论支持。

关键词：京津冀　区域一体化　研究综述　理论前沿

一　对京津冀区域一体化研究的理论回顾

自改革开放以来，京津冀区域一体化实践发展大体经历了三个阶段。对此，北京大学教授、北京发改委副主任杨开忠（2008）① 做了较为全面深入的分析。他指出，第一个阶段是 20 世纪 80 年代，即改革开放的启动阶段，在探索社会主义市场经济的 10 年里，如何发挥各个地方的优势，加强地区之间的横向经济技术合作，成为主要问题。第二个阶段是 20 世纪 90 年代到"十五"时期，即建设统一市场为核心的经济一体化阶段。第三个阶段是"十一五"以来，京津冀都市圈一体化发展进入科学发展阶段。这一阶段，社会背景发生了两大变化。一是党中央和国家确立了以人为本、全面协调可持续的发展观，客观要求发展模式进行重大调整；二是京津冀地区在国家发展战略中的地位发生重大变化，其重要标志是：天津滨海新区开发开放上升为国家战略，成为国家级的区域增长极，与浦东、深圳并列；北京将建设创新型城市作为核心战略等。在这一阶段，京津冀产业分工继续深化，而且在经济一体化的同时，社会政策一体化大步推进，生态一体化继续深化，进入全面推进区域经济一体化阶段。

与实践发展相适应，京津冀区域一体化的理论研究，也大体经历了三个阶段，有着不同的研究重点和热点问题。

（一）第一阶段（1978～1991 年）——务虚研究阶段

自 1978 年改革开放以后，中国的现代化建设取得突飞猛进的发展，打破行政分割，推进区域合作成为区域发展的内在要求。这一时期，学者对京津冀区域

---

① 杨开忠教授在首都经济贸易大学"2008 首都圈发展高层论坛"上的大会发言，参见祝尔娟主编《京津冀都市圈发展新论 2007》，中国经济出版社，2008。

经济的讨论多是理论探索，且文章数量较少，仍处在务虚阶段。现存资料中，较早研究京津冀区域一体化的学者是许树立（1986）①，他提出，京津冀横向经济联合，是对条块分割、地区封锁的有力冲击，是经济体制改革的重要内容。傅林生等人（1989）② 根据国家体改委拟在京津冀试办区域性共同市场的设想，进行了可行性、必要性及实施对策等的初步研究。1991 年，京津冀城市协调发展研讨会召开，提出要对城市与其所联系的农村，特别是与其周围城市的联系和合作予以足够的重视。刘大水、王丽萍（1991）③ 对京津冀发展关系中的极化、扩散、联合这三个方面作了较为客观的分析，他们认为这是对河北省发展影响较大的问题。

（二）第二阶段（1992～2005 年）——深化研究阶段

1992 年中共十四大提出发展社会主义市场经济，随着中国改革开放进程的不断深入，京津冀区域合作与发展的理论研究也迎来了一个新的高潮。学术研究文献由上一时期仅仅数十篇，激增到五百余篇。这一时期，学者们对京津冀区域经济一体化、空间优化与首都圈战略、产业合作等问题进行了更加深入的探讨，涉及的领域更加广泛，对很多专业化的问题进行了系统梳理并提出许多政策性建议。

1. 关于区域一体化发展

刘纯彬（1992）④ 提出建立京津冀大行政区的设想，认为京津冀共居同一环境，共用同一资源，共争同一市场，而行政区划却为三足鼎立局面，在发展上存在一系列严重的矛盾和纠葛。建议通过建立京津冀大行政区的设想，来解决上述问题。王爱春（1995）⑤ 认为，地处渤海湾中枢地带的京津冀有许多其他经济区域无法比拟的发展条件和优势，可以以港口为对外开放窗口，逐步向内地扩展。王亭亭（2002）⑥ 认为制约区域经济一体化最根本的因素是现有体制安排下，特别是

---

① 许树立：《试论京津冀地区横向经济联合的发展》，《河北学刊》1986 年第 4 期。
② 傅林生、罗智扬、王存杰：《在京津冀建立区域性共同市场的意见》，《商业经济研究》1989 年第 9 期。
③ 刘大水、王丽萍：《河北与京津两市发展关系问题浅析》，《地理学与国土研究》1991 年第 1 期。
④ 刘纯彬：《一个天方夜谭还是一个切实可行的方案——关于建立京津冀大行政区的设想》，《中国软科学》1992 年第 3 期。
⑤ 王爱春：《港口经济与京津冀的联合及发展》，《经济论坛》1995 年第 4 期。
⑥ 王亭亭：《区域体制改革：京津冀区域经济一体化的关键》，《中国经贸导刊》2002 年第 7 期。

财政体制安排下地方经济利益的分配问题。区域关系模式由行政关系向市场关系转换，必须进行经济体制变革，它是实现区域一体化目标的制度保障。区域体制改革的内容大致体现在生产布局、产业组织方式、国民收入再分配、政策协调等诸多方面。张可云（2004）① 依据区域经济合作发展的一般规律与发达国家经验，提出完善京津冀都市圈合作机制，关键在于完善区域管理制度基础；京津冀都市圈企业主导型合作，应该注意克服地方利益矛盾，并用合理的政策促进地区间企业合作。

2. 关于空间布局与首都圈战略

孙洪铭（1993）② 认为，随着城市经济社会发展与城市有限的地域空间和资源形成尖锐矛盾，单纯囿于北京辖区范围以内来考虑北京的城市发展问题远远不够，必须跳出北京辖区，从京津冀这个更大的地域空间来研究。2000 年北京大学杨开忠等著的《持续首都》对首都圈概念、划分和发展战略进行了系统的论述，系统地提出把首都圈建设成为具有全球控制能力的双核心国际区域，并详细论述了空间联系（网络化基础设施）、职能疏导、空间结构调整的三大战略。2001 年中科院吴良镛院士在《京津冀北（大北京）城乡空间发展规划研究》中将首都圈称为"大北京"，并提出核心城市"有机疏散"与区域范围的"重新集中"，实施双核心／多中心都市圈战略，实现从"单中心放射式"向"双中心网络式"区域交通运输体系的转变，重组发展空间。2004 年北京大学杨开忠教授《破解 21 世纪中国发展的新密码——振兴环渤海地区的战略地位和方向》，在系统论述首都圈战略意义的基础上，提出应将石家庄纳入首都圈范围，并提出可将这个区域称为京畿圈。清华大学毛其智教授在《京津冀地区情况分析及国内外发展的比较》一文中，从世界城市、可持续发展和人居环境的战略高度，探讨了京津冀城乡空间发展中的若干问题。中国人民大学孙久文教授在《首都经济圈区域经济关系与合作途径》中，重点研究了北京的地位、首都圈区域经济中心、京津冀北地区发展的关系等问题。陆军（2002）③ 通过对京津冀城市经济区域空间扩散的历史演变及现实形态的实证描述，来解释经济系统进行空间扩散的一般规律。于涛方（2005）④ 对京津冀全球城市区域及其周边地区 209 个县、

① 张可云：《京津冀都市圈合作思路与政府作用重点研究》，《地理与地理信息科学》2004 年第 4 期。
② 孙洪铭：《从京津冀更大的地域空间研究北京城市的发展》，《城市问题》1993 年第 4 期。
③ 陆军：《论京津冀城市经济区域的空间扩散运动》，《经济地理》2002 年第 5 期。
④ 于涛方：《京津冀全球城市区域边界研究》，《地理与地理信息科学》2005 年第 4 期。

市、区的就业人口结构和空间分布特征进行主成分分析和聚类分析，探讨相应都市区的结构特征及空间组合特征等，进而确定不同层次京津冀全球城市区域的整体范围边界和内部结构边界。

3. 关于产业合作问题

刘卫东（1992）① 认为，京津冀地区是我国水资源最短缺的地区之一，但是受工业基础等因素的影响，大耗水的钢铁、石化、火电等工业将继续发展。可以调整空间结构，将大耗水型工业布局推向滨海以大规模利用海水，他认为建设滨海节约淡水产业带是解决京津冀地区经济发展与水资源短缺间矛盾的一个重要途径。戴宏伟、马丽慧（2002）② 认为京津冀产业梯度转移是河北实施"两环战略"的突破口。纪良纲、晓国（2004）③ 提出，整合京津冀地区的存量资源，积极推动京津冀形成基础设施衔接、支柱产业配套、新兴产业共建、一般产业互补的梯度开发模式与分工协作体系，是推进京津冀一体化不可或缺的重要一环，也是提高区域竞争力的根本途径。张雪梅、孙武志（2005）④ 认为，京津冀物流一体化面临的主要问题是未能形成适应区域现代物流发展的市场经济体制和运行机制，未能形成符合区域现代物流业要求的跨地区、跨行业、复合型的物流产业、产业基础和基础条件。可以说，这一阶段，学者对京津冀区域发展进行了多角度、多层面的理论探讨，为推进京津冀区域一体化奠定了重要的思想基础。

（三）第三阶段（2006 年至今）——实操研究阶段

"十一五"以来，京津冀地区迎来了一系列战略机遇，如北京承办 2008 年奥运会、天津滨海新区开发开放上升为国家战略、国务院进一步明确北京和天津的城市功能定位、国家发改委地方司启动编制京津冀都市圈区域综合规划等，特别是国家"十二五"规划纲要，又将推进京津冀区域经济一体化、打造首都经济圈、推进河北沿海地区发展上升为国家战略。这一切都标志着京津冀区域一体

---

① 刘卫东：《京津冀滨海节水产业带建设探讨》，《地理学与国土研究》1992 年第 3 期。
② 戴宏伟、马丽慧：《借势与造势——京津冀产业梯度转移与河北产业结构优化》，《经济论坛》2002 年第 18 期。
③ 纪良纲、晓国：《京津冀产业梯度转移与错位发展》，《河北学刊》2004 年第 6 期。
④ 张雪梅、孙武志：《加快区域现代物流发展促进京津冀一体化》，《商场现代化》2005 年第 12 期。

化已进入到全面推进阶段，相应的理论研究也上升到国家战略层面和实际操作层面。随着打造首都经济圈、建设环首都绿色经济圈、加快天津滨海新区开发开放、建设河北沿海发展带等战略的具体实施，学者的研究热点更加聚焦和深入，不仅包括宏观战略层面的研究，如京津冀区域发展的宏观背景与发展趋势、京津冀区域经济一体化进程与主要障碍、京津冀空间结构演化与优化等，更有实际操作层面的研究，如打造首都经济圈、建设环首都绿色经济圈、建设河北沿海发展带、推进天津滨海新区建设、京津冀产业升级与合作、京津冀资源生态协调发展、京津冀区域协调机制与治理等，可以说，在京津冀区域经济一体化实践的推动下，理论研究又掀起了新一轮高潮。我们将这一阶段有关京津冀区域一体化的理论研究进展和主要学术观点作为重点，在后面几部分予以阐述。

二 京津冀区域一体化的宏观背景与趋势研究

（一）中国进入都市圈、城市群竞争时代

中国社会科学院魏后凯研究员认为，近年来，随着中国城市化的快速推进，中国涌现出一批都市圈或城市群，较典型的有长三角、珠三角、京津冀等都市圈。中国科学院方创琳研究员（2011）指出[①]，中国城市化的空间演化经历了从城市到都市区，到都市圈，再到城市群，最后到大都市带四次扩展过程。城市群是国家参与全球竞争与国际分工的全新地域单元，是中国未来经济发展中最具活力和潜力的核心增长极点，是中国加快推进城镇化进程的主体空间形态，是一系列生态环境问题集中激化的高度敏感地区和重点治理地区。因此，国家"十一五"、"十二五"规划都对城市群建设给予了高度重视。未来中国城市群发展新格局有可能形成由 23 个城市群（点）、3 大城市群连绵主轴带（轴）、6 大城市群集聚区（面）组成的国家城市群空间结构体系。未来 30 年将形成由 5 个人口过 1000 万的超巨型城市（北京、上海、天津、广州、南京）、10 个人口过 500 万的巨型城市（武汉、重庆、成都、沈阳、郑州、西安、深圳、济南、青岛、哈尔滨）、50 个人口过 100 万的特大城市、150 个人口过 50 万的大城市、200 个中

---

① 方创琳研究员在首都经济贸易大学主办的"2011 首都圈发展高层论坛"上的大会发言。

等城市和 250 个小城市组成的国家城市体系。中国的城市化不仅决定着中国的未来,而且决定着世界城市化的未来。

(二)环渤海区域发展重心向沿海集中,呈现"三足鼎立"的发展格局

南开大学滨海开发研究院院长周立群教授(2011)指出[①],环渤海地区经济发展重心明显向沿海集中,呈现出"三足鼎立"的新格局,即天津、大连、青岛三个城市群竞争发展。区域竞争战略由单个城市转向城市群。城市群内部,合作优于竞争;城市群之间,竞争大于合作。京津冀地区除北京外,天津、河北也都在沿海地区摆重镇、布重兵、出重拳(建新区、上重大项目、搞重点工程),这使京津冀经济发展重心在地域上向沿海集中,由此引发的产业集中、项目集中、所需资源要素集中的问题凸显,地区竞争加剧,有可能引发新一轮的产业趋同和发展模式趋同。

(三)中国首都圈的发展目标是世界级规模的大都市圈

中国社会科学院魏后凯研究员(2008)提出[②],国际大都市的类型有两种:一是首都型国际大都市如伦敦、巴黎、东京等;二是非首都型国际大都市如纽约等。首都城市有两种发展模式:一是以承担首都功能为主的单一城市模式,主要代表有华盛顿、堪培拉、巴西利亚、海牙等城市,主要承担首都功能和行政功能;二是多功能的综合性城市模式,代表城市有伦敦、巴黎、布鲁塞尔、东京、首尔、雅加达、马尼拉、曼谷、墨西哥城等。北京既是一个首都城市,又是一个多功能、综合性的大都市,其发展目标是建设成为现代化的国际大都市。中国首都圈可以理解为以首都为中心所形成的都市圈或者首都所在的都市圈,其战略定位是世界级规模的大都市圈、世界级的研发和创新创业基地、中国高端服务业和高端制造业的集聚区、中国北方的门户地区和中国经济发展的增长极。

---

① 周立群教授在首都经济贸易大学主办的"2011 首都圈发展高层论坛"上做的大会发言。
② 魏后凯研究员在首都经济贸易大学主办的"2008 首都圈发展高层论坛"上做的大会发言,参见祝尔娟主编《京津冀都市圈理论与实践的新进展 2008》,中国经济出版社,2010。

（四）首都圈的空间结构演化正从"双核"向"三核"发展

魏后凯研究员（2008）提出，从空间角度看，首都圈的类型可分为单中心、双中心和多中心三种类型。单中心的典型代表有伦敦、巴黎、曼谷等，其优点是沿放射状对外交通要道向外扩张，用地紧凑，缺点是容易产生大城市膨胀病，难以解决生产、生活和生态的协调发展问题。双中心的典型代表是我国的首都圈（"双核"为北京、天津两大都市），关键问题是如何处理好双城竞争与合作。多中心（城市网络）的典型代表是荷兰 Ranstad，其优点是有多个中心，各中心之间产业分工明确，并通过快速交通（大容量轨道交通）有机连接为一个整体，各中心之间为绿心（greenheart）地带，其缺点是如果缺乏有效的分工合作机制，将难以形成凝聚力。魏后凯研究员认为，中国首都圈有可能从"双核"发展到"三核"或"多核"。随着河北省曹妃甸的加快开发开放，唐山很可能成为河北省的经济中心，与北京、天津共同成为首都圈的中心城市。中国人民大学孙久文教授认为，大量数据表明，北京城市发展状况基本符合杜能模型，北京城市空间结构演变已呈现人口核心区在空间上逐步扩大、经济核心区与人口分布同步、城市化进程加快、由单中心向多中心过渡。

（五）北京率先迈向后工业化阶段，目标指向"世界高端全球城市"

北京社会科学院梅松副院长（2008）认为[1]，北京率先迈进后工业经济时代的主要标志已呈现，如第三产业增加值和就业人口占比均突破70%，第三产业税收所占比重超过80%，人均 GDP 超过上中等收入国家平均水平。北京市经济发展正在发生三个向度的转型，即从以工业为主向以服务业特别是现代服务业为主转型，从投资拉动经济向以消费拉动转型，从外延扩张向创新驱动转型。北京市发改委副主任、北京大学杨开忠教授（2009）[2] 指出，北京早在1993年制定的《北京市总体规划（1991~2010年）》中就提出全面建设世界城市的目标，"十二五"期间，北京要以"世界高端全球城市"为目标，集中发展和全面提升高端的全球服务机能。

---

[1] 梅松副院长在首都经济贸易大学主办的"2008首都圈发展高层论坛"上做的大会发言，参见祝尔娟主编《京津冀都市圈理论与实践的新进展2008》，中国经济出版社，2010。

[2] 杨开忠教授在首都经济贸易大学主办的"2009京津冀发展高层论坛"上的大会发言，参见祝尔娟主编《"十二五"时期京津冀发展研究（2009）》，中国经济出版社，2010。

（六）天津处于工业化后期，增长动力有望由"一轮驱动"转向"多轮驱动"

首都经济贸易大学祝尔娟教授（2010）[①] 代表其课题组对天津未来 5～10 年发展阶段性特征和发展重点做了分析判断，认为天津目前处于上中等收入水平、工业化后期阶段，产业结构处于工业快速扩张、服务业开始提速的重要阶段，预计在"十二五"期间，其经济增长动力将由投资为主的"一轮驱动"转向投资、消费等"多轮驱动"。天津未来的发展重点将是增长驱动多元化、产业发展高端化、生态环境友好化、社会发展民生化、区域发展协调化、城乡发展一体化。北京市社会科学院梅松副院长（2010）[②] 认为：高铁时代来临，将促成一小时、四个节点城市支撑首都都市圈的形成；打造共生共荣都市圈，形成一体化的良好经济生态环境，要求北京重点做好三产，天津做大做强二产，河北加速发展二产、加强一产；应支持天津建设中国北方国际航运中心，发展滨海临港经济；支持唐山建设中国最重要的重化工基地；支持保定建设中国北方汽车产业基地；支持北京建设世界级航空港，发展临空经济。

三 关于京津冀区域经济一体化进程及症结研究

（一）京津冀已处于要素一体化阶段，正在向政策一体化阶段迈进

中国人民大学孙久文、邓慧慧（2008）[③] 认为，京津冀已经走过贸易一体化进入要素一体化阶段，下一阶段应向政策一体化阶段迈进，其中包括整合目前各区域发展目标，以实现京津冀基本公共服务均等化为导向，制定京津冀生态环境的建设和补偿方案，制定重点产业发展区带动其他区域发展的方案，在区域空间一体化方面，采取"多点、结网"的发展模式等。

---

① 祝尔娟教授在首都经济贸易大学主办的"2010首都圈发展高层论坛"上的大会发言。
② 梅松研究员在首都经济贸易大学主办的"2010首都圈发展高层论坛"上的大会发言。
③ 孙久文、邓慧慧：《京津冀区域经济一体化及其合作途径探讨》，《首都经济贸易大学学报》2008 年第 2 期。

（二）从经济联系度看，京津冀城市间呈现明显的"中心—外围"特征

中国人民大学孙久文教授（2011）认为①，京津冀能否成为区域经济一体化的地区，最重要的要看其区域经济的联系度。其课题组以京津冀区域的北京、天津、唐山等八个主要城市为对象，采用空间引力模型来测算其经济联系量，计算经济隶属度，得出的结论是，2005年京津冀区域主要城市之间的经济联系量呈现明显的"中心—外围"特征，以北京、天津两大直辖市为中心区域，其他城市为外围，经济联系量主要沿着北京—天津、北京—唐山、天津—唐山等重要干线展开。尤其是北京—天津的经济联系强度最高，远远高于其他线路的经济联系强度，充分体现出北京和天津作为京津冀中心区域的主导地位。北京大学政府管理学院陈红霞、李国平②（2010）选取了京津冀1985～2007年时间序列数据，对京津冀内部经济发展的时空差异进行了分析，认为：从时间差异看，以1992年为界限，京津冀三地的发展水平由大致相当到逐渐拉开差距；而从空间差异看，北京、天津高于河北，区域内东部、西南部地区高于北部、西北和东南地区，人均GDP呈现圈层特点。

（三）北京对区域的直接带动作用不高，但对周边的资源要素依赖较高

北京统计局陈璋、颜平等（2011）③重点分析了北京与天津、河北乃至全国之间的投入产业表，认为北京一方面对整个京津冀区域的直接带动作用不高，没有形成明显产业链，另一方面却对天津、河北地区的资源要素依赖较高。三省市在产品供给和最终需求方面联系薄弱是区域联系的主要障碍。马燕坤（2011）④利用城市中心职能指数、城市可达性以及城市经济联系隶属度等模型对京津冀地区城市经济联系进行了实证研究，认为一方面区域内一、二级城市两极分化严重，二级城市难以承担和中转一级城市向外的产业转移；另一方面，低级城

---

① 孙久文教授在首都经济贸易大学主办的"2011首都圈发展高层论坛"上的大会发言。
② 陈红霞、李国平：《京津冀地区城市经济联系实证》，《城市发展研究》2010年第5期。
③ 陈璋、颜平、邵伟：《京津冀区域经济联系》，《数据》2011年第3期。
④ 马燕坤：《京津冀地区城市经济联系实证研究》，《发展研究》2011年第5期。

市与高级城市之间的可达性远高于同级城市；还有次级城市对一级城市的经济隶属度远高于同级或高一等级城市，同时经济隶属度还受与中心城市空间距离的影响。

（四）京津冀梯度差十分明显，"环京津贫困带"问题亟待解决

河北省政府研究室周桂华处长（2011）指出[1]，虽然京津冀一体化的步伐加快，但是京津冀的梯度差依然十分明显。河北的经济总量最大，但经济发展水平和质量最低。河北与京津在体制、政策、服务、综合环境等方面也都存在梯度差。周边贫困带的存在成为京津产业转移、生态安全和社会协调的障碍所在。南开大学钟茂初、潘丽青（2007）[2] 从生态—经济合作角度分析了环京津贫困带的成因，有计划命令的制约、发展决策体制的滞后、保护政策和贫困治理政策脱钩几个方面。焦君红、王登龙（2008）[3] 研究认为环境权利和义务的失衡是环京津贫困带形成的重要原因。需要长期制度性的生态补偿机制，同时通过补偿来带动区域的自我发展能力。

（五）区域一体化的最大障碍是行政区划下的地方保护主义

学者们对京津冀区域一体化进程中存在的问题和症结分析主要集中在以下几个方面。一是中心城市的虹吸效应，导致经济梯度落差过大。广西财经学院蒋满元（2008）[4] 认为除了京津两大中心城市各自为政之外，二元经济结构的突出和城市规划的不合理严重制约着京津冀区域合理经济梯度的形成。河北经贸大学梁晓林、谢俊英（2009）[5] 指出北京对周围城市人才和资源的空吸现象，使得三地发展不能齐头并进、互为补充。京津冀收入上的巨大差距使得河北无法挽留和吸

① 周桂华处长在首都经济贸易大学主办的"2011 首都圈发展高层论坛"上的大会发言。
② 钟茂初、潘丽青：《京津冀生态—经济合作机制与环京津贫困带问题研究》，《林业经济》2007年第 10 期。
③ 焦君红、王登龙：《环京津贫困带的环境权利与义务问题研究》，《改革与战略》2008 年第 1期。
④ 蒋满元：《京津冀区域经济合作中的问题分析与对策选择》，《河北科技大学学报》2008 年第12 期。
⑤ 梁晓林、谢俊英：《京津冀区域经济一体化的演变、现状及发展对策》，《河北经贸大学学报》2009 年第 11 期。

引人才造成了城市的落后，进而产生恶性循环。二是产业关联弱、融合度低，产业链断裂。河北省发改委经济研究所所长李岚研究员（2011）认为[①]，京津冀尚未形成优势互补、共赢发展的利益共同体，产业关联比较弱，产业结构融合度低。吕中行等（2007）[②]、梁晓林（2008）、蒋满元（2009）等认为，北京、天津之间以及河北各市之间的重点产业"同构化"，造成分工弱化、无序竞争；而京津与其腹地之间却没有形成产业对接，存在产业链的断裂，无法实现区域联动发展。三是市场配置作用弱，行政影响较强。周立群、罗若愚（2005）[③]、何海军等（2008）[④]、吕中行等（2007）提出京津冀区域内市场化程度低，许多市场行为被政府行为所代替。而各地政府利益目标不一致，地区协调机制的不健全，使得各方在区域一体化合作中处于低级阶段，关键问题的合作协调一致没有实质进展。四是区域合作关系复杂，缺乏高层次合作协商机制。李岚认为，影响区域合作的一个重要因素是区域合作关系复杂，京津冀之间的经济合作掺杂着政治因素，无法像长三角区域那样形成平等的省级单位之间的合作。南开大学钱智、季任钧等（2000）[⑤]强调高层次合作协商机制缺乏、三方合作模式不明确、三地利益一致的合作项目未启动以及基于整个区域考虑的合作不多，是影响京津冀合作的主要问题。五是地方保护主义是最大的障碍。首都经济贸易大学文魁教授（2011）指出[⑥]，我们是在行政区划制度背景下推进区域一体化，既要跨行政区划、消除分割，又要在行政区划限制下行事，这是推进区域经济一体化的最大难点。他指出，区域经济一体化的路径是市场、中央政府和地方政府三个主体、三个动力的结合，需要三股力量合力推进区域经济一体化。六是新区建设就是为破解发展制约而寻求的一种解决路径。天津滨海综合发展研究院院长郝寿义教授（2011）[⑦]认

---

① 李岚研究员在首都经济贸易大学主办的"2011首都圈发展高层论坛"上的大会发言。

② 吕中行、谢俊英：《京津冀区域经济一体化的发展前景与战略构想》，《经济与管理》2007年第8期。

③ 周立群、罗若愚：《京津冀经济一体化：基础、制约因素与思路》，《北京规划建设》2005年第4期。

④ 何海军、杜丽菲、郭小兰、高士超：《京津冀经济一体化过程中的问题分析》，《北方经济》2008年第7期。

⑤ 钱智、季任钧、陈和平：《论冀京合作中的问题、机遇、方针和措施》，《中国软科学》2000年第8期。

⑥ 文魁教授在首都经济贸易大学主办的"2011首都圈发展高层论坛"上的大会发言。

⑦ 郝寿义教授在首都经济贸易大学主办的"2011首都圈发展高层论坛"上的大会发言。

为，我国新一轮新区建设的实质是各地为解决原有区域不适应或制约经济社会发展而寻求的一种解决路径。新区是整合资源、掌握区域发展主动权的最新形式；新区是扩大空间，争取区域发展可持续的重要手段；新区是加强合作、走向区域发展一体化的必然选择。

（六）京津冀区域一体化具有现实基础与有利条件

韩利红、母晓萌（2010）① 认为，京津冀地区本身具有良好的合作基础，如：具有独特的地理区位优势，交通网络发达；共同的科技优势和人才优势；生产要素禀赋具有互补性；各具产业优势，存在较强产业互补性；城市功能上存在很大互补性；具有初步合作基础，为区域一体化提供了发展平台。崔和瑞（2006）② 则强调区域内初步形成了"大北京"放射状旅游体系，各类自然文化遗产、文物保护单位形成地区旅游环线的资源优势。李媛媛、孙文生（2006）③ 基于科技竞争力的视角，通过灰色关联分析得出结论：京津冀地区整体科技竞争实力较大，区域内蕴含一条极有实力的高新技术产业带，同时拥有八大产业区以及各类科研人才的聚集，使得三地有相互借力发展的空间。河北师范大学魏然、李国梁（2006）④ 则认为京津冀区域之间的互补性包括生产要素的互补、交通基础设施的互补、旅游资源的互补和产业结构的互补。

四 关于京津冀区域一体化的战略重点研究

（一）打造首都经济圈

1. 建设目标：打造具有全球影响力的世界级城市群

北京市社会科学院副院长赵弘研究员认为⑤，"中国转型"和"中国崛起"

---

① 韩利红、母晓萌：《京津冀区域经济协调发展问题研究》，《求索》2010年第5期。
② 崔和瑞：《京津冀区域经济一体化可行性分析及发展对策》，《技术经济与管理研究》2006年第5期。
③ 李媛媛、孙文生：《京津冀区域一体化分析》，《统计与决策》2006年第5期。
④ 魏然、李国梁：《京津冀区域经济一体化可行性分析》，《经济问题探索》2006年第12期。
⑤ 赵弘研究员在首都经济贸易大学主办的"2011首都圈发展高层论坛"上的大会发言。

需要世界级城市群的支撑。建设"首都经济圈",就是要充分发挥北京作为国家首都在创新能力、高端产业发展以及高端人才集聚等方面的优势,发挥周边区域在空间资源、劳动力资源等方面的优势,打造首都中心城市带动、区域中心城市支撑、腹地共同发展的具有全球影响力的世界级城市群,形成我国转变发展方式的示范引领区和"世界经济增长的重心区域"。中国社会科学院刘治彦(2011)[①]认为,首都经济圈的发展应遵循三步,由近期谋划好北京周边廊坊以东三县的发展,到中期通过高速公路和城际铁路联系天津、唐山等城市市区,构建环首都经济圈,再到远期建设环渤海城市圈,构建首都经济圈的外围城市带,最终形成北方城市带。

2. 范围界定:首都经济圈的三个圈层、大圈、全域等战略构想

北京大学政府管理学院副院长李国平教授认为,根据距离原则、引力原则和服务原则,可将首都圈划分为核心圈、紧密圈和合作圈三个圈层。其中,核心圈的空间范围是"1都16县",包括北京及与北京直接相邻的16个区县;紧密圈的空间范围是"2+7"结构,包括京、津、保定、廊坊、沧州、唐山、秦皇岛、张家口、承德等9个城市;合作圈的空间范围是5省市部分地区,包括京津冀三省市全境,山西省太原、大同等晋中北地区,内蒙古中部的呼和浩特、鄂尔多斯等地。北京市社会科学院副院长赵弘研究员提出了涵盖京、津、冀三省市全域的"大圈"构想,依据不同的功能定位、产业分工和协作配套关系,将其分为三个层次:核心区("1"),指北京行政区范围;紧密协作区("1+6"),包括天津和河北的廊坊、保定、张家口、承德、唐山、秦皇岛6市;联动支撑区("5"),指河北省的石家庄、沧州、衡水、邢台、邯郸5市。中国人民大学孙久文认为,从经济的联系度和区域的完整性来说,首都圈应当等同于京津冀全域。因为在历史上,京津冀就曾经是一个行政区域;空间上,京津是华北平原的地理中心,河北是京津的生态屏障;经济上,北京和天津是经济中心,京津冀错位发展,互补性很强。

3. 建设途径:首都经济圈建设的思路与重点

北京大学政府管理学院副院长李国平教授[②]指出,可以通过三条路径建设首

---

① 刘治彦:《中国城市化进程中的首都经济圈发展》,《领导之友》2011年第5期。

② 李国平教授在首都经济贸易大学主办的"2011首都圈发展高层论坛"上的大会发言。

都经济圈：①加快推进北京市与周边地区的一体化进程，包括推动规划、交通网络建设一体化，加强资源、能源合作开发；全面推进区域生态协作；推动区域产业分工与合作。②加快推进北京市对周边的辐射带动。扩大生产性服务业和临空经济的辐射带动能力，提高首都科技创新的辐射能力；发挥首都总部经济的引领作用；带动区域公共服务水平提升。③加快推进北京市与首都圈地区的机制协调，建立信息沟通机制、市场开发机制和要素流动机制，创新区域合作机制，完善运行保障机制。中国人民大学区域经济研究所所长孙久文教授指出①，应通过四条途径打造首都经济圈：①把发展绿色经济、循环经济、建设低碳城市作为首都经济圈区域发展的战略方向。②从疏解北京超大城市人口和功能的目的出发，加快"京郊新城"和"环京新城"的建设。③把构建同城化的优质生活圈作为建设的重要目标，包括快速交通的联网，通信号段的统一，居民交往的频繁，各类技术标准的统一。④进一步推动产业在首都经济圈内部的有序转移。首都经济贸易大学城市经济与公共管理学院张强教授认为，北京应走"辐射"与"幅扩"两条路径：一方面适度扩大北京市行政区划面积，形成向西、向北的能源生态走廊和高端产业拓展区，并加强补偿力度；另一方面，将部分经济功能和人口向东、向南疏解到行政区划以外，缓解首都城市中心压力，拉动周边发展。

（二）建设环首都绿色经济圈

河北省在"十二五"规划中提出要建设环首都绿色经济圈，包括环绕北京的张家口、承德、廊坊和保定四个城市，以新兴产业为主导，目标在于逐步把环首都地区打造成为经济发达的新兴产业圈、环境优美生态环保圈等。河北经济贸易大学武义青、张云（2011）教授②认为，河北要建设的环首都绿色经济圈，是保障首都可持续发展的生态屏障区、承接首都部分功能转移的重要功能区，因此提高环境承载力是其首要任务。要改变这些地区过去以生态恶化、生活贫困为代价来保障北京环境的做法，实现环首都地区经济和生态双重协调发展、北京与环首都地区的良性互动，最终趋于完全一体化的发展。要在区域一体化基础上，以

---

① 孙久文教授在首都经济贸易大学主办的"2011首都圈发展高层论坛"上的大会发言。
② 张云教授在首都经济贸易大学主办的"2011首都圈发展高层论坛"上的大会发言。

绿色经济为指向，打造生态环保圈，打造以环首都新城为核心的幸福生活圈，努力建成我国科学发展的示范区。

（三）加快天津滨海新区的开发开放

1. 滨海新区的地位和作用分析

天津滨海发展研究院副院长邢春生（2007）[①] 指出，滨海新区作为地区增长极，在区域经济发展中主要应发挥产业传导、技术扩散、功能服务和创新示范等四大作用。周立群、丁锟华（2007）[②] 指出，天津滨海新区开发开放对区域经济的"引爆"不是一蹴而就的，它有个依次递进和逐步放大的过程。在天津—京津冀都市圈—环渤海地区—北方地区梯次不断放大的发展战略中，滨海新区对京津冀的作用仍然最直接、最重要。肖金成等（2006）[③] 认为，滨海新区拥有经济实力、产业优势、广阔腹地、完善的基础设施以及政策体制优势，因此在京津冀的合作中要突出天津滨海新区的龙头地位。滨海新区要积极主动地搭建各市间交流合作平台，发展能带动周边发展的产业，同时强化新区改革的"示范区"作用，突出新区的龙头地位。

2. 首都经济圈建设对滨海新区的影响

南开大学周立群教授指出[④]，首都经济圈建设将给区域发展带来深刻影响。北京建设世界城市，可为天津建设国际港口城市和北方经济中心提供强大区域支撑体系。北京国际金融中心建设，与滨海新区的金融创新有望形成互促互动、相互支撑的格局。北京扩散化发展，可为天津集聚化发展创造外部环境。天津将成为承接北京科技人才和成果扩散的首选地。

3. 滨海新区的发展与区域合作

天津市发改委副主任、天津滨海新区发改委主任杨振江研究员指出[⑤]，天津

---

① 邢春生副院长在"2007京津冀发展高层论坛"上的大会发言，参见祝尔娟主编《京津冀都市圈发展新论2007》，中国经济出版社，2008。
② 周立群、丁锟华：《滨海新区与京津冀都市圈崛起》，《天津师范大学学报》2007年第1期。
③ 肖金成、李青、李军培：《滨海新区的优势地位与促进开发开放的对策建议》，《中国发展观察》2006年第7期。
④ 周立群教授在首都经济贸易大学主办的"2011首都圈发展高层论坛"上的大会发言。
⑤ 杨振江研究员在首都经济贸易大学主办的"2011首都圈发展高层论坛"上的大会发言。

应把握区域合作的主动权,主动推动京津冀一体化。在产业发展上与北京错位发展,实施区域经济包容式发展战略,促进京津冀融合发展。加快"无水港"建设,主动为北京乃至华北、西北等内地省区提供出海通道。加强与河北生态环境共建与合作。

(四) 建设河北沿海发展带

2011 年 11 月 27 日,国务院正式批复了河北沿海地区的发展规划,标志着河北沿海开发正式上升为国家战略。沿海经济发展带作为河北省新的增长极点,它的开发建设具有战略性的全局意义。河北经贸大学陈永国(2009)[①] 认为,沿海经济隆起带对于打破河北内陆思维方式,以港口发展来支持工业化具有重要意义;有利于推动河北海洋经济的快速发展,促进产业结构的升级,促进河北沿海城市的快速崛起;将极大地缩小河北与京津之间的经济实力差距,构建区域发展新格局。河北工业大学张贵、齐晓丽(2011)[②] 认为,沿海经济带发展目前仍存在着较多的问题。沿海经济带虽然为河北省新的增长极,但是目前对全省的经济拉动作用不明显、经济贡献率不高。而在城镇群建设方面,其内部实力强弱不均,短期内很难形成有效的对接和合作;与滨海新区的城镇群之间也存在着职能重叠,新区的引领作用没有凸显。腹地落差大、市场活力不足、合作意识不强、亲商文化缺乏等,都制约着区域的产业对接与合作。港口之间竞争大于合作,尚未找到有效的合作模式。他们建议,构建新的机制,包括资源协调机制、利益分配机制和区域分工机制等,加快两大战略建设,全面推进和融入区域经济一体化。

五 关于京津冀区域空间结构演化研究

(一) 区域总体空间演化——"一轴三带"的发展格局

清华大学吴良镛院士主持的"京津冀地区城乡空间发展规划(二期报告)",

---

① 陈永国:《河北省建设沿海经济隆起带的理论思考》,《商业研究》2009 年第 2 期。
② 张贵教授在首都经济贸易大学主办的"2011 首都圈发展高层论坛"上的大会发言。

在空间上把京津冀整体作为"首都地区",提出了未来京津冀地区空间发展趋势和基本战略,即以以京、津两大城市为核心的京津走廊为枢轴,以环渤海湾的"大滨海地区"为新兴发展带,以山前城镇密集地区为传统发展带,以环京津燕山和太行山区为生态文化带,共同构筑京津冀地区"一轴三带"的空间发展格局①。

(二)人口结构空间演化——集中化和不均衡化,外来人口流入是主导

中国社会科学院城市发展与环境研究中心盛光耀(2006)研究认为,京津唐地区人口日益老龄化,劳动年龄组人口增长率较高。人口分布变动趋势是集中化和不均衡化,外来人口流入是主导,增长主体偏重于北京市,其他地域人口增长速度减慢,地域间人口增长差异在扩大。南京大学马强、宗跃光等(2007)研究认为,区域内人口集中于京津两城中心城区,向外沿交通动脉呈放射状分布,并在沿京津塘高速公路地区形成人口持续增长、密集分布的廊道。其中北京人口分布重点区域转移到近郊,天津人口分布逐渐向城区外围扩散,而位于京津交通廊道上的廊坊人口数量逐年增加。中国人民大学叶裕民、李彦军等(2008)研究认为,都市圈内流动人口空间分布高度集中于京津,河北是其重要来源地。这种"累积性因果循环"加剧了区域内京津两大国际化都市与贫困落后的河北农村的差距。

(三)就业结构空间演化——智力型劳动者比重高且就业仍向都市区集聚

盛光耀(2006)分析了三大城市密集区内就业结构的发展变化,指出京津冀地区从事农林牧副渔和社会服务业人口比重较高,智力型劳动者比重最高,就业结构模式正在快速向现代型转化。北京社会科学院肖亦卓(2011)分析了1996年以来北京市就业的空间格局及其变动特征,研究发现北京仍处于就业向都市区聚集的阶段,就业空间结构的变动表现为不同地域圈层上的变化,就业密

---

① 赵亮博士代表吴良镛院士在首都经济贸易大学主办的"2007京津冀发展高层论坛"上的发言,参见祝尔娟主编《京津冀都市圈发展新论2007》,中国经济出版社,2008。

度从中心区向近郊区、都市区内沿和都市区外缘依次快速下降。北京大学沈体雁、魏海涛等（2011）[1] 基于两次经济普查数据分析，指出京津冀目前就业分布呈现"一轴、多点"发展格局，由北京、天津、唐山、石家庄引领整体空间格局，次级中心城市发展壮大，就业增长趋势呈现轴带式、辐射式、吸纳式并存的态势。

（四）产业结构空间演化——呈现"一轴、一带、两个三角"格局

北京大学沈体雁教授研究指出，京津冀的制造业分布呈现京津高技术产业轴、环渤海制造业带、京津唐制造业三角、京津石制造业三角的格局。制造业的增长趋向沿海化、沿线化、沿城化。服务业的分布与增长格局显示出点状式与吸纳式特征。环保部环境规划院马国霞等（2011）利用产业间空间集聚度的方法分析，认为京津冀产业链空间集聚度不高，但呈现逐年上升态势。燕山大学徐蕾（2011）则针对京津冀地区战略性新兴产业的布局，建议在战略性新兴产业分布上采取"核心区—增长极—周边合作—边界交会区"的模式，按照发展水平、特色和相互合作划分三大阶梯，以打造梯度层次产业链增强区域战略性新兴产业合力。中国科学院石敏俊（2011）[2] 研究认为，在首都圈转型发展中，地区制造业的高端化进展迟缓，圈内的产业转移格局还不明显。建议以深化区域合作来推进首都圈内部产业转移，提高区域一体化程度。

（五）城镇结构空间演化——两极分化结构逐渐减弱，等级结构趋于合理

中国人民大学陈丙欣、叶裕民（2008）分析了 2000 年以及 2005 年京津冀都市区发展状况，指出京津冀都市区在空间分布上不均衡，已成形的都市区位于中部和南部，而张家口、保定、承德和河北秦皇岛都无法构成都市区。京津唐都市区之间还存在大量的空白区域，整体优势不明显。中国科学院肖磊、黄金川等（2011）分析了 1985～2007 年京津冀都市圈城镇体系的规模结

---

① 沈体雁教授在首都经济贸易大学主办的"2011 首都圈发展高层论坛"上的大会发言。

② 石敏俊教授在首都经济贸易大学主办的"2011 首都圈发展高层论坛"上的大会发言。

构和空间结构演化，认为京津"双核"格局没有改变，京津轴线为圈内最重要的城镇密集区，形成显著的城市影响力圈层结构，而河北各市影响力不足，都市圈西部、北部受辐射带动明显不足。石家庄、唐山等次中心正在逐渐发育，秦皇岛—唐山—北京—保定—石家庄沿线以及曹妃甸—滨海新区—黄骅港城镇发展带逐渐呈现，反映了两极分化结构逐渐减弱，等级结构趋于合理的发展趋势。

（六）北京城市空间演化——城市副中心是从单中心向多中心过渡的关键

孙久文教授认为，2004年北京城市总体规划提出了"两轴—两带—多中心"，"优化城区、强化郊区"的基本方针，但到目前为止，北京的十几个新城要成为真正的发展中心还需要很长一段时间和过程，而近期重点建设的新城，很有可能发展成为城市副中心，在北京从单中心向多中心过渡中将会起到关键性作用。建议在城市功能拓展区建设副中心，特别是在东部，把亦庄和通州城区组合起来，形成一个较大规模的城市副中心，使其发挥带动京津区域合作的重要作用。

六　关于京津冀产业合作与产业升级研究

（一）京津冀产业合作与产业升级的宏观背景

当前区域竞争主要表现为各都市圈之间的群体竞争和都市圈产业链之间的竞争。魏后凯研究员认为[1]，当前区域竞争主要表现为各都市圈之间的群体竞争和产业链之间的竞争。建立新型产业分工是大都市圈一体化的核心内容。以新型产业分工为基础，就有可能在区域内形成错位竞争的格局。应当正确处理好京津之间的分工合作，鼓励和推动错位竞争、链式发展，包括部门错位、产品错位、功能错位，推动形成面向首都圈的一体化优势产业链。

---

[1] 魏后凯研究员在首都经济贸易大学主办的"2008京津冀发展高层论坛"上的大会发言，参见祝尔娟主编《京津冀都市圈理论与实践的新进展2008》，中国经济出版社，2010。

1. 中国经济正由"要素驱动"进入"创新驱动"阶段

南开大学经济研究所刘刚教授（2008）认为①，在中国近30年的经济发展进程中，始终存在着两种不同的发展思维或模式。一是强调传统经济理论中的比较优势原理，试图依靠"要素租金"推动经济的快速增长；二是强调专业化分工和创新思想，试图依靠"创新租金"和竞争优势实现经济的跨越发展。全球金融危机，使中国"要素租金"驱动型经济增长的局限性暴露无遗。驱动未来区域经济快速发展的决定要素不再是资源和简单的外资，而是以自主创新为基础的知识创造。区域经济未来发展的关键不在于更"大"，而在于更"强"，即拥有高端辐射力和带动作用。京津冀都市圈需要探索一套新的经济发展模式，率先实现从制造经济向创新经济的转型。

2. 我国沿海地区正在从吸引制造业集聚走向产业结构升级

中国科学院石敏俊教授指出②，我国沿海地区正在从吸引制造业集聚走向产业结构升级，从劳动追逐资本走向资本追逐劳动。在此背景下，京津冀地区的转型发展要走产业结构升级换代之路。首都经济贸易大学祝尔娟教授认为，世界产业发展呈现出高新化、生态化、服务化、融合化和再工业化等新趋势。国内原传统经济增长模式所依赖的基本条件（如土地、劳动力、资源原材料、汇率等低价格优势以及低通胀水平）正在消失，经济转型与产业升级刻不容缓。北京率先迈向后工业化阶段给区域产业升级带来重要契机。

（二）京津冀产业合作与产业升级的现实基础

1. 北京的生产性服务业与天津现代制造业具有很强的互赖性

首都经贸大学城市学院祝尔娟教授认为③，处于不同发展阶段的城市，其产业结构、发展重点和推动经济的动力会有所不同：处于后工业化阶段的北京，需要重点发展现代服务业和高端制造业，做好产业升级和"消费拉动"的文章；处于工业化中后期的天津，则应重点发展现代制造业和现代物流业，做好"投

---

① 刘刚教授在首都经济贸易大学主办的"2008首都圈发展高层论坛"上的大会发言，参见祝尔娟主编《京津冀都市圈理论与实践的新进展2008》，中国经济出版社，2010。
② 石敏俊教授在首都经济贸易大学主办的"2011首都圈发展高层论坛"上的大会发言。
③ 祝尔娟教授在首都经济贸易大学主办的"2008京津冀发展高层论坛"上的大会发言，祝尔娟主编《京津冀都市圈理论与实践的新进展2008》，中国经济出版社，2010。

资、出口带动"和产业做大做强文章。北京的生产性服务业与天津的现代制造互有需求,具有很强的互赖性。在近期,京津最有可能率先实现产业合作的切入点是京津金融合作、北京科技研发与天津现代制造的合作、京津现代物流合作以及京津旅游合作。

2. 京津冀之间并不存在严重的产业同构现象

南开大学刘刚教授(2007)认为[1],京津冀地区各主要城市产业之间并不存在所谓严重的产业同构现象,而是表现出一个初步的专业化分工格局。尽管有些产业存在着不同程度的竞争,但在多数情况下,这种竞争是错位或适度的。如果说存在恶性竞争的话,这种竞争并不发生在京津冀地区内部,而是发生在京津冀与其他区域同一产业之间。中国人民大学的孙久文教授也赞成这种判断[2],认为京津冀三地在服务业上的差异是明显的,即使制造业也不存在雷同。

(三) 京津冀产业合作与产业升级的思路与途径

1. 进一步推动产业在首都经济圈内部的有序转移

孙久文教授(2011)认为,随着产业价值链不断分解和区域专业化分工的加深,北京很多拥有知识、技术、人才等要素资源的创新集聚区(如中关村、CBD 等地区)将更加专注于高端产业的发展,制造业、部分生产性服务业、部分陆路物流等产业将北靠和南移。李国平教授提出,应着重突出北京科技服务、文化服务、金融服务、信息服务、商务服务等产业发展优势,推动一般制造业向北京市外转移;加快北京东南部和南部地区的开发建设;积极引导产业沿发展轴向外辐射发展,形成京津塘、京唐秦、京张承、京保等发展轴。

2. 京津冀产业发展呈现"梯度"特点,应利用"梯度"加快转型升级

石敏俊教授(2011)指出[3],京津冀地区的产业发展呈现三个"梯度"特点:一是产业结构梯度,一二三产业结构差异大;二是产业链梯度,制造业呈垂

---

① 刘刚教授在首都经济贸易大学主办的"2007 京津冀发展高层论坛"上的大会发言,参见祝尔娟主编《京津冀都市圈发展新论 2007》,中国经济出版社,2008。
② 孙久文教授在首都经济贸易大学主办的"2007 京津冀发展高层论坛"上的大会发言,参见祝尔娟主编《京津冀都市圈发展新论 2007》,中国经济出版社,2008。
③ 石敏俊教授在首都经济贸易大学主办的"2011 首都圈发展高层论坛"上的大会发言。

直分工；三是区位因子梯度，北京和天津的贸易成本较低，而河北的要素成本较低。为此，京津冀转型发展，要充分发挥首都圈的知识优势、技术优势和信息优势，推进制造业的高端化；有效利用要素成本和贸易成本梯度，推进首都圈内部的产业转移，提高区域一体化程度；有效利用产业结构梯度和产业链梯度，发展差异化竞争，强化区域间经济联系。

3. 在优化空间结构中推进重化工业"转型升级"和战略性新兴产业"发展升级"

首都经济贸易大学祝尔娟教授（2011）指出[1]，目前京津冀三地已基本形成产业分工的大致轮廓，产业发展呈现重化工业向滨海集聚、高新技术产业向京津集聚、现代制造业向"京保石"产业带集聚的发展态势。京津冀战略性新兴产业处于加快开发阶段。应从两方面入手，积极推进重化工业的转型升级和战略性新兴产业的发展升级。

4. 京津联手共建国际金融中心，探索区域外汇管理一体化新模式

北京大学杨开忠教授（2007）[2] 提出建设京津国际金融中心的构想，他指出，美国 2 亿多人口，有国际金融中心 3 个：纽约、洛杉矶和芝加哥。中国国土面积与美国大体相当，人口 13 亿。根据国际经验，中国作为超大型国家，国际金融中心应当是多个，至少应有 3 个。京津应成为我国三大金融中心之一。王景武（2006）[3] 认为，京津冀地区外汇管理部门应适应形势需要，积极探索区域外汇管理一体化新模式，建立区域外汇管理信息系统，实现信息共享，搭建外汇管理一体化平台，打破属地管理原则，实现跨区域外汇管理一体化。

5. 京津冀应联手做大做强医药制造业，发展 IT 产业大集群、大流通体系和大北京交通体系

张淑莲（2011）[4] 通过运用灰色关联分析法研究京津冀医药制造业的协同发

① 祝尔娟教授在首都经济贸易大学主办的"2011 首都圈发展高层论坛"上的大会发言。
② 杨开忠教授在首都经济贸易大学主办的"2007 京津冀都市圈发展高层论坛"上的大会发言，参见祝尔娟主编《京津冀都市圈发展新论 2007》，中国经济出版社，2008。
③ 王景武：《京津冀区域经济一体化进程中的外汇管理思考》，《中国金融》2006 年第 7 期。
④ 张淑莲等：《京津冀医药制造业产业协同的实证研究》，《河北经贸大学学报》2011 年第 9 期。

展。张亚明等人（2010）[1] 提出应实施京津冀 IT 产业大集群战略，遵循"集群内企业自身能力提升→集群内 IT 产业链优化升级→IT 产业集群优化升级"的路径。孙前进（2011）[2] 指出，京津冀物流业合作的重点领域在于交通体系构建和北京平谷国际陆港，提出构建京津冀大流通体系和构建大北京交通体系。

6. 推进京津冀区域科技合作，促进区域战略性新兴产业发展

北京大学李国平教授认为[3]，京津冀地区的发展目标是应努力建设成为我国经济社会发展的创新中枢、创新型国家建设的先导区、国家知识创新核心区、产业技术创新示范区。应按照"优势集成、高端引领、协同共赢、点轴支撑、跨越发展"的思路，加速提升该地区整体科技实力，发挥对全国的引领和辐射作用。河北工业大学张贵教授（2008）提出应从六个方面来推进京津冀区域科技合作[4]。

7. 北京的制造业应适度发展，文化创意产业应集群发展

首都经济贸易大学邹昭晞教授认为[5]，无论是从世界城市，还是从国家首都的定位来看，工业尤其是现代制造业的发展都是不可缺少的。北京制造业今后的定位应是"适度发展"，而不是退出，应当"比重稳定，结构优化"。中国社会科学院魏后凯研究员认为，从国外大都市的发展经验来看，制造业的比重应占 15% ~ 20%。北京未来的经济发展要靠制造业与服务业的双轮拉动。北京不是发展一般的制造业和服务业，而是发展高端制造业和高端服务业。应建立控制两头、甩掉中间的哑铃型产业结构，一头是总部、研发，另一头是营销、品牌的运作等。首都经济贸易大学蒋三庚教授认为[6]，文化创意产业依托的文化资源具有

---

① 张亚明等：《京津冀 IT 产业大集群战略模式创新研究》，《科学学与科学技术管理》2010 年第 3 期。

② 孙前进：《基于产业结构的京津冀物流功能集聚区建设探讨》，《商业时代》2011 年第 23 期。

③ 李国平教授在首都经济贸易大学主办的"2008 首都圈发展高层论坛"上的大会发言，参见祝尔娟主编《京津冀都市圈理论与实践的新进展 2008》，中国经济出版社，2008。

④ 张贵教授在首都经济贸易大学主办的"2008 首都圈发展高层论坛"上的大会发言，参见祝尔娟主编《京津冀都市圈理论与实践的新进展 2008》，中国经济出版社，2008。

⑤ 邹昭晞教授在首都经济贸易大学主办的"2008 首都圈发展高层论坛"上的大会发言，参见祝尔娟主编《京津冀都市圈理论与实践的新进展 2008》，中国经济出版社，2008。

⑥ 蒋三庚教授在首都经济贸易大学主办的"2008 首都圈发展高层论坛"上的大会发言，参见祝尔娟主编《京津冀都市圈理论与实践的新进展 2008》，中国经济出版社，2008。

较强的地域性、民族性和历史性。文化创意产业集群发展，需要消费需求、生产资源、支撑产业和环境因素等四个方面的条件。北京发展文化创意产业集群，需要解决产业集群价值链效率不明显、产业集群服务渠道不够畅通、产业集群协调机制尚未形成、产业集群人才资源尚待涵养等问题。

七 关于京津冀资源生态协调发展研究

（一）对京津冀资源环境承载力的分析和判断

1. 京津冀三地生态发展均处于不可持续状态

许月卿（2006）[①] 利用生态足迹模型计算了京津冀区域1996～2003年的生态足迹和生态承载力，结果表明，1990～2003年津冀人均生态足迹均呈现增大趋势，北京市人均生态足迹呈现减小趋势。1996年和2003年，京津冀人均生态承载力均小于生态足迹，出现生态赤字，人口、经济和消费模式对自然的需求已超过三省市的生态系统承受能力。从横向比较，京津冀人均生态足迹和万元产值生态足迹均超出全球和中国平均水平，三省市生态发展均处于不可持续状态。

2. 京津冀水资源短缺状况处于高风险状态

邹秀萍等人（2009）[②] 选取1995～2005年京津冀地区的经济和环境数据，定量分析了水资源使用量、工业废水排放量、废水中COD排放量、农药使用量、化肥施用量与人均GDP之间的相关关系，得出结论是水资源使用量、废水排放量、废水中COD排放量及化肥施用量与人均GDP之间呈U形曲线关系。农药使用量与人均GDP之间表现为较复杂的N形曲线关系。目前，北京、天津两市基本处于U形曲线的右侧，其水资源使用量及水环境污染指标呈现增长的趋势。河北省尚处于U形曲线的左侧，说明随着经济的发展，河北省的水资源使用量、水污染物排放量呈现下降的趋势。刘登伟（2010）[③] 的研究表明，京津冀都市圈

---

① 许月卿：《基于生态足迹的京津冀都市圈土地生态承载力评价》，《土地信息技术的创新与土地科学技术发展——2006年中国土地学会学术年会论文集》，2006。
② 邹秀萍：《京津冀经济增长与水环境污染的实证分析》，《生态经济》2009年第8期。
③ 刘登伟：《京津冀大都市圈水资源短缺风险评价》，《水利发展研究》2010年第1期。

水资源短缺风险指数为7.5，水资源短缺状况处于高风险状态。为了维持社会可持续发展和生态系统平衡，必须严格控制人口和经济规模；实施严格的需水管理，实施风险管理策略，研究建立应急调水预案，实施水资源战略储备。杨开忠教授认为，按照规划，未来15年，这一地区要增加2800万人。目前京津冀地区经济对人口依赖度相当高，未来发展应以地区经济增长与人口依赖脱钩为方向，转变发展方式，降低人口依赖系数。

（二）对提升区域可持续发展能力的探讨

1. 遵循市场规律，共建生态补偿机制

国家发改委肖金成研究员（2008）认为[1]，建立合理的京冀水资源补偿机制势在必行。水资源补偿机制就是通过水资源受益主体对保护实施主体及受损主体支付一定的经济补偿，合理调节水资源各相关主体之间的利益关系，实现和谐发展。李岚研究员（2011）提出[2]，解决区域水资源短缺是京津冀合作的抓手，应建立政府和市场双向调节的水资源调度管理机制，从制度和机制上保证水资源的合理分配、使用和保护；建立充分体现上下游用水权利和水资源价值的水资源补偿机制；通过平等协商，制定转让水量测度办法，建立水资源使用权转让机制；依靠科技进步，提高资源环境保障能力和可持续发展能力。

2. 全面推进区域生态协作，提高区域的可持续发展能力

李国平教授（2011）提出[3]，全面推进区域生态协作，实行生态分区分级管理，对大气、水污染进行分区控制，建立区域风沙防御体系。刘丹丹、孙文生(2006)[4]认为，应尽快建立京津冀生态环境整治补偿机制，加大该地区生态环境整治与投入力度。国家应设立专项补偿基金，合理补偿在计划经济体制下形成的三省市水资源分配以及由此引发的移民、生态环境保护和防洪损失等问题。

---

① 肖金成研究员在首都经济贸易大学主办的"2008首都圈发展高层论坛"上的大会发言，参见祝尔娟主编《京津冀都市圈理论与实践的新进展2008》，中国经济出版社，2008。
② 李岚研究员在首都经济贸易大学主办的"2011首都圈发展高层论坛"上的大会发言。
③ 李国平教授在首都经济贸易大学主办的"2011首都圈发展高层论坛"上的大会发言。
④ 刘丹丹、孙文生：《京津冀经济一体化现状及发展对策》，《商业时代》2006年第10期。

3. 基于生态补偿机制的京津冀农业合作模式探讨

河北农业大学商学院王军教授[①]提出，京津冀三地各级政府可以通过各种补偿项目对农民进行直接或间接的补贴，政府是补偿的执行者，农民是补偿的直接受益人，市场是效能产生的中介者。补偿标准可参考：生态压力的成本价值量－生态建设的收益价值量＝农业外部成本价值量＝农业生态补偿价值量。补偿的步骤：立项申报—评审拨款—中期检查—效果综合评价—追加补偿—滚动发展。直到生态建设的效果超过生态压力，生态质量得到改善，农民收入有所提高。

八 关于京津冀区域一体化的体制机制创新研究

（一）推进体制机制创新

1. 建立政府合作机制

史利国研究员（2007）提出[②]，推进政府合作应把握三个原则：一是循序渐进、从易到难；二是平等协商、求同存异；三是尊重市场、依靠企业。政府要改进经济调控方式和手段，将主要精力和工作重心集中于市场机制培育和障碍破除，为生产要素流动成本降低创造条件。中科院方创琳教授（2011）提出[③]，应建立健全城市群的组织协调政策保障机制，明确国家归口管理机关，组建国家级城市群协调发展管理委员会和地方级城市群协调发展管理委员会，建立跨城市的行业协调组织，建立城市群公共财政机制和公共财政专业委员会，充分发挥公共财政在城市群规划实施过程中的重要作用。天津滨海综合发展研究院邢春生副院长（2008）提出[④]，应尽快建立京津冀政府层面的协调工作机制，把京津冀合作制度化。

---

① 王军教授在首都经济贸易大学主办的"2009 京津冀都市圈发展高层论坛"上的大会发言，参见祝尔娟主编《"十二五"时期京津冀发展研究（2009）》，中国经济出版社，2010 年。

② 史利国研究员在首都经济贸易大学主办的"2007 京津冀都市圈发展高层论坛"上的大会发言，参见祝尔娟主编《京津冀都市圈发展新论 2007》，中国经济出版社，2008 年。

③ 方创琳教授在首都经济贸易大学主办的"2011 首都圈发展高层论坛"上的大会发言。

④ 邢春生副院长在首都经济贸易大学主办的"2008 首都圈发展高层论坛"上的大会发言，参见祝尔娟主编《京津冀都市圈理论与实践的新进展 2008》，中国经济出版社，2010。

2. 推进区域规划一体化

李国平教授（2011）认为，应消除地方性政策壁垒，推进区域发展规划的制定，加强区域共同政策的研究与衔接，建立"规划—实施—监督"的完整制度体系，同时加快建立区域协调机制，包括建立信息沟通机制、要素流动机制、政策协调机制、创新区域合作机制，完善运行保障机制。北京市社科院赵弘研究员（2011）提出①，应从国家层面进行区域整体规划，形成统领区域整体发展的行动纲领。由国家牵头建立高层协调机制，建立健全各城市间在生态建设、基础设施建设、园区建设、产业对接等方面的工作推进机制，以及企业、协会等社会力量合作机制。

3. 推进区域政策一体化

中国人民大学孙久文教授（2007）提出②，都市圈发展的一般目标是追求社会公平，保障生态环境，促进经济增长。确定京津冀都市圈的发展目标，关键要对目前各城市的发展目标进行整合，形成发展目标上的共识。目标整合应以实现京津冀基本公共服务的均等化为导向。

4. 健全区域协调机制

北京社科院梅松研究员（2008）提出③，应努力实现京津冀经济一体化的六个机制：资源共享、要素互动、产业集聚、特色错位、生态同保、规划协调。要构建好分工合理、布局得当、结构优化、优势突出的区域发展格局，实现城乡一体化、经济一体化、交通一体化、市场一体化和环保一体化，推进该地区的经济规模化、产业高度化、经营国际化和布局合理化。首都经济贸易大学博士生牛立超（2008）提出④，应建立包括市场导向、创新导向、发展导向、制度建设导向和政府行为规范导向在内的区域协调机制体系。杨开忠教授（2007）提出⑤，京

---

① 赵弘研究员在首都经济贸易大学主办的"2011 首都圈发展高层论坛"上的大会发言。
② 孙久文教授在首都经济贸易大学主办的"2007 京津冀都市圈发展高层论坛"上的大会发言，参见祝尔娟主编《京津冀都市圈发展新论 2007》，中国经济出版社，2008。
③ 梅松研究员在首都经济贸易大学主办的"2008 首都圈发展高层论坛"上的大会发言，参见祝尔娟主编《京津冀都市圈理论与实践的新进展 2008》，中国经济出版社，2010。
④ 牛立超在首都经济贸易大学主办的"2008 首都圈发展高层论坛"上的大会发言，参见祝尔娟主编《京津冀都市圈理论与实践的新进展 2008》，中国经济出版社，2010。
⑤ 杨开忠教授在首都经济贸易大学主办的"2007 京津冀都市圈发展高层论坛"上的大会发言，参见祝尔娟主编《京津冀都市圈发展新论 2007》，中国经济出版社，2008。

津冀都市圈应重点推进三大机制建设，即金融协调发展体制机制、社会协调发展体制机制、生态文明建设体制机制，如建立水权交易市场和环境污染权交易市场等。

（二）推进财政税收政策创新

1. 设立针对京津冀都市圈的特别税收政策

陆军、杨志勇（2010）[①] 研究发现，劳动力流动与地方政府的政策集合、政府效用之间存在相互的决定和影响关系。刘亮（2011）[②] 提出设立针对京津冀经济圈的特别税收政策，逐步缓解乃至消除区域间的税收与税源背离问题，以促进区域经济协调发展。建议建立地方政府间的横向生态补偿财政转移支付制度，实行下游地区对上游地区、开发地区对保护地区、受益地区对生态保护地区的横向财政转移支付。

2. 探讨建立首都圈内地方横向分税制和区域税收分享制度

北京大学杨开忠教授（2007）提出[③]，应认真探讨京津冀地方的税收划分。1994 年的税制改革，解决了中央与各省市之间的纵向分税制，但在省以下地方之间的横向分税问题并没有解决。应当借鉴美国等市场经济国家的经验，探讨建立地方之间横向的分税制，来解决跨地经营企业的税收分配问题。天津社会科学院韩士元研究员（2007）提出[④]，应建立区域税收分享制度，以合理解决要素流动和产业融合过程中的经济利益问题，如各城市联合开发的产业项目，不论项目所在地或注册地在哪里，形成的税收应按要素投入的比例由各方共享；因产业调整、产业链延伸等原因，某些产品或生产工序由一地转入另一地的，转入地新增的税收应按一定的比例返还给转出方；跨城市组建的企业集团或其他生产经营组织，新增利税也不能由总部所在地独享，而应在要素投入各方之间合理分配，用有效的制度保障合作各方的权益。

---

① 陆军、杨志勇：《中国地方财税竞争与异质偏好劳动力的空间流动——以京津冀大都市区为例》，《财经研究》2010 年第 9 期。
② 刘亮：《京津冀一体化中的财政难题与破解之道》，《中国财政》2011 年第 3 期。
③ 杨开忠教授在首都经济贸易大学主办的"2007 京津冀都市圈发展高层论坛"上的大会发言，参见祝尔娟主编《京津冀都市圈发展新论 2007》，中国经济出版社，2008。
④ 韩士元研究员在首都经济贸易大学主办的"2007 京津冀都市圈发展高层论坛"上的大会发言，参见祝尔娟主编《京津冀都市圈发展新论 2007》，中国经济出版社，2008。

（三）推进区域社会政策一体化

1. 要解决好地区间社会政策的相互衔接，把构建同城化的优质生活圈作为建设的重要目标

北京大学杨开忠教授（2007）认为①，京津冀地区劳动力市场已经高度一体化，加快社会政策一体化势在必行。要努力解决好地方之间社会保障、教育、医疗卫生等社会政策的相互衔接。孙久文教授（2011）提出②，未来的首都经济圈应当是人居环境优越的、同城化的生活圈，包括快速交通的联网，通信号段的统一，居民交往的频繁，各类技术标准的统一，创立新都市主义的居住空间范式。建议试行社会保障对接，推进公共服务一体化。

2. 推进人力资源配置一体化

河北财贸大学张云教授（2011）提出③，京津冀三地人力资源的配置目前尚未实现一体化。在"虹吸效应"作用下，河北人才外流严重。她建议加强地区间劳务合作，京津冀联合建立专家数据库和信息服务平台，加强产学研结合，河北与中关村共建环京津高新技术产业带。

3. 优化要素流动和产业融合的社会环境

天津社会科学院韩士元研究员（2007）提出④，应积极探索要素流动和产业融合的有效方式，包括产业转移式、行业协调式、产品协作式、联合开发式、组建集团式。优化要素流动和产业融合的社会环境，如对外招商引资，可尝试采用城市群联合招商的办法。城市群内部人才流动允许只办理人事调动手续，不变更户籍属地。高速公路收费由分段收取改为统一收取，实行"一卡通"制度等。

4. 培育统一开放的区域性市场体系

方创琳教授（2011）提出⑤，应强化市场机制在城市群形成发育中的主导作

① 杨开忠教授在首都经济贸易大学主办的"2007京津冀都市圈发展高层论坛"上的大会发言，参见祝尔娟主编《京津冀都市圈发展新论2007》，中国经济出版社，2008。
② 孙久文教授在首都经济贸易大学主办的"2011首都圈发展高层论坛"上的大会发言。
③ 张云教授在首都经济贸易大学主办的"2011首都圈发展高层论坛"上的大会发言。
④ 韩士元研究员在首都经济贸易大学主办的"2007京津冀都市圈发展高层论坛"上的大会发言，参见祝尔娟主编《京津冀都市圈发展新论2007》，中国经济出版社，2008。
⑤ 方创琳教授在首都经济贸易大学主办的"2011首都圈发展高层论坛"上的大会发言。

用。刘丹丹、孙文生（2006）① 认为，京津冀地区应逐步建立健全规模不等、层次不同、功能各异并成四级分布的区域性市场体系。

（四）推进区域交通网络一体化

梁晓林、谢俊英（2009）认为，区域交通技术的进步，会带来城市之间时空观念的更新，为地区空间结构调整带来新的可能性。在"2011 首都圈发展高层论坛"上，赵弘研究员建议，从国家层面超前规划区域大交通体系、能源供应体系、信息基础设施体系等，为区域经济合作提供强有力的支撑。李国平教授建议，在未来十年基本建成京津塘、京石、京秦、津唐主要城市间的城际客运专线或轻轨体系；在进出关、京沪、京广、京包、京津塘等主要运输通道上建设现代化的基础设施，增强大运量能力，形成集装箱枢纽港、工业港、能源港和地方港协调发展的区域港口群，建设规模、功能、布局合理的机场体系。李岚研究员提出，应加快建设河北港口至内蒙古、陕西的煤炭运输通道，加快建设关内外第二、第三运输专线，加快建设京津冀东西向骨干交通线路。

参考文献

［1］祝尔娟：《京津冀都市圈发展新论 2007》，中国经济出版社，2008。

［2］许树立：《试论京津冀地区横向经济联合的发展》，《河北学刊》1986 年第 4 期。

［3］傅林生、罗智扬、王存杰：《在京津冀建立区域性共同市场的意见》，《商业经济研究》1989 年第 9 期。

［4］刘大水、王丽萍：《河北与京津两市发展关系问题浅析》，《地理学与国土研究》1991 年第 1 期。

［5］刘纯彬：《一个天方夜谭还是一个切实可行的方案——关于建立京津冀大行政区的设想》，《中国软科学》1992 年第 3 期。

［6］王爱春：《港口经济与京津冀的联合及发展》，《经济论坛》1995 年第 4 期。

［7］王亭亭：《区域体制改革：京津冀区域经济一体化的关键》，《中国经贸导刊》2002 年第 7 期。

［8］张可云：《京津冀都市圈合作思路与政府作用重点研究》，《地理与地理信息科学》2004 年第 4 期。

---

① 刘丹丹、孙文生：《京津冀经济一体化现状及发展对策》，《商业时代》2006 年第 10 期。

［9］孙洪铭：《从京津冀更大的地域空间研究北京城市的发展》，《城市问题》1993年第4期。

［10］陆军：《论京津冀城市经济区域的空间扩散运动》，《经济地理》2002年第5期。

［11］于涛方：《京津冀全球城市区域边界研究》，《地理与地理信息科学》2005年第4期。

［12］刘卫东：《京津冀滨海节水产业带建设探讨》，《地理学与国土研究》1992年第3期。

［13］戴宏伟、马丽慧：《借势与造势——京津冀产业梯度转移与河北产业结构优化》，《经济论坛》2002年第18期。

［14］纪良纲、晓国：《京津冀产业梯度转移与错位发展》，《河北学刊》2004年第6期。

［15］张雪梅、孙武志：《加快区域现代物流发展促进京津冀一体化》，《商场现代化》2005年第12期。

［16］祝尔娟：《京津冀都市圈理论与实践的新进展2008》，中国经济出版社，2010。

［17］祝尔娟：《"十二五"时期京津冀发展研究（2009）》，中国经济出版社，2010。

［18］孙久文、邓慧慧：《京津冀区域经济一体化及其合作途径探讨》，《首都经济贸易大学学报》2008年第2期。

［19］陈红霞、李国平：《京津冀地区城市经济联系实证》，《城市发展研究》2010年第5期。

［20］陈璋、颜平、邵伟：《京津冀区域经济联系》，《数据》2011年第3期。

［21］马燕坤：《京津冀地区城市经济联系实证研究》，《发展研究》2011年第5期。

［22］钟茂初、潘丽青：《京津冀生态—经济合作机制与环京津贫困带问题研究》，《林业经济》2007年第10期。

［23］焦君红、王登龙：《环京津贫困带的环境权利与义务问题研究》，《改革与战略》2008年第1期。

［24］蒋满元：《京津冀区域经济合作中的问题分析与对策选择》，《河北科技大学学报》2008年第12期。

［25］梁晓林、谢俊英：《京津冀区域经济一体化的演变、现状及发展对策》，《河北经贸大学学报》2009年第11期。

［26］吕中行、谢俊英：《京津冀区域经济一体化的发展前景与战略构想》，《经济与管理》2007年第8期。

［27］周立群：《京津冀发展新格局》，《社会科学论坛》2008年第1期。

［28］周立群、罗若愚：《京津冀经济一体化：基础、制约因素与思路》，《北京规划建设》2005年第4期。

［29］何海军、杜丽菲、郭小兰、高士超：《京津冀经济一体化过程中的问题分析》，

《北方经济》2008 年第 7 期。

[30] 彭永芳、谷立霞、朱红伟：《京津冀区域合作与区域经济一体化问题分析》，《湖北农业科技》2011 年第 8 期。

[31] 钱智、季任钧、陈和平：《论冀京津合作中的问题、机遇、方针和措施》，《中国软科学》2000 年第 8 期。

[32] 韩利红、母晓萌：《京津冀区域经济协调发展问题研究》，《求索》2010 年第 5 期。

[33] 崔和瑞：《京津冀区域经济一体化可行性分析及发展对策》，《技术经济与管理研究》2006 年第 5 期。

[34] 李媛媛、孙文生：《京津冀区域一体化分析》，《统计与决策》2006 年第 5 期。

[35] 魏然、李国梁：《京津冀区域经济一体化可行性分析》，《经济问题探索》2006 年第 12 期。

[36] 刘治彦：《中国城市化进程中的首都经济圈发展》，《领导之友》2011 年第 5 期。

[37] 周立群、丁锟华：《滨海新区与京津冀都市圈崛起》，《天津师范大学学报》2007 年第 1 期。

[38] 肖金成、李青、李军培：《滨海新区的优势地位与促进开发开放的对策建议》，《中国发展观察》2006 年第 7 期。

[39] 陈永国：《河北省建设沿海经济隆起带的理论思考》，《商业研究》2009 年第 2 期。

[40] 王景武：《京津冀区域经济一体化进程中的外汇管理思考》，《中国金融》2006 年第 7 期。

[41] 张淑莲等：《京津冀医药制造业产业协同的实证研究》，《河北经贸大学学报》2011 年第 9 期。

[42] 张亚明等：《京津冀 IT 产业大集群战略模式创新研究》，《科学学与科学技术管理》2010 年第 3 期。

[43] 孙前进：《基于产业结构的京津冀物流功能集聚区建设探讨》，《商业时代》2011 年第 23 期。

[44] 徐蕾：《论京津冀地区战略性新兴产业的布局》，《特区经济》2011 年第 4 期。

[45] 许月卿：《基于生态足迹的京津冀都市圈土地生态承载力评价》，《土地信息技术的创新与土地科学技术发展——2006 年中国土地学会学术年会论文集》，2006。

[46] 邹秀萍：《京津冀经济增长与水环境污染的实证分析》，《生态经济》2009 年第 8 期。

[47] 刘登伟：《京津冀大都市圈水资源短缺风险评价》，《水利发展研究》2010 年第 1 期。

[48] 王涛、吕昌河：《京津冀地区土地利用变化的数量结构分析》，《山西大学学报》2010 年第 3 期。

［49］何丹等：《基于 Logistic-CA-Markov 的土地利用景观格局变化——以京津冀都市圈为例》，《地理科学》2011 年第 8 期。

［50］刘丹丹、孙文生：《京津冀经济一体化现状及发展对策》，《商业时代》2006 年第 10 期。

［51］陆军、杨志勇：《中国地方财税竞争与异质偏好劳动力的空间流动——以京津冀大都市区为例》，《财经研究》2010 年第 9 期。

［52］刘亮：《京津冀一体化中的财政难题与破解之道》，《中国财政》2011 年第 3 期。

B.2

京津冀区域经济一体化进程与特征分析

孙久文　丁鸿君*

摘　要：区域经济一体化是京津冀都市圈发展的重大问题，不仅关系到京津冀区域自身的长远发展，还关系到我国区域协调发展的大局。为此，本报告立足于京津冀区域的实际，着眼于未来发展的要求，选取北京、天津、河北各市作为研究对象，试图较为全面地分析近几年来京津冀区域一体化的进程和特征，并提出未来北京开展京津冀区域一体化的对策建议。

关键词：京津冀　区域一体化　分工与联系

一　引言

随着我国城市化和工业化进程的加快发展，产业集聚和城市空间结构变动十分明显，都市圈发展呈现加速趋势。到目前为止，基本形成了以京津冀都市圈、长三角都市圈和珠三角都市圈为代表的"两横三纵"格局。都市圈之间、都市圈内部城市之间的产业合作和经济联系更加活跃，区域经济关系呈现前所未有的紧密状态。

京津冀都市圈是我国三大都市圈之一，是我国北方经济、科技、文化最为发达的地区。在中央和地方政府的推动下，京津冀区域合作有了一定进展，区域经济一体化的进程取得了明显成果。但相较于长三角都市圈和珠三角都市圈而言，京津冀都市圈的发展相对滞后，区域经济一体化水平较低，各城市之间的产业分工和发展地位存在矛盾，区域合作的宽度和深度都存在问题，块状经济的特征比

---

* 孙久文，中国人民大学经济学院城市与区域经济研究所所长，教授、博士生导师；丁鸿君，中国人民大学博士研究生。

较明显。"十二五"期间，京津冀区域经济一体化仍然面临一些困难和问题。

针对京津冀区域经济一体化的发展，诸多学者提出自己的观点。北京大学杨开忠（2000）等认为，首都要可持续发展，要建设成为具有国际竞争力的世界城市，必须依托于首都圈的发展，根据城市规模（人口规模和经济规模）、中心城市可达性和辐射力等方面研究，首都圈范围基本确定为北京、天津、廊坊、保定、沧州、承德、张家口、唐山、秦皇岛九市。杨开忠（2010）从区域经济一体化的角度出发，分析了京津冀区域发展的现状，并认为京津冀区域发展的核心在于通过制定恰当的公共政策，实现人口一体化与城乡一体化、经济一体化、交通一体化的协调发展。中国人民大学孙久文等（2008）在分析京津冀区域一体化现状和进程的基础上，指出京津冀都市圈已经走过了贸易一体化的区域经济一体化初级阶段，进入到要素一体化发展阶段①。孙久文（2011）认为，推动京津冀区域合作，促进区域经济一体化，是京津冀都市圈发展的必然要求，过去几年，京津冀区域合作取得了一定进展，但是，也还存在诸多制约性因素，与长三角和珠三角两大都市圈相比，区域一体化水平仍然偏低，加上京津冀都市圈规划一直没有得到中央的批复，当初制定该规划的发展条件和环境都已经发生了变化，重新审视京津冀区域的发展与区域合作就显得刻不容缓。首都经济贸易大学文魁（2010）认为，京津冀区域经济一体化的关键是首都经济圈的区域合作。首都经济圈进行区域合作的目的就是发挥对周边的辐射带动作用，促进产业之间的联系。首都经济圈的合理布局和科学定位是解决当前北京人口、交通、资源、环境等压力的唯一出路，也是促进首都圈经济发展的重要基础。国家发改委国土经济与区域研究所肖金成（2010）认为，京津冀城市圈的规划提了很久，但合作推进一直比较慢，主要原因是地方 GDP 考核在作怪，京津冀三地政府都想得到合作中的利益，但都想避免输送利益到其他地区。因此在这样的思想指导下，实质性的区域合作较难向前推进。河北省社会科学院孙世芳（2010）认为，长期以来，京津冀的发展，无论在理论上还是在实践上，都没有摆脱块状经济的区域发展格局和分析框架，块状经济导致京津冀的区域合作滞后于长三角。

---

① 孙久文、邓慧慧、叶振宇：《京津冀区域经济一体化及其合作途径探讨》，《首都经贸大学学报》2008 年第 2 期。

基于此，本文以京津冀全部行政区域的 13 个主要城市为对象，采用定量分析和定性分析相结合的方法，尝试较为全面地分析近几年来京津冀区域一体化发展的进程和特征，提出未来区域经济一体化的趋势，从而为推动京津冀区域一体化发展提供参考。

二 京津冀区域经济一体化中的区域经济联系分析

区域经济联系是衡量区域经济一体化程度的重要标准。区域经济联系量是用来衡量区域间经济联系强度的指标，既能反映中心城市对周边地区的辐射能力，也能反映周边地区对中心城市辐射能力的接受程度。衡量京津冀区域经济一体化本文首先选择对区域经济联系的分析。

（一）研究方法和数据选取

城市间的经济联系量通过引力模型加以测算①。引力模型最早来源于 1929年地理学家 Reilly 发表的对零售关系研究方法的探索，而后 Zipf 对模型进行了改进②。20 世纪 90 年代以来，国内一些学者如王德忠等③、周一星等④、李国平等⑤、郑国等⑥、苗长红等⑦、刘承良等⑧广泛应用了空间引力模型分析区域经济联系。根据经济联系量的概念，本文以京津冀区域北京、天津、唐山、石家庄、秦皇岛、承德、张家口、廊坊、保定、邯郸、邢台、衡水、沧州等 13 个主要城

① 牛慧恩、孟庆民等：《甘肃与毗邻省区区域经济联系研究》，《经济地理》1998 年第 3期。
② Zipf G. K. The P1P2/D Hypothesis：On the Intercity Movement of Persons. *American Sociological Review*，1946，December.
③ 王德忠、庄仁兴：《区域经济联系定量分析初探——以上海与苏锡常地区经济联系为例》，《地理科学》1996 年第 16（1）期。
④ 周一星：《主要经济联系方向论》，《城市规划》1998 年第 22（2）期。
⑤ 李国平、王立明、杨开忠：《深圳与珠江三角洲区域经济联系的测度及分析》，《经济地理》2001 年第 21（1）期。
⑥ 郑国、赵群毅：《山东半岛城市群主要经济联系方向研究》，《地域研究与开发》2004 年第 23（5）期。
⑦ 苗长虹等：《河南省城市的经济联系方向与强度——兼论中原城市群的形成与对外联系》，《地理研究》2006 年第 25（2）期。
⑧ 刘承良等：《武汉都市圈经济联系的空间结构》，《地理研究》2007 年第 26（1）期。

市为对象，采用空间引力模型来测算 2005 年和 2009 年间京津冀区域主要城市之间的经济联系量，具体公式为：

$$R_{ij} = \sqrt{P_i \times V_i} \times \sqrt{P_j \times V_j}/D_{ij}^{\ 2}, F_{ij} = \frac{R_{ij}}{\sum\limits_{i=1}^{n} R_{ij}}$$

其中，R_{ij} 表示城市间的经济联系量，P_i 为城市市区非农人口，V_i 为城市市区 GDP，D_{ij} 为城市间最短公路里程数，F_{ij} 为 j 城市对 i 城市的经济隶属度。

这里分别选取 2005 年和 2009 年的数据进行模型计算[①]，基于上述方法和数据，根据各城市的经济实力，选取北京和天津为京津冀区域的中心城市，唐山和石家庄为京津冀区域的二级中心城市，其他城市为三级中心城市。我们首先计算了 2005 年和 2009 年京津冀区域 13 个主要城市之间的经济联系度，并在此基础上，计算了 13 个主要城市之间的经济隶属度。

（二）2005 年京津冀主要城市经济联系度分析

首先考察 2005 年京津冀区域主要城市之间的经济联系度，可以从以下三方面来分析。

第一，就经济联系量来看，如表 2 - 1 所示，2005 年京津冀区域主要城市之间的经济联系量呈现出明显的中心—外围特征，以北京、天津两大直辖市为中心城市，以唐山和廊坊为次级城市，其他城市为外围，经济联系量主要围绕京津中心城市展开，周边城市对京津的经济联系强度和经济隶属度明显高于对唐山和石家庄的经济联系强度和经济隶属度，充分体现出北京和天津作为京津冀区域中心城市的主导地位。在二级中心城市中，唐山和石家庄对北京的经济联系强度和经济隶属度要高于对天津的经济联系强度和经济隶属度，尤其是石家庄与北京的经济联系要比石家庄与天津的经济联系密切得多，反映了北京在京津冀区域中的更为明显的吸引力。在三级中心城市中，大部分城市对京津的经济联系强度和经济隶属度要高于对唐山和石家庄的联系强度和经济隶属度，尤其是廊坊、张家口、

---

① 其中，城市市区非农人口、GDP 的具体数据来源于《中国城市统计年鉴（2006）》、《中国城市统计年鉴（2010）》，城市间的最短公路里程数根据车次网（http://www.checi.cn/）的数据查询整理而得，考虑到城市间最短公路里程数在较短时间内保持相对稳定，这里参照其他学者的做法，统一采用 2009 年的城市间最短公路里程数。

保定、承德、秦皇岛、沧州等城市，对京津的经济隶属度都要大大高于对唐山、石家庄的经济隶属度，而唐山和石家庄只是对周边城市的经济联系度稍微高些，反映出唐山和石家庄作为二级中心城市并不具备较强的集聚力和扩散力，与北京和天津差距明显。

表 2－1　2005 年京津冀主要城市的经济联系强度

	北京		天津		唐山		石家庄	
	联系量(亿元·万人/平方公里)	隶属度(%)	联系量(亿元·万人/平方公里)	隶属度(%)	联系量(亿元·万人/平方公里)	隶属度(%)	联系量(亿元·万人/平方公里)	隶属度(%)
唐　山	31.692	50.780	30.718	49.220				
石家庄	11.321	67.659	5.412	32.341				
秦皇岛	4.388	53.836	0.856	10.501	2.714	33.294	0.193	2.370
承　德	2.833	69.707	0.205	5.055	0.935	23.021	0.090	2.217
张家口	7.289	87.027	0.451	5.385	0.352	4.200	0.284	3.388
廊　坊	57.368	91.355	4.101	6.531	0.956	1.522	0.372	0.593
保　定	13.779	73.128	1.842	9.777	0.548	2.906	2.673	14.188
邯　郸	2.293	35.542	1.252	19.413	0.248	3.850	2.657	41.196
邢　台	1.282	29.882	0.587	13.672	0.127	2.959	2.295	53.487
衡　水	1.635	42.840	1.044	27.345	0.155	4.057	0.983	25.758
沧　州	4.443	32.502	7.971	58.306	0.625	4.574	0.631	4.618

资料来源：根据《中国城市统计年鉴（2006）》和车次网（http：//www.checi.cn/）有关数据整理计算而得。

　　第二，从北京对其他二三级城市的经济联系强度和隶属度来看，如表 2－2 所示，2005 年，北京与周边的廊坊、唐山、保定、石家庄和张家口经济联系度较大，尤其是对廊坊、唐山、保定的经济联系量之和要占到北京对所有二三级城市经济联系量总和的 74% 左右，充分反映了廊坊、唐山和保定作为环首都圈的重要城市，在接受首都经济辐射和产业合作方面占有了有利的先机。除了廊坊、唐山和保定，北京对石家庄和张家口的经济联系度和经济隶属度也较高，反映了石家庄作为京津冀区域重要的二级中心城市所具有的经济实力，而张家口作为北京的邻近城市和北京水源的上游，与北京在产业合作、生态合作等方面都有广阔的空间。其他一些城市在北京的对外经济联系中所占比重较小，反映出北京对京

津冀区域的扩散效应还不够强，大部分城市与北京的差距过大，发展比较滞后，经济联系强度有限。

表2-2 2005年北京对其他二三级城市的经济联系强度

单位：亿元·万人/平方公里

	廊坊	唐山	保定	石家庄	张家口	沧州	秦皇岛	承德	邯郸	衡水	邢台
联系量	57.37	31.69	13.78	11.32	7.29	4.44	4.39	2.83	2.29	1.64	1.28
隶属度(%)	41.47	22.91	9.96	8.18	5.27	3.21	3.17	2.05	1.66	1.18	0.93
排序	1	2	3	4	5	6	7	8	9	10	11

资料来源：根据《中国城市统计年鉴（2006）》和车次网（http://www.checi.cn/）有关数据整理计算而得。

第三，从天津对其他二三级城市的经济联系强度和隶属度来看，如表2-3所示，2005年，在11个二三级城市中，天津对唐山、沧州、石家庄、廊坊的经济联系度和经济隶属度较高，尤其是对唐山的经济联系量要占到天津对所有二三级城市经济联系量的一半以上，反映了天津与唐山同为京津冀区域重要的工业城市，彼此间的经济联系非常密切，产业合作互动程度较高。不过，天津对其他二三级城市的经济辐射和扩散明显不足，反映出天津的增长极作用有待进一步提高。

表2-3 2005年天津对其他二三级城市的经济联系强度

单位：亿元·万人/平方公里

	唐山	沧州	石家庄	廊坊	保定	邯郸	衡水	秦皇岛	邢台	张家口	承德
联系量	30.72	7.97	5.41	4.10	1.84	1.25	1.04	0.86	0.59	0.45	0.21
隶属度(%)	56.43	14.64	9.94	7.53	3.38	2.30	1.92	1.57	1.08	0.83	0.38
排序	1	2	3	4	5	6	7	8	9	10	11

资料来源：根据《中国城市统计年鉴（2006）》和车次网（http://www.checi.cn/）有关数据整理计算而得。

总的来看，2005年京津冀区域经济联系主要是以北京、天津两大中心城市为主导，主要的经济联系方向是中心城市与二级中心城市以及中心城市与部分周边城市，北京和天津两大中心城市的极化效应很强，扩散效应不足，而唐山和石家庄的极化效应明显弱于京津，对三级城市的辐射力偏低，这也充分反映了京津冀区域发展不平衡的客观现实。

（三）2009 年京津冀主要城市经济联系度分析

考察 2009 年京津冀区域主要城市之间的经济联系度，可以从以下三方面来分析：

第一，就总的经济联系量来看，如表 2 - 4 所示，与 2005 年相比，2009 年京津冀区域主要城市之间的经济联系量得到较大程度的增加，并仍然呈现出明显的中心—外围特征，北京、天津两大中心城市对其他二三级城市的集聚效应要比 2005 年更加强烈，周边大部分城市对京津的经济联系强度和经济隶属度要比 2005 年的水平有了一定的提高，而且明显高于对唐山和石家庄的经济联系强度和经济隶属度，充分体现出北京和天津在京津冀区域中心城市所处的主导地位更加巩固。在二级中心城市中，唐山对北京和天津的经济联系强度要比 2005 年的水平提高不少，而石家庄对北京和天津的经济联系度虽有提高，但是幅度有限，而且石家庄和唐山对北京的经济隶属度有所下降，对天津的经济隶属度都有所提高，反映了自滨海新区战略实施以来天津经济发展的集聚力和扩散力得到了充分的提高。在三级中心城市中，大部分城市对京津的经济联系强度和经济隶属度都有所提高，明显高于对唐山和石家庄的联系强度和经济隶属度，而唐山只是对周边的秦皇岛、承德和石家庄只是对周边城市的邯郸、邢台、衡水具有较强的集聚力和扩散力，但是仍然与京津差距明显。

表 2 - 4　2009 年京津冀主要城市的经济联系强度

	北京		天津		唐山		石家庄	
	联系量(亿元·万人/平方公里)	隶属度(%)	联系量(亿元·万人/平方公里)	隶属度(%)	联系量(亿元·万人/平方公里)	隶属度(%)	联系量(亿元·万人/平方公里)	隶属度(%)
唐　山	90.073	47.638	99.004	52.362				
石家庄	22.409	64.848	12.147	35.152				
秦皇岛	9.265	40.467	6.535	28.543	6.760	29.527	0.335	1.463
承　德	7.373	59.595	1.933	15.627	2.873	23.221	0.193	1.558
张家口	16.946	76.180	3.792	17.046	0.965	4.338	0.542	2.437
廊　坊	174.841	77.913	45.198	20.141	3.436	1.531	0.932	0.415
保　定	33.583	59.179	16.237	28.612	1.575	2.775	5.353	9.434
邯　郸	4.700	37.044	2.911	22.944	0.601	4.734	4.476	35.278
邢　台	3.915	32.192	2.031	16.702	0.457	3.761	5.757	47.344
衡　水	3.240	42.926	2.345	31.071	0.362	4.796	1.600	21.207
沧　州	10.749	30.147	21.866	61.328	1.785	5.006	1.255	3.519

资料来源：根据《中国城市统计年鉴（2010）》和车次网（http：//www.checi.cn/）有关数据整理计算而得。

第二，就北京对其他二三级城市的经济联系强度和隶属度来看，如表 2 - 5
所示，2009 年，北京对外经济联系的重点仍然集中在周边的廊坊、唐山、保定
等市，对廊坊、唐山、保定的经济联系量之和要占到北京对所有二三级城市经济
联系量总和的 79% 左右，要比 2005 年的水平还有所提高，反映了北京的对外经
济联系更加向廊坊、唐山集中，廊坊和唐山在首都经济圈的辐射下，更加深入地
参与到首都经济圈的区域合作中。

表 2 - 5　2009 年北京对其他二三级城市的经济联系强度

单位：亿元·万人/平方公里

	廊坊	唐山	保定	石家庄	张家口	沧州	秦皇岛	承德	邯郸	邢台	衡水
联系量	174.84	90.07	33.58	22.41	16.95	10.75	9.27	7.37	4.70	3.91	3.24
隶属度（%）	46.37	23.89	8.91	5.94	4.49	2.85	2.46	1.96	1.25	1.04	0.86
排序	1	2	3	4	5	6	7	8	9	10	11

资料来源：根据《中国城市统计年鉴（2010）》和车次网（http://www.checi.cn/）有关数据整
理计算而得。

相对于廊坊、唐山和保定而言，北京对其他三级城市的经济联系度虽有不同程
度的提高，但是经济隶属度出现不同程度的下降，这些三级城市在北京的对外经济
联系中所占比重仍然较小，反映出京津冀区域发展不平衡的问题仍然存在，诸多三
级城市与北京的梯度差过大，发展比较滞后，导致接受北京的经济辐射受限。

第三，从天津对其他二三级城市的经济联系强度和隶属度来看，如表 2 - 6
所示，2009 年，天津对 11 个二三级城市的经济联系强度都有不同程度的提高，
尤其是天津与廊坊、天津与秦皇岛不仅在经济联系量上有大幅度的提高，还在经
济隶属度上有明显的上升。

表 2 - 6　2009 年天津对其他二三级城市的经济联系强度

单位：亿元·万人/平方公里

	唐山	廊坊	沧州	保定	石家庄	秦皇岛	张家口	邯郸	衡水	邢台	承德
联系量	99.00	45.20	21.87	16.24	12.15	6.54	3.79	2.91	2.34	2.03	1.93
隶属度（%）	46.26	21.12	10.22	7.59	5.68	3.05	1.77	1.36	1.10	0.95	0.90
排序	1	2	3	4	5	6	7	8	9	10	11

资料来源：根据《中国城市统计年鉴（2010）》和车次网（http://www.checi.cn/）有关数据整
理计算而得。

总的来看，天津对二三级城市经济联系的重点集中在唐山、廊坊、沧州、石家庄和保定，但是天津对唐山、沧州、石家庄和保定尽管在经济联系量上保持增长，但是经济隶属度出现不同程度的下降，反映了天津除了巩固原有腹地外，还向其他城市进行经济辐射，增长极作用有一定提高。2009年京津冀区域主要城市之间的经济联系更加活跃，随着北京、天津两大中心城市经济的快速增长，京津与二三级城市的经济联系量明显提升，京津的主导作用依旧巩固，北京和天津两大中心城市的极化效应继续增强，扩散效应有一定的提高，而唐山和石家庄的极化效应弱、辐射力偏低的局面没有明显改善。

（四）分析与结论

总的来看，2005年以来，京津冀区域主要城市之间的经济联系强度有了明显的提高，基本呈现以北京、天津为中心，唐山、廊坊为次中心，其他城市为外围的格局，北京、天津两大中心城市综合实力强，聚集效应大，增长极作用明显，经济联系量更多地集中在中心城市对次中心城市的经济辐射；秦皇岛、承德、张家口、保定4个城市经济联系主要是针对北京、天津、唐山等城市，随着中心城市经济的快速增长，这4个城市受到的经济辐射越来越强，与中心城市的经济联系量快速增加，成为名副其实的高度依赖于中心城市的外围地区，但是，外围地区处于比较弱势的地位，外围地区与中心城市的经济联系更多的是单向联系，外围地区对中心城市的经济联系只占到中心城市对外经济联系的微少部分，这也反映了京津冀区域内发展不平衡、区域合作一体化程度偏低的困境，未来若干年，加强北京、天津与周边城市的合作交流，消除壁垒和障碍，加快产业转移，实现商品、生产要素、区域政策的一体化，是京津冀区域合作的重要方向。

三　京津冀区域经济一体化的产业分工度分析

产业分工程度是评价区域经济一体化水平的重要指标。区域产业分工程度越高，表明区域经济一体化水平越高；反之，区域经济一体化水平则越低。

（一）数据与方法

本文采用区域分工指数来测度京津冀区域的产业分工程度，计算公式如下：

$$S_{jk} = \sum_{i=1}^{n} \left| \frac{q_{ij}}{q_j} - \frac{q_{ik}}{q_k} \right|$$

其中，q_{ij} 和 q_{ik} 分别表示 j 地区和 k 地区 i 产业的产值，q_j 和 q_k 分别表示 j 和 k 地区的工业总产值。这里，$S_{jk} \in [0, 2]$，指数值越高，两地区产业差异程度越高；指数值越低，则两地区产业同构化程度越高。

如表 2 - 7 和图 2 - 1、图 2 - 2、图 2 - 3 所示，总的来看，2005 ~ 2010 年京津冀区域产业分工程度有了较为明显的提高，产业同构化问题逐步缓解和改善，区域经济一体化水平取得了一定的成效。

表 2 - 7   北京、天津和河北区域分工指数和均值方差

年　份	北京—天津		北京—河北		天津—河北	
	2005	2010	2005	2010	2005	2010
区域分工指数	0.41888105	0.649022	0.9073909	0.918775	0.831574653	0.646720354
指数均值方差	0.000226206	0.000961	0.0029627	0.002505	0.002279373	0.000837021

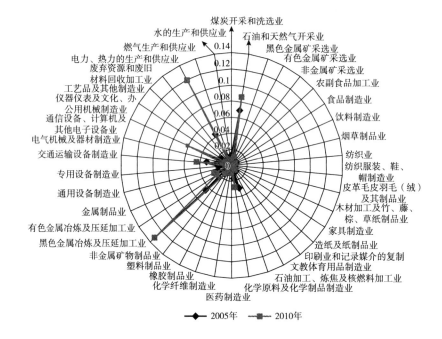

图 2 - 1   北京与天津分行业的分工指数

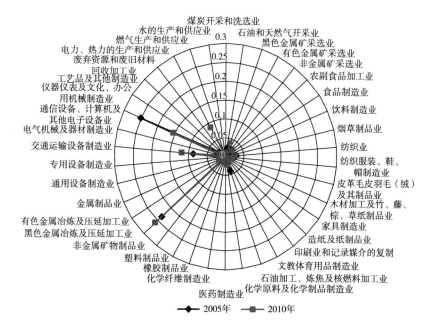

图 2-2　北京与河北分行业的分工指数

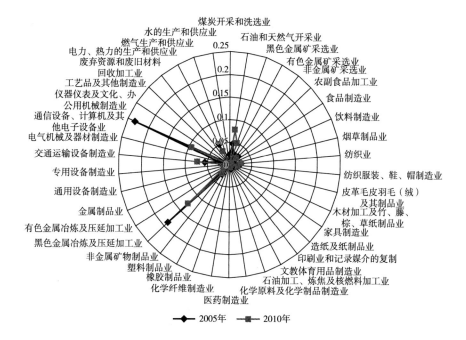

图 2-3　天津与河北分行业的分工指数

（二）产业分工分析

1. 北京与天津的产业分工程度

从 2005 年到 2010 年，京津的区域分工指数从 0.41888105 上升到 0.649022，反映出京津作为京津冀地区的两个核心城市，在产业选择和发展定位上都各有差异，区域产业分工合作水平不断提高。特别是石油和天然气开采业，黑色金属矿采选业，化学原料及化学制品制造业，非金属矿物制品业，黑色金属冶炼及压延加工业，有色金属冶炼及压延加工业，金属制品业，交通运输设备制造业，电气机械及器材制造业，通信设备、计算机及其他电子设备业，电力、热力的生产和供应业等行业的分工指数比较高，对京津两地区域分工指数的不断提高贡献较大。当然，也还有部分行业的分工指数趋于下降，处于较低水平，比如食品制造业，纺织业，皮革毛皮羽毛（绒）及其制品业，家具制造业，印刷业和记录媒介的复制、文教体育用品制造业，专用设备制造业，电气机械及器材制造业，仪器仪表及文化、办公用机械制造业，京津在这些行业上的分工不太明确，差异化程度不够。

2. 北京与河北的产业分工程度

从 2005 年到 2010 年，京冀两地的区域产业分工指数继续在较高水平稳步上升，从 0.9073909 上升到 0.918775，在京津冀地区中处于最高水平，反映出京冀在产业选择和发展定位上各有侧重，区域产业差异化特征明显。从具体行业来看，黑色金属矿采选业，农副食品加工业，纺织业，皮革毛皮羽毛（绒）及其制品业，石油加工、炼焦及核燃料加工业，化学原料及化学制品制造业，医药制造业，非金属矿物制品业，黑色金属冶炼及压延加工业，金属制品业，专用设备制造业，交通运输设备制造业，电气机械及器材制造业，通信设备、计算机及其他电子设备业，仪器仪表及文化、办公用机械制造业，电力、热力的生产和供应业等行业的区域分工指数比较高，对两地分工指数的贡献很大。还有部分行业的区域分工指数比较低，如食品制造业、文教体育用品制造业、废弃资源和废旧材料回收加工业。

3. 天津与河北的产业分工程度

与京津、京冀的趋势不同，从 2005 年到 2010 年，津冀两地区域产业分工指数的走势呈现下滑态势，从 0.831574653 下降到 0.646720354，反映出津冀两地区产业同构化现象出现恶化趋势，产业分工水平明显下降。除了石油和天然气开采业，黑色金属矿采选业，农副食品加工业，纺织业，非金属矿物制品业，黑色金属冶炼及压延加工业，有色金属冶炼及压延加工业，交通运输设备制造业，通信设备、计算机及其他电子设备业，电力、热力的生产和供应业等少部分行业的区域分工指数相对高外，其他大部分行业的区域分工指数偏低，差异化程度不够，导致天津与河北整体的区域产业分工水平偏低。

总的来看，2005～2010年，京津冀区域产业分工更加趋于合理化，产业差异化程度有了明显提高，尤其是北京与河北、北京与天津的区域分工程度有较大程度的上升。但是，一些问题仍然存在，部分行业的区域分工程度仍然偏低，天津与河北的区域分工水平趋于下降，这些问题都制约着京津冀一体化的进一步发展。考虑到"河北沿海经济带"已经成为上升到国家层面的区域规划，如何加强与天津滨海新区的产业分工，避免过度的产业重构和结构雷同，是"十二五"期间京津冀地区区域合作的重要议题。

四　京津冀区域一体化中的产品市场和要素市场一体化分析

（一）方法与数据

产品市场和生产要素市场的统一是区域经济一体化的重要特征，而产品市场和生产要素市场的逐步统一主要表现在区域之间的产品和生产要素价格将向趋同方向发展，如果各区域的产品和要素价格趋异，那么就意味着各区域的产品市场和要素市场存在各种障碍，区域一体化程度比较滞后。为此，我国部分学者先后运用上述原理，采用价格法来测算区域市场一体化程度。黄季焜（1998）以协整的方法测算了我国大米市场的一体化程度，得出我国大米市场朝一体化方向发展的结论。Young（2000）采用对某类商品的各地区价格进行简单平均得到标准差的方法来判断我国区域间市场的整合程度。李树甘和杨伟文（2005）以价格的趋同来测度内地与香港的一体化程度，并认为，在1996年1月和2004年4月之间，内地和香港不存在区域经济一体化的特征和现象。桂琦寒、陈敏、陆铭和陈钊等（2006）采用相对价格法对1985～2001年我国相邻省份的商品市场整合程度及变化趋势进行了分析评价。

基于诸多学者的研究成果，根据本文研究的需要，本文采用相对价格法来测

算 2003～2009 年京津冀区域一体化的程度。

其基本公式为：

$$Q_{ijt}^k = \ln\left(\frac{P_{it}^k}{P_{jt}^k}\right), \Delta Q_{ijt}^k = \ln\left(\frac{P_{it}^k}{P_{jt}^k}\right) - \ln\left(\frac{P_{it-1}^k}{P_{jt-1}^k}\right)$$

其中，P_{it}^k、P_{jt}^k 分别表示 i、j 地区第 k 类商品在 t 年份的价格，Q_{ijt}^k 表示 i 和 j 两地价格比的自然对数，ΔQ_{ijt}^k 表示相对价格的一阶差分。

考虑到统计指标的连续性和一致性，本文选取 2003～2009 年北京、天津和河北三个行政区的各地级市 16 类商品的零售价格指数数据，这 16 类商品包括：食品、饮料烟酒、服装鞋帽、纺织品、家用电器及音响器材、文化办公用品、日用品、体育娱乐用品、交通通信用品、家具、化妆品、金银珠宝、中医药品及保健用品、书报杂志及电子出版物、燃料、建筑材料及五金电料。在此基础上，首先测算出北京与天津、石家庄、承德、张家口、秦皇岛、唐山、廊坊、保定、沧州、衡水、邢台、邯郸的相对价格方差以及天津与河北 11 市的相对价格方差，然后测算出京津冀区域相邻省市即北京—天津、北京—河北、天津—河北的相对价格方差，最后通过计算京津冀区域相邻省市相对价格方差的均值得出京津冀区域的总体相对价格方差。

（二）京津冀城市之间的价格走势

北京、天津与石家庄、承德、张家口、秦皇岛、唐山、廊坊、保定、沧州、衡水、邢台、邯郸的相对价格方差走势，如图 2-4 所示，自 2003 年以来，除个别年份和少数城市外，北京与周边大部分城市的相对价格方差趋于收敛，特别是北京与天津、石家庄、承德、邢台、邯郸表现得更加明显，这充分表明，北京与周边城市在食品、文体办公用品、中医药品及保健用品、家用电器及音响器材等居民消费品上的价格正走向趋同，反映了北京与天津、河北各城市之间的市场整合度有了一定的上升，区域市场一体化程度有所提高。与北京呈现的态势总体相似，如图 2-5 所示，天津与河北 11 个市的相对价格方差基本趋于下降，尤其是天津与张家口、秦皇岛、邯郸等城市的相对价格方差处于较低水平，但是个别年份和个别城市的波动较大，反映了天津与河北各市的市场整合度还处在调整过程中，总的趋势是一体化程度上升。

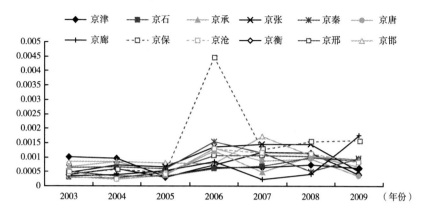

图 2 - 4 2003 ~ 2009 年北京与周边城市的相对价格方差走势

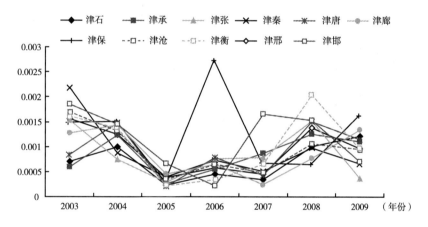

图 2 - 5 2003 ~ 2009 年天津与河北各城市的相对价格方差走势

（三）京津冀行政区之间的价格走势

京津冀地区相邻省市的相对价格方差走势，如图 2 - 6 所示，2003 ~ 2009 年，北京—天津、北京—河北与天津—河北的相对价格方差在总体趋势上比较一致，保持下降态势，处在较低水平，反映了京津冀区域相邻省市的市场一体化水平不断提高的态势。但是，北京—天津、北京—河北与天津—河北的相对价格方差走势又有差异，北京—天津的相对价格方差走势最为稳定，波动最小，稳步下降，反映了两大中心城市市场加快融合的态势，而北京—河北与天津—河北的相

对价格方差波动相对更大，尤其是在 2007 年和 2008 年出现了较大幅度的上升，表明北京与河北、天津与河北的市场一体化不够稳定，处在不断调整过程中。

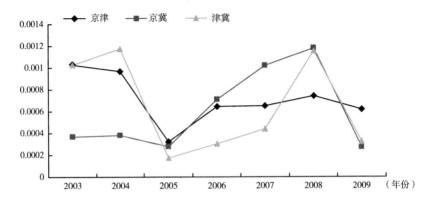

图 2 - 6 2003～2009 年京津冀区域相邻省市的相对价格方差走势

（四）京津冀地区总体相对价格

京津冀地区总体相对价格方差走势，如图 2 - 7 所示，京津冀区域总体相对价格方差趋于下降，从 2003 年的 0.000806754 下降到 2009 年的 0.000404228，下降幅度明显，表明京津冀区域一体化程度明显提高。但是，其间京津冀区域总体相对价格方差出现了明显的阶段性波动，2003～2005 年间呈现下降趋势，2005～2008 年间出现上升趋势，而 2008 年后又大幅度下滑，这在一定程度上反映了京津冀区域市场在调整过程中不断整合趋向一体化的态势。

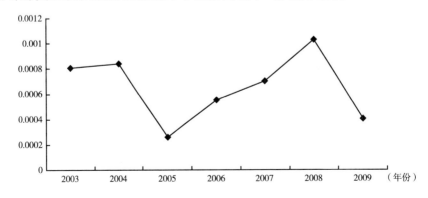

图 2 - 7 2003～2009 年京津冀区域总体相对价格方差走势

五 "十二五"期间京津冀区域经济
一体化的问题与思路

通过上面的分析，我们提出"十二五"期间京津冀区域经济一体化的问题与思路。

（一）京津冀区域经济一体化中的主要问题

1. 京津冀区域内发展不平衡问题比较突出

通过前面的实证分析可以看出，尽管近些年来京津冀地区经济联系更加活跃，区域合作更加密切，但是京津冀地区存在不合理的经济梯度，大城市处于绝对优势，其他城市不能很好地衔接，城乡二元结构明显，导致产业带动能力差。区域内部没有形成有序的梯度、城市等级结构不合理，中等城市和小城市发展不足，缺少发挥"二传"作用的中间层次的城市，尚未形成完善的网络体系，导致发达地区所出现的产业聚集、形成的产业规模和产业链因为找不到适宜的生存和发展环境，向周边落后地区推广和扩散还相对缓慢。

2. 京津冀区域产业分工合作水平有待进一步提升

从总体上看，2005 年以来，随着区域经济的快速发展，京津冀区域在产业分工合作方面取得了明显的进步，产业同构化程度有所下降，产业转移与承接更加活跃。但是，部分行业的区域差异化程度不够，部分区域分工不明确，这些导致京津冀区域产业分工合作水平不仅与自身区域一体化的要求还有一定距离，还与长三角都市圈、珠三角都市圈的产业分工合作水平有明显的差距。

3. 京津冀区域经济一体化的协调机制亟待完善

从地域上看，京津冀是一个整体，但京津冀三地分属 3 个不同的行政区域，区域内部自行协调的难度较大。到目前为止，京津冀区域一体化协调机制还没有完全建立。高层次的合作磋商协调机制还不够完善，缺乏整体合作的理念和合力，三省市在产品、生产要素、服务市场等多个层面都还不够统一；不规范竞争、各自为政的问题还比较普遍。

（二）京津冀区域经济一体化发展的指导方针

在中央推动科学发展、促进社会和谐的思想指引下，北京市开展京津冀区域

一体化发展的指导方针是依托京津冀的合力，加快北京世界城市的建设。一方面要加快科技北京、人文北京和绿色北京的建设，另一方面要带动周边地区的发展。在空间上把北京市域作为世界城市建设的核心区，把京津冀都市圈作为世界城市建设的外围区。具体的指导方针以下几点。

1. 坚持区域协调发展

落实国家关于京津冀区域协调发展的有关政策和规划，把发展绿色经济、循环经济、建设低碳城市作为京津冀区域发展的战略方向，不断深化和加强区域合作，健全京津冀区域交通基础设施、能源供应和产业配套体系，在更大的空间谋划首都发展和世界城市建设。

2. 发挥核心区的带动作用

加快推进城市国际化步伐，抓住国家综合实力不断增强、国际地位不断提升的战略机遇，充分发挥国家首都的整体优势，以国际化视野谋划和推动世界城市建设，以人文北京、科技北京、绿色北京作为建设世界城市的战略支撑。

3. 深化区域合作

深化与天津的区域合作，鼓励中关村园区、临空经济区与天津滨海新区等周边区域开展全方位合作，打造京津唐产业带。深化与河北省的区域合作，继续实施京津风沙源治理、矿山植被修复、重点湿地保护等工程，完善城市生态功能。

（三）京津冀区域经济一体化发展的基本目标

本文认为，北京实施京津冀区域一体化发展要达到三个方面的目标：

1. 促进空间合理布局，实现区域协调发展

目前京津冀都市圈存在空间布局不协调，经济发展水平不均衡的问题。中心城市发展过快，但整个区域内城市等级体系不完善，缺乏有竞争力和辐射力的次级中心城市。

"十二五"期间，都市圈内部的发展合作得到加强，经济、社会、科技、文化等领域多形式的交流合作格局在"十一五"推进的基础上进一步巩固和深化。把京津冀都市圈作为北京世界城市建设的区域支撑，把京津冀都市圈的地理空间、资源环境、人力资源、产业基础等都纳入"三个北京"的建设范畴，是我们实施区域合作要实现的首要目标。

2. 促进产业分工合作，实现基础设施共享

以北京为中心，提升金融、法律、管理、开发设计、人力资源开发、维修、运输、通信、批发、广告、安全、仓储等生产性服务业的发展水平；充分利用跨国公司总部集中分布在北京的区位优势，让京津冀都市圈成为我国经济辐射全球的重要网络源点；为实现北京世界城市的交通定位，把渤海湾的港口群作为北京的外港，在北京—天津—秦皇岛的三角地区内形成辐射全球的国际综合交通枢纽。加快技术流、资金流、商品流、信息流、人才流等在京津冀都市圈的高速集散，加快国际高端要素聚集，推进京津冀区域内部形成协调有序、分工合理的产业体系和产业集群，提升京津冀都市圈的国际竞争力。

3. 促进资源合理配置，实现生态环境明显改善

目前，京津冀都市圈的生态环境问题依然严重。京津冀都市圈要通过进一步的区域合作，达到资源合理配置、生态环境明显优化，城市环境质量进一步改善的目标，实现京津水资源制约问题基本解决的目标。

（四）京津冀区域经济一体化发展的基本思路

1. 坚持科学发展观，整合京津冀区域经济社会发展的综合目标

京津冀加强区域合作，是新形势下贯彻科学发展观的具体体现。北京市提出建设世界城市的定位之后，更加感到区域合作的重要。要深化区域合作，首先是要对目前京津冀各区域的发展目标进行整合，使天津和河北了解北京建设世界城市也会使它们这两个区域受益匪浅，从而使京津冀形成在发展目标上的共识。整合京津冀区域经济社会发展目标就是在充分考虑京津冀各方已经制定的目标的基础上，进一步统一各方在重大问题上的共识，实现区域产业协调发展，生态环境明显改善，基本设施共建共享等目的，使京津冀都市圈形成空间布局合理、城镇体系完善、产业分工明确、基础设施发达、资源利用高效、环境友好宜居、社会文明和谐、区域协调发展的良好局面，成为我国综合实力和国际竞争能力最强的区域之一。

2. 注重规划协调，提升京津冀区域的整体竞争力

推进京津冀区域合作必须规划先行，通过规划明确区域合作的总目标和分阶段目标。应该尽快出台《京津冀都市圈区域规划》，只有注重规划协调，从全局

出发协调京津冀各城市产业发展方向，合理布局重大的工业项目、农业项目、交通运输项目以及城镇和其他方面的建设项目，才能提升京津冀区域整体的竞争力。

3. 以构建和谐的区域关系为目标，建立区域利益协调机制

和谐的区域关系是京津冀区域持续发展的基础，而建立区域利益协调的长效机制，是构建京津冀区域和谐区域经济关系的核心内容。区域协调机制就是在平等、互利、协作的前提下，通过规范制度建设来实现各地方之间的利益诉求的长效机制，具体来说这些机制包括市场开放、政策优惠、区域援助等。由区域合作的协调管理机构制定一系列切实可行的促进区域合作，防范合作风险的政策，鼓励有利于区域合作的行为，约束或者惩罚损害区域合作的行为。京津冀需要尽快协商一个区域合作的共同纲领。

4. 加强各层次主体之间的密切配合，强化政府间的协作

实现京津冀区域一体化的主体是政府、企业和非政府组织。市场主导、政府推动，是当前区域经济合作的必由之路。京津冀各地方政府是京津冀区域合作的主要参与者，因此，发挥各地方政府的积极性，建立一个反映各地方政府意愿、能获得区域内各政府普遍认同的、具有民主的治理结构的跨行政区的协调管理机构，是京津冀区域政府合作机制能够真正建立的关键。

5. 进一步加强区域产业分工，实现京津冀区域发展方式的转型

建设联系北京、天津、河北的城市—产业带，是京津冀区域经济一体化发展的空间重点，大力发展各种形式的现代服务业是实现经济发展方式转变的重要途径。发展生产服务业，包括金融服务、信息服务、物流服务、商务服务以及教育培训等，应发挥政治、文化、科技、信息优势，推动现代制造业与服务业的有机融合、互动发展，促进产业升级。强化首都职能，以建设世界城市为努力目标，不断提高北京在世界城市体系中的地位和作用，充分发挥首都在国家经济管理、科技创新、信息、交通、旅游等方面的优势，进一步发展首都经济，不断增强城市的综合辐射带动能力。

六 京津冀区域经济一体化发展的主要内容

北京建设中国特色世界城市既是北京经济社会发展的重大战略，也是推动京津冀一体化深入发展的重要动力，两者紧密相连、互为支撑。"十二五"时期是世界城市建设的基础阶段，北京必须加强与京津冀的区域合作，促进区域一体化的发展。

（一）发挥比较优势，优化三次产业结构

基于比较优势的区域产业结构是形成区域产业合理分工、紧密合作的重要前提。2009 年，北京市全年实现地区生产总值 11865.9 亿元，比上年增长 10.1%，增速比上年提高 1.1 个百分点。其中，第一产业增加值 118.3 亿元，第二产业增加值 2743.1 亿元，第三产业增加值 9004.5 亿元，三次产业结构为 1.0∶23.2∶75.8（如图 2 −8）。

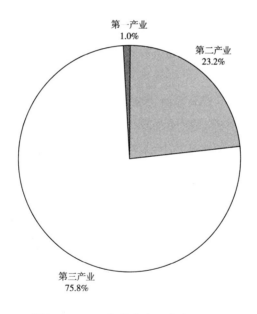

图 2 −8　2009 年北京市三次产业结构

从 1978 年开始，北京市经济结构的变化趋势为：第一产业、第二产业持续下降，分别由 1978 年的 5.2% 和 71.1% 下降到 2009 年的 1% 和 23.2%，而第三产业的比重从 1978 年的 23.7% 上升到 2009 年的 75.8%，上升了 50 多个百分点，呈现出不断高级化的趋势。其中，商业和服务业的中心地位更加巩固，2009 年，北京市文化创意产业创造增加值 1489.9 亿元，占全市 GDP 的 12.26%；信息产

业创造增加值 1762.9 亿元，占全市 GDP 的 14.51%；现代服务产业创造增加值 6264.7 亿元，占全市 GDP 的 51.55%。

表 2-8　北京市部分新兴产业增加值

单位：亿元，%

项　目	增加值		占 GDP 比重	
	2009 年	2008 年	2009 年	2008 年
文化创意产业	1489.9	1346.4	12.26	11.08
信息产业	1762.9	1759.8	14.51	14.48
高技术产业	778.4	852.3	6.41	7.01
现代制造业	859.2	836.2	7.37	6.88
现代服务业	6264.7	5660.0	51.55	46.57

资料来源：根据《中国城市统计年鉴（2010）》相关数据整理计算而得。

与北京相比，津冀两地三次产业结构变化也很大，但第三产业变化幅度都不及北京。1978～2009 年，天津市第一产业、第二产业的比重分别从 6.1% 和 69.6% 下降到 2009 年的 1.7% 和 54.8%，分别下降了 4.4 和 14.8 个百分点；第三产业的比重则从 1978 年的 24.3% 上升到 2009 年的 43.5%，上升了 19.2 个百分点。河北省第一产业的比重从 1978 年的 28.5% 下降到 2009 年的 13%，下降了 15.5 个百分点；第二产业、第三产业的比重则从 1978 年的 50.5%、21% 上升到 2009 年的 52.1% 和 34.9%，分别上升了 1.6 和 13.8 个百分点。

"十二五"期间京津冀地区实现产业结构高级化的关键区域是北京，因地制宜、发挥比较优势是北京产业京津冀区域产业发展和合作的基础。依据北京的区域产业比较优势，要充分发挥特色产业核心支撑能力，要加快北京新兴产业的发展，尤其是特色明显、已经处于主导地位的新兴产业。比如，以软件网络及计算机服务、新闻出版、广播电视电影和设计等为核心的文化创意产业，以电子信息设备制造销售租赁、电子信息传输服务、计算机服务和软件业等为核心的信息产业，以金融服务、科研服务、商务服务、信息服务等生产性服务业为核心的现代服务产业，以电子制造、医药制造、汽车制造和机电制造等为核心的现代制造业，以核燃料加工信息化学品制造、电子及通信设备制造业、航空航天器制造等为核心的高技术产业都已经成长为北京的主导产业，并在京津冀区域和全国都具有举足轻重的作用。

（二）强化产业链条，完善区域分工

京津冀三地区域协作中浅层次的垂直分工居多，深层次的产业合作显得缺乏，导致三地区域经济增长的相关性较低。如何加强区域分工，形成三地之间的融合发展，增大区域经济发展的相关性，是未来京津冀区域深化产业合作提升经济一体化水平的重要任务。

1. 京津冀产业链条的分布模式

在第一产业内部，京津和河北之间的合作有了一定的发展，但主要是围绕着京津城市居民的"菜篮子、米袋子"而动。农产品的低价格及其导致的农民的低收益，在很大程度上抑制了农民开展区域合作的积极性。

第三产业的拉动能力不强。由于北京市第三产业多是为当地服务，基本停留在地方化层面，导致目前其对天津、河北的产业辐射能力不强，与北京首都作为世界城市定位的城市功能不相适应。造成这方面的原因是双方的：从北京以及天津来讲，需求的差异是重要原因。据统计，北京人均社会消费品零售额是河北省平均水平的四倍以上，这种结构使得京津冀地区城市间服务业不能很好地衔接。从河北来讲，由于缺乏引进、吸收、消化先进服务业的发展要素，北京和天津的优势服务业因为缺乏适宜的生存和发展空间而不易生存。所以，"十二五"期间增强第三产业的拉动能力是很重要的。

京津冀地区第二产业的联动发展动力不足。钢铁、煤炭、化工、建材、电力、重型机械等行业，近年来在天津和河北发展很快，在北京则逐步退出。汽车、化工、电子信息、生物工程和新医药等产业作为京津冀地区的重点发展产业，在发展方向和产品差异化上有一定的进展。

2. 实现产业发展一体化的步骤

"十二五"期间京津冀区域应当围绕产业做好文章，通过完善产业分工、实现京津冀产业一体化发展来提升京津冀区域的经济一体化水平。我们根据区域经济理论，提出四阶段的设想：一是贸易一体化，二是要素一体化，三是政策一体化，四是完全一体化。

所谓贸易一体化，即取消对商品流动的限制。京津冀作为国内的三个一级行政区，不存在贸易的壁垒，市场开放从20世纪90年代已经达成共识，发挥整体功能，形成一个经济区是三地发展的共识。虽然在市场一体化方面还不够成熟，

但大体上已经迈过了这个阶段。

要素一体化，即实行生产要素的自由流动。包括人员自由往来、基础设施共建共享和产业转移等。京津冀的目前阶段，可以判断为初步实现要素一体化。如京津城际铁路的开通，使京津之间的距离缩短，合作也将加强；首钢搬迁落户河北曹妃甸；北京一机床铸造车间迁到河北保定市高碑店；北京内燃机总厂铸造车间迁至河北沧州市泊头；北京白菊公司洗衣机生产基地也迁至河北霸州。京津冀产业发展走向融合步伐加快，河北承接京津产业转移的发展方向逐渐明朗。

政策一体化，即区域内经济政策的协调一致。这是京津冀都市圈加强区域合作的当务之急。区域规划正在制定当中，区域功能定位的认定，空间布局上的对接刚刚开始。所以我们判断，目前阶段是迈向政策一体化的阶段。淡化行政区划的关系，加强合作，强化经济关系，根据发展需要尽可能超越行政区划限制，对城镇空间布局提出战略性的规划方案。建立起京津冀经济圈区域协调发展联席会议制度，建立区域合作项目实施保障机制和制定相应制度，明确实施主体、实施办法和实施条件。今后政策一体化的导向是：制定实现京津冀基本公共服务均等化的相关政策、京津冀都市圈生态环境的补偿方案和政策、以滨海新区为龙头带动全区域经济发展的政策等。

完全一体化，即所有政策的全面统一阶段，需要经历政策一体化的阶段之后，向完全一体化演进。京津冀地区进入完全一体化阶段还需要一个相当长的时间，但是正在朝着这个方向迈进，2009年三省市签订的有关旅游、基础设施和规划的一体化协议，是一个有力的证明。

（三）突出重点领域，抓好重点产业部门的合作

京津冀区域的产业分工与合作应当以促进北京世界城市建设的产业发展为宗旨，以发挥比较优势、促进经济共同繁荣为目标。

1. 电子信息产业

电子信息产业在北京和天津的产业规划中都被确定为主导产业，两市的电子信息产品研发和制造业在全国具有举足轻重的地位。北京应充分发挥电子信息研发能力强的优势，突出和确立研发中心的地位，着力开发拥有自主知识产权的电子信息技术及产品，同时成为电子信息高端产品的制造基地。

在电子信息制造业所属 8 个中类行业中，北京整体发展水平高于天津和河北。其中雷达及配套设备制造、广播电视设备制造、电子计算机制造、其他电子设备制造行业优势显著。天津在电子元件制造、通信设备制造、电子器件制造等方面有优势。

"十二五"期间京津冀在电子信息产业的合作应以整合型合作为主，共同做大做强。具体来说，应在移动通信、集成电路、汽车电子、显示器件、数字消费产品等京津实力相当的领域开展整合型合作，共同促进配套，完善产业链，增强国际竞争力。

2. 汽车制造业

在汽车制造业从分散走向集中的大趋势下，未来京津冀应努力谋求和加强彼此的分工与合作，积极参与我国汽车工业调整重组。着重建设北京现代产业集群、北京奔驰—戴克产业集群、北汽福田产业集群、天津一汽产业集群、天津丰田产业集群等五大汽车整车和汽车零部件产业集群，"十二五"期间京津冀区域应支持建立汽车零部件企业战略联盟，充分发挥汽车产业关联作用、提高区域创新能力、促进区域经济发展。

3. 生物医药业

北京、天津、河北应联手在加快生物医药产业方面展开全方位的合作，推进生物制药、现代中药技术的产业化进程，相互支持发展医药中间体、基因工程和生物工程制药、工业酶制剂、新型合成与半合成药物等生物制药领域，在联动合作的基础上做强、做大高端医药产品。

"十二五"期间京津冀区域要突出北京生物技术国际领先水平的优势、天津生物医药科研和产业化优势，完善产业链，建立以企业为主体的生物及医药制造产业技术创新体系，将京津地区建设成国际性的生物及医药产业研发制造基地。

4. 金融业

北京和天津应打破金融管理体制的条块分割状态，建立金融合作协调机构或机制，确定协调合作的短期、中期、长期目标和规划。加强政府、金融监管部门、各类金融机构之间在金融创新、金融产品研发与拓展中间业务等方面的合作，强化金融合作的系统性和操作性，充分发挥金融机构的积极性，形成合力，提高金融资源使用效率，集中资源解决发展中的瓶颈问题。打造区域金融信息共

享平台，主要围绕金融安全运行，降低信息不对称带来的风险隐患，建设好贷款
登记系统、个人综合信用档案系统、企业信用档案系统。

"十二五"期间北京应利用国家外汇结算中心和跨国企业总部密集等条件建
设国际金融的管理中心，天津则应利用国际贸易与跨国生产地的优势，建设国际
金融营运中心，两个中心共同驱动建设国际金融中心。

5. 物流业

在建设辐射全球的现代物流体系过程中，航空港和港口的作用非常重要。京
津冀都市圈依托区位、交通和产业优势，共同加快物流基础设施建设，搞好各种
物流运输方式的衔接，降低成本，提高效率，构建以港口为中心，海陆空相结合
的现代物流体系，将天津保税区、天津港以及天津空港国际物流区建设成为北京
最佳的出入海口和物流通道。

"十二五"期间京津冀区域应大力发展第三方、第四方物流，建立物流诚信
机制，提高服务水平，扩大配送范围，形成区域物流市场。提高物流信息化和标
准化水平，推行统一的物流软件，规范物流标准，加强硬件标准的兼容性，完善
企业内部物流信息系统，实现洽谈、交易、支付和结算等物流业务网络化，建立
与国际对接的物流网络和信息平台。

6. 软件业

北京软件产业的总收入、出口规模、软件企业数量、软件从业人员规模等在
全国处于前列，形成了产业集聚的规模态势。天津软件产业整体规模小，从业人
员规模不到北京的1/10，但是具有低人力成本优势，滨海新区在软件出口外包
业务的承接方面有较强优势。

"十二五"期间应积极推进京津冀软件产业共同体建设，重点发展支撑现代
物流、金融保险、电子政务及电子商务的关键基础软件，支持传统制造业信息
化改造的通用软件、高端制造业嵌入式系统软件，面向重要领域的应用软件系
统。

7. 总部服务业

京津冀产业合作的另一个重要领域就是总部服务业，即北京作为企业的
管理、研发总部，天津和河北作为企业的生产制造基地。北京是全国技术人
才聚集的中心、全国重要的经济政策和经济活动的监管中心、重要的信息中
心，具有吸引公司总部，尤其是高新技术企业总部和企业研发总部入驻的优

势。全国经济普查数据显示，北京已经成为众多跨国公司落户中国的主要首选地之一。

"十二五"期间京津冀区域应抓住北京总部经济发展的强劲势头，加强天津和河北与北京总部服务的产业合作，发挥北京的首都、区位、科技优势，吸引更多的公司管理、研发、创意总部入驻。

8. 旅游业

北京以丰富的传统旅游资源吸引着世界各地的游客，使北京旅游业经济总量始终居于全国前列。2008年夏季奥运会的成功举办又为北京旅游业的持续发展提供了新的资源和动力。北京已成为国内最重要的旅游目的地、客源地和中转地。旅游目的地向名胜观光、商务会展、休闲度假等多元化方向发展。京津城际客运专线的开通和京津冀城市交通网络的建设，为京津冀旅游产业合作带来巨大机遇。

"十二五"期间要把旅游合作、绿色发展作为京津冀区域合作的切入点，加强区域联合营销，进行全方位、立体化的联合宣传，积极支持张家口、承德地区生态产业发展区建设，鼓励发展旅游休闲、绿色有机农业等环境友好型产业。构建京冀"一日游旅游圈"和"周末旅游圈"，培育区域旅游精品线，北京应同津冀的旅游区开展项目合作，积极建立区域联动机制。推出"一卡通"自由行业务，整合京津冀区域旅游区资源、旅游散客资源、旅游网络资源，全面提升传统观光旅游、大力推进都市旅游、完善发展商务会展旅游、加快发展现代娱乐旅游和休闲度假旅游、策划精品节庆活动。

参考文献

［1］孙久文、邓慧慧、叶振宇：《京津冀区域经济一体化及其合作途径探讨》，《首都经贸大学学报》2008年第2期。

［2］牛慧恩、孟庆民等：《甘肃与毗邻省区区域经济联系研究》，《经济地理》1998年第3期。

［3］Zipf G. K. The P1P2/D Hypothesis：On the Intercity Movement of Persons. *American Sociological Review*, 1946, December.

［4］王德忠、庄仁兴：《区域经济联系定量分析初探——以上海与苏锡常地区经济联

系为例》，《地理科学》1996 年第 1 期。

［5］周一星：《主要经济联系方向论》，《城市规划》1998 年第 2 期。

［6］李国平、王立明、杨开忠：《深圳与珠江三角洲区域经济联系的测度及分析》，《经济地理》2001 年第 1 期。

［7］郑国、赵群毅：《山东半岛城市群主要经济联系方向研究》，《地域研究与开发》2004 年第 5 期。

［8］苗长虹等：《河南省城市的经济联系方向与强度——兼论中原城市群的形成与对外联系》，《地理研究》2006 年第 2 期。

［9］刘承良等：《武汉都市圈经济联系的空间结构》，《地理研究》2007 年第 1 期。

B.3

京津冀"十二五"时期
经济发展趋势分析

文 魁 叶堂林*

摘 要：本文认为后经济危机仍将是我国经济社会发展的主要背景，世界经济和我国经济发展模式将由失衡向均衡模式转型，低碳经济将成为新的经济增长点。该时期京津冀区域发展模式将从外延式向内涵式转变，区域经济一体化将成为该区域发展的主导，战略性新兴产业发展成为推进京津冀产业结构整合与升级的重要契机，低碳城市建设将引领京津冀区域发展的新趋势。

关键词：京津冀 "十二五"时期 发展趋势 区域经济一体化 低碳经济

一 "十二五"时期京津冀区域发展的
国际环境与国内背景

（一）"后经济危机时期"中国经济发展的机遇与挑战并存

1. 世界经济仍存在很多不确定性和不稳定性

"十二五"时期，后经济危机仍将是我国经济社会发展的主要背景，我国作为一个发展中国家，如何在机遇与挑战并存的后经济危机时期率先突围，看准方向，调结构、转方式，发展前沿科技型产业、淘汰过剩的落后产能，真正实现向

---

* 文魁，首都经济贸易大学，教授、博导，主要研究专业和方向为理论经济学和首都经济；叶堂林，首都经济贸易大学，副教授、硕士生导师，主要研究专业和方向为区域经济。

集约和低碳经济转型，已经成为我国经济发展中的重大问题和区域经济的研究热点问题。受经济危机的影响，各国政府相继出台了一系列经济刺激政策，全球经济信心逐步恢复，就业形势逐渐好转，工业实际产出开始回暖，金融市场渐趋正常，消费者信心不断增强，经济危机趋于缓和，进入相对平稳期，经济增长预期上调，全球经济逐步渡过金融危机的恐慌而进入"后经济危机时期"①。但发达经济体为了提振本国经济，不约而同地采取扩张性财政政策和货币政策，导致普遍陷入债务危机，因此经济危机并没有或没能完全解决，世界经济仍存在很多不确定性和不稳定性。总体来看，经济全球化和世界多极化持续推进，资源环境压力持续加大，促使各国转变发展方式；政治格局多极化趋势下，新兴市场和发展中国家话语权增强；国际竞争日趋激烈背景下，科技创新和对资源的控制成为各国争抢的制高点②。

2. 工业化和城市化是我国未来发展的两大动力

2010 年我国人均 GDP 为 4382 美元，在世界排第 95 位，城镇化率为 47.5%，因此从国内背景来看，我国正处于人均 GDP 为 3000～8000 美元、城镇化为 30%～70% 的快速发展阶段，工业化和城市化将释放出巨大的产业升级和技术进步的生产力能量，成为我国经济未来发展的两个强大驱动力量。"十二五"期间我国城镇化率将由现在的 47.5% 上升到 51.5%，提高 4 个百分点，并同步推进工业化和农业现代化③。据测算，工业产值每增加 1 个百分点，就可以带动 GDP 增长 0.6 个百分点，城镇化率每增加 1 个百分点，可以带动 GDP 增长 1.5～2 个百分点④。因此，在工业化和城镇化的快速发展，国内消费和投资需求快速增长拉动，国际贸易的逐步复苏下，我国经济将进入新一轮的扩张期，产业结构和消费结构持续升级，总体上经济运行将处于从规模扩张转向质量提升的关键时期。

3. 经济增长方式亟待调整，实现经济均衡发展是中国的必然选择

国际上，金融危机、债务危机的爆发，使得发达经济体意识到经济失衡对

① 《后经济危机时代区域经济发展的形势和对策》，http://www.hetang.gov.cn/2011/0112/4396.html。
② 黄其刚：《"十二五"重庆宏观环境及发展走向》，《科学咨询》2011 年第 2 期。
③ 《中华人民共和国国民经济和社会发展第十二个五年（2011～2015 年）规划纲要》。
④ 宋智勇、王志双、陈敬明：《后危机时代的"十二五"经济形势分析》，《宏观经济管理》2010 年第 5 期。

其本身经济发展造成的威胁,不约而同地采取贸易保护主义,不管是对中国产品采取反倾销或反补贴,还是迫使人民币升值,目的都是尽量减少本国进口和扩大本国出口,这样既可以削减本国对外债务,又可以促进本国就业;从远期战略来看,各发达国家纷纷开始了新一轮的"再工业化",重新重视实体经济。美国提出的经济新战略的核心就是"产业回归":让美国经济回归实体经济,重新重视国内产业尤其是制造业的发展;要从消费型经济转为出口导向型经济;从依赖金融活动转为依赖实体经济。英国认为制造业是英国经济获得成功的关键,并制定了制造、汽车、光电子、纺织等产业振兴计划。德国也提出了"再工业化"主张,实施了重振传统制造业、发展高新技术产业的措施,通过汽车以旧换新、加大公共投资等手段推动实体经济的发展。世界经济危机对我国经济的影响在空间上呈现东中西梯度递减局面。这是因为世界经济衰退对我国的影响主要体现在外贸领域,经济危机导致海外需求缩减引起出口急剧下滑,使以出口为导向的东部地区经济增长受到严重冲击,这也使我国政府意识到扩大内需和国内东中西部经济均衡发展的重要性。因此,从中长期看,保增长、促转型,必须将内部失衡与外部失衡问题统一起来解决,实现经济的均衡发展。这种均衡式发展模式包括三层含义,即经济增长动力由投资、外贸驱动转变为内需、投资、外贸三者均衡拉动,经济实现内生型增长;占领国际产业高端环节,抢占产业和技术的制高点,从而均衡世界经济发展格局;加快中西部的工业化、城市化,使其成为中国经济增长的下一个重要引擎,从而促进我国东中西区域协调发展。

4. 扩大内需、产业大转移、中西部城市化与工业化成为我国未来经济发展的重点

受国际经济危机影响,长期以来形成的东中西产业分工问题更加凸显出来。一方面,东部地区在参与国际分工中处于全球价值链的低端,其所依赖的比较优势是一般的、低级的生产要素,而不是专业化的、高级要素,这与中西部的比较优势具有很大的同质性和竞争性①。另一方面,产业无序竞争、重复建设现象凸显,不仅一般性产业、重化工产业重复建设现象严重,而且新兴产业也出现了重

---

① 国土开发与地区经济研究所课题组:《"十二五"时期促进我国区域协调发展的重点任务和政策建议》,《宏观经济研究》2010 年第 5 期。

复建设现象，如风电、太阳能电池等。因此，从中长期看，要实现我国经济保增长、促转型的目标，就必须扩大内需，实现经济内生型增长，而扩大内需就必须改变我国现行收入分配体制、缩小贫富差距，让改革开放的成果惠及全中国人民；必须转变发展方式，提升生产要素竞争力，最终推动我国经济持续增长；东部地区必须进行产业升级和产业转移，通过发展现代服务业、高端制造业和战略新兴产业，最终提升东部地区产业的国际竞争力；通过积极引导东部地区能源、冶金、化工、纺织、农副产品加工等传统的、低附加值的劳动密集型、资源密集型和资本密集型产业，以及机械电子、通信等技术密集型产业向中西部地区转移，从而推动中西部的工业化和城市化，使其成为推动中国经济发展的新增长极。目前，中西部崛起已出现新亮点，如武汉、长株潭"两型社会"全国综改区、江西鄱阳湖生态经济区、皖江城市带承接产业转移示范区等。西部大开发已取得新进展，如成渝"统筹城乡"全国综改区、广西北部湾经济区、关中—天水经济区等。东北振兴实现新跨越，如辽宁沿海经济带、沈阳"新型工业化"全国综合配套改革试验区、沈阳铁西装备制造业聚集区、长吉图开发开放先导区等。仅2009年一年，国务院就先后批复了《关于支持福建省加快建设海峡西岸经济区的若干意见》、《关中—天水经济区发展规划》、《江苏沿海地区发展规划》、《横琴总体发展规划》、《辽宁沿海经济带发展规划》、《促进中部地区崛起规划》、《中国图们江区域合作开发规划纲要》、《黄河三角洲高效生态经济区发展规划》及《鄱阳湖生态经济区发展规划》共9个规划，其中不少规划都是中西部的。

（二）东部地区经济将向制造服务化、制造高端化和服务外包化转型

1. 制造服务化和制造高端化将是东部未来产业发展的两大方向

如前所分析，用工成本上升、国际贸易保护、绿色低碳发展模式和人民币升值等因素的存在，使得东部地区传统的、低附加值的、劳动密集型产业不再具有竞争优势，而且这种优势将永远不复存在。东部地区必须加快发展方式转型的步伐，通过调整出口导向型发展模式，降低经济增长对外部市场的依赖，深化调整产业结构，实现制造服务化、制造高端化和服务外包化转型，将不宜在东部地区发展的产业转向中西部地区，一方面带动中西部地区的产业升级和调整，另一方面为东部产业发展提供新的空间，实现"腾笼换鸟"，东部沿海地区将重点发展

以装备制造、现代服务业、电子信息、生物医药等产业为代表的现代制造业和现代服务业，制造服务化和制造高端化将是东部地区未来产业发展的两大方向。制造服务化是指工业经济向服务经济的转型，生产性服务环节已经成为制造业的一部分，是价值链增值的一个主要驱动力。制造高端化是指制造向高附加值环节集中，如发达国家制造业占总的 GDP 比重是下降的，但是在全球制造业的份额没有明显变化，其原因在于保留制造业一些高附加值环节，将低附加值环节转移至发展中国家。

2. 东部的战略重点是占领全球战略产业的高端、实现价值链深化

从全球价值链（GVC）的视角，产业升级一般依循工艺流程升级—产品升级—产业功能升级—链条升级的路径进行。原来分工都是行业间、产品间分工，现在到产品内部，就是把每个生产部分放到成本最低的区位上，构成一个全球化生产网络。产业升级的关键在于价值链关键环节的突破，比如研发、设计、标准、营销网络、供应链管理、品牌、技术服务等，而这些都是生产型服务业。因此，产业关联度高、需求弹性大、资金技术密集的先导产业，不仅决定了工业拓展的范围、深度和效率，也要求区域内进行合作，从而促进区域经济一体化。当今世界，知识经济的扩散作用、新技术革命以及各国要素禀赋的变化，导致全球产业分工、贸易格局和竞争方式发生新变化[1]，必将促使过度依靠出口和过度依赖消费的发展模式进行调整，这种调整既存在于区域之间，也存在于区域内部，最终实现区域经济一体化。后危机时期，我国东部地区的发展目标将转向创造机会，寻求经济的包容、绿色、低碳、平衡和可持续发展。

3. 服务外部化是未来的发展趋势

服务外部化就是如何把一些企业内或产业集群内普遍性的内部服务进行外部化，例如一个大的企业集团就可以将其环保部门进行服务外部化，将做清洁生产、节能减排、处理污水等服务转包给技术能力比较高、专业做这方面的企业，实行社会化服务，从而更好地提高服务外包企业的管理水平和技术水平，形成规模化经营。

---

① 国家发改委对外经济研究所课题组：《后危机时代区域经济一体化进程探析及战略构思》，《国际贸易》2010 年第 6 期。

（三）低碳经济将成为新的经济增长点

1. 低碳经济是一种人与自然和谐共生的发展方式，它将开启新一轮科技革命

随着气候问题和能源危机的加剧，新能源和可再生能源将取代化石燃料成为经济发展的基础。随之而来的将是一场全面涉及能源结构、产业结构、生产工艺、国际标准、消费文化、居民意识的社会生产和消费变革。这种变革在经济全球化的大背景下，必然会导致世界各国经济角色的重新洗牌。绿色、低碳科技产业发展已经是一个全球趋势，必将造就以低碳技术、绿色制造、循环经济为特征的相关产业。低碳理念先进、低碳产业体系健全、技术领先的国家将在新的国际经济秩序中获得制定标准、抢占市场等发展优势。总的来看，未来一段时期世界产业升级将从低附加值向高附加值升级，从传统产业向新兴产业升级，从低技术低智力含量产业向高技术高智力含量产业升级，从高碳、高能耗、高污染向低碳、低能耗、低污染升级，从粗放型向集约型升级，其实质上是产业创新、产业替代以及产业融合的过程。经过30多年持续较快增长，我国经济总量快速扩张，已经位列世界第二，正步入提升发展质量、转变发展方式的新阶段。我国经济发展将结束高要素投入、低成本扩张时期，进入高成本增长的新阶段，循环利用、集约增长、绿色低碳发展将成为发展主旋律。未来我国将会加强低碳和新能源核心技术研发和产品创新，强化政府引导、完善低碳和新能源政策标准体系，逐步形成科技研发、产业发展和示范应用良性互动的低碳发展模式。

2. 产业低碳化将通过能源低碳化、生产低碳化、消费低碳化和排放低碳化来实现

能源低碳化主要包括新能源利用和革新能源利用方式两个方面。从长远来看，将会增加对新能源技术的研究投入，通过技术突破降低新能源的使用成本，最终达到商业化运行的要求。当前，以化石能源为主的能源消费结构在短时间内难以改变，革新传统能源的利用方式也是实现能源低碳化的一条重要途径。生产低碳化主要包括产业结构调整和循环经济两个方面。产业结构影响能源消耗总量和经济发展的能耗强度，应科学调整产业结构，限制高能耗产业发展，淘汰落后产能，大力发展循环经济。消费低碳化主要包括发展节能建筑、推动绿色交通和提高居民低碳意识。排放低碳化主要包括碳汇林业和二氧化碳捕获与埋存技术。排放低碳化是指在温室气体从人类经济系统排出后，通过人为手段对温室气体进行吸收和固定。碳汇林业是利用林木生长吸收二氧化碳的生态功能，进行二氧化碳的捕获和固定，可以通过碳交易实现经济利益。二氧化碳捕获与埋存技术是指通过人为技术手段捕获和固定大型发电厂所产生的二氧化碳排放。低碳产业承接转移与产业低碳化将是我国"十二五"经济建设的核心环节，大力发展新能源和节能环保将是我国产业低碳化的重要技术保障，低碳产业已经成为我国战略性新兴产业，未来新增固定资产投资结构调整与信贷投入都将向低碳产业倾斜。

3. 低碳城市将是低碳时代的空间载体与实践主体

低碳城市的概念是低碳经济和低碳社会的融合，既强调低碳生产，又强调低碳消费。低碳经济发展的实质是能源效率提高和能源结构改善。在国际上，比较成功和完善的低碳城市发展计划有英国的低碳城市项目和日本的低碳社会行动计划。英国的低碳城市规划以碳减排为唯一目标，实现途径主要是新能源利用、提高能效和降低能源需求，项目的重点领域是交通和建筑。在实现途径上，日本的低碳社会行动计划强调所有部门的参与，各部门都要实现碳排放的最小化，其重点领域包括交通、建筑、工业、消费、农林、土地与城市形态等。因此，应借鉴英国低碳经济的理念，促进低能耗、低污染、低排放和高效能、高效率、高效益，即以最少的能源消耗和温室气体排放，实现最大的经济效益和产出。

（四）区域间竞争加剧，城市群发展风起云涌，区域经济一体化蓄势待发

1. 城市群在区域协调发展中的地位将进一步突出

"十二五"时期，随着高速铁路和第三代互联网为代表的交通和信息等基础设施条件改善、户籍和社会保障等行政阻隔的弱化以及我国社会主义市场经济的完善，资源要素流动性必将显著增强，各省市、各区域之间的资金、人才、技术等生产要素流动更加便捷和频繁[1]，人口和经济活动的空间集聚趋势进一步加强，新增城市人口将主要向能够提供更多就业机会和生存空间的城市群集聚，以大中城市为核心的城市群日益成为区域经济发展的重要载体，各区域之间的竞争加剧的趋势凸显，区域内合作和区域板块一体化蓄势待发。经济区域化、一体化趋势日益加深，各国各地区间的经济联系越来越密切，国与国之间的竞争已经进

---

① 黄其刚：《"十二五"重庆宏观环境及发展走向》，《科学咨询》2011 年第 2 期。

入到大都市圈、城市群间的竞争，城市群在区域协调发展中的地位将进一步突出，空间结构调整步伐加快，并对城市建设、社会事业、公共服务、居民消费等方面产生巨大的需求，城市群成为区域发展的主体形态，国家将在优化提升东部地区城市群的同时，加快培育中西部地区的新兴城市群，东部三大城市群继续引领发展主流，长株潭、北部湾、成渝、关中等中西部城市群将群雄并起。

2. 提升城市群功能和综合承载能力将与促进区域协调发展结合起来

"十二五"时期我国将对处于不同发展阶段、不同战略地位的城市群加强分类引导，在提升经济功能的同时，大幅度增强人口聚集功能，并不断优化城市群空间结构，形成大中小城市协调发展的城镇体系和与资源环境相协调的国土开发利用格局。东部城市群要以优化结构为主要目标，提高经济增长的质量和效率，积极推进外来人口本地化，提高城市群承载人口比重，形成产业与人口同步聚集的格局。中西部地区将会加强自我发展能力的提升，西部地区将会发展能源及化学工业、优势矿产资源开发及加工业、特色农牧产品加工业、装备制造业、高技术产业、旅游等具有资源优势和区位优势的特色产业，重点将会支持中西部城市群加快发展，使其成为带动中西部地区经济增长的核心区域，加快完善城市群区域交通、信息网络，加强城市群内部城市之间的经济联系，提升中心城市服务功能，增强产业和人口集聚能力，创新与生态环境保护相适应的城镇化模式，吸引人口不断向发展条件好的城镇聚集。

3. 制度创新成为区域合作的必然选择

随着区域合作的广度和深度不断扩展，合作领域和形式日益丰富，制度创新成为区域合作的必然选择，省级高层领导会晤、城市间定期会议、省市间政府和部门机构联席会议等多种类型的区域合作形式将层出不穷。

二 "十二五"时期京津冀区域的发展趋势

（一）由外延发展向内涵转变，提升都市圈的软实力日益重要

如前述分析，后危机时期，随着我国劳动力工资、资源的价格、环境的成本、土地的成本的上升，东部传统低成本比较优势逐渐丧失；发达国家推行再工业化，制造业在经济中的地位重新得到重视；以新能源、环保、生命科学技术为

核心的低碳新兴产业加速崛起，并成为新经济增长点；西方国家加强对工业保护，贸易保护主义重新抬头；在资源环境矛盾加剧条件下要求降低能耗和排放强度，这些"倒逼"机制促使京津冀区域发展模式必须转型，从外延式发展向内涵式发展转变。京津冀发展转型的核心在于提升其都市圈的软实力。近几年在京津冀都市圈硬件逐渐完善的基础上，京津冀城市软实力提升变得日益重要和紧迫。都市圈软实力是指建立在城市文化、政府服务、居民素质、形象传播等非物质要素之上的都市圈社会凝聚力、文化感召力、科教支持力、参与协调力等各种力量的总和，是都市圈社会经济和谐、健康、跨越式发展的有力支持，其中文化是城市的灵魂和魅力所在，文化感召力是城市软实力的核心内容。以文化感召力为例①，坚持保护和弘扬地域文化是提升区域文化软实力的主要基点，着力打造地域文化精品是提升文化软实力的关键环节，大力发展文化产业是提升文化软实力的主导战略，推进文化的持续创新是提升文化软实力的持久动力。

（二）区域经济一体化将成为区域发展的主导趋势

未来一个时期是我国大城市群形成的关键时期，以首都为核心的城市群及其广大区域正在成为国内发展最具活力的区域之一。作为国家首都、京津冀都市圈核心城市的北京，也正在从注重功能集聚为主向集聚、疏解与辐射并重转变；从注重"周边为我服务"为主向"我为周边服务"转变；从单方保障为主向双向服务共赢发展转变②。因此，在新的发展阶段，北京需要立足于国家首都的职能定位，统筹对外开放与区域合作，充分发挥首都优势，着力增强辐射带动作用，在更大区域发挥功能、配置资源和拓展服务，在推动区域合作向纵深发展过程中，破解自身发展瓶颈，实现整体发展水平的跃升，为建设世界城市奠定基础。同时，京津冀也迫切需要加强区域内部的产业整合，通过构建新型产业分工格局，形成整体竞争优势。在后危机时期，北京产业发展的首要任务是实现"升级"，因此"扩散"传统制造业和重化工业，大力发展"高端"制造业和现代服务业是必然趋势。天津及滨海新区产业发展的首要任务是"集聚"，在把现代制

---

① 《提升文化软实力的实践及启示》，http：//www. anhuinews. com/zhuyeguanli/system/2011/02/14/003752678. shtml。

② 《北京市以三个转变八个辐射"打造首都经济圈"》，http：//bj. esf. sina. com. cn/news _ show. php？id＝23663。

造和现代物流做大做强的基础上，向高端化发展，加快由制造经济向创造经济、生态友好型经济转型。而河北则主要发展钢铁、石化、现代装备、现代制药等重化工业。京津冀发展阶段的不同步性，三次产业具有"三二一"与"二三一"的错位性，这为北京生产性服务业与天津现代制造业的结合、北京科技研发与天津现代制造及河北重化工业的对接、北京重化工业转移与河北重化工业链接等提供了契机①。因此，"十二五"时期区域统筹和区域经济一体化将成为京津冀区域发展的主导。而京津冀区域经济一体化要实现，建立区域性协调机制是关键，京津冀需要在体制上进行全面综合配套改革。

（三）发展战略性新兴产业是推动区域产业升级的重要契机与途径

"十二五"时期，我国及其他各国都在发展战略性新兴产业、抢占世界科技与产业制高点。战略性新兴产业发展为京津冀产业结构整合与升级提供了一个重要契机。所谓战略性是指这些产业对于经济社会全局和长远发展具有重大引领带动作用。新兴是指目前尚处于发展初期，但未来发展潜力巨大。战略性新兴产业是新兴科技和新兴产业的深度融合，既代表科技创新的方向也代表产业发展的方向。京津冀必须抓住新一轮科技革命和国际产业转移的战略机遇，发展战略性新兴产业，抢占科技制高点。利用京津冀区域优势产业，进一步淘汰落后产能，推动产业融合互动，促进产业升级。首都北京在促进区域产业整合升级中，应扮演科技引领、服务支撑和产业联动的核心角色。北京由于其城市发展阶段与产业结构明显高出周边城市和地区，北京建设有中国特色世界城市的步伐不断加快，随着产业结构的优化升级和部分传统制造业的扩散转移，必将为自身发展战略性新兴产业、抢占科技和高端产业制高点腾出空间，同时会促进周边城市和地区的产业集聚、产业链接、产业升级，促进京津冀新型产业分工格局的形成。滨海新区和曹妃甸作为京津冀都市圈未来发展的两大引擎，在推动区域产业整合升级过程中，也扮演重要角色。具体来说：北京应一方面继续打造中关村国家自主创新示范区，把它建设成为具有全球影响力的科技创新中心和国家级高新技术研发的总部基地，使其成为我国自主创新网络的最高节点和建设创新型国家的主要支撑；另一方面，北京将加快建设世界级高端服务业基地。充分发挥现代服务业的突出

---

① 叶堂林：《"十二五"期间京津冀区域产业升级与整合研究》，《开发研究》2011年第1期。

优势，积极整合区域内如北京空港铁路、天津海港和河北资源等服务业资源，大力发展面向国际、国内两个市场的金融及资本市场服务、物流航运服务、商贸服务、信息及企业咨询服务等现代服务业。大力发展生产型服务业，尤其是与战略新兴产业相关的生产型服务业，目标是促进制造的服务化、服务的知识化，实现服务由低端向高端服务延伸。利用现在国际服务外包迅速发展的时机，大规模吸收服务外包，学习国际经验并自主化。天津则应加快建设世界级先进制造业基地，发展高附加值的重化工业、现代制造和提升服务业。充分利用现代高新技术、低碳技术和现代信息技术，推进天津装备制造、钢铁、石化、汽车等传统优势支柱产业的改造升级进程，提升传统优势产业的国际竞争优势；同时大力培育和发展新一代电子信息、现代生物医药和新材料等高新技术产业，促进天津成为世界级先进制造业生产基地。北京、天津将会向产业链高端延伸，将产业链中低端配套放在河北，通过构建产业集群延伸产业链条实现区域产业合作。河北应积极承接京津转移的产业，并注重用高新技术改造提升传统产业，积极推动"三个转型"，即推进传统重化工向现代重化工转型；劳动密集型产业向劳动、知识、技能相结合的制造业和服务业的方向转型；加工贸易向自主研发、设计、制造转型与延伸。

（四）低碳城市建设将引领京津冀区域发展新趋势

气候变化已经成为影响当今世界进程的重要因素。为了应对气候变化，各国相继提出了一系列战略和政策来推动温室气体减排。为了保证能源安全，许多国家开始发展以新能源的开发和使用为代表的低碳经济。依靠科技创新、加快推动可再生能源发展已成为世界各国应对气候变化、保障能源安全、促进经济发展转型的重要途径。现有研究总体认为，未来一段时期是我国全面建设小康社会的关键时期，也是深化改革开放、加快转变经济发展方式的攻坚时期。区域发展模式必然要从高投入、高能耗、高排放、高污染的粗放型不可持续的发展模式向低投入、低能耗、低碳低排放、低污染的集约型发展模式转变。

京津冀都市圈作为我国重要的经济增长极，在低碳城市发展方面积累了一定的优势。北京重点发展新能源汽车、风电和太阳能；天津则重点发展风能设备制造、锂离子和镍氢电池、薄膜太阳电池，近年来新能源产业平均保持了40%以

上的发展速度；保定则主要集中于太阳能和风能发电设备制造。"十一五"以来，北京市可再生能源发展迅速，开发利用总量已由2005年的60万吨标准煤增长到2009年的188.3万吨标准煤，年均增长近37%。同时，可再生能源占全市能源消费总量比重明显提高，2010年达到3.2%。北京能耗指标在全国处于最低水平，下降幅度也最大。在降低PM2.5方面，北京市提出打一场提升空气质量的攻坚战——2012年实现主要污染物浓度下降2%的目标，"十二五"末实现"蓝天"数比例达到80%的目标。因而，就北京而言，未来一段时期是首都全面建设"人文北京、科技北京、绿色北京"、向中国特色世界城市目标迈进、加快构建清洁高效低碳现代能源体系的重要时期。在全球应对气候变化、大力发展可再生能源的大背景下，北京将发挥首都创新资源平台优势，加强新能源核心技术研发和产品创新，强化政府引导，完善新能源政策标准体系，逐步形成科技研发、产业发展和示范应用良性互动的发展模式。

（五）区域发展酝酿整体突破

近几年来，京津冀区域发展热点不断，如北京提出打造首都经济圈、建设有中国特色的世界城市，天津加快滨海新区开发开放，河北提出打造沿海经济发展带、环首都绿色经济圈等。这些热点的出现反映了京津冀区域发展正在酝酿实现整体突破。实际上，京津冀区域近几年来这些热点的出现具有必然性，与该区域当前的发展阶段密切相关。北京2009年已率先迈向后工业化社会，城市化进入到加快新城建设、打造首都经济圈并朝着有中国特色世界城市方向迈进的阶段，它与周边城市地区的关系已经由集聚、"虹吸"为主开始转向扩散和辐射为主，正在对整个区域的发展带来重大而深远的影响，这也是推进区域经济一体化的最好契机。天津、河北当前正处在工业化的后期和中期，城市化进入到加快新城和中小城市建设，空间优化、内外联动、构筑中心与外围紧密合作的城市网络体系阶段，需要从区域内积聚要素以谋取更大的发展。天津滨海新区、首都经济圈与河北沿海发展带已经上升为国家战略，它们的推进标志着京津冀区域发展已经进入了战略转变的新阶段，必将带动整个中国北方的发展，成为区域经济发展的新引擎和增长极。整体区域的发展离不开局部的努力，局部努力的结果是实现区域的整体突破。当前京津冀区域发展正在酝酿和寻求整体突破。

三 "十二五"时期京津冀区域发展的对策建议

（一）从交通网络、资源环境和产业合作入手来推进区域一体化

要加快京津冀区域一体化的发展进程，需要围绕快速交通网络构建、资源环境保障、产业分工合作等关键领域，积极推进京津冀区域资源合理配置和共同市场形成。首先，加快京津冀一体化交通网络建设。加快京沈、京张、京包、京唐等城际高速铁路建设，实现与津冀等省市的快速交通联络。优先安排重要跨区域干道建设，完善区域一体化、网络化的公路干道网。加强区域机场间的分工协作、联合调度，逐步形成合理布局、运行高效的航线网络和机场群。深化与天津港、唐山港的合作，促进贸易便利化。其次，深化资源、能源和环境领域合作。针对能源、水资源和生态环境等区域发展面对的共同挑战，增强可持续发展战略合作，推动能源、水源地合作区域向更大范围扩展，支持水库上游小流域治理、环境治理建设。再次，推动区域产业分工与合作发展。坚持优势互补、合作共赢，着重增强首都科技服务、文化服务、金融服务、信息服务、商务服务等产业发展优势，推动一般制造业向京津冀区域内转移，促进经济合理分工。鼓励区域内高端产业功能区和产业园区设立合作投资区、共建产业园。支持区域内企业共同设立产业基金、产业和技术联盟，促进区域内企业并购重组。加强区域旅游资源及旅游产品、旅游路线的共同开发，鼓励旅游企业跨地区连锁经营，统一区域旅游服务标准，树立区域旅游品牌。按照区域开发和空间布局优化需要，积极引导产业沿京津塘、京保石、京唐秦等发展轴向外辐射发展。

（二）创新区域协调机制，推进区域经济一体化

要实现京津冀区域经济一体化，建立区域性协调机制是关键。在体制上：需要进行全面综合配套改革，京津冀三方需要从观念、行政效率、政府职能、管理水平、服务能力等方面进行全面对接，在公共事业、水利、环保、旅游、农业等部门率先打破各自为政的局面，畅通合作渠道，组成联合专门委员会，实现责任共担、利益均沾、互惠共赢。在机制上：第一，积极探索在更多领域内全面实现

紧密配合、共同发展的合作模式①。第二，根据环首都经济圈建设规划和京津冀一体化发展战略，重新确立各自卫星城市发展形态指标体系，并进行制度再建，建立健全全新且统一的管理制度和运作规则。既保持现有行政区划架构和行政管理体制的稳定，又最大限度地维护和体现京津冀区域的自身利益；既维护三地政府对城市管理的自主权，又最大限度地协调城市发展过程中长远利益与眼前利益之间的关系；既巩固各自城市特色，又最大限度地调动京津冀城市群进行区域经济发展合作的积极性和主动性。第三，在规划布局、市场一体化、基础设施等方面实行协调联动机制。第四，推进区域发展规划的制定，加强区域共同政策的研究与衔接，加强交通基础设施一体化的投入和管理机制、合作产业园的税收与核算机制等方面政策研究，加快区域一体化利益共创共享机制的建设，加强区域市场监管和准入标准等方面的对接。第五，共同制定和执行区域长期发展规划，形成统一开放、功能齐全、竞争有序、繁荣活跃的市场体系，实现基础设施互联互通、共建共享，最大限度地提高基础设施的利用率和规模经济效益。

（三）着力提升京津冀都市圈的城市软实力

高层次的竞争不在于硬件的竞争，而在于软件的竞争；高层次的竞争不在于有形的竞争，而在于无形的竞争；做人做事的最高境界不是要什么有什么，而是想什么有什么（心想事成），更是还没想就全有了（心没想事已成，"水到渠成"）。近几年京津冀都市圈在硬件（有形的）逐渐完善的基础上，提升京津冀都市圈城市软实力（无形的）变得日益重要和紧迫。以文化感召力为例，北京作为一座有着3000年历史的文化古都，是全球拥有文化遗产最多的城市之一，有紫禁城、天坛、颐和园，还有胡同、四合院。提升北京城市软实力就是要打造"北京服务、北京创造"品牌、提升首都文化魅力和提高城市管理水平，建设绿色城市等。未来北京将会把塑造高品位、有特色的城市文化作为重要的发展战略，大力发展文化产业，通过文化魅力的进一步彰显，树立城市新形象，增强全球影响力和竞争力。北京将重构"一轴一线"的城市风貌骨架，传统的南北中轴线将被延伸，打造成为贯穿历史和现代都市发展的文脉，朝阜大街也将逐步恢

---

① 王静：《围绕北京市总体发展目标科学制定环首都经济圈城市"十二五"规划》，《物流技术》2010年12月刊。

复风貌，展现出多元文化融合的独特魅力。天津将通过发展文化品牌提升城市形象，提高城市文化软实力，树立城市品牌，为人民群众的生产生活提供更为舒适的条件和环境，推动天津城市软实力的整体提升。京津冀区域整体要高度重视软件环境建设，积极推进行政和管理体制改革，大力提升由文化氛围、人才聚集度、政策环境、政府形象等要素共同构成的软实力。

（四）提高北京辐射能力，带动区域共同发展

第一，扩大生产性服务业的辐射带动。着重提升首都生产性服务业的辐射服务能力，发展面向区域的金融、信息、商贸流通等服务以及技术、产权等要素市场，增强对区域生产组织和要素的配置能力。第二，增强首都科技创新的辐射能力。推动中关村国家自主创新示范区对周边产业园区的辐射，促进科技成果到周边转化，共同打造环首都高技术产业带。鼓励在京企业、高校、科研院所与周边省市联合兴办研发机构，积极开展技术合作研究，提升区域整体创新能力。第三，发挥首都市场和总部经济的引领带动功能。持续扩大总部企业的影响，支持总部企业到周边建设生产基地和配套服务基地。充分利用首都市场的优势，带动区域内产业结构升级。进一步发挥首都丰富信息资源优势，促进区域内政务、商务及公共信息的有效共享，为企业寻求商机、加快要素流动、降低交易成本创造良好条件。第四，带动区域公共服务水平提升。充分发挥首都公共服务资源优势，积极开展区域社会事业领域交流合作，带动周边地区社会发展水平提升。积极发展联合办学、跨地区远程医疗、远程教育，积极开展文化、体育等方面的交流合作。第五，支持周边地区加快发展。通过技术和项目输出，扶持周边地区发展特色产业和优势产业，推动当地产业结构升级。积极支持周边地区开发人力资源，加强劳动力基地建设，鼓励职业学校开展交流与合作，帮助周边地区搞好职业技术培训。

（五）天津应全力推进滨海新区开发开放，在区域发展中起龙头带动作用

天津滨海新区将会着力构筑领先优势，率先转变经济发展方式，争创高端产业聚集区、科技创新领航区、生态文明示范区、改革开放先行区、和谐社会首善区。首先，天津需要加快建设高水平的现代制造业和研发转化基地。加快建设高

端产业聚集区，积极引进战略性新兴产业和优势产业龙头项目、高端项目、关联项目，提高产业集中度，延伸产业链条，重点发展航空航天、石油化工、新能源、电子信息、汽车及装备制造、现代冶金、生物医药、食品加工、海洋科技、节能环保等产业。推进国家创新型城区试点，建设滨海高新区国家创新型科技园区，加快聚集国家级和世界知名科研机构，培育壮大国家生物医药创新园、国家民航科技产业化基地、天津大学滨海工业研究院等创新载体，加快重大科技成果转化，推进智能化发展，建设科技创新领航区。其次，天津将加快确立北方国际航运中心和国际物流中心地位。整合提升海港空港和海关特殊监管区域的综合优势，显著增强滨海新区航运和物流服务功能。加强海港基础设施建设，提升航道等级，建设港城分离的交通网络。加强空港建设，完善航线网络，引进优质运力。发展海、空、铁、陆多式联运，实现无缝对接。建设航运金融服务体系，设立航运交易所，建立航运价格指数，开展船舶和飞机融资租赁、保险理赔等业务。建设航运商品交易体系，发展高端商业服务，建设大宗商品交易市场。建设航运物流网络体系，完善物流园区、物流中心等配套设施，探索与国际规范相衔接的物流标准。完善保税、船舶登记、口岸监管等与北方国际航运中心相适应的政策法规体系。依托海港物流区、中心商务商业区、滨海旅游区等区域，大力发展适合新区特点的金融、航运、物流、总部经济、服务外包等现代服务业。再次，天津将加快提升北方对外开放的门户功能。促进东疆保税港区向自由贸易港转型，发展国际转口贸易、国际旅游、离岸金融等业务，建设保税展示交易平台、保税期货交割库、免税商店等设施，增强综合保税功能和航运资源配置能力。提高利用外资水平，转变外贸发展方式，在更高层次参与全球竞争与合作。完善区域合作机制，拓展"无水港"布局，推进港口功能、保税功能和口岸功能延伸，发展大陆桥运输。积极营造国际化的发展环境，提升滨海新区国际化水平，建设改革开放先行区。最后，加快推进综合配套改革试验区建设。深化金融改革创新，建设全国金融改革创新基地，推动建立全国性非上市公众公司股权交易市场。深化土地管理制度改革，探索建立集体建设用地使用权流转制度，推进土地征转用分离和城乡建设用地增减挂钩试点。深化涉外经济体制改革，推进东疆保税港区制度创新，创建国际一流的口岸管理体制和机制。深化社会管理创新，加快推进全国社会管理创新综合试点。

（六）河北将加快优势地区率先发展，努力打造自身经济增长极

河北将会加快优势地区率先发展，推进"一圈一带一区一批"建设，打造自身经济社会发展的增长极，形成重点突破、带动全局、协调发展的新格局。具体来说：第一，构筑环首都绿色经济圈，推进环首都"14 县（市、区）4 区 6 基地"建设。充分发挥环绕首都的独特优势，积极主动为京津搞好服务，全方位深化与京津的战略合作，承接京津资金、项目、产业、人才、信息、技术、消费等方面的转移，形成环首都绿色经济圈，力促环首都四个中心城市加快发展。第二，打造河北沿海经济隆起带。在近海临港、基础较好、潜力较大的昌黎、丰南、黄骅等 11 个县（市、区），以及北戴河新区、曹妃甸新区、渤海新区等 8 个功能区，以滨海公路为纽带，加速构建沿海经济隆起带。第三，加快发展冀中南经济区。充分利用冀中南地区列为国家重点开发区域的有利条件，发挥交通和产业基础优势，以石家庄为中心，强力推进大西柏坡、正定新区、临空港产业园区、东部新城建设；以京广（京珠）、京九（大广）复合交通干线为两轴，促进生产要素加快集聚；以邯郸冀南新区、衡水滨湖新区、邢台新区三个产业基地为重点，培育冀中南经济增长新优势；以壮大特色产业集群为重点，加大两轴沿线的正定、宁晋、武安、冀州等 18 个县（市）开发开放力度。第四，注重与北京城市运行保障和管理的对接。完善生活必需品保障合作机制，鼓励发展面向首都市场的农副产品，支持北京市农贸企业在周边地区建设农副产品基地，按照"农超对接"模式，打造企业为主体、市场为纽带的区域农业产业链。最后，加快培育千亿元级重点园区和大型企业集团。全面优化创业环境，以优势产业为依托，建设一批创新能力强、产业层次高、总量规模大、关联程度紧、辐射带动强的园区，力争有十个以上开发区或工业聚集区营业收入超过千亿元。鼓励企业通过联合重组、兼并收购等多种途径做大做强，形成一批拥有自主知识产权、具有较强核心竞争力的大公司和企业集团，力争新培育十个以上营业收入超千亿元的大型企业集团。

参考文献

[1]《后经济危机时代区域经济发展的形势和对策》，http：//www.hetang.gov.cn/

2011/0112/4396. html。

［2］黄其刚：《"十二五"重庆宏观环境及发展走向》，《科学咨询》2011 年第 2 期。

［3］宋智勇、王志双、陈敬明：《后危机时代的"十二五"经济形势分析》，《宏观经济管理》2010 年第 5 期。

［4］吴党恩、张丞：《以我国为例看区域经济发展不协调与金融危机的联系》，《中国集体经济》2009 年第 36 期。

［5］国土开发与地区经济研究所课题组：《"十二五"时期促进我国区域协调发展的重点任务和政策建议》，《宏观经济研究》2010 年第 5 期。

［6］国家发改委对外经济研究所课题组：《后危机时代区域经济一体化进程探析及战略构思》，《国际贸易》2010 年第 6 期。

［7］《提升文化软实力的实践及启示》，http：//www. anhuinews. com/zhuyeguanli/system/2011/02/14/003752678. shtml。

［8］孙立坚：《"后危机时代"世界经济发展战略的调整》，《对外经贸实务》2009 年第 9 期。

［9］《北京市以三个转变八个辐射"打造首都经济圈"》，http：//bj. esf. sina. com. cn/news_ show. php? id = 23663。

［10］叶堂林：《"十二五"期间京津冀区域产业升级与整合研究》，《开发研究》2011 年第 1 期。

［11］王静：《围绕北京市总体发展目标科学制定环首都经济圈城市"十二五"规划》，《物流技术》2010 年第 12 期。

［12］《中华人民共和国国民经济和社会发展第十二个五年（2011～2015 年）规划纲要》。

［13］《北京市国民经济和社会发展第十二个五年（2011～2015 年）规划纲要》。

［14］《天津市国民经济和社会发展第十二个五年（2011～2015 年）规划纲要》。

［15］《河北省国民经济和社会发展第十二个五年（2011～2015 年）规划纲要》。

分 报 告
Subsidiary Reports

B.4
京津冀人口发展现状与趋势分析

张耀军　李红娟[*]

摘　要：本文通过与长三角和珠三角的对比分析，全面阐述了京津冀区域人口发展的背景。依据第五、第六次人口普查的数据以及 2011 年中国统计年鉴等相关数据资料，对京津冀区域人口的发展现状进行了具体分析，总体来讲，京津冀区域的人口规模巨大，人口分布集中、人口年龄结构不断老化。而在区域内部，河北省在人口增长、受教育水平、居民健康水平等诸多方面与北京和天津存在明显差距。在此基础上，对京津冀区域人口互动的优劣势以及京津冀区域人口的未来发展趋势进行了详细论述，并就京津冀人口的发展优化提出了相应的对策建议。

关键词：京津冀　人口　现状与趋势

---

* 张耀军，中国人民大学社会与人口学院副教授，研究方向为人口资源环境经济学；李红娟，中国人民大学博士生，研究方向为社会人口学。

随着经济全球化的深入发展及我国改革开放的稳步推进,京津冀都市圈以其发达便捷的交通、雄厚的工业基础和科技教育实力并凭借其丰富的自然资源和优越的地理位置,成为继珠江三角洲和长江三角洲之后,我国经济发展的第三增长极。近年来,京津冀区域的经济社会发展取得了长足发展,整个区域的地区生产总值、全社会固定资产投资、社会消费品零售总额等经济指标均实现了大幅度增长,但与长江三角洲经济圈(以下简称长三角)和珠江三角洲经济圈(以下简称珠三角)两个经济圈相比,还存在着一定的差距。

在京津冀区域快速发展的过程中,人口是制约发展进程的关键因素。因此,全面了解京津冀人口发展现状、未来发展趋势,提出京津冀人口发展优化的对策建议就显得愈加重要和紧迫。

一 京津冀人口发展背景

长三角、珠三角和京津冀是中国经济发展的三个增长极,也是人口最密集、城镇化水平最高的三大城市群。然而,目前作为中国经济最活跃的地区,在发展环境、发展过程中面临的问题各不相同。珠三角、长三角作为中国经济最早崛起的地方,他们在发展过程中的经验教训对京津冀的未来发展有一定的借鉴意义。

(一) 三大城市群概况

1. 长三角

《长江三角洲地区区域规划(2010)》指出,长三角区域涉及两省一市,共16个城市。包括上海、江苏八市(南京、苏州、无锡、常州、镇江、扬州、泰州、南通)和浙江七市(杭州、宁波、湖州、嘉兴、绍兴、舟山、台州)。长三角经济圈是全国最大的经济圈,2010 年长三角地区生产总值占全国的 21.4%,固定资产投资占全国的 14.7%,社会消费品零售总额占全国的 18.9%①。

2. 珠三角

《珠江三角洲地区改革发展规划纲要(2008~2020)》指出,珠三角区域包括广州市、深圳市、珠海市、佛山市、惠州市、肇庆市、江门市、中山市和东莞

---

① 中国人民银行货币政策分析小组:《2010 年中国区域金融运行报告》,2010,第 33 页。

市，共 9 个城市。珠三角是中国市场化及国际化程度最高的都市经济圈。2010
年珠三角地区生产总值占全国的 9.4%，固定资产投资占全国的 4.1%，社会消
费品零售总额占全国的 8%①。

3. 京津冀

京津冀地区范围涉及两市一省，包括北京、天津两个直辖市和河北省的唐
山、保定、廊坊、秦皇岛、张家口、承德、沧州、石家庄、邯郸、邢台和衡水
11 个地级市。京津冀区域是我国最重要的政治、文化中心，也是我国北方最大
和发展程度最高的经济核心区（见表 4 - 1）。2010 年京津冀地区的生产总值占
全国的 10.8%，固定资产投资占全国的 18.2%，社会消费品零售总额占全国的
16.8%②。

表 4 - 1　2010 年京津冀区域基本情况

地　区	土地面积 （平方公里）	常住人口 （万人）	人口密度 （人/平方 公里）	地区生产 总值 （亿元）	城市/镇居民人 均可支配收入 （元）	全社会固定 资产投资 （亿元）	社会消费品 零售总额 （亿元）
北　　京	16411	1961	1195	13778	29073	5494	6229
天　　津	11760	1294	1100	9109	24293	6511	2903
石家庄市	15848	1016	641	3401	18290	2958	1391
唐 山 市	13472	758	562	4469	19556	2666	1119
秦皇岛市	7523	299	397	930	17118	506	335
邯 郸 市	12062	917	761	2342	17562	1835	708
邢 台 市	12486	710	569	1211	14744	1020	461
保 定 市	20584	1119	544	2050	15048	1472	864
张家口市	36873	435	118	966	14649	904	320
承 德 市	39548	347	88	881	13212	751	255
沧 州 市	14053	713	508	2203	16116	1448	573
廊 坊 市	6429	436	678	1331	20268	909	414
衡 水 市	8815	434	492	782	14525	476	314

资料来源：《中国城市统计年鉴（2010 年）》，2010 年北京、天津、河北各市《国民经济与社会发
展统计报告》、《中国统计年鉴（2011 年）》。

---

① 中国人民银行货币政策分析小组：《2010 年中国区域金融运行报告》，2010，第 33 页。
② 中国人民银行货币政策分析小组：《2010 年中国区域金融运行报告》，2010，第 33 页。

（二）京津冀地区人口发展的背景

与其他两个都市圈相比，京津冀区域具有独特的地区特点，这些特点影响着人口的发展水平及空间分布。主要表现在：

1. 全国资源向都城集中

长三角和珠三角的形成主要得益于工商业的发展，先行对外开放所导致的外资进入及自主型城市化。珠三角地区拥有深圳经济特区和广州、珠海等沿海开放城市，毗邻港澳，是随着中国市场经济的发展而逐步形成的，其形成机制主要靠市场推动。长三角则发端于经济转型期，在地区政府间的合作日益加强，市场联系进一步紧密的情况下发展起来的，它是政府与市场密切结合的结果。与前两者不同，京津冀地区的形成主要是传统上的文化和地域联系，得益于现有体制下全国资源向都城的集中。

2. 市场化程度相对较低

珠三角的市场发育最为成熟，长三角的市场完善度仅次于珠三角。京津冀的市场发育程度在三大区域中最低。

珠三角在计划经济体制下建立起来的国有企业数量相对少，规模较小，因此，它通过扩大对外开放，引入外部生产要素，接受境外产业转移，培育市场型非国有企业，逐渐构建起市场经济体系。

长三角市场经济体制的形成源于转型时期对原有计划经济体制的逐渐否定与扬弃，是以放松政府管制和管理制度改革为基础，在逐渐扩大市场资源配置功能的条件下形成的。

京津冀由于北京特殊的政治中心地位，政府管制较严格，区域中的国有经济和集体经济仍占较高的比重，政府对资源的控制力强，对企业的干预力度大，经济的市场化程度相对较低。

表4-2　2010年京津冀登记注册类型分企业法人单位数

单位：万个

地　区	内资企业			港、澳、台商投资企业	外商投资企业
	国有企业	集体企业	其他类型企业		
北　京	0.75	1.19	31.96	0.48	0.93
天　津	0.42	0.55	12.5	0.18	0.51
河　北	0.61	0.87	20.34	0.08	0.1

资料来源：《中国统计年鉴（2011年）》。

3. 经济外向度较低

长三角地区由于其有良好的基础设施、发达的科技教育和日趋完善的政策环境，成为国内外投资者关注的热点地区。

珠三角凭借其毗邻港澳、靠近东南亚的地缘优势和华侨之乡的人缘优势，以"三来一补"、"大进大出"的加工贸易起步，并大量吸引境外投资，迅速成为中国经济国际化或外向化程度最高的地区①。

京津冀区域处于大陆北方，历史上又长期处于封建思想文化统治的核心地带，民风趋于保守与封闭，官本位和等级观念较重，亲商环境差，市场意识不强，与长三角和珠三角地区相比，开放程度明显低一些。2010 年，京津冀区域进出口贸易总额占全国的 14.3%，远低于长三角和珠三角。实际利用外资方面占全国比重为 19.9%，略高于珠三角，但远低于长三角。

表 4 - 3　2010 年三大经济圈利用外资和进出口贸易情况

单位：%

| 区　域 | 长三角 | | 珠三角 | | 京津冀 | | 全国 |
指　标	占全国比重	增长速度	占全国比重	增长速度	占全国比重	增长速度	平均增长速度
实际利用外资	47.9	10.6	17.4	4.8	19.9	12.8	17.4
进出口贸易额	36.6	35.3	25.3	28.4	14.3	38.3	34.7

资料来源：《中国区域金融报告（2010 年）》。

4. 科技创新全国领先

长三角地区以产业创新为发展战略，继续推进装备制造、电子信息、石油化工、汽车和船舶行业等主导产业高端化，并以世博会为契机，加快旅游业、文化业发展。

珠三角地区则选择制度创新为发展战略，发挥毗邻港澳、在承接国际产业转移和实现要素重组优化中具有的天然区位优势，基本形成了电子信息、电器机械、生物制药、家电、建筑等九大主导产业，并在推进工业高端化、适度重型化，以及船舶、能源设备、数控机床等关键装备制造方面不断取得突破。

---

① 谢姝琳、李强、房俊峰：《环渤海、长三角、珠三角的经济发展战略比较分析》，《环渤海经济瞭望》2008 年第 5 期。

京津冀经济圈则凭借着其人才、科技资源优势，以科技创新为发展战略，航空航天、石油化工、装备制造、汽车制造、电子信息、生物医药等现代制造业增长较快，服务业优势不断增强，租赁商务、信息服务等生产性服务业保持较快增长，金融资产交易所、特许经营权交易所等新兴金融业成长良好。

5. 资源环境形势严峻

长三角和珠三角面临的资源环境问题主要是水污染问题。京津冀地区面临的资源环境问题主要是水资源短缺、生态环境恶化等问题。

京津冀地区属于我国水资源严重缺乏的地区。2010年北京地区的水资源总量为23.08亿立方米，人均水资源量为124.19立方米，天津的水资源总量只有9.2亿立方米，人均水资源量只有72.80立方米，远远低于全国平均水平（见表4-4）。京津冀地区水资源的严重短缺和人口的膨胀使得该地区水资源供给与需求矛盾突出。

表4-4　2010年京津冀地区水资源情况

单位：亿立方米，立方米

地　区	水资源总量	地表水资源量	地下水资源量	地表水与地下水资源重复量	人均水资源量
北　京	23.08	7.22	18.88	3.02	124.19
天　津	9.20	5.58	4.45	0.83	72.80
河　北	138.92	56.61	112.89	30.58	195.28
全　国	30906.41	29797.62	8417.05	7308.25	2310.41

资料来源：《中国统计年鉴（2011年）》。

河北省环京津区域的冀北地区，由于过度开发和垦殖，区内干旱缺水、河湖断流、水土流失严重、土壤风蚀沙化、地表水源污染、草场退化。生态环境的持续恶化，严重威胁着京冀北地区的供水安全和大气环境质量的改善。北京、唐山频繁出现供水荒，同时环境空气质量得不到根本改善，沙尘暴频繁发生[1]。

沙尘暴所产生的恶劣能见度对机场、高速公路造成很大影响并容易引发各种

---

[1] 卜书慧：《河北省承接北京产业转移的研究——基于可持续发展背景下的分析》，天津商业大学硕士学位论文，2010。

交通事故，沙尘对环境的污染对精密机械、精密化工等行业有严重的破坏性影响。

6. 城市规模体系不均衡

长三角城市首位度相对较高，上海市的优势地位明显。珠三角首位城市规模相对较小，各城市间发展水平比较均衡。京津冀地区则呈现明显的双核（北京、天津）结构，河北人口向京津大量流动，使得京津冀都市圈城市规模体系的不均衡性更加突出。与长三角和珠三角地区相比，京津冀城市体系中超大城市地位突出但大中城市缺位（表4-5）。因此中等城市特有的联结小城市和大城市的纽带作用就难以发挥，从而妨碍生产要素从中心城市向周边地区的扩散。

表4-5　2009年三大城市群规模结构对比

单位：个，%

人口规模（万人）	京津冀		长三角		珠三角	
	城市数量	所占比重	城市数量	所占比重	城市数量	所占比重
	35	100	73	100	44	100
600以上	8	23	8	11	4	9
400~600	3	9	10	14	4	9
200~400	2	6	6	8	11	25
100~200	1	3	17	23	14	32
50~100	14	40	27	37	9	20
20~50	7	20	5	7	2	5

资料来源：《中国城市统计年鉴（2010年）》。

7. 核心城市发展潜力大

长三角的核心城市上海是我国经济最发达的城市，其地区生产总值、出口额、实际利用外资等主要经济指标在三大经济圈核心城市中均处于首位，表现出较强的经济实力和对经济圈的带动力。珠三角的核心城市广州，地区生产总值、出口指标等也表现出较强的竞争力。京津冀的核心城市北京，全社会固定资产投资总额、社会消费品零售总额、进出口总额等指标略高于上海，但在城镇居民人均可支配收入方面不及上海及广州（表4-6）。

表 4 - 6   2010 年北京、上海、广州主要经济指标

地　区	地区生产总值（亿元）	全社会固定资产投资（亿元）	社会消费品零售额（亿元）	实际利用外资（亿美元）	进出口总额（亿美元）	出口总额（亿美元）	城镇居民人均收入（元）
北　京	13777.9	5493.5	6229.3	63.6	3014.1	554.7	29073
上　海	16872.42	5317.67	6036.86	111.21	2688.69	1087.84	31838
广　州	10604.48	3263.57	4476.38	39.79	1037.76	483.80	30658

资料来源：2010 年北京、上海、广州国民经济社会发展统计公报。

二　京津冀人口发展现状

京津冀区域人口规模大，分布相对集中，面临着人口年龄结构不断老化等问题，同时，区内北京市、天津市和河北省在人口增长、受教育水平、居民健康水平等诸多方面存在明显的差别。

（一）人口规模巨大

2010 年第六次人口普查数据显示，京津冀的人口规模达到 1.04 亿，占全国人口比重的 7.79%，与 2000 年第五次人口普查相比，上升了 0.58 个百分点。北京、天津两市的常住人口数分别达到 1961 万以及 1294 万，也是京津冀区域中人口规模增长最快的城市。河北省常住人口数达到 7185 万，总人口数位居全国各省（直辖市、自治区）第六位，仅河北省保定市的常住人口数就将近 1200 万（图 4 - 1、表 4 - 7）。

（二）人口高度集中

2010 年北京市和天津市人口各为 1961 万和 1294 万，分别只占京津冀总人口的 19% 和 12%。河北省人口数量达到 7185 万人，占京津冀总人口的 69%。

京津冀地区人口密度高达 484 人/平方公里，近 4 倍于全国平均人口密度，是全国人口密度最高的地区之一。与此同时，京津冀地区人口分布的密度也存在较大差别。北京市和天津市人口分布高度密集，每平方公里人口分别达到 1195 人和 1100 人。河北省的人口密度为 383 人/平方公里，大大低于北京市和天津市。尽管如此，河北省人口密度也近 3 倍于全国平均水平（图 4 - 2）。

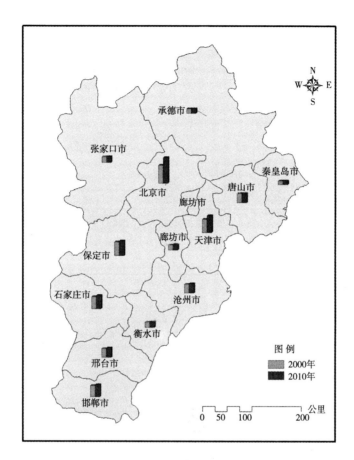

图 4 - 1　2000 年与 2010 年京津人口规模变化情况

表 4 - 7　2000 年与 2010 年京津冀人口规模及占全国比例变化

单位：万人，%

	人口数		比重	
	2000 年	2010 年	2000 年	2010 年
北 京 市	1382	1961	1.09	1.46
天 津 市	1001	1294	0.79	0.97
河 北 省	6744	7185	5.33	5.36
石家庄市	935	1016	0.74	0.76
唐 山 市	712	758	0.56	0.57
秦皇岛市	279	299	0.22	0.22
邯 郸 市	848	917	0.67	0.68
邢 台 市	672	710	0.53	0.53

续表

	人口数		比重	
	2000 年	2010 年	2000 年	2010 年
保 定 市	1059	1119	0.84	0.84
张家口市	424	435	0.33	0.32
承 德 市	336	347	0.27	0.26
沧 州 市	672	713	0.53	0.53
廊 坊 市	388	436	0.31	0.33
衡 水 市	420	434	0.33	0.32
全国合计	126583	133973	100	100

资料来源：第五次、第六次全国人口普查数据公报、河北省人口普查数据公报。

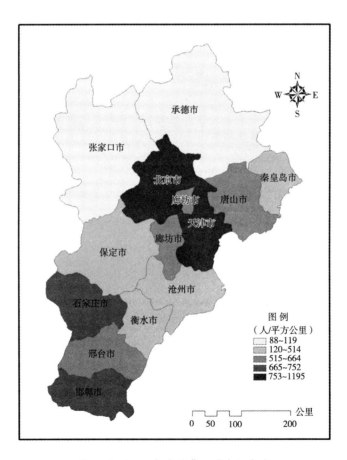

图 4-2　2010 年京津冀区域人口密度

（三）人口自然增长面临不同的发展势头

2010 年北京市人口的自然增长率为 3.07‰，天津市的人口自然增长率为 2.60‰，相比 2000 年而言，两市人口自然增长率均有所上升，但均低于全国平均水平。2010 年河北省的人口自然增长率为 6.81‰，与 2000 年相比，人口自然增长率有所下降，但与全国相比较，高于全国平均水平 2.02 个百分点（见表 4－8）。

表 4－8　2000 年与 2010 年京津冀地区出生率、死亡率、自然增长率情况

单位：万人，‰

地　区	出生率		死亡率		自然增长率	
	2000 年	2010 年	2000 年	2010 年	2000 年	2010 年
北　京	8.39	7.48	6.99	4.41	1.40	3.07
天　津	7.50	8.18	6.67	5.58	0.83	2.60
河　北	13.86	13.22	6.65	6.41	7.21	6.81
全　国	14.03	11.90	6.45	7.11	7.58	4.79

资料来源：2011 年中国统计年鉴。

（四）人口年龄结构明显老化

2010 年，北京市 65 岁以上老年人口占总人口的比重为 8.71%。同期，天津市的这一比重为 8.52%，河北省的同一指标为 8.24%（见表 4－9）。根据联合国的划分标准，65 岁及以上人口占总人口的比例达到 7%，即该地区被认为进入老龄化社会。由此可见，京津冀地区已经步入老龄化社会的行列。

表 4－9　2010 年京津冀人口年龄结构

单位：万人，%

地　区	总人口	0～14 岁	15～64 岁	65 岁及以上	老少比	抚养系数
京津冀	10440	14.41	77.22	8.36	58.02	29.49
北　京	1961	8.61	82.68	8.71	101.24	20.95
天　津	1294	9.80	81.68	8.52	86.97	22.42
河　北	7185	16.83	74.93	8.24	48.95	33.46
全　国	133972	16.60	74.53	8.87	53.42	34.18

资料来源：根据第六次人口普查数据整理。

（五）处于人口红利时期

2010年京津冀劳动年龄人口抚养系数为29.49，比全国平均水平低近5个百分点。京、津、冀三地的抚养比分别为20.95，22.42和33.46（见表4-9）。

京津冀总人口中15~64岁劳动年龄人口的比重占77.22%，高于全国平均水平近3个百分点，北京、天津的比重更高，分别达到82.68%和81.68%（见表4-9）。

（六）面临巨大就业压力

劳动力丰富的另一方面是就业岗位的不足而导致就业压力大，京津冀劳动力面临着巨大的就业压力。2010年，就业人口共计5629万，占总人口的54%。北京的就业人口比重高达67.19%，河北的就业人口也高达52.75%，可见就业压力巨大。

（七）居民健康水平较高

医疗卫生事业发展水平是一个地区社会发展水平的标志，也是降低死亡率、提高寿命水平的重要手段。从每千人拥有的执业（助理）医师和注册护士数量以及每千人拥有医院病床数量等指标来看，北京和天津市在2010年达到的水平均远远高于全国平均水平，表明这两个城市在医疗卫生事业发展水平上取得了突出的成就（见表4-10）。

表4-10　2010年京津冀医疗卫生事业发展水平相关指标

地　区	每千人口执业（助理）医师人数	每千人口注册护士人数	每千人口医疗卫生机构床位数
北　京	5.24	5.34	7.35
天　津	2.92	2.45	4.93
河　北	1.84	1.2	3.42
全　国	1.79	1.52	3.56

资料来源：《中国卫生统计提要（2011年）》。

随着医疗卫生事业发展水平的不断提高，京津冀地区居民的健康水平已远远超过全国平均水平。从国际公认的国民健康三大指标（人口平均期望寿命、孕产妇死亡率、新生儿死亡率）来看，居民健康水平达到较高程度。

2010 年北京、天津两市的人均期望寿命均已超过 80 岁，北京更是高达 80.8 岁。天津的孕产妇死亡率为 9.63/10 万，已达到发达国家水平。河北地区在人口平均期望寿命、孕产妇死亡率、新生儿死亡率等指标方面也优于全国平均水平（见表 4-11）。

表 4-11　2010 年京津冀地区国民健康指标

地　区	预期寿命（岁）	婴儿死亡率(‰)	孕产妇死亡率(1/10 万)
北　京	80.8	3.29	12.1
天　津	80.65	5.61	9.63
河　北	74.38	11.2	28.2
全　国	73.5	13.1	30

资料来源：全国婴儿死亡率、孕产妇死亡率数据来自 2011 年《中国妇幼卫生事业发展报告》，人均期望寿命数据来自 2010 年《中国人类发展报告》，北京市数据来自《北京市 2010 年度卫生与人群健康状况报告》，天津市数据来自天津市卫生局，河北省数据来自河北省卫生厅。

（八）人口整体受教育水平高，高素质人口聚集

2010 年，京津冀地区的文盲率分别为 1.70%、2.10%、2.61%，均低于全国平均水平，与 2000 年相比，文盲率更是呈大幅下降。这说明，三地的基础教育得到较好发展（见表 4-12）。

表 4-12　2000 年与 2010 年京津冀地区文盲情况比较

单位：万人，%

地　区	文盲人口		文盲率	
	2000 年	2010 年	2000 年	2010 年
北　京	59.00	33.30	4.23	1.70
天　津	49.00	27.14	4.93	2.10
河　北	448.48	187.74	6.65	2.61
全　国	8507.00	5465.66	6.72	4.08

资料来源：《中国统计年鉴（2011 年）》。

北京和天津两市受教育水平远远高于全国。从平均受教育年限来看，2010 年，北京、天津两市人口的平均受教育年限分别为 11.0 和 9.7，均高于全国平均水平，河北则与全国持平。而从每十万人中具有大学教育程度的人数来看，同

2000 年第五次全国人口普查相比，北京每 10 万人中具有大学教育程度的由 16843
人上升为 31499 人，天津由 9007 人上升为 17480 人，河北省每十万人中具有大学教
育程度的人数低于全国平均水平，大大低于京津两市的水平（见表 4 – 13）。

表 4 – 13　2000 年与 2010 年京津冀地区教育水平比较

地　区	平均受教育年限		每十万人中具有大学教育程度人数	
	2000 年	2010 年	2000 年	2010 年
北　京	9.6	11.0	16843	31499
天　津	8.6	9.7	9007	17480
河　北	7.3	8.2	2698	7296
全　国	7.1	8.2	3611	8930

资料来源：《中国统计年鉴（2011 年）》。

（九）人口城市化发展的地区间差异巨大

2000 年，北京和天津的市镇人口在总人口中所占比重已经分别高达 77.54%
和 71.99%，经过 10 年的发展，北京的城市化率达到 85.96%，天津城市化率达
到 79.55%。与北京和天津相比，河北省的城市化水平则远远落后，2000 年，河
北的城市化水平只有 26.08%，低于全国平均水平 10.14 个百分点，经过 10 年的
努力，2010 年河北的城镇化水平达到 44.5%，但仍明显落后于全国 49.68% 的平
均水平（见表 4 – 14）。

表 4 – 14　2000 年与 2010 年京津冀地区城市化水平

单位：%

地　区	2000 年	2010 年	地　区	2000 年	2010 年
北　京	77.54	85.96	河　北	26.08	44.50
天　津	71.99	79.55	全　国	36.22	49.68

资料来源：2001 年中国统计年鉴、2011 年中国统计年鉴、2011 年北京统计年鉴、2011 年天津统计
年鉴、《河北省城镇化发展"十二五"规划》。

（十）人口向京津两市流入的规模持续上升

京津地区历来是河北省重要的劳务输出目的地。据统计，2005 ~ 2010 年，

河北省向北京输出的劳动力分别为 92.6 万人、105.8 万人、107.7 万人、109.2 万人、131 万人、155.9 万人，向天津输出的劳动力分别为 50.6 万人、53.7 万人、60.5 万人、62.8 万人、64 万人、75.5 万人，呈现逐年增加的态势。2009 年，在全省跨省转移就业的 335 万人中，有近六成输出到京津地区①。

2010 年第六次人口普查数据显示，河北省来京人口为 155.9 万人，占北京常住外来人口的 22.1%。而在天津市的常住外来人口中，来自河北省的人数为 75.45 万人，占天津市常住外来人口的 25.2%（见表 4-15）。

表 4-15 2005~2010 年河北省流入北京、天津人口数

单位：万人

年 份	北 京	天 津	年 份	北 京	天 津
2005	92.6	50.6	2008	109.2	62.8
2006	105.8	53.7	2009	131.0	64.0
2007	107.7	60.5	2010	155.9	75.5

资料来源：2005~2009 年数据来自王艳霞、吕宪栋《河北省劳动力向京津转移的现状及对策》，《经济论坛》2010 年第 8 期。2010 年数据来自北京、天津第六次人口普查。

三 京津冀人口互动的优劣势分析

（一）人口互动的优势

1. 地理区位与基础设施优势

京津冀地区得天独厚的地理区位与基础设施优势为京津冀区域的发展提供了良好的条件。

从地理区位来看，京津冀地区处在华北、东北、华东、华中地区的结合部，地理区位紧密一体。京津分别处于河北省的腹地和边缘，这种在地理位置上三省市同时存在于一个区域内，并且还并列着两个地域相邻的特大城市，即使在世界区域经济史上也是不多见的。

---

① 王艳霞、吕宪栋：《河北省劳动力向京津转移的现状及对策》，《经济论坛》2010 年第 8 期。

从基础设施建设方面来看，京津冀地区交通十分发达，是全国铁路、公路和航空的枢纽。该区域交通、通信等基础设施形成了海陆空交通立体网络，可进入性强。近年来，京津冀区域交通一体化取得实质性进展。为了便于北京周边地区的往来，北京隶属城市公共交通系统的公交线路已经陆续延伸到河北的涿州、廊坊、固安、三河等县市①。2008 年 8 月 1 日，京津城际铁路开通，把京津两地的行车时间缩短到 30 分钟以内。京承高速三期于 2009 年 9 月全线通车，京昆高速京石段、京台高速京冀段已于 2009 年开工建设。随着京广客专、京沪高铁、津秦客专、保津城铁等工程的建设和逐步投入运营，快速轨道将织就"京津冀快速交通圈"②。按照规划到 2020 年，京津冀地区城际轨道交通总里程达到 710 公里，线网布局满足区域经济社会发展要求，主要技术装备达到国际先进水平。城际轨道交通网络将覆盖京津冀地区的主要城市，基本形成以北京、天津为中心的"两小时交通圈"。

2. 科学技术与人力资源优势

京津冀是我国科学技术和人力资源极其丰富的地区。科技资金投入总量较大，科研成果丰硕。2009 年全国及各地区科技进步统计监测结果显示，在科技环境指数、科技活动投入指数、科技活动产出指数以及高新技术产业化指数的排序中，京津地区均位居前列。在综合科技进步水平指数高于 60% 的 4 个地区中，京、津分别位居二、三位。

京津冀地区是全国高校和科研机构最为集中的地区，在科技人力资源的拥有量上具有明显的优势。2010 年京津冀地区 R&D 人员数分别为 269932 人、86374 人、91794 人，其中，北京的 R&D 人员占全国 R&D 人员的比重高达 7.62%。

从 R&D 课题数来看，仅北京地区的 R&D 课题数就高达 21075 项，将近占全国 R&D 课题数的三分之一。

从科技投入来看，在 R&D 经费内部支出方面，京津冀地区的支出占全国总支出的 17%，北京的 R&D 经费内部支出为 821.8 亿元，占地区生产总值的5.82%（见表 4 - 16）。

---

① 赵国岭：《京津冀区域经济合作问题研究》，中国经济出版社，2006。
② 金翮摘编《长三角、珠三角、京津冀——新中国铸就的三大经济发展引擎》，《新重庆》2009年第 11 期。

表 4 –16　2010 年京津冀地区 R&D 情况

地　区	R&D 人员（人）	占全国的比重(%)	R&D 课题数(项)	占全国的比重(%)	R&D 经费内部支出(万元)	R&D 经费内部支出占国内（地区)生产总值的比重(%)
北　京	269932	7.62	21075	31.43	8218234	5.82
天　津	86374	2.44	890	1.33	2295644	2.49
河　北	91794	2.59	572	0.85	1554492	0.76
全　国	3542244	100	67050	100	70625775	1.76

资料来源：《科技统计年鉴（2011 年)》。

3. 区域间的互补性

从自然资源和经济基础来看，北京是全国的政治中心、文化中心和知识经济发展的引擎；天津是重要的工业和商品基地；河北省则拥有着得天独厚的自然资源和较为完整的工业体系。

从劳动力资源禀赋来看，河北的劳动力数量较多，而劳动力的发展环境（城市化水平）和劳动力素质较低；京津则相反，劳动力数量较少，但劳动力的发展环境和劳动力素质较高。因此，京津之间的劳动力自由流动对于三地产业转移与要素互补，具有重要的意义。

另外，在科技发展战略格局方面，北京、天津、河北各自发挥自身优势，形成区域间的互补。北京在科技活动成果方面领先，已成为京津冀地区的基础科学园区、自主创新基地和高技术产业中心；天津在发展高技术产业方面突显实力，成为园区科技产业化的重要地区；河北在传统工业改造、农业科技发展等领域也取得令人瞩目的进展，在消化吸收京津科技资源方面前景广阔。

（二）人口互动的劣势

1. 产业结构同构，人才需求同构

从 2010 年京津冀地区三次产业的构成情况来看，北京第三产业的比重高达75.1%，而天津、河北二、三产业的占比比较接近，津冀第二产业的占比完全一致，京津产业结构内部同构现象比较严重。如北京与天津都将汽车、电子、生物医药等行业作为其未来发展的重点行业，雷同的产业结构导致人才需求结构相似（表 4 –17）。

表 4 - 17　2010 年京津冀地区产业结构

单位：%

地　区	第一产业	第二产业	第三产业
北　京	0.9	24	75.1
天　津	1.6	52.5	46
河　北	12.6	52.5	34.9

资料来源：《中国统计年鉴（2011 年)》。

在京津冀三地《中长期人才发展规划纲要（2010～2020)》中，天津和河北在人才需求方面也存在同构现象。河北在"装备制造、石化、医药、电子信息、生物医药、新能源、新材料、环保、物流、金融、会展、交通运输业"等领域与天津在"石油化工、装备制造、电子信息、生物制药、新能源新材料、金融财会、国际商务、现代交通、物流运输、生态环保"等领域的人才需求完全相同，两地势必在经济发展与人才发展的双股道上同时展开不可避免的激烈竞争① （表4 - 18)。

表 4 - 18　京津冀《中长期人才发展规划纲要（2010～2020)》中关于人才需求描述

北　京	集聚一大批教育、科技、文化、艺术等领域世界级大师
天　津	航空航天、石油化工、装备制造、电子信息、生物制药、新能源新材料、国防科技、金融财会、国际商务、城市规划、现代交通、物流运输、生态环保、现代农业等经济发展重点领域，在教育卫生、文化艺术、宣传思想、防灾减灾、政法等社会发展重点领域培养和引进一批急需紧缺专门人才
河　北	大力加强钢铁、装备制造、石化、医药等工业产业人才队伍建设；大力加强电子信息、生物医药、新能源、新材料、环保等重点高新技术产业领域人才队伍建设；有力推进物流、金融、旅游、会展、房地产业及交通运输业、信息服务业等主要现代服务业人才队伍建设

资料来源：北京、天津、河北《中长期人才发展规划纲要（2010～2020)》。

2. 人口流动过度聚集，加剧发展差异

京津是京津冀的劳动力就业选择的主要空间，然而由于行政分割及京津冀内

---

① 桂昭明：《京津冀人才发展一体化的路径选择》，《人事天地》2010 年第 8 期。

部经济发展水平差异巨大的原因，京津两市极化效应强烈而渗透效应不足，河北大量的人才流向京津两地，导致河北省人才缺乏，河北经济发展受到影响。其结果必然是加剧京津冀都市圈内京津两个现代化的国际性大都市与贫困落后的河北农村之间的差异。

3. 河北外出劳动力较低的文化素质难以适应京津高端型产业结构的需要

河北省外出劳动力的文化素质普遍较低且大多没有经过系统培训，劳动力文化素质和技能水平不高。而作为河北省外出劳动力流入地的北京、天津两地，正处于经济结构调整的深化提高阶段，未来将以发展高新技术产业和现代服务业作为产业结构调整的方向[1]。新兴产业的发展会对劳动力素质提出更高的要求，劳动力市场会越来越需要高素质、高技能劳动力，而河北省外出劳动力的素质较低，且提升缓慢，将很难适应京津地区产业结构变化的需求，一定程度上影响到河北劳动力向京津地区的流动。

4. 制度性障碍

由于现行的户籍制度、社会保障机制、档案管理机制等方面的制度不够健全和完善，形成了人才跨省流动的制度性障碍，很大程度上阻碍了人口的区域流动。如，北京的户口仍然保留了很多社会福利，不仅在教育、住房、社会保障等方面享有特殊的待遇，在就业方面也与没有北京户口的人员有很大差别。很多公司、企业招工愿意招收北京户口的人员，没有北京户口的人员往往从事以体力劳动为特征的最低端的职业。外地劳动力本来工作待遇就低，加上不能享受北京市的福利待遇，严重影响了他们的工作、生活积极性[2]。

由于行政区划的分割，不同历史文化与地缘政治的因素，京津冀三地在人才制度上无法实现有效对接和融合。京津冀三地统一的人才市场体系尚未形成，人才资源的整合与配置难以达到优化。人才资源的交流渠道不通畅，在信息、资源、利益等方面无法实现共享。以官方为主导的人才引进与管理机制，无法适应市场化的需求。三地合作协议虽然达成，但"重形式、轻机制"、"重竞争、轻合作"、"重个体、轻整体"的弊端仍然存在，三地人才政策仍以竞争为主。

---

① 张捷：《京津冀大都市区人口跨地区流动的现状与趋势》，《社会研究》，2010。
② 王文录：《北京劳动力市场供求变化与京津冀人口流动》，《人口学刊》2008 年第 4 期。

四　人口未来发展趋势

鉴于京津冀地区人口发展及互动的现状，可以预见，京津冀人口的未来发展，将呈现如下趋势。

（一）人口规模将继续增长，就业竞争更为激烈

2010年京津冀地区常住人口总数已经超过1亿，受人口基数大和惯性增长影响（另外，北京和天津作为流动人口的主要吸纳地）未来，流动人口还将进一步增加。综合考虑以上因素，京津冀地区的人口总量在未来一段时间内还将持续增长。据预测，在2020年以前，京津冀地区的总人口将始终处在持续、缓慢增长的状态[1]。在未来10至20年，京津冀地区都将不可避免地保持着人口净迁入地和吸纳地的地位和角色。这在给城市发展带来活力、提供更丰富的劳动力资源的同时，也会使区域内部的劳动力就业竞争更为激烈。

（二）人口老龄化与人口红利共存

1. 人口老龄化速度加快

2010年京津冀地区65岁及以上老人的比重已经达到8.36%，伴随着"十二五"时期第一个老年人口增长高峰的到来，京津冀地区的人口老龄化进程也将不断加快。据预测，大约在2015年前后，65岁及以上的老年人口占总人口的比例将超过10%，到21世纪中叶，区域内65岁及以上的老年人口比例将达到23%左右。所以在未来数年乃至数十年，京津冀将始终处于人口老龄化急剧加速阶段。

2. 继续享有人口红利

目前，京津冀地区的人口年龄结构，呈现出"两头小、中间大"的特点，劳动力供给充足、社会抚养负担相对较轻，处于人口年龄结构的"红利"时期。由于人口出生率下降和老龄化速度的不同步，在人口惯性的作用下，在未来很长的一段时间内，京津冀地区将继续享有这一人口年龄结构的黄金时期。

---

① 邓行舟、田玲、赵新编《京津冀人口发展战略报告》，社会科学文献出版社，2007，第11、20页。

（三）城镇化发展将带动人口空间分布优化

1. 城镇人口比重将不断增加

根据地区发展规划和实际的社会经济发展进程，各地城市化水平还将不断提升。各地政府及相关部门在推进城市化建设方面亦作出不少努力。如，河北省在《十二五规划纲要》中提出，以统筹城乡发展为路径，深入推进城镇化和新农村建设。力争 2015 年全省城镇化率达到 54% 的目标。

2. 人口迁移活跃，空间布局不断优化

随着京津冀区域一体化进程的不断推进，影响区域内部和区域内外人口迁移流动的一些制度性障碍和观念性障碍等将逐步被打破，特别是统一劳动力市场的逐步建立和社会保障制度的不断完善，京津冀区域内及区域外的人口迁移流动将进入一个更加活跃、更为频繁的时期。如，北京"十二五"规划纲要提出，按照城市总体规划确定的空间发展格局，强化规划和政策引导，积极促进人口按功能区域合理分布，着力缓解中心城人口过度集聚带来的运行管理和资源环境压力。"十二五"期间，要通过疏解中心城功能、增强新城综合功能、加强区域合作，推动人口空间布局优化，有序疏解中心城人口。

（四）人口素质将进一步改善

1. 人口受教育程度将不断提升

随着政府对教育的关注和投入的逐渐加强，教育发展放到了更加重要的位置。如天津提出了"十二五"期间义务教育巩固率达到 99%，高中阶段教育毛入学率达到 97% 的目标。河北提出了力争到 2015 年教育发展主要指标超过全国平均水平。提高九年义务教育质量，巩固率达到 94%；普及高中阶段教育，毛入学率达到 90% 以上；高等教育大众化水平进一步提高，毛入学率达到 37% 以上，建成 2~3 所国内知名高水平大学的目标。由此可见，在未来京津冀地区人口的受教育水平将有很大的提升。

2. 人才建设工程不断推进、人才共享一体化进程加快

随着京津冀地区加强人才资源战略开发的不断推进，研发经费投入的不断增加，人才发展环境不断优化，这一地区将成为高素质人才的聚集之地。北京更是提出了到 2020 年，主要劳动年龄人口中受过高等教育的比例要达 42%，

人才贡献率达到60%，成为世界一流的人才之都的目标。另外，随着京津冀地区互认的高层次人才户籍自由流动制度的逐步推行，三地的人才共享一体化进程加快。

五　京津冀人口发展优化的对策建议

（一）积极应对老龄化挑战

随着人口老龄化的不断加快，老年人口数量的不断增加，各地应该采取相应措施，积极应对人口老龄化的挑战。

第一，进一步完善社会养老的服务体系，真正做到老有所养、老有所为、老有所乐。

第二，通过人口流动，实现区域互补，暂时延缓城市的快速老龄化过程。京津外来人口的一个显著特征是年轻人口的大量进入，这可以在一定程度上缓解北京、天津人口老龄化、老年人口抚养比上升的问题。

（二）打破行政区划界限，促进资源要素的流动与整合

1. 消除制度性壁垒

打破行政区划界限，加快户籍制度改革和用工制度改革，消除限制人口流动的各种制度性障碍，积极推进京津冀三地的社会融合，在子女教育、居住、就业、社会保障、医疗体制方面进行衔接，实现区域内劳动力市场一体化，劳动力要素在区域内最大限度地自由流动。

2. 充分利用地区之间的互补优势

河北可利用京津劳动力素质较高的有利条件，通过聘请京津的技术能手或专家来解决自身在生产、技术中遇到的难题；京津的专家也可带项目到河北通过合办企业的形式将其科研成果迅速转化，利用河北丰富而低成本的劳动力资源实现成果输出，或促进自己研究的进一步深入。河北要大力提高劳动力发展环境（包括提高城市化水平等方面），为京津劳动力密集型产业转移做好基础建设等准备工作。在现代社会，劳动密集型产业的发展同样需要该地区交通、通信、信息等方面具备一定的基础，只有这些基础工作做好了，京津的相关产业才有可能

转移到河北。而河北城市化水平的提高，将对京津转移部分产业或城市功能提供良好的平台①。

3. 实现人才共享一体化

实现人才共享，可以从以下两个方面努力：一是建立区域内统一的劳动技能认证制度，三省市互认岗位培训证书，互相提供及时的就业岗位信息。二是共建高层次人才信息库，促进高层次人才的共享与互动。在这方面各地也作出了积极的努力。2010 年 8 月，《北京首都中长期人才发展规划纲要 （2010 ~ 2020 年）》首次明确提出北京将逐步推行京津冀地区互认的高层次人才户籍自由流动制度；天津市也在制定相关政策，推行此制度，使高层次人才在子女入学、医保社保等方面都享受与当地市民的同等待遇，积极推动高层次人才三地共享，以带动环渤海区域经济发展；河北省也正在积极制定新的人才规划，从而更好地与国家和北京的制度进行衔接。

（三） 提高农民工的整体素质

全面启动区域内农民工培训工程，对流动前和流动后的农民工进行职业培训，大幅度提高农民工的整体素质，强化他们在京津冀区域内劳动力市场的竞争力。

（四） 构造一体化的新型分工格局，错位竞争

构造一体化的新型分工格局，实行错位竞争，差异发展。京津中心城区适合发展高端服务业，可以把一般性专业化发展的服务业向郊区及河北省转移；天津滨海新区要以现代制造业为主体形成新一轮产业链的聚集；河北省则要根据自己具体的经济实力重视县域经济的发展，发展劳动密集型产业，参与京津冀新时期的分工与合作，尽可能多吸纳地方劳动力就业，从而带动整个京津冀区域人口的优化。

总的来说，京津冀地区正处于加速发展时期，在三地政府的高度重视和共同努力下，充分利用区域内部的互补优势，努力实现人口均衡发展，进而促进京津冀人口资源环境经济社会的全面可持续健康发展。

---

① 戴宏伟、刘敏、孙宝文：《京津冀劳动力要素的比较分析》，《北京市经济管理干部学院学报》2009 年第 3 期。

参考文献

[1] 中国人民银行货币政策分析小组：《2010 年中国区域金融运行报告》，2010，第33 页。

[2] 谢姝琳、李强、房俊峰：《环渤海、长三角、珠三角的经济发展战略比较分析》，《环渤海经济瞭望》2008 年第 5 期。

[3] 卜书慧：《河北省承接北京产业转移的研究——基于可持续发展背景下的分析》，天津商业大学硕士学位论文，2010。

[4] 王艳霞、吕宪栋：《河北省劳动力向京津转移的现状及对策》，《经济论坛》2010 年第 8 期。

[5] 赵国岭：《京津冀区域经济合作问题研究》，中国经济出版社，2006，第 107 页。

[6] 金翮摘编《长三角、珠三角、京津冀——新中国铸就的三大经济发展引擎》，《新重庆》2009 年第 11 期。

[7] 桂昭明：《京津冀人才发展一体化的路径选择》，《人事天地》2010 年第 8 期。

[8] 张捷：《京津冀大都市区人口跨地区流动的现状与趋势》，《社会研究》，2010。

[9] 王文录：《北京劳动力市场供求变化与京津冀人口流动》，《人口学刊》2008 年第 4 期。

[10] 邓行舟、田玲、赵新编《京津冀人口发展战略报告》，社会科学文献出版社，2007。

[11] 戴宏伟、刘敏、孙宝文：《京津冀劳动力要素的比较分析》，《北京市经济管理干部学院学报》2009 年第 3 期。

B.5

京津冀农民工就业影响因素分析[*]

纪韶 饶旻[**]

摘　要：本文在对京津冀都市圈农民工就业状态的调研数据的描述性统计、交互分类、对应分析的基础上，构建了京津冀都市圈农民工流动就业影响因素的微观分析模型，实证分析了京津冀都市圈中农民工迁出概率和迁入地选择的主要影响因素，提出了在"十二五"期间，建立京津冀都市圈城乡协调发展的长效机制、加强京津冀都市圈内统一完善的劳动力市场建设、提高农民工素质和城乡教育改革的政策建议。

关键词：京津冀都市圈　农民工　微观分析模型

京津冀都市圈以北京、天津为核心，包括河北省的石家庄、廊坊、保定、沧州、承德、张家口、唐山、秦皇岛、邢台、衡水、邯郸，共 13 个城市，[①] 是中国的首都之区，该区拥有中国的政治、文化中心，具有良好的港口群、丰富的旅游文化资源，是北方最大、现代化程度最高的城镇和工业密集区，外向型经济中心。2011 年 3 月至 2011 年 7 月，国家社会科学基金项目"中国失业预警理论模型的应用和完善研究"课题组进行了两年一次的京津冀都市圈农民工流动就业状态的调研，这次调研偏重市辖区，采取典型抽样方法，对北京市的昌平、大

---

* 本研究得到国家社会科学基金项目"中国失业预警理论模型的应用和完善研究"（项目编号：09BJL020）、北京市市属高校人才强教深化计划——科研创新人才项目"北京市失业预警系统及应用研究"（项目编号：PHR200906120）的资助。

** 纪韶，首都经济贸易大学劳动经济学院教授，经济学博士，博士生导师；饶旻，中国人民大学经济学院在读博士，研究方向：劳动力市场理论与政策研究，产业结构与就业结构协调变动研究，中国失业预警理论与实践研究。

① 叶裕民、李彦军、倪稞：《京津冀都市圈人口流动与跨区域统筹发展》，《中国人口科学》2008 年第 2 期。

兴、顺义、密云、延庆、怀柔等地区，天津蓟县、宁河、宝坻、武清等地区，河北省定州市、廊坊市等进行了入户问卷访谈，共 1500 名农民工朋友。其中，男性为 1008 名，占总数的 67.2%，女性为 492 名，占总数的 32.8%，采用 EPIdata3.1 软件对调研问卷进行规范录入。

一 对京津冀都市圈农民工流动就业调研数据的描述性统计

（一）农民工及家庭的基本情况

1. 农民工个人基本情况

①被调查的农民工中，18～24 岁的占 27.4%，25～30 岁的占 19.1%，"80 后"农民工总体占 46.5%；31～45 岁的占 36.7%。91.17% 为农业户口，6.07% 为共青团员，2% 为党员。②河北、天津、北京的初中及初中以下文化的占调查总数的 84.4%、81.4%、80.13%，高中及以上文化的占 15.6%、18.6%、19.87%，约有 34% 的农民工没有接受完国家的九年义务教育就进城务工了。

2. 农民工的配偶和子女情况

①被调查的农民工中 84% 已婚，农民工配偶外出就业的占 79.3%，其中，外出就业时间在 5～10 年的占 42.81%，10 年以上占 24.06%，3～5 年占 15%，1～3 年占 13.13%，5% 外出就业时间不到 1 年。95.29% 是夫妻同城就业。②被调查的农民工中有两个孩子的占 57.05%，75.54% 的农民工将子女随迁在自己务工的城镇，92.4% 的农民工有 1～3 个兄弟姐妹同城务工。

3. 农民工家乡的基本情况

①家乡有承包土地的占 79.06%，有 20.94% 的农民工已经将承包土地永久性转包，即农业收入为零。66.39% 的农民工在家乡拥有宅基地，33.61% 的农民工在家乡的宅基地面积为零。② 85.62% 的农民工家庭中有需要赡养的老人，其中，有 1 人占 30.49%，有 2 人占 51.42%，有 3 人占 7.75%，有 3 人以上占 10.34%。留守老人中有收入来源的占 47.12%，通过经营农业获得收入的占 35.60%，依靠政府提供的社会保障获得收入的仅占 4.71%；有 4.45% 的老人有少量退休金，有 1.05% 的老人通过享受村组织福利获得收入。在有收入来源的

老人中，年收入在 1000 元以下占 31.77%、1000～2000 元占 27.57%、2000～3000 元占 15%、3000～5000 元占 10%、5000 以上的占 15.83%。老人在 2010 年全年看病花费约有 70% 在 1000 元以上，约 24% 在 5000 元以上。

（二）农民工流动就业现状

1. 农民工外出就业经历

①被调查的农民工中 46.74% 有在城镇打工 10 年的经历，打工 7 年及以下、10～15 年、15～20 年、20 年及以上的数据分别是：7%、28.09%、15.28%、3.37%。②以五年从事一种行业为限，从事生活服务业、建筑业、商业、餐饮业、交通运输业的数据：41.49%、21.7%、13.58%、12.69%、6.85%，3.69% 在农民工子弟学校任教师。③为了找到收入高一些的工作，农民工也愿意接受培训；82.14% 农民工自己支付全部培训经费，17.86% 培训经费由政府资助；培训费用在 1000 元以下、1000～2000 元、2000～3000 元、3000 元以上数据：27.27%、21.21%、18.18%、6.06%；82.01% 的农民工没有技能培训证书，69.13% 的农民工进厂时没有接受过培训，19.57% 的农民工在进厂时接受过一般的引导性培训。80.17% 的农民工目前的技能没有等级，6.47% 的农民工为中级技工，0.86% 的农民工是高级技工。④以 5 年为限，43.95% 的农民工一直没有换过工作，换 2、3、4、5 次工作的数据：37.44%、11.86%、3.95%、2.09%；换过 5 次及以上工作的占 0.7%。54.70% 的农民工认为更换工作的原因是收入低。

2. 农民工就业质量情况

①农民工就业于私企、国企、外企、传统服务业的比例：57.71%、10.36%、1.62%、30.42%。70.63% 农民工就业于 50 人以内的企业。②月收入在 960 元以下、960～1500 元、1500～2000 元、2000～3000 元、3000～5000 元、5000 元以上的数据：13.19%、41.59%、27.47%、12.45%、5.13%、0.37%。调查期内，农民工平均月总工资收入为 1718.28 元。③实际就业时间在 11 个月、10 个月、6～9 个月、6 个月以下的数据：73%、8%、9%、7%，有 3% 的农民工 2010 年上半年处于失业状态。④ 2011 年上半年，43% 的农民工生过病或受过伤，73.22% 的农民工看过医生，97.81% 自付费用，1.46% 是医保报销，0.73% 由老板/单位支付。⑤在 35% 签订劳动合同的农民工中，签订有固定期限劳动合

同的占77.65%，19.74%签订了以完成一定工作为期限的劳动合同，5.26%签订的是无固定期限劳动合同。固定期限合同期限在12、12～24、24～36个月及以上的数据：71.93%、10.53%、14.04%、3.51%。

3. 农民工创业带动就业情况

① 39.11%属于自营类，95.14%是和家人合伙经营。②家庭投资在1000元以内、1000～3000元、3000～5000元、5000～10000元、10000～30000元、30000～50000元、50000～100000元及以上数据：27.71%、12.65%、11.45%、16.87%、16.27%、3.01%、6.63%、5.42%。投资3万元及以下的占84.95%。③ 56%的农民工家庭没有借款，借款额/总投资比例在30%、30%～50%、50%～80%、80%～100%的比例：4%、16%、8%、2%。借款渠道为借亲戚和朋友。④近三年的年平均收入在15000～30000元的占37.22%。

二　调研数据的交互分类和对应分析主要结论

（一）调研数据的交互分类分析的主要结论

1. 年龄对农民工就业状态影响的交互分类分析结论

① 25岁以下与石油化工业、其他行业相对应，26至35岁年龄段与电子电器业、机械制造业、房地产业以及商务服务业相对应，36至45岁与居民服务业、住宿餐饮业相对应，46至55岁与矿山采掘业、制衣制鞋业相对应，56岁以上年龄段与建筑施工业、交通运输及仓储业相对应。②在没有签订劳动合同的情况下，除26至35岁年龄组比低年龄组有一定的下降以外，其他均呈现出上升趋势，从低年龄组的51.2%一直上升到高年龄组的82.4%，由此可见，年龄越大，农民工没有签订劳动合同的可能性也就越大。而在"已签订但合同未到期"这种情况下，劳动者所占的比例随年龄的增加而逐渐降低，由中年到老年下降得最为明显：从46至55岁的19.1%到56岁以上的2.9%。因此，目前有合同在身的劳动者人数随年龄的增加而明显下降。③年龄和购买、参加各种形式社会保险的意愿成反比。④ 35岁以下及46岁至55岁的人愿意从事技术工种的人数最多，而36岁至45岁的人则愿意从事个体户的人数最多，56岁及以上的人愿意从事不便分类的其他劳动者的人数最多。

2. 文化程度对农民工就业状态影响的交互分类分析结论

①按文化程度由低到高排列，对应的就业人数最多的行业分别是建筑施工业、电子电器业、其他行业和商务服务业，同时，在被调查的农民工中，本科及以上学历在矿山采掘业、石油化工业和住宿餐饮业没有分布，可见学历越高，在对职业的选择上也会有更多的要求。在总百分比上，建筑业所占比例最高。②小学和初中水平的农民工"无正式劳动合同的员工"比例最高，均达到了50%以上，恰恰相反，高中以上水平的农民工"有正式劳动合同的员工"比例最高，也均在50%以上，其中本科以上达到了82.2%。这两个选项占据了一共约90%的比例，各种文化程度在其他就业身份中呈现低比例的零星分布。③没有签订劳动合同的比例依次降低，小学组达到了74.8%，初中组67.1%，高中组43.3%，大专组31.7%，本科及以上20.7%；已签订劳动合同（包括合同未到期和到期）的比例依次升高。④文化程度与参加社会养老保险呈现同方向变化趋势。

（二）调研数据的对应分析的主要结论

1. 文化程度与农民工就业行业的对应分析结论

卡方值为277.698，通过了显著性检验，这说明了文化程度与就业行业之间确实存在着对应关系。小学文化程度与就业于矿山采掘业、建筑施工业、居民服务业等行业相对应，初中文化程度与就业于交通运输业、制衣制鞋业、住宿餐饮业、石油化工业等行业相对应，高中文化程度与就业于机械制造业、电子电器业、商务服务业等相行业对应，大专文化程度与就业于其他行业相对应，本科及以上文化程度与就业于房地产业相对应。

2. 文化程度与就业时月收入的对应分析结论

卡方值为123.268，通过了显著性检验，两者存在着显著的对应关系。小学文化程度与月收入在1000元以下相对应，初中文化程度与月收入在1001~2000元相对应，大专文化程度与月收入在2001~3000元相对应，高中文化程度与月收入在3001~4000元、4001~5000元相对应，本科及以上文化程度与月收入在5000元以上相对应。

3. 文化程度与养老保险的对应分析结论

卡方值为106.038，通过了显著性检验，两者之间存在着显著的对应关系。

小学文化教育水平与不知道是否参加社会养老保险相对应，初中文化水平与没有参加社会养老保险相对应，高中及以上文化教育水平与参加了社会养老保险相对应。

4. 文化程度与未来就业预期的对应分析结论

卡方值为100.368，通过了显著性检验，两者之间存在着显著的对应关系。小学文化程度与"准备种地了"或者"做与农林牧副渔相关的事情"相对应，初中文化程度与"留在家乡附近寻找工作"和"歇一阵子（或者是忙忙家里的事情），再寻找机会出去找事情做"相对应，高中文化程度与"自主创业"相对应，大专文化程度和本科及以上文化程度与"其他打算"相对应。

三　京津冀都市圈农村劳动力流动就业
影响因素的微观分析模型

（一）建立模型假设

本文建立的京津冀劳动力流动模型基于以下两个假设条件：第一，劳动力是理性的，他们追求的是自身效用最大化①。这里所说的效用指的是广义上的效用，它涵盖了与劳动者切身利益有关的一切因素。追求效用最大化驱使劳动者产生了迁移的动机，促使劳动者理性选择对自己发展最有利的地方。第二，信息是完全的。劳动者对于本地区和即将前往地区的经济发展水平、地理条件、就业状态等信息都有充分程度的了解，他们能够通过详细对比两地之间的差别，结合自身的状况，然后作出迁移决策。

（二）模型中劳动力流动影响因素分析框架

根据国家"十二五"经济社会发展规划，本文将影响劳动力流动的因素大致分为三类：内部因素、外部因素和中间因素。内部因素指的是劳动者个体差异所导致的不同流动倾向，他们之间的差别主要可以从四个角度来加以区分：性别、年龄、文化程度和婚姻状况。外部因素指的是所处的外部环境差异所造成的

---

① 伊兰伯格、史密斯：《现代劳动经济学》，中国人民大学出版社，2007。

劳动力不同的流动倾向。外部条件差异又大致可以细分为自然条件差异和经济条件差异两大类。若再次进行更细致的化分，那么，自然条件差异主要包括生态环境差异和资源禀赋差异，经济条件差异主要包括经济增长水平差异，教育水平差异、医疗卫生条件差异、就业状态差异、工资水平差异。中间因素指的是影响劳动力最终实现迁移的因素，主要包括地理障碍和制度性障碍①，内部因素和外部因素只能说是刺激劳动力发生迁移，这些受到刺激的劳动力只能算作潜在的迁移者，最终实现迁移还有赖于制度的允许和地理位置的非限制性。如图 5-1 所示。

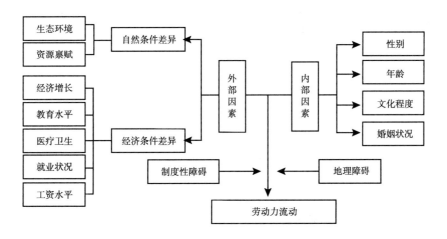

图 5-1　劳动力流动影响因素

（三）模型建立思路及总结

基于京津冀劳动力流动的特点，本文最终选择使用嵌套 Logistic 回归模型。嵌套 Logistic 回归模型的建立大致分为三个步骤：一是建立嵌套关系，二是建立劳动力迁移决策模型，三是进行嵌套 Logistic 回归②。

1. 建立嵌套关系

劳动力的流动决策可以分为两个层次，一是迁出本地的决策，二是迁移地选

---

① 孙文凯、白重恩、谢沛初：《户籍制度改革对中国农村劳动力流动的影响》，《经济研究》2011年第 1 期。

② 刘建波、王桂新、魏星：《基于嵌套 Logit 模型的中国省际人口二次迁移影响因素分析》，《人口研究》2004 年第 7 期。

择的决策。例如，对于户口所在地为河北省的人来说面临两种选择，一是继续留在河北省，他的迁移地点可以为河北省其他县、市地区或者河北省省会城市，二是迁往河北省以外的其他省市地区。对于作出第二种选择的人口，他们再次面临两种选择，一是迁往北京地区，二是迁往天津地区。因此，本文所建立的京津冀劳动力流动模型可以分为四个层次，三级嵌套模式。第一层次，也即最上面的一层次为劳动力的流出地，它包括了北京、天津、河北等三个区域，这三个区域又构成了我们的第二层次，再往下，就到了第三层次，流入地为北京市的劳动力嵌套的第三层次为留在北京和迁往其他地区，天津市市民嵌套的第三层次为留在天津和不留在天津，河北市民嵌套的第三层次为留在河北和不留在河北。不留在北京的北京市市民嵌套的第四层次为迁往天津和迁往河北，不留在天津的天津市民嵌套的第四层次为迁往北京和迁往河北，不留在河北的河北市民嵌套的第四层次为迁往北京和迁往天津。天津市民嵌套的第四层次为迁往北京和迁往河北，不留在河北的河北市民嵌套的第四层次为迁往北京和迁往天津。

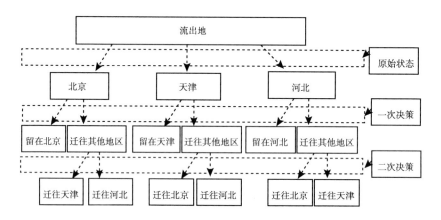

图 5 - 2　嵌套关系

2. 劳动力迁移决策分析

劳动力迁移决策是在追求自身效用最大化的基础上作出的。用 U 表示劳动力的效用大小，V 表示确定因素或者说可观察到的因素对劳动力效用的影响，一般说来，V 是多个自变量的 X_1，X_2，X_3，…，Xt 的线性组合形式。ε 表示不确定因素或者说是不可观测到的因素对劳动力效用的影响，j 表示某种具体情况，J 表示可能发生的情况总数，每种情况对应劳动力的一个决策。按照 McFadden 提出的随机效用理论①，我们可以把劳动力的效用函数写为：

$$U_j = V_j + \varepsilon_j (j = 1, 2, \ldots, J)$$

劳动力选择迁移则说明迁移情况下的效用大于不迁移情况下的效用。劳动力最终作出的决策 i 将满足这样一个条件，对于任意的其他不为 i 的决策 j，都将会使得 $U_j < U_i$。

那么进一步地说，对于劳动力 n 来说，他迁往 i 地的概率可以表示为：

$$P_{ni} = \text{Prob}(u_{ni} > u_{nj}, \forall j \neq i)$$
$$= \text{Prob}(v_{ni} + \varepsilon_{ni} > v_{nj} + \varepsilon_{nj}, \forall j \neq i)$$
$$= \text{Prob}(\varepsilon_{nj} - \varepsilon_{ni} < v_{ni} - v_{nj}, \forall j \neq i)$$

如若设随机项向量 $\varepsilon n = （\varepsilon n_1, \varepsilon n_2, \ldots, \varepsilon n_J）$ 的联合密度函数为 $f（\varepsilon_n）$，那么上式可以表示为积分形式：

$$P_{ni} = \int_{\varepsilon} I(\varepsilon_{nj} - \varepsilon_{ni} < V_{ni} - V_{nj}, \forall j \neq i) f(\varepsilon_n) d\varepsilon_n$$

这里的 I 是这样一个指示函数，若括号内的条件满足，则 I 取值1；反之，I 取值0。知道指示函数之后，剩下的问题就是如何求得联合密度函数 $f（\varepsilon n）$ 的具体表达形式，得出该表达形式之后，劳动力的迁移概率计算问题便可以迎刃而解。

3. 嵌套 Logistic 回归

以河北省市民的流动为例，根据本文所建立的四层次三嵌套模式，河北省市民的流动模型可以划分为以下两个子模型：

第二层子模型为流入目的地的选择模型：

流入目的地 j 的概率函数为：

$$P_{j|i,a} = \frac{\exp(V_{j|i,a}/\mu 2)}{\sum\limits_{k \neq i} \exp(V_{k|i,a}/\mu 2)}$$

$\mu 2$ 是包括来自 $\varepsilon f(i, j) \mid i, a$ 和 $\varepsilon' j \mid i, a$ 两方面的随机因素影响。V 可以写成

---

① 王莉：《基于 Logistic 的农村劳动力流动影响因素分析》，《先驱论坛》2007 年第 6 期。

向量式 CZ 相乘的形式，Z 是各影响因素变量组成的向量式，这里面既包括微观变量，也包括宏观变量，还包括宏观变量与微观变量的交互式。C 是各个变量的影响权重。

第一层子模型为流出概率模型：

迁出概率函数可以表示为：

$$P_{d \mid i,a} = \frac{\exp(V_{j \mid i,a}/\mu_1 + I_{D \mid i,a})}{1 + \exp(V_{j \mid i,a}/\mu_1 + I_{D \mid i,a})}$$

和 μ_2 一样，μ_1 也是表示子模型中影响劳动力流动的随机因素影响，I 表示的是例如身体因素、性格因素、家庭因素等对劳动力向外流动的推动力。

4. 实证分析劳动力迁出概率和迁入地选择

子模型一：迁出本地的概率模型参数估计

劳动力第一次决策是选择是否发生省际迁移。定义因变量迁移与否（迁移为1，不迁移为0）。定义自变量：性别（女性为1，男性为2）；年龄（20岁以下为1，21至25岁为2，26至30岁为3，31至35岁为4，36至40岁为5，41至45岁为6，46至50岁为7，51岁及以上为8）；教育程度（小学以下文化程度为1，小学文化程度为2，初中文化程度为3，高中文化程度为4，中专文化程度为5，大专及以上文化程度为6）；婚姻状况（未婚未0，已婚为1）。利用SPSS得到回归结果。

表5-1显示的是模型的参数估计结果，从结果显示情况来看，性别、年龄、教育程度和婚姻状况的显著性均小于0.05，即他们都对因变量（劳动力迁移概率）有显著影响。其中，性别和教育程度对劳动力迁移有正向的影响，而年龄

表5-1 子模型一参数估计结果

		B	S. E.	Wald	df	Sig.	Exp(B)
				Variables in the Equation			
Step 1ᵃ	性别	1.598	.645	6.132	1	.013	4.942
	年龄	-1.181	.202	34.168	1	.000	.307
	教育程度	1.557	.465	11.190	1	.001	4.744
	婚姻状况	-1.467	.619	5.608	1	.018	.231
	常数项	-.169	1.669	.010	1	.920	.845

a. Variable(s) entered on step 1：性别,年龄,教育程度,婚姻状况。

和婚姻状况对劳动力迁移呈现负的效应。性别的系数为正说明男性的迁移概率高于女性，教育程度定义为文化程度越高数值越大，教育程度的系数为正说明文化程度越高，向外迁移的概率越大，年龄的系数为负说明年龄越大，迁移概率越小，婚姻状况的系数为负说明已婚人士的迁移概率小于未婚人士。表5-1也显示出该子模型的函数表达式为：

$$Ln\left(\frac{P_{(迁移)}}{P_{(不迁移)}}\right) = -0.169 + 1.598SEX - 1.181AGE + 1.557EDU - 1.467MAR$$

子模型二：选择迁移地的概率模型参数估计

劳动力的第二次决策是选择迁向何处的问题，他建立在子模型一的基础上。首先从子模型一的记录中筛选出进行省际迁移的河北省市民，将这些记录纳入子模型二。然后，使用和子模型一类似的方法，定义因变量迁移地点（迁向天津为0，迁往北京为1，以迁向天津为对照组），性别、年龄、文化程度、教育状况等的定义和子模型一样，纳入外部因素经济增长率和失业率。利用SPSS得到回归结果。

表5-2　子模型二参数估计

		B	S. E.	Wald	df	Sig.	Exp(B)
	Variables in the Equation						
Step 1ª	性别	1.240	.386	10.321	1	.001	3.454
	年龄	.124	.215	.331	1	.565	1.132
	教育程度	1.808	.352	26.408	1	.000	6.096
	婚姻状况	-.121	.872	.019	1	.890	.886
	经济增长	2.623	.201	18.798	1	.000	13.777
	失业率	-1.162	.384	16.725	1	.000	.312
	Constant	-7.675	1.492	26.452	1	.000	.000
a. Variable(s) entered on step 1：性别,年龄,教育程度,婚姻状况。							

子模型二的参数估计结果显示，性别、教育程度、经济增长和失业率对劳动力迁移地的选择具有显著影响，而年龄和婚姻状况不对劳动力的迁址选择构成显著影响，教育程度是劳动力迁移地点选择的重要因素，教育程度越高的人，越倾向于迁往北京。经济增长和失业率的参数显著说明劳动力迁移的最主要目的为就业目的和经济目的。

5. 模型分析结论

本文在劳动力效用最大化的基础上，将劳动力迁移决策细分为两个层次：一是迁出本地的决策，二是迁移地选择的决策，将影响劳动力流动的因素分为三大因素：内部因素、外部因素和中间因素，建立嵌套 Logistic 回归模型，并最终得到影响劳动力各层决策的影响因素及影响大小。结果显示：

（1）影响劳动力迁出本地决策的主要因素。

影响劳动力迁出本地决策的主要因素有：性别、年龄、教育程度和婚姻状况。其中，性别和教育程度对劳动力迁移有正向的影响，而年龄和婚姻状况对劳动力迁移呈现负的效应。具体而言，男性的迁移概率比女性高 4.94（$e^{1.598}$）倍，年龄每增长 5 岁，迁移概率下降 3.25（$e^{1.181}$）倍，教育程度每增长一单位，迁移概率扩大 4.74（$e^{1.557}$）倍，未婚人士的迁移概率是已婚人士的 4.33（$e^{1.467}$）倍。

（2）影响劳动力迁移地址选择决策的主要因素。

影响劳动力迁移地址选择决策的主要因素有：性别、教育程度、经济增长和失业率，且教育程度越高的人，越倾向于迁往北京，经济增长率越高、失业率越低的地方越容易吸引更多的劳动力流动。模型还显示，男性的迁移概率比女性高 3.45（$e^{1.24}$）倍，教育程度每增长一单位，迁移概率扩大 6（$e^{1.8}$）倍，经济增长率每增加 1 个百分点，迁移概率扩大 13.78（$e^{2.6}$）倍，失业率每增加 1 个百分点，迁移概率降低 0.31（$e^{-1.16}$）倍。

四 主要研究结论和政策建议

（一）主要研究结论

1. 京津冀都市圈农村劳动力流动特点的基本分析结论

第一，京津冀都市圈内农村劳动力流动的空间分布高度集中于北京和天津，河北是京津农村劳动力的重要来源地。第二，农村劳动力流动规模大，但流动频率不够高；流入人口多，流出人口少；京津两地流入人口大于流出人口，河北省流出人口大于流入人口；区域之间的劳动力流动具体表现为河北省常年为京津两地输送丰富的劳动力资源。第三，从京津冀地区流出的人口主要流向经济同样发达的长三角或珠三角；京津冀三地区对劳动力的吸引力呈现梯度差异，北京吸收的外来人口最多，其次是天津市，再次为河北省。第四，京津冀地区的整体流动人口中，男性所占比例要大于女性。向京津冀流动的人口最主要的目的是务工经商。

2. 京津冀都市圈农村劳动力流动影响因素的基本分析结论

第一，京津冀劳动力的流动受多方面因素影响，按照影响因素的性质来划分，可以将劳动力流动影响因素分为内部因素、外部因素和中间因素，内部因素是劳动者个体差异所导致的不同流动倾向，它是影响劳动力流动的最直接因素，外部因素是外部环境差异所引发的劳动力流动趋势，它是影响劳动者迁移决策的根本因素，中间因素是劳动力迁移的中间渠道因素，它是影响劳动力最终是否能实现迁移的决定因素。第二，劳动者的迁移决策可以分为两个步骤来完成，首先劳动者必须选择省内迁移还是省际迁移，其次劳动者必须选择迁往何处。无论是在哪一个决策中，劳动者的个体特征都对决策结果有显著性影响，在第一次决策中，男性的迁移概率高于女性，文化程度越高，向外迁移的概率越大，年龄越大，迁移概率越小，已婚人士的迁移概率小于未婚人士。在第二次决策中，受教育程度和性别都对劳动力迁移决策有显著影响，另外对于环境因素，潜在流动劳动者考虑的最主要因素是经济发展水平和失业状况，劳动者倾向迁往经济发展水平高、失业率低的地方，期望自身能够获得更加丰厚的收入。

（二）政策建议

1. 建立京津冀都市圈城乡协调发展的长效机制

主要工业化经验和教训说明：不可能依靠市场的自发调节作用来实现区域经济的协调发展；当发达地区经济发展较快，不发达地区经济发展较慢时，为了防止积累性因果循环造成区域经济发展中的贫富差距，政府不应该等待扩散效应逐渐消除这种差距，而应采取主动性，制定一系列的政策和措施刺激不发达地区的经济发展，给予不发达地区一定的资金、技术支持，提高不发达地区的自我发展能力，缩小它们和发达地区的差距，最终实现发达地区和不发达地区的协调发展①。目前京津冀都市圈的现状是，京津两地发展势头良好，但是它们的发展并没能带动整个京津冀都市圈的繁荣，它们的扩散效应没有使河北省受益。经过

---

① 蔡昉：《中国经济面临的转折及其对改革和发展的挑战》，《中国社会科学》2007 年第 3 期。

30年的发展，京津两地的农村问题基本得到解决，而河北省的农村问题成了京津冀都市圈发展的薄弱环节，河北省经济、教育、科技等的发展与京津两地的差距在不断扩大。一套能够协调区域发展，缩小城市发展差距的措施急需制定，一套统筹京津冀地区整体发展的长效机制亟待建立。因此，以科学发展观为指导，统筹区域发展，整合经济资源，加强区域合作，形成资源优势互补是京津冀都市圈"十二五"期间的政策导向。

2. 加强京津冀都市圈内统一完善的劳动力市场建设

①建议政府尽快建立对农民工就业统计监测调查的制度，跟踪了解失业农民工的就业、收入、融入城市的状况与要求；②加强就业信息和服务体系建设，健全城乡公共就业服务组织，将现有的劳动力市场信息网络延伸到农村，为农民工提供有效信息和职业介绍服务，逐步建立起互联互通的农民工就业信息网络；③逐步建立农民工就业服务机构准入机制，制定严格的社会就业服务的中介机构的准入标准，用更加符合市场规律的方式，向农民工发布真实、准确的就业信息，为农民工提供跨区域、跨行业的就业服务。④建立跨区域的城乡统筹机制，发挥京津在河北省农村公共产品供给中的积极作用，其本质就是要建立起京津对河北省欠发达地区资金扶持的长效机制。⑤河北省各地区积极融入首都经济圈，拓宽就业渠道和容量。要把鼓励农民自主创业作为推动农村劳动力战略性结构调整的长远举措来抓，放宽民营企业的准入领域，以乡镇企业的集约发展为依托，加快小城镇发展，增加第三产业劳动力就业。注重区域内大中小城市的同步提升与梯度衔接。⑥国家在政策上应对河北与京津给予同等的优惠政策，使资源配置趋向在政策因素上处于同等地位，建立行之有效的区域协调机制，扫除行政和地区壁垒，真正形成一体化的经济格局，加快要素在区域内自由流动。

3. 提高农民工素质是"十二五"京津冀都市圈转变经济发展方式的迫切需要

农村劳动人口的素质主要是指他们的思想道德素质、科学文化素质和生产技能素质。其基本内涵包括：农村劳动人口运用其所拥有的知识技能和经验，坚持正确的思想道德和行为准则的能力、发展农业和农村经济、增加收入、改善生活条件的能力和积极参与管理和正确处理农村社会事物的能力。文化程度是科学文化素质的重要衡量标准，是农村劳动人口自身全面素质形成的基础，也是不断提高自身生产技能素质和思想道德素质的基本前提。农民工文化程度低，直接影响着他们接受新知识和各种信息的能力，制约着他们的思维水平和农村经济社会的发展。目前有些地区的农业劳动力已经近乎到达农业剩余劳动力的极限，如何保留和培训致力于农业发展的青年农民的问题已经成为农业发展的重要问题。如果我们把农民工的素质与加快经济发展方式转变这两个问题结合起来思考，就使经济发展方式问题变得更加尖锐；一边是文化水平比较低的流动就业的农民工，另一边是企业要由劳动密集型的"三高"企业过渡到低碳时代的技术密集型企业；企业要转变经济发展方式，首要的就是提高劳动者的素质。

4. "十二五"期间京津冀都市圈城乡教育改革的基本思路

由于目前京津冀都市圈中城乡教育存在较大差距，建议均衡教育和教育深化的政策重点应放在农村和职业教育上①：①增加对农村教育的财政投入，扩大在校招生人数和比例，在该区农村普通中学中，渗透职业教育使其链接，实现教育和就业之间的链接，规划职业教育体系、教学方式、课程设置等，分层次尽可能提升现有农民的知识水平。②建议各级政府通过划分事权和财权的方法确保资金到位，统筹使用政府各个渠道的技能培训和职业教育经费，提高资金使用效益，加强教育经费的监督和管理。③对农村教育资金的投入应以公共财政投资为主，确保教育预算占 GDP 比重的 4% 以上，并保证每年有稳定增长。④建立农村教学质量的监督和评估体系，深化农村教师的工资制度和用人机制的改革，改进技能培训和职业教育的内容结构和师资结构，运用网络、电视、影像、远程教育等新技术手段，增强实践性和实用性。⑤在流动儿童数量和规模不断扩大的情况下，可考虑建立义务教育的个人账户制度，让流动儿童的义务教育经费便于携带，从根本上解决户籍制度造成的义务教育体系分割问题。⑥职业教育是今后教育发展的重点领域，其发展需要借助体制改革优化存量资源，通过市场有序竞争来监督办学质量，采取招投标方式和订单方式吸引企业和社会力量参与职业教育办学，在学历、学位管理和职业技能认定上让民办和公办学校公平竞争。鼓励中等职业教育学校向农村劳动力开放，为其在城市寻找合适工作岗位提供技能条件。逐步建立适合人口流动和统筹社会经济发展的资源配置方式。

---

① 韩俊、汪志洪、崔传义：《农民工培训实态及其"十二五"时期的政策建议》，《改革》2010年第 9 期。

参考文献

［1］伊兰伯格、史密斯:《现代劳动经济学》,中国人民大学出版社,2007。

［2］邓行舟:《京津冀人口发展战略报告》,社会科学文献出版社,2007。

［3］叶裕民、李彦军、倪稞:《京津冀都市圈人口流动与跨区域统筹发展》,《中国人口科学》2008 年第 2 期。

［4］刘建波、王桂新、魏星:《基于嵌套 Logit 模型的中国省际人口二次迁移影响因素分析》,《人口研究》2004 年第 7 期。

［5］段成荣:《影响我国省际人口迁移的个人特征分析》,《人口研究》2000 年第 4 期。

［6］王桂新、高慧、徐伟、陈国相:《发达地区农村人口城市化个人影响因素分析》,《人口研究》2002 年第 1 期。

［7］孙文凯、白重恩、谢沛初:《户籍制度改革对中国农村劳动力流动的影响》,《经济研究》2011 年第 1 期。

［8］蔡昉:《中国经济面临的转折及其对改革和发展的挑战》,《中国社会科学》2007 年第 3 期。

［9］韩俊、汪志洪、崔传义:《农民工培训实态及其"十二五"时期的政策建议》,《改革》2010 年第 9 期。

［10］王莉:《基于 Logistic 的农村劳动力流动影响因素分析》,《先驱论坛》2007 年第 6 期。

B.6
京津冀产业发展现状与趋势分析[*]

祝尔娟　周伟^{**}

摘　要：促进产业发展与升级，推进区域产业一体化，是京津冀地区打造更具国际竞争力城市群的重要途径。本文首先从世界、国家、区域和阶段等多层视角，分析了京津冀产业发展升级的宏观背景与战略机遇；进而分别对京津冀重化工业和战略性新兴产业的发展现状及其发展趋势进行了分析和判断，得出的结论是，京津冀地区的重化工业已基本形成产业分工的大致轮廓；制造业结构呈现差异化趋势，产业集中已成为基本趋势，并且正在向优势产业区域集聚。京津冀地区的战略性新兴产业发展总体上处于加快发展的产业化开发阶段，其中北京处于创新引领、技术产业化阶段，天津处于提升技术、扩大规模阶段，河北处于新兴产业发展的起步阶段。本文第四部分提出了加快京津冀重化工业的转型升级和战略性新兴产业的发展升级的对策建议。

关键词：京津冀　产业发展　产业升级　重化工业　战略性新兴产业

一　京津冀产业发展的宏观背景与战略契机

（一）世界视角——参与国际竞争、抢占科技制高点的需要

在国际金融危机冲击和全球气候变化双重压力下，一场争夺未来发展制高点

---

* 本文主要观点来自由祝尔娟为组长的京津冀联合课题组完成的"京津冀产业发展升级研究"课题。该课题得到北京市教委科研基地——科技创新平台——"都市圈研究中心（2011）"（项目编号 PXM2011_ 014205_ 113522）项目资助。

** 祝尔娟，首都经济贸易大学城市经济与公共管理学院教授，首都经济研究所所长，博导；周伟，首都经济贸易大学城市经济与公共管理学院副教授，在读博士。

的"竞赛"正在悄然涌动。世界许多国家抓住产业革命契机,从被动地顺应产业革命趋势变为主动地引导具有潜力的新兴产业,并以此作为应对经济危机、缩小经济周期影响和培育长期新经济增长的主要措施,纷纷将发展战略性新兴产业作为振兴国家(地区)经济和增强国际竞争力的重要途径。如美国将研发投入提高到 GDP 的 3%;英国着眼于发展低碳经济、数字经济;欧盟着力发展绿色经济;俄罗斯提出开发纳米和核能技术。这一轮正在孕育的新的科技和产业革命,必将推动世界经济进入新的增长周期(见表6-1)。

表6-1 主动把握新兴产业发展方向——欧美日等各国的目标和进展

国家或地区	时 间	主导产业	主要文件	发布者
英 国	2009 年 6 月	数字经济	《数字英国》	英国政府
英 国	2009 年 7 月	低碳经济	《英国低碳过渡计划》,配套方案:《英国可再生能源战略》、《英国低碳工业战略》、《低碳交通战略》	商务部、能源和气候变化部
美 国	2009 年 2 月	新能源、环保等	《2009 年美国复兴与再投资法》	奥巴马签署
美 国	2009 年 6 月	新能源	《美国清洁能源安全法案》	众议院通过
日 本	2009 年 3 月	IT 技术	信息技术发展计划	日本政府
日 本	2009 年 4 月	环保	第四次经济刺激计划	日本政府
日 本	2009 年 12 月	节能	新经济刺激计划	日本政府
欧 盟	2008 年 12 月	电信、环保	工商界代表圆桌会	英国首相布朗
欧 盟	2009 年 3 月	能源、信息	欧盟成员国领导人布鲁塞尔峰会	欧盟轮值主席国捷克总理托波拉内克
欧 盟	2009 年 4 月	绿色产业发展	"环保型经济"的中期规划	欧盟新闻发言人
欧 盟	2009 年 12 月	节能、环保	欧盟首脑会议	欧盟首脑
澳大利亚	2008 年 12 月	新能源	可再生能源立法草案	澳大利亚政府
加 拿 大	2009 年 9 月	清洁能源	生态信托环保计划	加拿大联邦政府
印 度	2009 年 9 月	核能	核能发展计划	印度政府
俄 罗 斯	2009 年 8 月	能源	2030 年前能源战略	俄罗斯政府
法 国	2008 年 11 月	新能源	一揽子计划	法国环境部
韩 国	2009 年 7 月	绿色产业	绿色增长法	韩国政府

资料来源:作者根据各国公开资料整理。

经济全球化和科技全球化深入发展,给京津冀地区带来战略机遇。京津冀迫切需要加强区域内部的产业整合,形成整体竞争优势,这样才有可能在更高层次参与国际合作与竞争。

（二）国家视角——东部地区率先实现转型升级的需要

2005 年以来，我国经济社会发展步入了全面贯彻落实科学发展观的新阶段，客观要求对传统发展模式进行重大调整。2008 年 9 月开始的全球性金融危机，使中国"要素"驱动型和技术"外源"型经济增长模式的局限性暴露无遗，过度依赖出口和外资、过度透支资源环境的增长模式受到空前的挑战。

1. 挑战一：我国劳动力拐点即将来临

资源禀赋决定了一国融入全球化过程中的比较优势。我国劳动力、能源、土地等生产要素的低廉，刺激了企业在要素选择偏好上更倾向于物质投入形成粗放经营模式，这导致国民经济结构的不平衡和产业结构的低级化。而支撑这种传统增长方式的一系列基本条件即将丧失。图 6-1 显示，我国以劳动力为代表的生产要素的供给即将发生趋势性的变化。据估算，中国劳动力人口占总人口的比重将在 2012 年前后达到高点，其后持续下降，见图 6-2。刘易斯拐点的到来，使得我国面临着人口增速下滑与城市化加速的不匹配，劳动力的相对稀缺必将使工资成本有内生性上涨的压力，这意味生产要素全面重估的阶段即将来临。2010 年各省最低标准工资的上调，企业员工工资报酬的上涨，以及资产价格的控制，都表明经济各要素价格的重估。

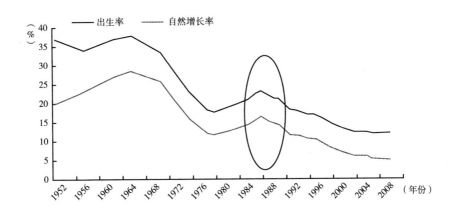

图 6-1　1988 年人口指标双降导致未来劳动力拐点的出现

资料来源：国家统计局网站。

2. 挑战二：资本要素的投入无法长期持续

资本是中国的另一武器。中国的高资本投入与中国的高储蓄率及高资本形

123

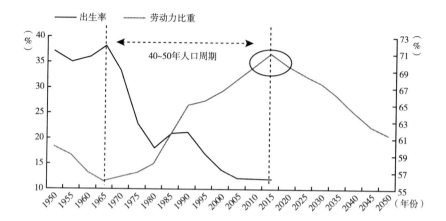

图6-2 劳动力拐点临近，2015年后劳动力比重将逐步下降

资料来源：联合国报告。

成直接相关。日本经验数据显示，新兴市场国家的国民储蓄率很可能经历一个先高后低的过程。目前中国的储蓄率已经处于绝对高位，很难再有进一步的快速上升，因此趋势上将迎来储蓄率和资本形成在增长率上的趋缓。显然，再单纯依靠高资本投入的经济增长是无法持续的。

3. 挑战三：物质资源与环境资源的双重约束

我国人均资源占有量低，能源资源消耗大，单位产品能耗高。目前，我国石油、铁矿石、铝土矿、铜矿等重要能源资源消费对进口的依存度都超过了50%①。中国的物质资源已无法承受粗放的经济增长方式。与此同时，我国生态环境在不断恶化，对经济社会发展形成了严重制约。环境污染已经成为关系社会和谐稳定的一个重大问题。

以上情况表明，中国经济结构转型与产业升级刻不容缓。在新的发展阶段，经济和社会的持续发展需要新的动力。在国家区域发展战略中，东部地区始终是我国改革开放和经济发展的先导地区和支撑地区。国家"十二五"规划纲要明确强调，积极支持东部地区率先发展，在转变经济发展方式、调整经济结构和自主创新中走在全国前列。京津冀地区作为东部地区三大城市群之一，担负着探索新型工业化道路、率先实现经济转型和产业升级的历史使命。

---

① 李克强：《关于调整经济结构促进持续发展的几个问题》，《求是》2010年第11期。

（三） 区域视角——把京津冀打造成更具国际竞争力城市群的需要

未来一段时期，正是我国大城市群形成的关键时期。京津冀与长三角、珠三角是中国东部地区率先发展的三大引擎，也是中国最有可能建成全球巨型城市区、实施全球化战略的地区。京津冀都市圈的发展目标是：全球城市区域，国家创新型区域，中国区域经济发展的引擎，生态友好循环的典范，社会和谐、宜居的城市区域。打造更具国际竞争力的城市群，必须有发达强大的产业实力做支撑。从京津冀地区自身发展面临的瓶颈制约来看，急需加快经济转型和产业升级。

受资源环境的制约，转变发展方式刻不容缓。如北京，人口、土地、水源、环境、交通等所承受的重压，已经使北京城市未来发展无法靠自己继续前行。天津的产业主要是资本技术密集型，重化工业占工业的80%以上，资源环境的制约和压力加大，面临着经济转型的艰巨任务。河北是拥有丰富铁矿、煤矿、石油等资源的"资源大省"，产业多为资源加工型、资本密集型，其发展方式主要依靠要素投入，粗放型特征明显。"十二五"时期，京津冀三地都将面临经济大发展与资源环境矛盾加剧的问题。因此，全面推进"低碳、绿色、循环"经济建设，以发展低碳经济为契机，加快经济发展模式转型，已成为京津冀发展的重要任务。

加强地区间产业关联、链接与整合迫在眉睫。与长三角、珠三角相比，京津冀地区的城市、产业和人口分布失衡，地区间缺乏紧密的产业关联，缺少具有国际竞争力的产业群。突出表现在北京、天津双峰过于突出，周边卫星城以及区域内的中小城市实力过于弱小，缺乏承载北京、天津转移出来的产业与人口的能力。20世纪90年代以来，北京市曾经确定过14个卫星城的发展布局，但至今卫星城仍难以发挥产业聚集和疏解中心城市人口压力的作用。一个重要原因，就是城市间的经济关联、产业关联的紧密度较差，城市群、产业群发育不足，中心城市的压力难以疏解，周边中小城市也难以迅速发展成为新的增长点，特别是难以在整个区域打造出若干对区域发展举足轻重、具有国际竞争力的产业群和产业链。因此，加强地区间产业关联、链接与整合迫在眉睫。

区域产业创新转化及升级能力急待提升。尽管京津冀地区是我国智力密集度最高的地区，拥有门类广博的科学技术学科体系，科技资金投入总量较大，科技

研究成果丰硕。但在整体自主创新能力以及创新转化方面仍然薄弱。对中心城市来说，由于新的产业收入效应、就业效应、财政效应不足以替代旧的产业，产业转移就没有足够的动力和压力。而对周边地区来说，获得转移产业的机会少，周边产业升级相对不足又会反过来制约中心城市的产业升级。从整个区域来看，北京的科技研发与天津的现代制造、河北的资源和产业基础虽各有优势，但却没能形成有机结合和紧密型的产业链优势、产业群优势，导致整个区域的产业创新和升级能力还不够强。

因此，加快实现由资源依赖型向创新驱动型、由技术"外源"型向"外源"技术与自主创新并重的模式转换，在推进区域产业转移、产业集聚、产业集群、产业链接以及产业融合过程中，实现区域空间优化与产业升级，已成为京津冀地区"十二五"时期的重要任务。

（四）阶段视角——北京的阶段跃升为区域产业发展升级提供历史契机

纽约、东京、伦敦等大都市圈的实践表明，中心城市在促进区域产业升级过程中往往起着先导、引领和核心带动作用。大都市圈内的中心城市因其特有的科技、资本和产业优势，总是率先实现产业升级，将部分传统产业向周边转移和扩散，既有利于加强中心城市的实力和地位，也使周围地区获得发展契机；有利于区域产业分工体系的形成，有利于增强区域的整体功能和实力。如20世纪50年代后，纽约的传统制造业纷纷外迁，而金融和服务业等大公司总部纷至沓来，既加强了中心城市的实力和第三产业功能，使其经济活动及影响力逐步超越自身范围，对区域乃至全球具有越来越强的吸引力、支配力和影响力，同时也使周边地区获得了发展契机。虽然纽约的制造业比重下降了，但大都市圈的制造业功能及其整体实力却得到加强。可以说，区域中心城市的产业升级正是在其将部分产业向周边扩散、转移、链接、融合的过程中实现的，并逐步向世界城市跃升的。而区域中心城市的产业转移与升级，又促进了区域产业分工格局的形成和整体竞争力的提升。

北京率先迈向后工业化社会和产业升级，必将对区域发展带来重大影响。根据库兹涅茨的依据三次产业产值比重变化判断工业化阶段的理论及指标（见表6-2），北京的产业结构已呈现"服务主导、科技主导"的高端化趋势和后工业经济的突出特征，很明显已开始迈向后工业化阶段，处于发展阶段的跃升及产业升级的关键时期，而天津和河北还分别处于工业化后期和中期阶段。见表6－3。

表6－2　工业化各阶段的产业结构变化

工业化阶段	三次产业的产值结构的变动
工业化前期	第一产业产值比重＞第二产业产值比重
工业化初期	第一产业产值比重＜第二产业产值比重，且第一产业产值比重＞20%
工业化中期	第一产业产值比重＜20%，第二产业产值比重＞第三产业产值比重
工业化后期	第一产业产值比重＜10%，第二产业产值比重＞第三产业产值比重
后工业化阶段	第一产业产值比重＜10%，第二产业产值比重＜第三产业产值比重

表6－3　京津冀三地人均GDP及三次产业比重（2010）

	人均GDP(美元)	第一产业比重(%)	第二产业比重(%)	第三产业比重(%)
北　京	11307.2	0.9	24.0	75.1
天　津	10595.03	1.6	53.1	45.3
河　北	4172.79	12.7	53.0	34.3

资料来源：2010年北京市、天津市、河北省国民经济与社会发展统计公报。

北京率先迈向工业化后阶段，它与周边的关系开始发生重大转折。以首钢搬迁曹妃甸为重要标志，北京与周边的关系开始由集聚"虹吸"为主转变为集聚与扩散并存、中心与外围"双向互动"：一方面，中心城市对周边区域的产业传导、技术扩散、智力支持、区域服务和创新示范等带动作用开始显现；另一方面，周边对中心的疏解人口压力、承接扩散产业、提供生态屏障、基础设施共建、扩张发展空间等保障作用也日益凸显。北京的阶段跃升与产业升级，必将给区域产业整合与升级带来深远影响和历史契机。

京津冀三地发展阶段不同步，产业发展方向和重点必然有所不同，这为区域的产业"聚散整合"和发展升级奠定了基础、提供了条件。如北京产业发展的首要任务是"扩散与升级"，通过"扩散"传统制造业和重化工业，大力发展"高端"制造业和现代服务业来实现产业升级。天津及滨海新区产业发展的首要任务是"集聚与升级"，在把现代制造和现代物流做大做强的基础上，向高端化发展，加快由制造经济向创造经济、生态友好型经济转型。河北产业发

的首要任务也是"集聚与转型",主要发展钢铁、石化、现代装备、现代制药等重化工业,在把优势产业做大做强的同时推进产业转型升级。京津冀三地发展阶段的内在要求,为区域产业一体化和发展升级奠定了坚实基础,提供了内在动力。

二 京津冀重化工业的发展现状与趋势分析

(一) 京津冀重化工业发展现状分析

根据京津冀地区的工业结构现状,我们在分析过程中,将重化工业分为:能源工业(包括煤炭、石油及天然气的开采,电力、热力、燃气的生产和供应),冶金工业(包括黑色金属的采选冶及加工、有色金属的采选冶及加工),装备制造工业(包括金属制品业、通用装备制造业、电子及通信设备制造业等),化学工业(包括基本化学工业和塑料、合成纤维、石油、橡胶等),建材工业(包括建筑材料及制品、非金属矿及制品等)①。

本文重点对京津冀重化工业中的能源工业、冶金工业、装备制造业、化学工业、建材工业以及重化工业总体发展规模及其在全国所占比重变化,与长三角和珠三角进行比较,以期揭示京津冀重化工业的发展态势。考虑到数据比较的便利,京津冀地区选取的区域涵盖北京市、天津市与河北省全域;长三角地区涵盖了两省一直辖市,即江苏、浙江全省和上海市;珠三角地区仅统计了广东全省的数据。在研究时间段上,我们选取了2000年、2004年、2008年三个年度时间点的数据进行直观的比较分析。

1. 能源工业——京津冀呈现稳步上升趋势

从三大区域能源工业生产总值占全国同行业比重的变化情况来看,京津冀呈现出稳步上升的趋势,由2000年的8%增长为2008年的11%(见表6-4、图6-3)。

---

① 本研究所涉及的分行业数据主要来源于近年的《中国工业经济统计年鉴》及各地区的统计年鉴,考虑到数据的连续性和可比较性,在之后的分析中,个别部门的数据未在我们的研究范围之内,主要包括燃气生产和供应业、橡胶制品业、塑料制品业的数据。

表6-4　京津冀、长三角、珠三角地区能源工业生产总值

单位：亿元

年　份	全　国	京津冀	长三角	珠三角
2000	9018.31	750.92	926.63	954.26
2004	23385.99	2435.25	3131.31	2388.95
2008	55139.02	5797.54	6590.75	4427.70

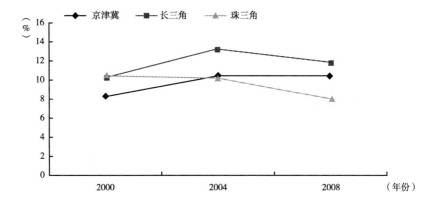

图6-3　2000~2008年京津冀能源工业占全国比重的变化趋势

2. 冶金工业——京津冀与长三角的差距在逐步缩小

自2000年以来，京津冀地区的冶金工业表现出了强劲的增长势头，尤其是铁矿石的开采量、粗钢的生产量连续数年居31个省份首位。京津冀与长三角冶金工业的差距在逐渐缩小（见表6-5、图6-4）。

表6-5　京津冀、长三角、珠三角地区冶金工业生产总值

单位：亿元

年　份	全　国	京津冀	长三角	珠三角
2000	7483.35	1095.66	1634.44	316.60
2004	24462.64	4452.73	5472.54	1043.08
2008	72165.19	12411.03	13837.02	3502.70

3. 装备制造业和化学工业——京津冀与长三角、珠三角的差距在扩大

装备制造工业产值比重在全部重化工业中较大，是重化工业中竞争比较激烈的部门，长三角地区占了全国同业产值的1/3强，珠三角地区占了1/5强。而京

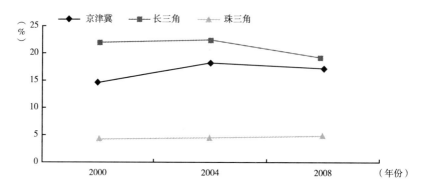

图6-4 2000~2008年京津冀冶金工业占全国比重变化趋势

津冀在全国的份额在缩小，与长三角、珠三角地区的差距在扩大。见表6-6、图6-5。

表6-6 2000~2008年京津冀、长三角、珠三角地区装备制造工业生产总值

单位：亿元

年 份	全 国	京津冀	长三角	珠三角
2000	26396.34	2973.54	8627.68	5305.35
2004	68230.51	6637.28	24433.90	15300.99
2008	166949.90	14169.59	58004.57	33100.52

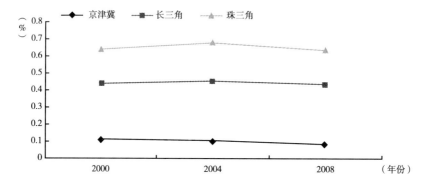

图6-5 2000~2008年京津冀装备制造工业占全国比重变化

京津冀化学工业缺乏比较优势，与长三角的差距在扩大。京津冀地区与珠三角地区的化学工业生产总值份额均有所下降。见表6-7、图6-6。

表 6–7　2000～2008 年京津冀、长三角、珠三角地区化学工业生产总值

单位：亿元

年　份	全　国	京津冀	长三角	珠三角
2000	13202.65	1418.21	3670.19	1291.07
2004	27073.45	2625.70	8057.42	2569.67
2008	67528.67	5237.05	18857.57	5674.92

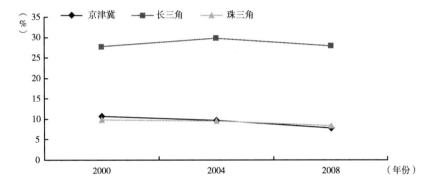

图 6–6　2000～2008 年京津冀化学工业占全国比重变化

4. 建材工业——京津冀与长三角、珠三角的差距在扩大

河北省拥有丰富的非金属矿物资源，且拥有京津巨大的市场需求，但京津冀的份额呈现下降趋势，与长三角、珠三角地区的差距不小。见表 6–8、图 6–7。

表 6–8　2000～2008 年京津冀、长三角、珠三角地区建材工业生产总值

单位：亿元

年　份	全　国	京津冀	长三角	珠三角
2000	3692.85	345.30	736.97	508.14
2004	8047.85	685.46	1751.09	924.56
2008	22812.94	1535.24	3624.84	2370.93

（二）京津冀重化工业发展趋势分析

1. 从专业化程度看——京津冀三地已基本形成产业分工的大致轮廓

在区域经济分析中，常用区位商来衡量某一个区域某个行业在更高层次区域

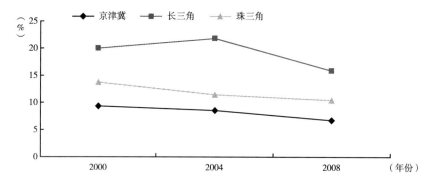

图6－7　2000～2008年京津冀建材工业占全国比重变化

中的地位和作用，或某个行业在区域经济中的专业化程度。为了计算京津冀都市圈作为一个整体的区域，其工业行业在全国工业行业发展中的地位。本课题组重点对各工业行业的2008年工业总产值指标进行区位商的计算，并以此来分析京津冀地区及各城市的优势工业行业。见表6－9。

表6－9　2008年京津冀都市圈工业专门化（区位商＞1.25）*

京津冀		河　北	
两位数产业门类	区位商	两位数产业门类	区位商
黑色金属矿采选业	2.88	黑色金属矿采选业	5.11
黑色金属冶炼及压延加工	2.46	黑色金属冶炼及压延加工	3.22
燃气生产和供应业	1.95	石油和天然气开采业	1.76
石油和天然气开采业	1.68	燃气生产和供应业	1.49
印刷业和记录媒介的复制	1.61	非金属矿物制品业	1.46
医药制造业	1.53	医药制造业	1.39
食品制造业	1.42	非金属矿采选业	1.37
		煤炭开采和洗选业	1.33
		食品制造业	1.31
		石油加工、炼焦及核燃料加工业	1.25
		电力、热力的生产和供应业	1.25
北　京		天　津	
两位数产业门类	区位商	两位数产业门类	区位商
印刷业和记录媒介的复制	4.44	石油和天然气开采业	2.99
燃气生产和供应业	2.63	燃气生产和供应业	2.35
仪器仪表及文化、办公用机械制造业	2.07	金属制品业	1.79

续表

北京		天津	
两位数产业门类	区位商	两位数产业门类	区位商
食品制造业	1.95	通信设备、计算机及其他电子设备制造业	1.75
交通运输设备制造业	1.87	黑色金属冶炼及压延加工业	1.73
医药制造业	1.78	交通运输设备制造业	1.65
饮料制造业	1.59	医药制造业	1.65
通信设备、计算机及其他电子设备制造业	1.54	橡胶制品业	1.64
专用设备制造业	1.5	家具制造业	1.5
黑色金属冶炼及压延加工业	1.39	化学原料及化学制品制造业	1.4
纺织服装、鞋、帽制造业	1.38	塑料制品业	1.27
家具制造业	1.34	非金属矿采选业	1.27
		工业品及其他制造业	1.25

*参见祝尔娟等《京津冀产业发展升级研究》，中国经济出版社，2011。

从全国层面看，京津冀都市圈最具竞争优势的行业是黑色金属矿采选业，区位商为2.88。都市圈各城市除北京市以外具有绝对的竞争优势的行业（区位商＞2），基本是以重工业中的采掘工业（如石油和天然气开采业、黑色金属矿采选业）和与采掘业有关的加工工业（如黑色金属冶炼及压延加工业）为主，及偏重于劳动密集型的原材料性工业行业。

从京津冀内部来看，区域内各城市之间在优势工业行业的选择和发展方面，基本上形成了一个产业分工的大概轮廓。北京以技术密集型工业行业为主，仪器仪表及文化、办公用机械制造业、食品制造业、交通运输设备制造业、医药制造业等方面具有优势；天津在加工制造业及一些技术资金密集型的工业行业方面有优势，如金属制品业、通信设备、计算机及其他电子设备制造业、黑色金属冶炼及压延加工业、交通运输设备制造业、医药制造业、橡胶制品业等，而河北的城市在石油和天然气开采业、燃气生产和供应业、非金属矿物制品业等行业具有比较优势。

2. 从产业相似系数看——京津冀三地制造业结构呈现差异化趋势

本课题组利用克鲁格曼构建的产业专业化指数，测度和分析京津冀地区制造业结构差异，发现三地的制造业结构呈现出差别化的趋势。课题组选择结构相似系数比较地区之间的制造业结构差异程度，该指标是一个相对指标，计算公式为：

$$S = \sum (x_{in} \times x_{jn}) / \sqrt{\sum (x_{in}^2 \times x_{jn}^2)}$$

式中，x_{in} 和 x_{jn} 分别代表区域 i 和区域 j 各行业 n 在本区域所有行业中所占的比例。通常情况下，S 取值介于 0 和 1 之间，S 越大，说明区域 i 和区域 j 的同构程度越高。为揭示京津冀地区产业结构的历史变化过程，课题组采用 1993 年到 1995 年、2000 年到 2006 年的数据，以统计年鉴中按行业划分的工业企业总产值为指标，计算其相似系数，可以看出，1993 年京津冀三地产业结构相似系数平均值为 0.8702，到 2006 年下降为 0.6095，说明京津冀地区的产业结构相似程度总体上呈现下降趋势；但京津两地产业结构相似程度并没有体现出下降趋势，1993 年两地相似系数为 0.9597，到 2006 年为 0.9864，其间年份相似系数虽有升有降，但总体上围绕 0.95 波动；除此之外，京冀、津冀两地间的产业结构相似系数变动较为明显，1993 年两地间的产业结构相似系数分别为 0.8197 和 0.8312，到 2006 年分别下降到 0.4056 和 0.4366。可见，目前京津冀地区产业结构的趋同主要表现在北京和天津两地之间。

通过数据分析，得到以下几点结论[1]：一是京津冀地区的产业结构相似程度总体上呈现下降趋势。换句话说，京津冀地区的制造业结构并不像人们想象那样趋同问题严重，而是基本趋势是差异化（即趋异性）。二是从相似系数的平均值看，1990～2006 年呈现"S"形变化，即下降→上升→下降，这种变化大体上与经济增长周期和市场经济的发展状况相吻合。三是京津冀三地的专业化分工，基本上是建立在各自资源禀赋差异和区位优势基础之上的，三地之间的制造业，不仅不存在恶性竞争，部分行业还存在着密切关联，这意味着京津冀地区的产业协同发展存在广阔的前景。四是产业趋同问题不严重或不存在并不意味着区域间的协调发展，产业间的密切关联并不代表区域间必然地协同发展。特别是在京津之间，产业结构存在一定趋同性。因此，需要消除阻碍区域产业合作的体制政策障碍，在推进区域产业一体化进程中，实现京津冀产业合理布局和产业升级目标。

3. 从产业集聚度看——产业集中已成趋势且河北产业平均集中率明显上升

地区产业集中率的变化能够较为直观地反映区域产业的空间分布。首先，我

---

① 祝尔娟等：《京津冀产业发展升级研究》，中国经济出版社，2011。

们使用地区的产业平均集中率指标从区域层面对京津冀地区产业集聚进行测度，
公式如下①：

$$V_i = \frac{\sum_k (V_i^k)}{k}, 其中\ V_i^k = \frac{E_i^k}{\sum_i (E_i^k)}$$

式中，k 为产业数量，E_i^k 为 i 地区 k 产业的工业总产值，V_i^k 为 i 地区 k 产业
的生产总值占全部区域生产总值的份额，V_i 为 i 地区的产业平均集中率。计算结
果显示，河北省重化工业具有明显的优势，2000～2007 年，河北省重化工业产
业平均集中率在历经下降之后又开始回升。而与此相反，北京和天津在同期历经
了一次提升之后又缓慢回落。见表 6－10。

表 6－10　2000～2007 年京津冀重化工业产业平均集中率指标

年　份	京	津	冀
2000	0.238	0.270	0.492
2001	0.244	0.286	0.470
2002	0.253	0.292	0.456
2003	0.251	0.307	0.443
2004	0.257	0.303	0.440
2005	0.254	0.290	0.456
2006	0.243	0.288	0.469
2007	0.238	0.251	0.510

其次，我们采用赫芬达尔—赫希曼指数（HHI）进一步从重化工业的行业层
面来分析产业集聚的动态变化情况。HHI 原本是用来测算一个行业中各竞争主体
所占行业总收入（或总资产）份额变化情况的，描述的是市场中厂商规模的离
散度。我们借鉴 HHI 的思路，将京津冀地区看作一个市场，而将京、津、冀各
省（直辖市）看作市场上的不同竞争主体，从而可以核算出京津冀地区重化工
业各行业的 HHI 值。在所选取的 20 个行业中，HHI 的总体趋势处于上升的有 11
个行业，HHI 值基本持平且 2004 年之后处于上升趋势的行业有 5 个，HHI 值下

---

① 范剑勇：《市场一体化、地区专业化与产业集聚趋势》，《中国社会科学》2004 年第 6 期。

降的有 4 个行业。这说明随着京津冀区域经济联系的增强，产业集中的趋势是主流。在一定的区域内，产业应是向特定一个或几个区域集中，以便获取外部规模经济的优势，因而产业的集中度上升。

4. 从各行业市场份额来看——重化工业正向优势产业区域集聚

宏观经济政策的变化、工业技术的革新、资源储量的更新等都会导致产业优势发生变化，产业集聚会带来相关行业的产业转移。在此，我们对 2000 年、2004 年及 2008 年京津冀重化工业各行业市场份额最高的省（市）变化情况进行统计，以进一步分析京津冀地区重化工业的内部空间转移（见表 6 - 11）。

表 6 - 11　2000 ~ 2008 年京津冀重化工业各行业市场份额最高省（直辖市）变化情况

行　业	2000 年		2004 年		2008 年	
煤炭开采和洗选业	冀	0.813	冀	0.602	冀	0.600
石油和天然气开采业	津	0.629	津	0.619	津	0.719
电力、热力的生产和供应业	冀	0.657	冀	0.532	冀	0.476
黑色金属矿采选业	冀	0.978	冀	0.957	冀	0.973
有色金属矿采选业	冀	0.957	津	0.852	冀	1.000
黑色金属冶炼及压延加工业	冀	0.586	冀	0.673	冀	0.732
有色金属冶炼及压延加工业	津	0.509	冀	0.486	津	0.454
金属制品业	冀	0.412	津	0.405	冀	0.476
通用设备制造业	冀	0.427	冀	0.349	冀	0.402
专用设备制造业	冀	0.477	京	0.394	冀	0.342
交通运输设备制造业	津	0.432	京	0.511	津	0.424
电气机械及器材制造业	冀	0.394	津	0.438	冀	0.441
通信设备、计算机及其他电子设备制造业	京	0.572	津	0.514	京	0.565
仪器仪表及文化、办公用机械制造业	京	0.569	京	0.642	京	0.533
石油加工、炼焦及核燃料加工业	冀	0.467	冀	0.406	冀	0.483
化学原料及化学制品制造业	冀	0.449	冀	0.372	冀	0.552
医药制造业	冀	0.476	冀	0.420	冀	0.437
化学纤维制造业	冀	0.684	冀	0.820	冀	0.803
非金属矿采选业	冀	—	冀	0.715	冀	0.772
非金属矿物制品业	冀	0.617	冀	0.599	冀	0.650

根据表 11，我们总体可以看出京津冀重化工业优势产业正在做大做强，空间上向优势产业所在区域聚集，具体如下：能源工业在空间上表现为，"石油和天然气开采业"向天津集中。冶金工业在空间上表现为，"黑色金属矿采选业"

和"黑色金属冶炼及压延加工业"向河北转移。装备制造工业在空间上表现为，"金属制品业"、"电气机械及器材制造业"由天津向河北转移，"通信设备、计算机及其他电子设备制造业"由天津向北京转移，"交通运输设备制造业"由北京向天津转移。化学工业及建材工业的市场最高份额较为稳定，都为河北省所占据，其最高份额虽时有波动，但总体呈现稳定的增长态势。

三 京津冀战略性新兴产业发展现状与发展进程

（一）京津冀战略性新兴产业发展现状分析

1. 北京——高技术产业、研发创新与科技服务居全国前列

北京市是全国智力资源最密集的区域，集中了众多科研院所、高等院校以及企业研发总部，吸引了近百万高素质创新创业人才，拥有 42 家国家工程中心、36 家国家企业技术中心、80 家国家重点实验室、233 家市级企业技术中心，创制了 TD-SCDMA、数字电视地面传输标准、闪联、移动多媒体广播等近 20 项重要国际技术标准，形成如中关村生命科学园、大兴生物医药产业基地、新能源产业基地等一批定位明确、布局合理的专业化基地。"十一五"期间，国家有 44% 的重大新药创新平台落户北京。中关村围绕战略性新兴产业陆续成立云计算、智能电网和动力电池等产业联盟，物联网、低碳经济、移动互联网、生物医药等新兴产业也将成立联盟。北京的科技创新和科技产业发展位居全国前列。

2. 天津——绿色能源产业全国领先，环保科技产业已成规模

天津制造业基础十分雄厚，在战略性新兴产业领域已经形成了相当规模。在新能源产业领域，天津的产品覆盖锂离子、镍氢、太阳能等绿色电池、电池材料、电池生产设备等方面，形成 2 亿只锂离子电池、3 亿只镍氢电池、60 兆瓦光伏电池和 2500 兆瓦风力发电的生产能力，是国家重要的绿色能源生产基地、国内最大的风力发电设备生产基地，形成了国内产品门类齐全、技术水平高的新能源产业集群，生产规模、主要产品市场占有率处于国内领先地位。在绿色储能领域，天津市无论是技术水平还是产业规模，均处于全国领先位置。目前，天津已经形成完整的锂离子电池产业链，锂离子电池厂商市场份额占全国 31.5% 到 38.7%，正负极材料、电解液、电池零部件等市场份额占全国的 15% 到 20%。

同时，天津市还拥有国家级绿色二次电池产业基地以及物理与化学电源产业基地。而作为该行业领军者的力神电池公司，拥有全国唯一的国家级企业技术中心，已跻身全球锂离子电池企业前十强。在太阳能光伏领域，天津市汇集了中国电子科技集团第十八研究所、南开大学光电所等我国最顶尖的科研院所。在电池研究、开发和生产能力，锂离子、镍氢电池制造封装技术、太阳能电池研发和制造技术、太阳能集热装置关键部件制造技术等方面国内领先，部分达到世界先进水平。地热井潜水泵、地源热泵等制造与应用技术也走在全国前列。在环保产业领域，天津是全国发展环保产业较早的地区之一，科技部和原国家经贸委在天津建立了"北方环保科技产业基地"。"十五"期间环保产业产值超过135亿元，2007年达到210亿元，已形成了百利环保产业工业园和津南环保产业密集区为主导的产业布局。资源综合利用方面形成了子牙循环经济产业园为载体的集聚区。

3. 河北——现代医药产业在我国具有重要地位，新能源汽车及新能源产业居全国前列

河北省的钢铁、煤炭、建筑材料等传统产业具有优势，医药产业也在我国具有重要地位。石家庄市生物医药产业已经形成了化学原料药生产规模突出、现代中药特色鲜明、生物制药稳步发展的医药产业发展格局，集聚了华药集团、石药集团、以岭药业等一大批生物医药企业。唐山在新能源汽车产业方面走在全国前列。唐山曹妃甸港正在建设循环经济示范区，逐步构建钢铁、化工、电力等产业间的循环链接。河北省共有9个县跻身"2009中国新能源产业百强县"。张家口市2009年底成为全国风电装机容量第一市。保定市拥有我国唯一的国家新能源与能源设备产业基地。邢台被科技部认定为国家光伏高新技术产业化基地。

（二）京津冀战略性新兴产业发展进程分析

京津冀正处于加快战略性新兴产业产业化开发的阶段，北京、天津、河北都在致力于自主创新和引进吸收战略性新兴产业的关键技术和做大战略性新兴产业成套设备产品的产能规模。

1. 北京——处于创新引领、技术产业化阶段

北京市在新能源、三网融合产业化、绿色经济等方面具有较大的发展潜力，在现代服务、民航科技、新材料、生物医药等方面具有自身特色优势。北京市在战略性新兴产业上总体上处于创新引领技术产业化阶段。北京市的战略性新兴产业发展趋势：

（1）新能源汽车。

纯电动汽车关键技术研发和示范运营，充电站等配套基础设施建设。

（2）生物医药。

生物医药重大品种产业化和高端诊疗设备制造，建立生物医药产业链条。

（3）高端装备制造业。

重型轨道龙门镗铣加工中心和大型车轴磨床、磁浮关键技术，地下基础工程施工装备关键技术、新一代移动通信核心芯片技术研究开发及产业化。

（4）新能源。

新能源关键成套装备、太阳能电池制造成套装备的关键技术研究及产业化开发。

（5）新材料。

基于纳米技术的绿色制版成套生产技术。

（6）物联网。

RFID、传感器、IPV6、云计算等关键技术的研发和成果产业化。

2. 天津——处于提升技术、扩大规模阶段

天津市在战略性新兴产业上总体上处于提升技术、扩大规模的提高阶段。天津市战略性新兴产业将重点发展：

（1）航空航天产业。

航空制造所需的机体部件、机载设备的生产技术和制造工艺。

（2）新能源产业。

新型绿色电池、新型太阳能电池、高性价比高可靠性风电机组，由单纯的新能源设备组装向生产、创新、创业孵化等产业链高端环节发展。

（3）新材料产业。

风机中所需的材料，锂电池材料，太阳能电池材料，储氢合金材料，半导体照明材料，精细石油化工催化剂，纳米、新材料等。

（4）信息网络产业。

RFID、传感器、高端芯片等领域的关键技术，推进物联网的产业化进程，实现"网络建设"、"技术应用"、"产业发展"三位一体的物联网经济大格局。

（5）新能源汽车。

车用电池组关键技术，纯电动汽车、充电式混合动力汽车及其关键零部件的产

业化，普通型混合动力汽车和新燃料汽车专用部件，建立电动汽车快速充电网络。

（6）节能环保产业。

促进环保产业与现代农业和工业的融合。

（7）生物技术与健康产业。

抗癌新药、癌症化疗药等新品种，扩大生物工程类药物的规模。

3. 河北——处于新兴产业发展的起步阶段

河北省在战略性新兴产业上总体上处于起步阶段。2009 年 12 月 7 日，河北省委、省政府出台《关于加快构建现代产业体系的指导意见》，到 2020 年，装备制造有望成为河北省第一制造业。培育发展高新技术产业和新兴产业，着力把新能源、电子信息和生物产业打造成为后续支柱产业。河北省战略性新兴产业将重点发展：

（1）新材料。

在钢铁、水泥、陶瓷、玻璃等传统材料产业的基础上相互结合发展新材料产业。

（2）新能源。

发展新能源设备制造，风电设备加工本地化，涵盖太阳能发电电池以及风电装备在内的完整产业链条。

（3）新能源汽车。

电动汽车动力总成系统开发，研发生产高性能、大容量、快充锂电池。

四　京津冀产业发展升级的路径探讨

（一）重化工产业发展升级的路径选择

1. 注重关键性技术的突破及推广应用

京津冀都市圈的重化工业在北京、天津和河北都有分布。北京地区的重化工业如燕山石化、首钢（炼钢部分搬迁到了曹妃甸）、汽车制造和部分电力设备、机床、建材工业等，天津地区的重化工业如石油化工、钢管制造、造船修船、汽车制造等均是具有很高技术水平和产品竞争力的产业，有的产品还处于国际上比较领先的地位，因而京津冀都市圈重化工业的产业升级主要在河北省。

重化工业技术水平的提升和技术创新无非是两个模式：一是自主研发，即依靠自身的技术力量，历经技术研发、产品研制、生产中试，到生产出系列的新产品，拥有自主知识产权的核心技术和主要生产设备，形成具有自己特色的产业体系；二是引进国外先进技术和设备，进行消化、吸收和再开发，从而形成自己的产业技术体系和新的优势。显然，第二种模式能够以较短的时间、尽量多地吸收世界各国优秀的科技成果为我所用。实际上，依靠重化工业的技术改造、高新技术和重化工业的结合，完全可以将传统的制造业改造为现代制造业，将低技术产业改造成高技术产业，由资源耗竭、环境破坏型的产业改造成资源节约的、环境友好的产业。当然，要实现上述转变，需要重化工业领域一系列的技术创造和革新，以及一系列关键性技术的突破和应用。

2. 注重发挥临港优势和实现产业集聚

重化工业布局于沿海是全球性的产业发展规律。以重化工业为代表的临港工业区（带）是20世纪60至70年代兴起的发达国家非常重要的工业布局特征之一。港口和临港工业的有机结合，是适应经济全球化和全球大物流大生产要求的最有效的生产方式，是世界化大生产的最有效的结合，已成为全球经济高增长区域的普遍特性和各国营造良好国际投资环境的重要因素及其战略选择。我国改革开放以来，沿海城市利用港口优势发展临港工业，获得了比内地城市更大的发展空间，形成了"珠三角"、"长三角"和环渤海经济圈三大经济增长极，其中临港工业对各个经济增长极的形成与发展发挥了重要的作用。"十一五"以来，我国的重化工业正在逐步向具有港口优势、运输便捷、水利资源丰富、销售顺畅的沿海地区转移，以市场与资源为导向的重化工业"东移"趋势越来越明显。

集中度不高、布局分散是影响京津冀重化工业做大做强的重要原因。俯瞰京津冀的重化工业，尤其是河北省，大量的中小企业在从事严重依赖资源消耗和具有较大环境效应的钢铁、化工、建材等产业，它们的生产规模小、技术设备落后、效益低，对能源、水资源、矿产资源的消耗大、污染物排放大，对资源环境构成很大的压力。重化工业这种中小企业比重大、布局分散、集中度不高的局面如果不能改变，那么经济增长方式由粗放型向集约型转变就难以实现。

京津冀临港重化工业产业集聚已成发展趋势。京津冀地区港口资源与国内，甚至国际著名的港口相比也毫不逊色。从京津冀环渤海地区的岸线港口资源、现有产业的基础及分布、土地资源和水资源的供给、腹地资源的条件等诸多条件来看，唐山曹妃甸、天津滨海新区、沧州渤海新区有条件成为京津冀重化工业的产业集聚区。京津冀都市圈正进入高速发展的时期，滨海重化工业产业集聚区的起

飞将满足京津冀区域以及"三北"地区对重化工业产品的需要，并成为区域增长极带动内陆地区的发展。从京津冀重化工业的现实出发，钢铁工业、石化工业、煤化工产业等严重消耗资源的企业逐渐向有矿石原料资源优势、淡水资源比较丰富、环境容量允许的沿海地区转移是一个必然出现的趋势，这也是京津冀地区产业结构调整、转变经济发展方式的需要，以首钢的东迁为标志，这个趋势已经越来越明显。所以，京津冀重化工业要实现两个转移：一个是以现有的大型重化工业企业的调整和发展为依托，钢铁、石化等重化工业向沿海地区转移，引导和推进重化工业的生产力布局；二是引导和推进新增生产能力向沿海地区转移。三个产业集聚区在促进大企业落户的同时，还要促进大批中小企业竞相发展，与大企业产品相互配套。在市场自发作用和政府政策引导下，这样的两个转移将促进重化工业不断地在具有良好港口和物流条件的天津滨海、唐山曹妃甸和沧州渤海新区集聚，从而使三个新区成为关联度大、带动力强、辐射面广的京津冀滨海优势产业集群和重要的经济增长极。京津冀有望在近期内再打造数个具有特色和优势的重化工业集聚区。如冀东重化工业集聚区、承德钒钛产业集聚区、保定装备制造业集聚区。

3. 注重重化工产业链接、延伸与整合

产业链的构建与延伸是产业升级的重要途径。产业链是基于有经济联系的上下游企业的投入产出功能链。一个完整的产业链涵盖了从最初级的原材料到中间产品、最终产品，销售到最终用户手中一系列环环相扣的纵向环节，大体由供应商、制造商、分销商和消费者相互连接而成。京津冀都市圈产业链构建、延伸与升级有很多成功的例证。如天津大港油田依托丰富的油气资源石油开采和石油化工业，逐渐发展出大炼油和大乙烯项目，推动了炼采一体化工程，形成石油勘探—石油开采—炼油及油品加工—仓储运输—大型石化装置建设的一条完整的产业链，在大乙烯、石化下游产品深加工及辅助产品开发的基础上，构建了聚烯烃塑料、聚酯化纤轻纺和合成橡胶、化工新材料、能源与资源综合利用四条产业链。唐山曹妃甸新区是京津冀滨海地区一个新的经济增长极，依托优越的港口资源和丰富的石油资源以及唐山地区丰富的铁矿资源，规划了四个主导产业链：一是现代物流产业链。重点建设码头、铁路、公路、管道、仓储等综合储运设施，发展以陆海联运为特点的物流服务业；二是钢铁产业链。建设具有 21 世纪国际先进水平的大型精品钢铁基地，形成千万吨精品钢铁生产能力；三是石化和海洋化工产业链；四是装备制造产业链。依托精品钢铁基地，建设大型船舶、港口机械、钻探设备、冶金设备、工程机械等一批大型、重型装备制造项目，逐步形成中国北方钢材与装备相互依存发展的临港装备制造基地。

产业链的整合有两种基本的模式。一种是产业链上的某个或数个企业通过股权并购、控股的方式对产业链上下游的企业进行控制，从而有效地协调这些企业生产和销售。一种是上下游企业之间结成战略联盟或达成长期协议，从而达到稳定产业链的产销，降低系统性风险的目的。显然，股权并购的方式结构稳定，但易造成被控股的企业主动性降低，从而牺牲了效率；而战略联盟的方式结构亚稳定，但灵活性强、操作简单且企业易于根据市场变化及时调整经营策略。京津冀地区的重化工业都是严重的资源依赖型产业，且区域内主要的矿产资源如铁矿石、煤炭、石油天然气等都是供给不足，因此要依靠国外资源的补充。显然，国际矿产品价格和供应的大幅度波动，对京津冀地区的重化工业造成极大的影响，不能获得稳定可靠的资源是制约重化工业发展的"瓶颈"。重化工业企业迅速出手，对上游资源类企业进行整合，具有决定性的意义。

4. 注重基于循环经济的工业园区建设

重化工业园区建设是近年来国内外发展重化学工业的主流。其主要特征是以产业空间集聚合理配置生产要素，实现重化工业的集约化、可持续发展。国外发展重化工业园区已有几十年的历史，积累了丰富经验，吸收借鉴国内外先进园区的成功经验，具有十分重要的意义。如新加坡裕廊工业区。新加坡政府抓住亚洲石化市场蓬勃发展之机，建设裕廊化工区，发展石化产业，取得了辉煌业绩，其成功做法主要有：一是抓住机遇，主动调整产业结构。二是制定实施明确的环保目标和严格的环保措施。三是超前规划建设一体化的生产和配套设施。四是实行市场化的管理和开发模式。五是引进跨国公司投资，大力发展产业链经济。国内大型石化工业园也有成功先例。国内大型石化工业园区的共同特点是产业规划思路明确，基础设施配套趋于完善，把大项目带动作为园区建设的重点。

发展清洁生产与循环经济是产业转型升级的方向与途径。清洁生产的概念是1989 年联合国环境规划署提出的，旨在通过产品设计、原料选择、工艺改革、产业内部循环利用等环节的科学化和合理化，使工业生产最终产生的污染达到最少的工业生产方法和管理思路。清洁生产就是从源头上减少污染或者消除污染，包括：产品的清洁化，即选择污染小的产品设计；生产工艺的清洁化，即采用清洁的生产工艺，减少废物排放，创建"绿色工厂"；原料选择的清洁化，使用无

毒、无害的原料和催化剂、绿色新材料等；废弃物的清洁化，即实施废物再资源化，提高原材料和能源的利用效率等。循环经济倡导的是一种生产与环境和谐发展的生态经济模式，经济活动被组织成一个"资源→产品→再生资源→再生产品"的资源开发、回收和循环再利用反馈式流程，所有的物质和能量在这个不断进行交换的经济循环中得到合理和持久的利用，真正实现了"低开采、高利用、低排放"，从根本上消解了长期困扰人类的经济发展与环境保护之间的尖锐矛盾。对于京津冀来讲，要在重化工业的发展过程中，始终如一地遵循循环经济的一般原则，把循环经济的发展模式落实到政府、企业和公民个人的具体行动中，通过构建循环型企业、循环型经济园区、循环型城市甚至循环型经济区，使重化工业的发展真正走上少开采、高利用、低排放、高效益的循环经济模式，这是从根本上解决重化工业发展中的资源与生态环境问题的必由之路。

（二）京津冀战略性新兴产业的路径探讨

1. 科学选择重点产业和技术领域

新技术的大量涌现，催生了众多的新兴产业，科学选择其中最具有战略意义的产业非常重要，选对了才能实现跨越式发展，否则就可能贻误良机。当前，京津冀发展战略性新兴产业的首要任务是在国家基础上，继续细化和深化，科学选择重点发展产业，找准技术研发和产业培育的优先领域，为发展战略性新兴产业奠定基础。

北京"十二五"规划的发展目标是：初步确立战略性新兴产业的支柱地位。率先形成创新驱动的发展格局；中关村国家自主创新示范区初步建成具有全球影响力的科技创新中心；战略性新兴产业的支柱地位初步形成；"北京服务"、"北京创造"品牌和影响力明显增强。围绕上述目标，北京市确定了12项推进战略性新兴产业的重点工程，包括信息基础设施提升、数字电视升级换代、3G及新一代移动通信产业演进升级、云计算战略布局、物联网应用提升、生物新兴产业促进、生物制药壮大、新能源推广应用、节能环保新技术和新产品推广、纯电动汽车示范应用、新材料产业集聚区建设、航空产业基地建设等。

天津：基本形成"高端化、高质化、高新化"产业结构。从天津正处于工业化后期发展阶段的实际出发，天津"十二五"的发展重点是发展壮大航空航天、石油化工、装备制造、电子信息、生物医药、新能源新材料、轻工纺织和国防科技八大优势支柱产业，延伸产业链条，促进产业集聚。强调要大力发展战略性新兴产业，强化核心技术研发，突出重点，有所作为，加快形成先导性、支柱性产业，其中重点发展航空航天产业、重型装备制造、电子信息产业、生物医药产业、新能源新材料产业等战略性新兴产业。

河北：把电子信息、生物医药、装备制造和新能源打造成后续支柱产业。河北省"十二五"规划提出，要培育发展战略性新兴产业。着力把装备制造、新能源、电子信息和生物产业打造成为后续支柱产业。谋划发展新材料产业，将新材料技术应用与产业结构调整和传统产业升级结合起来发展。电子信息产业的发展目标：建成中国北方重要的电子信息产业基地。生物医药产业的发展目标：打造全国领先的生物产业基地。新材料产业的目标：使其尽快成为后续支柱产业。新能源产业的目标是占领产业部分领域制高点。高端制造产业的目标：尽快实现产业的高端化和规模化。航空航天产业的目标：建成通用飞机制造基地和卫星导航的测试中心、研发中心、营运中心和卫星导航产业制造基地。

2. 以创新引领驱动新兴产业发展

创新是信息经济时代引领世界产业发展的主要驱动力之一。加快新兴产业发展首先要解决技术突破问题。国内外新兴产业发展的规律表明，在新兴产业的兴起阶段，其发展主要依靠持续的产品创新。目前，战略性新兴产业多处于发展的起步阶段，由于市场潜力巨大，已成为各国角逐的重点，谁掌握了核心关键技术，谁就会在竞争中处于主动地位。

从国内来看，长三角地区和珠三角地区的实践也证明了创新对发展战略性新兴产业的重要性。上海以研发机构作为企业创新的"大脑"，着力建设"浦东创新港"。目前，新区企业研发机构占上海总数的近一半，代表了目前技术领域发展的高端水平，推动了上海产业结构调整。江苏推进高技术新兴产业与国际保持技术同步，推进高技术优势产业向高端攀升，实现核心部件、关键材料、重大装备的自主设计制造。江苏还着重聚焦生物医药、新能源等有明显优势和重大前景的高技术产业，研究制定产业专项发展规划，打造世界级高技术产业发展高地。广东2005年提出实施自主创新战略、建设创新型广东的战略目标。

京津冀发展战略性新兴产业必须坚持创新的引领作用，顺应发达国家研发产业向发展中国家转移的新趋势，充分利用全球科技创新资源，坚持引进与创新并举，重点在自主创新，利用区域内科技资源，加大关键核心技术和重大产品的自主攻关，在引领产业发展的关键技术、核心技术上和催生新产业的重大产品上取

得突破性创新，培育创新医药、新能源、节能环保、电动汽车、新材料、物联网、智能电网、新一代无线通信、集成电路设计、半导体照明等战略性新兴产业的增长点和新业态，抢占技术创新、产品创新、管理创新的制高点。

3. 培育和打造新兴产业的聚集区

合理的产业空间布局可以对新兴产业的发展提供有效的载体，促进新兴产业的快速发展。战略性新兴产业的发展不仅需要产业自身的发展，同时需要一系列配套产业的支持。在这方面，高新技术产业区和工业园区具有多种优势。园区有利于形成成本节约和技术进步；有利于开发高效的公共服务体系，给企业创造良好的投资和创业环境；良好的交通运输环境，基础设施的不断完善，既给企业发展提供了便利，又会促进配套服务业的发展。通过规划和建设新兴产业的工业园区，实现新兴产业在地理、资金、人力资源等方面的空间集中，形成产业簇群。从日本和我国台湾地区的经验中可以看出，如果规划具有足够的合理性和可行性，完全可以达到促进新兴产业发展所需的资源、生产要素以及配套产业在地理空间上的有效集聚，形成较大规模的生产和销售，在高度分工的基础上形成配套体系，并降低生产和交易成本，从而实现加快发展新兴产业的目标。因此，园区将成为京津冀战略性新兴产业发展的重要依托。

为此要有选择、有规划地支持园区发展，汇集人才和资本，构建创新和创业平台。在京津冀都市圈内部，部分地区战略性新兴产业已具有相当的比较优势，如天津的航空航天产业和风电设备制造产业，北京中关村的信息产业，保定、邢台和张家口的新能源产业以及石家庄的医药制造业等。京津冀三地应根据现有的基础和各自的比较优势，集中布局，打造一批具有地区甚至国际影响力的创新型企业和若干产业链完善、创新能力强、特色优势明显的战略性新兴产业集聚区，实现战略性新兴产业的率先汇聚和领先发展，形成对区域经济起到服务带动作用的产业高地。

4. 以重点项目建设带动关联产业发展

战略性新兴产业的发展需要关联产业的支持和带动，单靠自身发展很难成为区域主导产业。战略性新兴产业的发展不仅要实现自身的快速扩张，还必须通过产业链的有效延伸，发展前向关联产业提供产后服务（主要是提供市场需求），发展后向关联产业提供产前服务（如原材料、燃料、机器设备、生产工具等），发展旁侧关联产业提供产中服务，形成以新兴产业为中轴的产业链，发挥其产业带动作用，达到产业提升的目的。只有这样才能真正发挥新兴产业对经济的带动作用，促进经济的全面进步。新兴产业只有加强产业链的有效延伸，才能获得持久的生命力。产业链的延伸不仅促进了相关产业的发展，而且又会反过来对新兴产业的发展产生促进作用，从而使经济驶入多种产业共同发展的良性轨道。

项目建设是支持战略性新兴产业成长的有效途径之一，特别是那些有利于产业自主创新能力提高，或构筑循环经济产业体系，对环境和生态安全有重大意义的项目。京津冀一部分战略性新兴产业，在价值链、供应链和产品链的某些环节存在残缺或者尚薄弱，可通过项目建设加强其上、中、下游产品之间的链接关系，使战略性新兴产业上下游之间，整体与零部件，制造业与生产性服务业企业之间相互依存，合理衔接，将产品增值各个环节构成有机整体。

总之，应通过政府规划引导、引入市场竞争，推进新兴产业发展。通过培育发展关联产业、产业和技术选择、创新引领驱动和形成产业聚集区等路径，推进京津冀地区战略性新兴产业健康发展（见图6-8）。

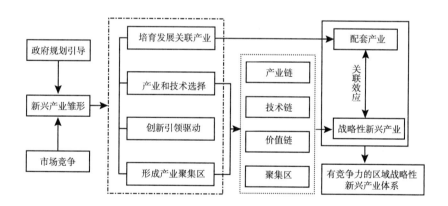

图6-8　战略性新兴产业路径选择

参考文献

［1］李克强：《关于调整经济结构促进持续发展的几个问题》，《求是》2010年第11期。

［2］郭克莎：《中国工业化的进程、问题与出路》，《中国社会科学》2000年第3期。

［3］陈佳贵等：《中国工业化进程报告》，社会科学文献出版社，2007。

［4］2010 年北京市、天津市、河北省国民经济与社会发展统计公报。

［5］本研究所涉及的分行业数据主要来源于近年的《中国工业经济统计年鉴》及各地区的统计年鉴。

［6］祝尔娟等：《京津冀产业发展升级研究》，中国经济出版社，2011。

$\mathbb{B}.7$
京津冀就业空间结构及其演化

——基于全国经济普查数据的分析

沈体雁 魏海涛 杨宏伟*

摘 要： 基于县（区）级行政单元的全国经济普查数据，本文选取京津冀就业空间结构作为研究的切入点，应用空间计量分析方法，尝试描述2004～2008年京津冀地区就业空间分布及其变化、就业密度的集聚与扩散特征，并对就业空间结构演变加以分析和解释，判断区域空间组织与发展趋势。

关键词： 京津冀地区 空间结构 ESDA

一 研究的背景、方法及目的

（一）研究背景

区域经济活动是在地理空间上进行的，由于各种经济活动的经济技术特点及其决定的区位特征存在差异，所以它们在地理空间上所表现出的形态是不一样的。区域空间结构是区域经济的一种重要结构，是指区域要素、经济发展水平、产业结构类型、经济影响与控制力等在区域内的空间分布状态及空间组合形式。

---

* 沈体雁，北京大学政府管理学院副教授，研究方向为区域经济、区域规划、城市规划、战略管理；魏海涛，北京大学政府管理学院，博士，研究方向为城市与区域经济；杨宏伟，中国地质大学土地科学与技术学院，硕士研究生，研究方向为测绘工程。本研究受国家自然科学基金（项目号：41071076）资助。

未来 20 年是中国全面建设小康社会的时期，也是以集聚为主的城市化的加速时期，长三角、珠三角和京津冀三大都市密集区在全国经济社会中的地位仍将上升，三者作为我国应对知识经济时代和经济全球化挑战的主力军作用和对外开放的前沿高地作用将更加突出。

京津冀地区地域相连、文化相近、具有地域的完整性和较强的文化亲缘性，在区位、人口、技术和资源方面天然优势互补；同时它又是我国乃至世界城市区、工业区、港口区最为密集的地区之一，它同长三角、珠三角地区共同构成了我国东部沿海最具经济活力的地区，是推动我国经济发展的核心地区（图 7 - 1）。

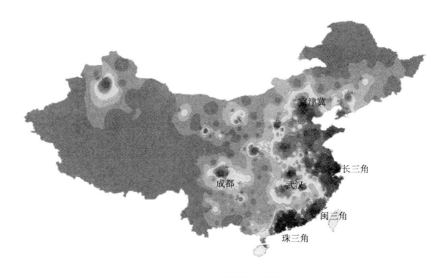

图 7 - 1　中国就业空间格局

京津冀地区的行政范围包括北京、天津两个直辖市以及河北省，2010 年人口 10440.4 万，占全国总人口的 7.8%，GDP 为 43083.8 亿元，占全国经济总量的 10.7%，是我国的政治、文化、信息中心和重要的经济区。

北京是全国的政治、文化中心，天津是北方最大的工商业港口城市，京津地区是我国知识资源最密集的地区，在科教、人才、技术等方面，与长江三角洲、珠江三角洲相比具有相对优越的条件。但京津冀地区市场化进程相对缓慢，经济实力滞后于珠江三角洲和长江三角洲。区域内经济社会发展水平、城市发展水平差距较大，北京、天津两市的中心地位突出，与周边地区联系薄弱，周边有一个贫困地带。在两大都市区及介于其间的廊坊市区基本上已经连成一片，但周围各县市的经济实力、城镇化水平、对外开放程度、农村经济基础和乡镇企业发展水平均落后于珠江三角洲、长江三角洲地区。目前京津冀地区的等级规模结构不尽合理，城镇网络不完善，城市间功能互补性较弱，尚未形成合理的网络体系。

对京津冀的研究是当前城市与区域科学的重大前沿理论领域之一，同时，京津冀的崛起有利于在全国范围内优化资源配置，提高经济效率；有利于更好地参与国际分工，适应经济全球化竞争；有利于完善区域城镇体系。对于提升我国整体经济实力，谋求国际综合竞争力具有重要作用，是实现东部地区率先发展的重要支撑，同时也是我国实现区域协调与可持续发展的重要内容。

（二）文献简述

1. 理论研究

在区域经济发展过程中，经济发展差距是扩大还是缩小，一直是区域研究者争辩的焦点。20世纪50～80年代的区域发展理论，如佩鲁（Perroux，1950）的增长极理论、威廉姆森（Williamson J. G.，1965）的倒U形理论、弗里德曼（1966）的中心外围理论，以及赫希曼（Hirschman A. O.，1958）的不平衡增长理论等，都强调区域发展过程是非均衡的。

弗里德曼的核心边缘理论认为任何区域的空间系统都可以看作由中心①和外围②两个空间子系统组成。在区域经济增长过程中，空间子系统的边界将发生变化，区域空间结构会发生结构性演变，按照工业化前期阶段—工业化初期阶段—工业化成熟阶段—工业化后期及后工业化时期的几个演化阶段，区域空间结构演化阶段呈现：离散型空间结构阶段—集中型空间结构阶段—扩散型空间结构阶段—均衡型空间结构阶段。弗里德曼从产业发展和空间演变相结合的角度建立起区域空间结构和发展阶段的关系，不仅揭示了区域经济发展过程中空间结构的阶段性变化规律，而且也揭示了区域工业化和城市化过程的一般规律。

---

① 核心区域一般是指城市或城市聚集区，经济发达、技术水平高、资本集中、人口密集、增长速度快。核心区域：①国内都会区；②区域的中心城市；③亚区的中心；④地方服务中心。

② 边缘区域是国内经济较为落后的区域。

20世纪90年代以来，基于不完全竞争、规模报酬递增和市场外部性建立的新经济地理学（Krugman，1991；Fujita，1995；Venables，1996），将交通运输成本纳入到迪克西特—斯蒂格利茨的垄断竞争模型中，考察产业分布、城市集聚以及国际贸易的形成机理。通过对不同交通成本下经济集聚力和分散力的讨论，发现即使初始禀赋要素相同，也会出现中心—外围的空间结构，新经济地理学对经济活动的空间集聚和增长的动力过程的分析，为区域经济空间结构演化提供了新思路与新方法。

2. 实证研究

目前，学者对于京津冀都市区空间结构的研究主要集中在以下几个方面：

对区域经济增长差异的研究，认为京津冀都市圈内部差异明显，且北京和天津的极化作用是造成内部较大差异的主要原因（顾六宝、赵春雨，2007；马国霞、徐勇、田玉军，2007；邓向荣、刘璇，2007）。

对区域产业分工及一体化的研究，如对产业分工的现状、存在的问题、形成的原因以及对未来分工合作方向的研究（李国平等，2004；祝尔娟，2011；于方涛、吴志强，2006；刘作丽、贺灿飞，2007；踪家峰、曹敏，2006；王秀玲，2006；陈晓永，2005；杨连云，2005；唐茂华，2005；李亚力，2005；刘刚、赵欣欣，2008；陈永国，2007；戴宏伟、马丽惠，2002）。

对区域人口分布及城镇体系的研究（吴良镛等，2002；祝尔娟，2009、2011；于方涛、吴志强，2006；王桂新、毛新雅、张伊娜，2006；李培、邓慧慧，2007；李鸥，2003；马小红，2005；柴彦威等，2000；周一星、孟延春，1998；王文霏、张文新，2001；冯建等，2004；马强、宗跃光、李益龙，2007；梁兴辉、吴秀青、宋文静，2007）。

综合以上分析我们发现：①京津冀地区的空间结构呈现双核性。②大分散与小集中并存，一方面经济活动大多集中于主要的中心城市，另一方面从更大的尺度上看，分散程度相对较大。由于数据和技术手段的原因，京津冀空间结构的研究处于起步阶段，有关空间结构特征、集聚和分散趋势以及原因的研究并没有完全一致的结论，这为我们进一步探索京津冀空间结构的演变趋势及特征，丰富空间经济结构研究提供了很好的机会。

（三）数据与方法

本研究以县级行政区为基本空间分析单位，选取京津冀地区共计181

个县级行政单元。数据来自 2004 年和 2008 年两次全国经济普查数据，提取其中的就业数据。行政区划以 2008 年为基准，将 2004 年行政区划进行调整。

本文采用探索性空间数据分析和描述分析相结合的方法。探索性空间数据分析（ESDA，Exploratory Spatial Data Analysis）是指在对数据不施加任何先验的理论或假设的前提下，利用统计学原理和图形、地图等可视化技术相结合的方式，对空间数据的性质进行分析、鉴别，以一种归纳的方式提出假设。

（四）研究目的

从就业人口的角度对京津冀地区加以研究的文献不多，应用县级行政单元数据系统地对整个京津冀地区就业空间分布及演变加以研究的文献更不多。因此，本文选取就业空间结构作为研究的切入点，试图对 2004～2008 年京津冀内部就业空间分布及其变化、就业密度的集聚与扩散加以描述，并应用空间计量分析方法对就业空间结构演变加以分析和解释，判断区域空间组织与发展趋势。

试图解决以下问题：

第一，2004 年到 2008 年京津冀地区分产业的就业空间变化趋势与特点是什么？哪些地方就业增长了，哪些地方就业减少了？分析区域经济空间布局特征、演变趋势，判断区域经济空间发展阶段。

第二，区域内部就业分布是否均衡？是趋于集中还是分散？是集中在一个中心还是多个中心？具体分布形态是怎样的？

第三，区域主要城市中心有哪些，其覆盖的空间范围是哪些？

二 京津冀就业空间结构及演化

（一）京津冀空间一体化

京津冀地区是我国北方重要的产业密集区，综合科技实力强，交通通信枢纽等基础设施相对完善。京津冀地区大中型企业相对集中，相关产业发展潜力大。北京的高新技术产业、现代服务业、现代制造业具有较强的竞争力。天津工业基础实力雄厚，高新技术产业发展迅速，外向型经济较为发达。从产业分工来看，北京主要侧重于高新技术产业的研发和高端技术的产业化，天津以部分产业的研发为核心，重点以科研转化和产业化为主，河北廊坊主要承接京津两地高新技术产业的转移和高科技成果的产业化。

一般而言，一旦经济活动在某一地区形成优势，那么在现有条件（包含市场经济的作用）下，除非加入突然的制度变迁（变量），否则优势将继续保持甚至累积下去。伴随着京津冀区域经济的不断发展，市场经济体制在京津冀区域经济中日益健全完善。在由市场经济主导的区域产业集聚形成与发展的过程中，大量的经济活动集中于市场潜力大，可达性好的中心城市或节点。

20 世纪 90 年代以来，京津冀地区经历了市场一体化和要素一体化阶段，"十一五"以来京津冀一体化进程步伐加快，尤其是天津滨海新区上升为国家战略，成为国家级的区域增长极，京津冀地区在国家发展战略中的地位发生重大变化，一体化进程更加深入、步伐加快。

（二）京津冀空间结构：空间基尼系数

我们可以借助空间基尼系数①描述各种产业在空间的集聚程度，它是衡量产业空间集聚程度指标的一种，由克鲁格曼（krugman，1991）年提出，当时用于测算美国制造业行业的集聚程度。公式表达：

$$G = \sum (S_i - X_i)^2$$

G 为行业空间基尼系数，S_i 为 i 地区某行业就业人数占全国该行业就业人数的比重，X_i 为该地区 i 就业人数占全国总就业人数的比重，对所有地区进行加总，就可得出某行业的空间基尼系数。空间基尼系数的值介于 0 和 1 之间，其值越大，表示该行业在地理上的集聚程度越高。

---

① 利用空间基尼系数来比较不同产业的集聚程度时，各产业中企业规模或地理区域大小的差异会造成跨产业比较上的误差。空间基尼系数没有考虑到具体的产业组织状况及区域差异，因此在表示产业的集聚程度时往往含有虚假成分。

表7-1　2004年和2008年分产业空间基尼系数

行　　业	2004年基尼系数	2008年基尼系数
农林牧渔业	0.224953	0.284184695
采矿业	0.057587	0.043158707
制造业	0.006184	0.008808558
电力、燃气及水的生产和供应业	0.015693	0.011989593
建筑业	0.002472	0.003797744
交通运输、仓储和邮政业	0.013045	0.020314239
信息传输、计算机和软件业	0.126194	0.21150537
批发和零售业	0.009162	0.008578497
住宿和餐饮业	0.020454	0.018174556
金融业	0.041279	0.051694242
房地产业	0.025653	0.020761908
租赁和商务服务业	0.047908	0.048053146
科学研究、技术服务和地质勘查业	0.045535	0.051366347
水利、环境和公共设施管理业	0.006499	0.005455369
居民服务和其他服务业	0.036035	0.033286041
教育	0.002319	0.002950455
卫生、社会保障和社会福利业	0.003384	0.003675195
文化、体育和娱乐业	0.03057	0.028571204
公共管理和社会组织	0.006605	0.005697906

　　从表7-1中看出，由于衡量面积广大，各类产业的空间总体格局分散程度高。空间基尼系数仅能测算区域整体的集中与分散态势，无法反映集中与分散到底发生在哪些区域。

（三）京津冀多中心空间结构

1. 经济中心识别

　　选择就业总人数和就业密度作为就业中心的提取指标，将两次普查数据中县级单元的两个指标排名由此得到表7-2。结合以上两个表格，得到十二个中心城市，分别是北京市、天津市、石家庄市、邯郸市、保定市、邢台市、沧州市、秦皇岛市、廊坊市、张家口市、承德市、唐山市。

表7－2　两次经济普查就业总数和就业密度的县级行政单元排名

序　号	2004 年		2008 年	
	就业总人数	就业密度	就业总人数	就业密度
1	石 家 庄	西 城 区	石 家 庄	西 城 区
2	海 淀 区	东 城 区	海 淀 区	东 城 区
3	朝 阳 区	宣 武 区	朝 阳 区	宣 武 区
4	天 津 市	崇 文 区	天 津 市	崇 文 区
5	唐 山 市	石 家 庄	唐 山 市	石 家 庄
6	西 城 区	天 津 市	丰 台 区	天 津 市
7	丰 台 区	邯 郸 市	西 城 区	海 淀 区
8	东 城 区	海 淀 区	塘 沽 区	邯 郸 市
9	塘 沽 区	朝 阳 区	东 城 区	朝 阳 区
10	邯 郸 市	石景山区	大 兴 区	保 定 市
11	大 兴 区	保 定 市	廊 坊 市	丰 台 区
12	昌 平 区	丰 台 区	顺 义 区	石景山区
13	顺 义 区	邢 台 市	西 青 区	邢 台 市
14	保 定 市	沧 州 市	保 定 市	沧 州 市
15	宣 武 区	秦皇岛市	东 丽 区	塘 沽 区
16	秦皇岛市	塘 沽 区	邯 郸 市	西 青 区
17	通 州 区	西 青 区	秦皇岛市	秦皇岛市
18	西 青 区	北 辰 区	昌 平 区	北 辰 区
19	房 山 区	津 南 区	通 州 区	津 南 区
20	武 清 区	张家口市	宣 武 区	东 丽 区
21	北 辰 区	峰峰矿区	北 辰 区	廊 坊 市
22	邢 台 市	大 兴 区	武 清 区	大 兴 区
23	石景山区	承 德 市	宝 坻 区	张家口市
24	东 丽 区	滦 南 县	津 南 区	承 德 市
25	张家口市	顺 义 区	邢 台 市	顺 义 区
26	廊 坊 市	通 州 区	承 德 市	峰峰矿区
27	沧 州 市	东 丽 区	石景山区	通 州 区
28	津 南 区	唐 山 市	房 山 区	唐 山 市
29	承 德 市	桃 城 区	张家口市	桃 城 区
30	大 港 区	昌 平 区	大 港 区	大 港 区

2. 经济中心影响范围划分

区域的界定即城市吸引范围的划分。研究区域空间结构必须确定中心城市及其影响的区域范围。中心城市对腹地（郊区和农村）的影响是一个复杂的动态过程，包括资本、商品、服务、信息、技术和人口的流动。本文借鉴了已有的研究成果，由于缺少城市与县之间诸如运输量、信息流或者金融交易等经济联系的数据，这里采用 GIS 支持下的重力模型方法测算选定的 12 个就业中心影响区域（腹地），如果一个城市对某个县的影响值是所有城市对这个县影响值中最大的，那么这个县就被划归为这个城市的影响腹地。重点在于观察区域结构的变化。如，j 县受到 i 城市的辐射与影响，用如下公式来测算：

$$I_{ij} = C_i / r_{ij}^{\beta}$$

式中 C_i 是城市 i 的就业人口，r_{ij} 是 j 县到 i 城市的直线距离，β 是距离弹性系数，本研究中 $\beta = 2.1$，β 取值不同，得出的腹地范围也不同。β 越小，距离因素的影响越小，因此，大城市的腹地扩大，而小城市的腹地则缩小。不过，通过 β 对在 1.5 至 2.5 之间进行赋值检验，所划区域内密度函数基本稳定。

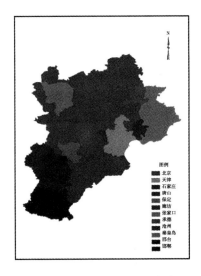

**图 7-2　2004 年中心城市的
影响范围**

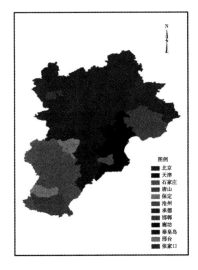

**图 7-3　2008 年中心城市的
影响范围**

表 7 - 3　2004 年中心城市的影响范围

中心城市	影响范围
北京市	三河市、下花园区、丰宁满族自治县、临西县、任丘市、兴隆县、冀州市、北京、南宫市、唐县、围场满族蒙古族自治县、固安县、大厂回族自治县、威县、安国市、安平县、安新县、定兴县、容城县、尚义县、康保县、怀安县、怀来县、文安县、易县、枣强县、桃城区、永清县、沽源县、涞水县、涞源县、涿州市、涿鹿县、深州市、清河县、滦平县、玉田县、肃宁县、蔚县、赤城县、遵化市、阳原县、隆化县、雄县、霸州市、饶阳县、香河县、高碑店市、高阳县
天津市	天津市
石家庄市	临城县、井陉县、元氏县、宁晋县、定州市、巨鹿县、平山县、广宗县、新乐市、新河县、无极县、晋州市、曲阳县、柏乡县、栾城县、正定县、深泽县、灵寿县、石家庄、藁城市、行唐县、赞皇县、赵县、辛集市、阜平县、隆尧县、高邑县、鹿泉市
邯郸市	临漳县、大名县、峰峰矿区、广平县、成安县、曲周县、武安市、永年县、涉县、磁县、肥乡县、邯郸县、邯郸市、邱县、馆陶县、魏县、鸡泽县
保定市	保定市、博野县、徐水县、望都县、清苑县、满城县、蠡县、顺平县
邢台市	任县、内丘县、南和县、平乡县、沙河市、邢台县、邢台市
沧州市	东光县、南皮县、吴桥县、大城县、孟村回族自治县、故城县、景县、武强县、武邑县、沧县、沧州市、河间市、泊头市、海兴县、献县、盐山县、阜城县、青县、黄骅市
秦皇岛市	乐亭县、卢龙县、唐海县、宽城满族自治县、平泉县、抚宁县、昌黎县、滦南县、滦县、秦皇岛市、迁安市、迁西县、青龙县
廊坊市	廊坊市
张家口市	万全县、宣化区、崇礼县、张北县、张家口市
唐山市	唐山市
承德市	承德县、承德市

表 7 - 4　2008 年中心城市的影响范围

中心城市	影响范围
北京市	安新县、霸州市、北京市、泊头市、赤城县、崇礼县、大厂回族自治县、定兴县、丰宁满族自治县、阜城县、高碑店市、高阳县、沽源县、固安县、故城县、河间市、怀安县、怀来县、景县、康保县、宽城满族自治县、涞水县、涞源县、蠡县、隆化县、滦平县、平泉县、青龙满族自治县、饶阳县、任丘市、容城县、三河市、尚义县、肃宁县、围场满族蒙古族自治县、蔚县、文安县、武强县、武邑县、下花园区、献县、香河县、兴隆县、雄县、宣化区、阳原县、易县、永清县、枣强县、张北县、涿鹿县、涿州市
天津市	大城县、东光县、海兴县、黄骅市、孟村回族自治县、南皮县、青县、天津市、吴桥县、盐山县
石家庄市	安国市、安平县、柏乡县、定州市、阜平县、高邑县、藁城市、馆陶县、广宗县、冀州市、晋州市、井陉县、巨鹿县、临城县、临西县、灵寿县、隆尧县、鹿泉市、栾城县、内丘县、南宫市、宁晋县、平山县、平乡县、清河县、邱县、曲阳县、涉县、深泽县、深州市、石家庄、唐县、桃城区、威县、无极县、辛集市、新河县、新乐市、行唐县、元氏县、赞皇县、赵县、正定县

中心城市	影响范围
邯 郸 市	成安县、磁县、大名县、肥乡县、峰峰矿区、广平县、邯郸市、邯郸县、鸡泽县、临漳县、曲周县、魏县、武安市、永年县
保 定 市	保定市、博野县、满城县、清苑县、顺平县、望都县、徐水县
邢 台 市	南和县、任县、沙河市、邢台市、邢台县
沧 州 市	沧县、沧州市
秦皇岛市	抚宁县、秦皇岛市
廊 坊 市	廊坊市
张家口市	万全县、张家口市
唐 山 市	昌黎县、乐亭县、卢龙县、滦南县、滦县、迁安市、迁西县、唐海县、唐山市、玉田县、遵化市
承 德 市	承德市、承德县

由图7-2、表7-3、图7-3、表7-4，得到经济中心影响范围特征：

第一，北京作为首都，在全国的首位城市之列，其影响腹地是最大的，而天津、唐山虽为京津冀中心城市，但其影响范围基本上限于本地区，冀中南经济整体发展水平偏低，石家庄市作为冀中的中心城市，具有较大的影响范围。

第二，2004和2008年相比，天津的影响范围在扩大，借助滨海新区的开发和沿海其他地区优越的港口条件和交通条件，可达性的提高使得要素向沿海地区集聚程度加大，并逐步形成河北沿海经济隆起带。

第三，区域级中心城市如保定市、唐山市、邯郸市、邢台市、沧州市、秦皇岛市、廊坊市、张家口市，在两个特大级城市主导的区域空间结构中，其影响范围还是以本中心及其周边的有限腹地为主。

（四）京津冀就业空间格局

1. 就业总量分布及其变动

从总量来看（图7-4），等级差别比较大，京津冀都市圈内的人口总量峰值全部集中在中心城市的市区，如北京，天津、唐山、石家庄等。人口总量从市区向外围迅速衰减，市区和市区以外的人口总量差异显著。

就业主要集中在北京、天津、唐山形成的核心圈层，在此圈层中，京—津—唐，滨海地区是就业和经济的集中区，圈层以外是经济的低谷带。在核心圈层以外，西北地区、冀北大部以及冀中南地区，属于经济和就业圈层的外围，就业总

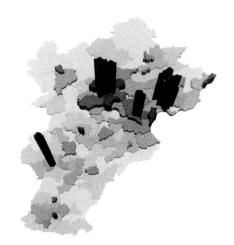 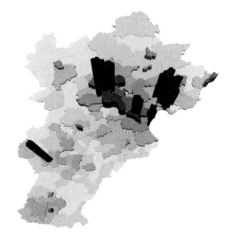

图 7 - 4（a）　2004 年的就业总量分布　　图 7 - 4（b）　2008 年的就业总量分布

量少。

从 2004～2008 年的变动趋势上看，有以下特点：（1）借助发达的交通，京津空间经济融合的趋势不断加强，逐步形成京—津—滨海连绵区。（2）沿海化集聚趋势明显，以沿海高速公路为依托，连接秦皇岛、唐山、天津滨海地区、沧州地区的沿海经济集聚区逐步形成。

2. 京津冀就业密度分布及其变动

（1）就业密度

为更清晰地了解京津冀人口密度分布趋势，我们描绘了三维人口密度平面。

从图 7 - 5 中可以清晰看出：

①京津冀地区具有相对稳定的空间结构，北部—西北部就业密度低，而东部—南部就业密度高，成为承载就业和经济活动的主要地区。

②空间经济极化明显，从 2004 和 2008 年的就业密度平面上看，京津冀就业密度峰值全部集中在各城市的市区，明显存在北京、天津、石家庄三个就业高值区域，在这两个高值区域周边则存在就业密度的低值环带。就业密度从市区向外围曲线迅速衰减，市区和市区以外曲线人口密度差异显著。

③以京津塘高速公路周边各类开发区为依托，北京向天津和唐山方向拓展的趋势明显，并形成京津唐连片发展态势。

④以沿海高速公路为轴线，依托港口及其腹地，东部沿海化趋势明显，逐步

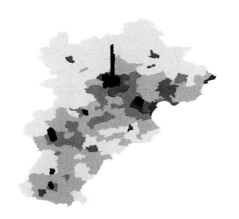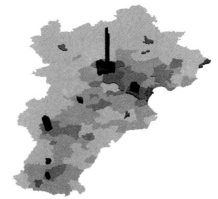

图 7 - 5 （a） 2004 年就业密度分布　　　　图 7 - 5 （b） 2008 年就业密度分布

形成沿海经济隆起带，同就业总量的表现相似，秦皇岛、唐山、沧州的滨海地带逐渐成为就业聚集区。冀中南地区内陆城市集聚趋势明显，形成石家庄、保定、邢台、邯郸区域级就业中心。

（2）两次普查之间就业密度变动

分析图 7 - 6 发现就业密度增加主要发生在京、津两地，尤其是京津塘高速的沿线地区以及滨海地区，此外张家口、承德、秦皇岛、沧州、保定、石家庄、邢台、邯郸等的区域级中心城市就业密度也有增加；密度减少主要发生在特大城市的远郊区以及部分大城市的郊区。综合以上分析，说明京津冀核心地区对周边极化作用明显，空间格局呈现集聚态势，等级分化严重。

从 2004 年到 2008 年，北京就业人口向郊区扩散趋势明显，而近郊区就业密度显著上升，远郊区的就业密度下降但是幅度不大。与北京不同，天津市就业密度大幅增加，同时近郊区和滨海地区就业密度也有所增加。张家口、承德二市市区就业密度增加而市区以外县级市就业密度下降。北京北部和西南部远郊区就业密度下降，并与以上就业下降带连成片，形成环京周边的就业洼地。

结合就业总量分布图，从整体上看，京津冀地区已经从 2004 年的北京—天津—唐山就业高密度走廊，保定、石家庄、邢台、邯郸相对分散的格局，演变为北京、天津、唐山三者连片成体，同时向南连接形成以保定、石家庄、邢台、邯郸为聚集中心的连点成片的格局。

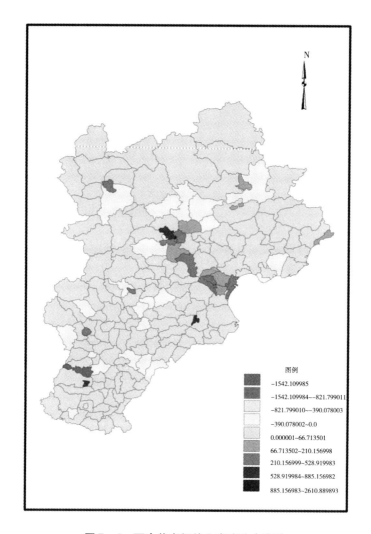

图7-6 两次普查间就业密度分布变动

图例

-1542.109985
-1542.109984~-821.799011
-821.799010~-390.078003
-390.078002~0.0
0.000001~66.713501
66.713502~210.156998
210.156999~528.919983
528.919984~885.156982
885.156983~2610.889893

3. 制造业分布及其变动

从总体来看（图7-7），制造业的空间分布和增长以核心城市为主导，并趋向沿海化、沿线化、圈层化。制造业就业密度增加主要发生在以下地区：京津冀的东部、东南部和南部地区，而西部、西北部和北部的变动不大，具体来讲：①京—津—唐形成的面状区域，尤其是天津郊区、北京大兴和河北廊坊②秦皇岛—唐山—天津滨海—沧州沿海形成的沿海隆起带；③冀中南的核心城市；如保定、石家庄、邢台等地。

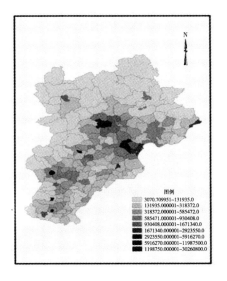

图 7 – 7 （a） 2004 年制造业就业密度

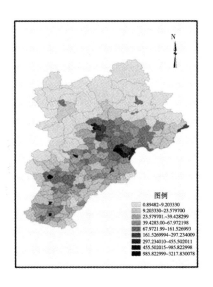

图 7 – 7 （b） 2008 年制造业就业密度

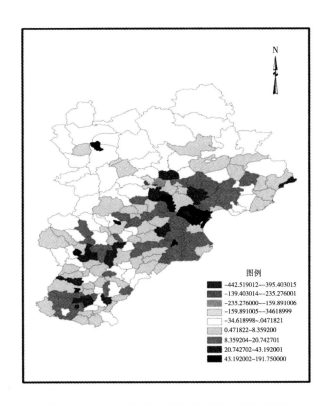

图 7 – 7 （c） 两次普查间制造业就业密度差值

受城市功能定位的影响,北京、天津等核心城市内部的制造业在空间上逐步由中心区向外围置换,制造业的就业密度呈现下降趋势。

4. 第三产业分布及其变动

经济普查中的第三产业包括以下产业:交通运输、仓储和邮政业;信息传输、计算机服务和软件业;批发和零售业;住宿和餐饮业;金融业;房地产业;租赁和商务服务业;科学研究、技术服务和地质勘察业;水利、环境和公共设施管理业;居民服务和其他服务业;教育;卫生、社会保障和社会福利业;文化、体育和娱乐业;公共管理和社会组织。

京津冀地区在资源禀赋和功能定位方面不同,导致各个地区第三产业发展速度和结构有较大差异。总体来看,第三产业的聚集中心性非常明显,主要分布在以北京、天津、唐山、石家庄为中心的面状区域,而北京的等级最高,且同天津连成片状区域。从变动来看,第三产业增加主要在以下地区:北京市、天津市、滨海地区、唐山市以及其他地区行政中心城市如石家庄、沧州、张家口等(图7－8)。

北京第三产业的发展处于较高阶段,第三产业GDP已经超过60%,成为

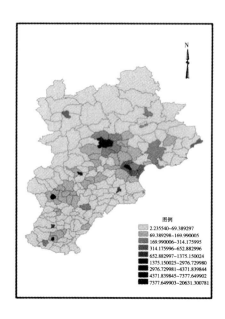 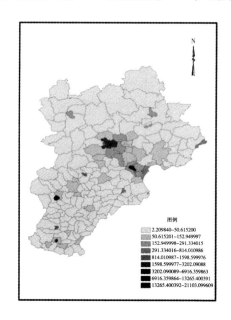

图7－8(a)　2004年第三产业就业密度　　图7－8(b)　2008年第三产业就业密度

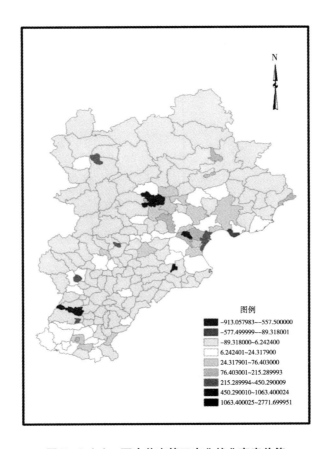

图例
- −913.057983~−557.500000
- −577.499999~−89.318001
- −89.318000~6.242400
- 6.242401~24.317900
- 24.317901~76.403000
- 76.403001~215.289993
- 215.289994~450.290009
- 450.290010~1063.400024
- 1063.400025~2771.699951

图7-8（c）　两次普查第三产业就业密度差值

拉动经济增长的主要力量。而京津冀地区第三产业还处于相对较低的发展阶段。京津冀地区以第二产业为支撑，北京的第三产业将更加壮大。对以制造业为主导的京津冀地区来说，依托首都高端服务业，产业结构水平将得到更快的提升。

5. 分产业的就业密度分布

（1）信息传输计算机服务与软件业。

由图7-9，信息传输、计算机服务业与软件业主要分布在北京市的海淀区、朝阳区、丰台区，廊坊市，天津市区与西青区，唐山市，石家庄市，张家口市，承德市。以开发区为依托，在北京市、廊坊市与天津市及周边区域形成了带状就业集中区。两次普查之间就业人数增长最大的为北京市的海淀区、朝阳区、丰台

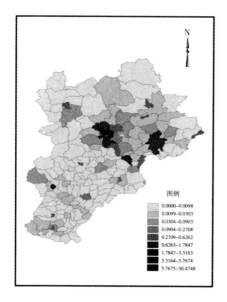

图7-9（a）　2008年的信息传输、计算机
服务与软件业就业总人数分布

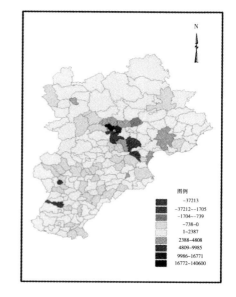

图7-9（b）　两次普查信息传输、计算机
服务与软件业就业总人数差值

区、大兴区，其次为天津市的西青区、塘沽区，河北省的张家口市、唐山市。下
降幅度最大的地区位于河北省的鹿泉市与内邱县，天津市的武清区与天津市区。
大部分地区的就业总人数变动在0～2000人，变动不大。变动幅度大的地区集中
在中部以及东部沿海的部分地区。

（2）文化体育和娱乐业。

文化体育和娱乐业以北京市和唐山市的片状区域为主体，主要分布在北京市
中心城区、石家庄市、天津市区、唐山市。这一产业在京津冀地区的分布也相对
集中，除上述几个地区外，其他地区的该产业就业人数相对较少。增幅较大的地
区位于北京市的海淀区、朝阳区、昌平区、顺义区、丰台区、大兴区，张家口
市，唐山市，天津市，塘沽区，鹿泉市。就业总人数下降的地区大多位于西北部
与西南部。大部分地区的该产业就业人口在两次普查之间处于小幅下降与小幅上
升的状态，浮动范围不超过500人。从区域整体变动情况来看，中部、东部地区
的变动幅度大于西南部（图7-10）。

（3）科学研究技术服务和地质勘察业。

由图7-11，这一产业的就业人口主要分布在中部、北部与东部沿海地

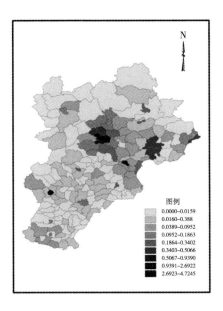

图7-10（a） 文化体育和娱乐业
就业总人数

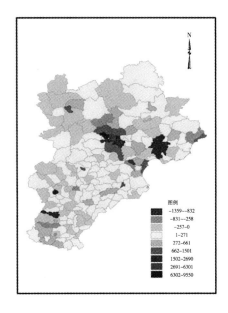

图7-10（b） 两次普查文化体育和
娱乐业就业总人口差值

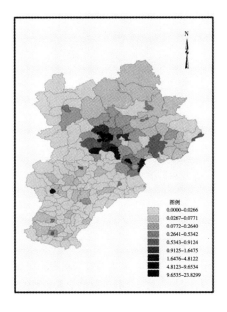

图7-11（a） 2008年科学研究技术服务
和地质勘察业就业总人口

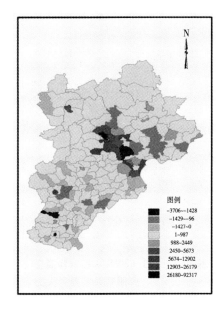

图7-11（b） 科学研究技术服务和地质
勘察业就业总人口差值

区，且在中部与东部地区逐渐形成了较大面积的就业集中分布区，呈带状分布。具体地区包括北京市中心城区与近郊区、廊坊市、天津市区与塘沽区、石家庄市。

两次普查之间增幅较大的地区主要为北京市的中心城区与近郊区，廊坊市，天津的塘沽区、西青区、内港区，涿州市，张家口市，鹿泉市。下降幅度最大的地区为天津市的武清区与河北省的内丘县、邯郸县。

大部分地区的该产业就业人数在两次普查之间变动不大，从整体来看，就业总人数变动最大的地区集中在中部与东部沿海地区。

（4）租赁和商务服务业。

由图7-12，租赁和商务服务业以北京、天津、唐山等大城市和特大城市为核心，片状分布在京津冀地区的中部和东部，如北京市中心城区与近郊区，以及地区性中心城市。但在北京市南部的大面积地区该产业就业人数较少，形成就业人口的"洼地"，与北部和东部的情况有着明显区别。

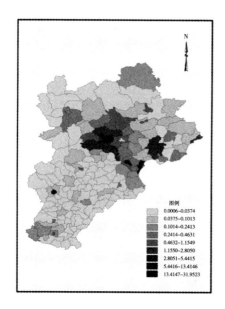

图 7 - 12（a） 2008 年租赁和商务
服务业就业总人口

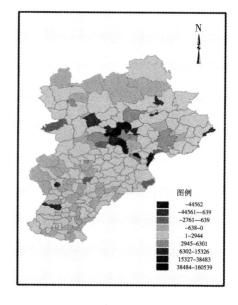

图 7 - 12（b） 两次普查间租赁和商务
服务业就业人数差值

大部分地区的该产业就业总人数变动在 0 ～ 3000 人，变动幅度较大的地区集中在中部和东部沿海的小部分地区。

增长幅度最大的地区为北京市近郊区，廊坊市，天津市区以及塘沽区，其次为北京市的海淀区、石景山区、大兴区，以及河北的地区级中心城市。下降幅度较大的地区多为经济不发达的冀北和冀中南地区，尤其是地区中心城市的周边区域。

（5）金融业。

从图7-13可以看出，金融业就业主要分布于中部和东部地区，以北京、天津、唐山等区域性中心城市为依托呈片状布局，分布较为集中。除了这些地区，其他大部分地区的金融业就业人口相对较少，为0～400人。

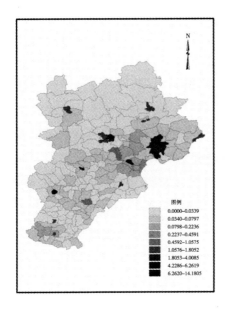

图7-13（a） 2008年金融业就业总人数

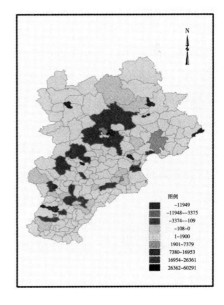

图7-13（b） 两次普查间金融业就业总人数差值

两次普查之间，增幅较大的地区主要分布在京津冀地区的中北部以及南部，西北部及东部沿海地区相对变化较小。

金融业就业人数增长最大的地区位于北京市中心城区（西城区），其次是北京市朝阳区、天津市与石家庄市，张家口市、承德市、秦皇岛市与保定市的就业人数增长幅度也较大。大部分地区的金融业就业人数处于0～1900人小幅度增长状态。

有几个地区出现了较为明显的就业人数下降情况，且这几个地区大多临近就业人数增幅较大的区域：北京市的近郊区县，如昌平区、门头沟区、房山区等金融业就业人口下降，形成了围绕中心城区的一个金融业就业人口下降的圈层；与石家庄市毗邻的鹿泉市就业人数下降；与保定市临近的易县、徐水县；与邢台市相邻的沙河市；与唐山市相邻的汉沽区等都呈现了这样的特征。这反映了 2004～2008 年，该产业就业人口向地区中心区域集中的趋势。

（五）京津冀空间的集聚与扩散

为进一步描述京津冀空间结构的积聚与扩散情况，我们使用 ESDA 方法分析该区域就业密度分布。ESDA 可以帮助描述数据的空间分布并对之加以可视化，识别空间集聚，展示数据的空间联系特征，并揭示存在的空间分异。通常用 Moran 指数作为度量空间自相关的全局指标，反映的是空间邻接的区域单元属性值的相似程度，Moran 指数一般介于 -1 到 1 之间。但是 Moran 指数对空间自相关的全局评估，忽略了空间过程的潜在不稳定性问题，如要考察观测值的局部空间集聚特征，需要空间联系的局部指标。[1] 空间联系的局部指标（Local Indicators of Spatial Association，缩写为 LISA）满足下列两个条件：①每个区域单元的 LISA，是描述该区域单元周围显著的相似区域单元之间空间集聚程度的指标；②所有区域单元 LISA 的总和与全局的空间联系指标成比例。局部 Moran 指数 I_i 是一种描述空间联系的局部指标，局部 Moran 指数 I_i 被定义为：

$$I_i = \frac{(x_i - \bar{x})}{S^2} \sum_j w_{ij}(x_j - \bar{x})$$

式中 $S^2 = \frac{1}{n} \sum_i (x_i - \bar{x})^2, \bar{x} = \frac{1}{n} \sum_{i=1}^n x_i, w_{ij} = \begin{cases} 1 & \text{当区域 } i \text{ 和 } j \text{ 的距离小于 } d \text{ 时} \\ 0 & \text{其他} \end{cases}$

空间权重矩阵是确定空间单元之间相互作用关系的关系模型，具有多种形式。本文研究区域内保证每一个位置都至少有一个邻居的门槛距离是 78.6905 千米，经过多次尝试，我们发现将门槛距离 d 设为研究区域内最长距离的 3/20，

---

① 有关探索性空间数据分析的基本原理参见徐建华（2005）。

Moran 显著性地图效果最好。

Moran 显著性地图按局部空间自相关类型将区域单元划分为高—高、低—低、高—低、低—高四种类型。高—高或低—低是指具有较高或较低观测值的单元，其相邻区域的观测值也较高或较低，代表高值或低值的局部空间集聚。而高—低或低—高则反映局部空间分异。

本研究以距离约束矩阵作为空间影响关系的权重矩阵，采用 Geoda 计算和描绘局部空间自相关的 Local Moran's I 统计量，基于该统计量绘制的各年度 LISA 分析图，如图 7 - 14、7 - 15。

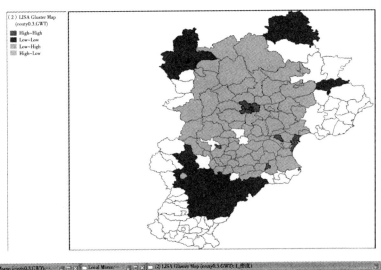

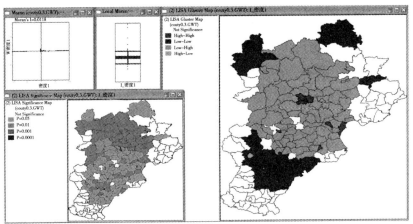

图 7 - 14　2004 年距离约束矩阵的 LISA 分析

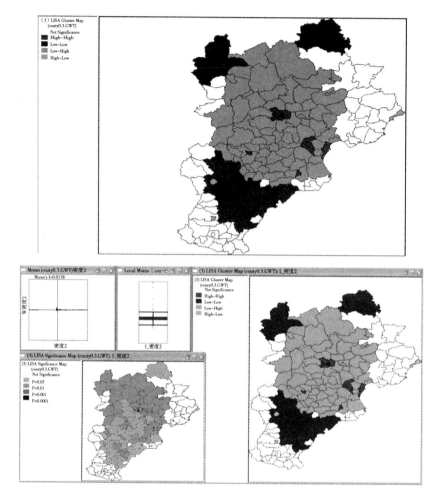

图7-15 2008年距离约束矩阵的LISA分析

为了更清楚地反映京津冀地区2004~2008年期间县域经济空间差距的变化格局，我们将京津冀地区2004年和2008年LISA分析的四种集聚类型结果生成数据表格，具体如表7-5、7-6所示。

从LISA分析的结果图（图7-14、7-15）和表格（表7-5、7-6）可以看出，京津冀经济空间结构已表现出较为明显的分异格局，主要表现在以下四个方面：①空间差异较小、区域自身和周边水平较高的县域（H-H），主要坐落在北京（北京市区、东北和南部近郊区）、天津一带；②空间差异虽然较小，但区域自身和周边水平均较低的县域（L-L），绝大多数分布在河北南中部地区，以及北部、西北部的几个地区；③空间差异较大，区域自身水平较高，但周边较低的县域（H－L），主要是石家庄、邢台、秦皇岛等零星几个县域单元；④空间差异较大，区域自身水平较低，但周边较高的县域（L－H），大部分集中在北京、天津的周边区域。

表7－5　2004年 LISA 分析集聚类型分布

集聚类型	包含的县域单元
H－H	西城区、东城区、宣武区、崇文区、海淀区、丰台区、石景山区、朝阳区、塘沽区、天津市、沧州市、保定市
L－L	围场满族蒙古族自治县、康保县、尚义县、宽城满族自治县、新乐市、正定县、藁城市、深泽县、无极县、鹿泉市、深州市、晋州市、辛集市、东光县、阜城县、栾城县、武邑县、元氏县、赵县、景县、桃城区、宁晋县、吴桥县、冀州市、高邑县、枣强县、柏乡县、新河县、隆尧县、故城县、南宫市、巨鹿县、广宗县、威县、任县、清河县、平乡县、南和县、张北县、曲阳县、行唐县
H－L	石家庄
L－H	丰宁满族自治县、沽源县、滦平县、兴隆县、遵化市、蔚县、玉田县、涞水县、涞源县、易县、永清县、定兴县、霸州市、廊坊市、徐水县、唐县、容城县、顺平县、文安县、安新县、清苑县、大城县、望都县、高阳县、青县、蠡县、河间市、黄骅市、博野县、安国市、肃宁县、沧县、献县、饶阳县、安平县、泊头市、崇礼县、下花园区、赤城县、怀来县、涿鹿县、宣化区、大厂回族自治县、香河县、三河市、涿州市、固安县、怀柔区、密云县、延庆县、平谷区、宁河县、宝坻区、武清区、静海县、门头沟区、房山区、任丘市、张家口市、昌平区、顺义区、通州区、蓟县、大兴区、汉沽区、大港区、西青区、津南区、东丽区、承德市

表7－6　2008年 LISA 分析集聚类型分布表格

集聚类型	包含的县域单元
H－H	西城区、东城区、宣武区、崇文区、海淀区、丰台区、石景山区、朝阳区、塘沽区、天津市、北辰区、西青区、塘沽区、沧州市、保定市
L－L	围场满族蒙古族自治县、康保县、尚义县、定州市、新乐市、正定县、藁城市、深泽县、无极县、鹿泉市、深州市、晋州市、辛集市、东光县、阜城县、栾城县、武邑县、元氏县、赵县、景县、宁晋县、吴桥县、冀州市、高邑县、枣强县、柏乡县、新河县、隆尧县、故城县、南宫市、巨鹿县、广宗县、威县、任县、平乡县、南和县、邱县、临西县、张北县、曲阳县、行唐县
H－L	石家庄、邢台市、秦皇岛
L－H	丰宁满族自治县、沽源县、滦平县、兴隆县、遵化市、蔚县、玉田县、涞水县、涞源县、易县、永清县、高碑店市、定兴县、霸州市、廊坊市、徐水县、雄县、唐县、容城县、满城县、顺平县、文安县、安新县、清苑县、大城县、望都县、高阳县、青县、蠡县、河间市、黄骅市、博野县、安国市、肃宁县、沧县、献县、饶阳县、安平县、泊头市、崇礼县、下花园区、赤城县、怀来县、涿鹿县、宣化区、大厂回族自治县、香河县、三河市、涿州市、固安县、怀柔区、密云县、延庆县、平谷区、宁河县、宝坻区、武清区、静海县、门头沟区、房山区、任丘市、张家口市、昌平区、顺义区、通州区、蓟县、大兴区、汉沽区、大港区、津南区、东丽区、承德市

到2008年，京津冀经济空间结构发生了以下变化：①H－H区域在天津地区扩大。②L－L区域数量基本保持不变，东北部的L－L区域减少。③H－L区域数量有一定幅度增加，秦皇岛市区、邢台市区转变成了H－L区域。④L－H区域数量基本不变，分布格局也没有发生大的变化，仍然集中在京津地区的外围地带，但中间零星的几个县域单元也转变成了L－H区域。

2004年和2008年的Moran显著性地图差异很小，显示京津冀就业密度分布相对稳定。从图中我们可以看出，局部空间自相关显著的区域主要以H－H和L－L类型为主。显著的L－L类型区连片分布在区域北部和西北部，以及东南部的部分区域。主要因为北部和西北部以山区为主，人口密度普遍偏低。空间异质性反映在少数几个显著的L－H和H－L类型区。

总体来看，局部空间自相关分析反映出以下区域空间结构特征。

第一，Moran'sI统计量比较低，说明京津冀地区的就业集聚在空间形态上相关性不强，京津冀内各区域的经济发展水平总体上相关性不大，即就业的总体空间集聚局势不明显。2004~2008年的空间格局变化不大。

第二，京津冀内部存在相对稳定的就业高密度聚集区和低密度聚集区，区域就业密度分布空间差异明显。

第三，区域就业密度分布反映出区域的多中心空间结构特征，城市中心同其腹地间的就业密度差异明显，形成京津冀多中心的就业布局形式。

六　结论

1. 大分散、小集中的总体空间格局

空间计量分析显示，京津冀地区的空间格局分异明显。京津冀内各地区的经济发展总体上相关性不大。区域就业密度分布显示出多中心空间结构特征，城市中心同其腹地间的就业密度差异明显。

2. 多核心、多轴向的网络化结构

京津冀地区的空间布局形成以京、津为核心，以天津、秦皇岛、曹妃甸等港口为主要出海口，以京津走廊为核心发展轴，以京—唐、京—保—石—邢—邯为放射发展轴，以秦—唐—津—沧近海临港区为经济隆起带的多核心、多轴向的圈层空间和轴向空间叠加的网络化结构。

3. 空间极化趋势明显，经济要素向市场潜力大、可达性好的区位集中

随着市场在空间结构决定力中的地位起主导作用，经济集聚的空间格局出现新变化，从"十五"时期的北京—天津、北京—保定—石家庄、北京—唐山三个高密度走廊逐步转向北京—天津—唐山形成的核心圈层以及渤海湾西部的经济隆起带。

明显的经济极化造成经济发展格局的不均衡，西北、北部以及冀中南地区发展水平相对较低。同时，京津唐核心圈层之外存在环状的低谷区，而河北环首都圈的建设将会带动低谷区的经济发展，缩小差距。

4. 制造业的空间分布和增长以核心城市为主导，并趋向沿海化、沿线化、圈层化

北京的现代制造业布局正在沿着京津轴线向东部和东南部发展，天津市加快工业东移。以北京经济技术开发区为代表的工业东南向扩展与河北廊坊工业经济的崛起，北京河北在空间上互相接近、渗透、融合，形成高新技术产业和现代制造业的北方集聚带。而在渤海西岸，逐步形成连接秦皇岛、唐山、天津和沧州的制造加工业经济隆起带。

制造业就业密度增加主要发生在以下地区：京津冀的东部、东南部和南部地区，而西部、西北部和北部的变动不大。受城市功能定位的影响，北京、天津等核心城市内部的制造业在空间上逐步由中心区向外围置换，制造业的就业密度呈现下降趋势。

5. 第三产业的聚集中心性明显

主要分布在以北京、天津、唐山、石家庄为中心的面状区域，而以北京的等级最高，且同天津连成片状区域，从两次普查变动来看，第三产业的增加主要在北京市、天津市、滨海地区、唐山市以及地区级行政中心城市如石家庄、沧州、张家口等。

参考文献

［1］吴殿廷：《区域分析与规划高级教程》，高等教育出版社，2006。

［2］张学良：《探索性空间数据分析模型研究》，《当代经济管理》2007 年第 29 期。

［3］方锦涛、杨柳：《京津冀城市群空间经济聚集分析》，《天津商业大学学报》2009年第9期。

［4］陈秀新：《京津冀都市圈人口空间结构演变及影响因素分析》，北京大学2008届硕士学位论文。

［5］王法辉、金凤君、曾光：《区域人口密度函数与增长模式——兼论城市吸引范围划分的GIS方法》，《地理研究》2004年第10期。

［6］杨齐：《区域客流分布模型的研究》，《地理学报》1990年第45（3）期。

［7］顾六宝、赵春雨：《京津冀20年经济增长互动关系分析》，《河北经贸大学学报》2007年第6期。

［8］马国霞、徐勇、田玉军：《京津冀都市圈经济增长收敛机制的空间分析》，《地理研究》2007年第3期。

［9］邓向荣、刘璇：《京津冀和长三角地区创新极化与扩散效应比较研究》，《中国科技论坛》2007年第11期。

［10］薛领、李国平、孙铁山：《天津主导产业选择与空间布局研究》，《科学技术与工程》2004年第10期。

［11］于方涛、吴志强：《"Global Region"结构与重构研究——以长三角地区为例》，《城市规划学刊》2006年第2期。

［12］刘作丽、贺灿飞：《京津冀地区工业结构趋同现象及成因探讨》，《地理与地理信息科学》2007年第5期。

［13］踪家峰、曹敏：《地区专业化与产业地理集中的实证分析——以京津冀地区为例》，《厦门大学学报（哲学社会科学版）》2006年第5期。

［14］戴宏伟、马丽惠：《借势与造势——京津冀产业梯度转移与河北产业结构优化》，《经济论坛》2002年第18期。

［15］梁兴辉、吴秀青、宋文静：《京津冀地区城市体系的规模与结构》，《中国国情国力》2007年第12期。

［16］吴良镛：《城市地区理论与中国沿海城市密集地区发展研究》，《中国城市规划学会2002年年会论文集》，2002年12月。

［17］王桂新、毛新雅、张伊娜：《中国东部地区三大都市圈人口迁移与经济增长极化研究》，《华东师范大学学报（哲学社会科学版）》2006年第5期。

［18］李培、邓慧慧：《京津冀地区人口迁移特征及其影响因素分析》，《人口与经济》2007年第6期。

［19］李鸥：《2003年天津市人口迁移情况的研究与思考》，《天津行政学院学报》2003年第3期。

［20］马小红：《新城市规划下的北京市迁移流动人口》，《中国人口科学》2005年第S1期。

［21］柴彦威、胡智勇、仵宗卿：《天津城市内部人口迁居特征及机制分析》，《地理研究》2000年第4期。

［22］周一星、孟延春：《中国大城市的郊区化趋势》，《城市规划汇刊》1998 年第 3 期。

［23］王文霏、张文新：《改革开放以来北京市人口分布及其演变》，《人口研究》2001 年第 1 期。

［24］冯健、周一星、王晓光、陈扬：《1990 年代北京郊区化的最新发展趋势及其对策》，《城市规划》2004 年第 3 期。

［25］马强、宗跃光、李益龙：《2007 年京津地区人口增长与分布的时空间演化分析》，《河北工程大学学报（自然科学版）》2007 年第 4 期。

［26］祝尔娟等：《全新定位下京津合作发展研究》，中国经济出版社，2009。

［27］祝尔娟、王天伟、陈安国等：《京津冀产业发展升级研究——重化工业和战略性新兴产业现状、趋势与升级》，2011。

［28］牛凤瑞、盛广耀：《三大都市密集区：中国现代化的引擎》，社会科学文献出版社，2006。

［29］徐建华：《计量地理学》，高等教育出版社，2005。

［30］Berry B，Lamb R R. The Delineation of Urban Spheres of Influence：Evaluation of an Interaction Model. Regional Studies, 1974, 8：185 – 190.

［31］Krugman P. Increasing Returns and Economic Geography. Journal of Political Economy, 1991, 99（3）：483 – 499.

［32］Fujita M.，Krugman P.，Venables. A.，The Spatial Economy：Cities, Regions and International Trade. Mass：MIT Press, 1995, 29 – 54.

［33］Venables A. Equilibrium location of vertically linked industries. International Economic Review, 1996,（37）：341 – 359.

B.8
京津冀区域城市体系规模结构探讨

吴庆玲[*]

摘　要： 本文以京津冀行政区域为研究范围，从行政管理和区域经济发展的角度，采用各等级城市非农业人口统计数据，从城市人口规模等级体系，位序－规模，城市首位度、四城市指数、十一城市指数三个方面分析京津冀区域城市体系规模结构特征。结果表明，京津冀区域城市体系规模结构不合理；首位城市优势不突出；北京新城、天津滨海新区及新城、河北环京新城的建设对改善区域城市体系规模结构具有重要作用。本文据此提出了优化京津冀区域城市体系规模结构的建议。

关键词： 京津冀区域　城市体系　规模结构　新城建设

城市体系是衡量一个国家或地区发达程度的重要标志。在一个结构合理的城市体系中，不同规模的城市相互依存、相互补充，形成一条动态高效而经济的城市链，使城市各自取得最佳的规模经济效益。反之，城市体系结构的不合理，城市系统的无序状态，会极大削弱城市体系的集约经济效能。京津冀区域是我国经济发展水平与城市化水平最高的地区之一，研究该地区的城市体系的规模结构，有助于正确认识其经济发展的空间结构形式，有利于因势利导，推动人口和产业的合理分布，进而推动区域经济社会的良性发展。

本文以京津冀行政区域为研究范围，分别从行政管理和区域经济发展的角度，从城市人口规模等级体系，位序—规模，城市首位度、四城市指数、十一城市指数三个方面分析京津冀区域城市体系规模结构特征，为京津冀区域城市体系规模结构的完善提供依据。

---

* 吴庆玲，首都经济贸易大学城市经济与公共管理学院副教授，硕士生导师。研究方向为区域经济、房地产经济。

一 从行政管理角度看京津冀区域城市体系规模结构特征

(一) 京津冀区域城市行政等级体系

按照国家城市等级划分标准，京津冀区域共有城市 35 个，在行政等级分布上表现为四个层级：直辖市—副省级城市—地级市—县级市。

表 8 - 1　京津冀区域城市行政等级体系

单位：个

层级	行政等级系统	城市数量	城市名称
1	直辖市	2	北京、天津
2	副省级城市	1	石家庄
3	地级市	10	唐山、邯郸、保定、张家口、秦皇岛、廊坊、邢台、承德、沧州、衡水
4	县级市	22	任丘市、涿州、迁安市、三河市、定州市、高碑店市、霸州市、泊头市、武安市、河间市、黄骅市、新乐市、遵化市、辛集市、沙河市、藁城市、安国市、冀州市、深州市、晋州市、南宫市、鹿泉市

从表 8 - 1 可见，京津冀区域各城市在行政级别上层次分明，处于第一层级的有北京和天津两个直辖市，占城市总数的 5.7%；处于第二层级的城市为石家庄，占城市总数的 2.9%；处于第三层级的为 10 个地级市，占城市总数的 28.6%；处于第四层级的城市为 22 个县级市，占城市总数的 62.9%。城市行政级别与经济发展成正相关关系，城市行政等级越高、行政势能越强，经济规模越大；反之，城市行政等级越低，经济规模越弱。从京津冀区域看，位于第一层级的北京和天津，其经济规模最大，是京津冀区域的一级经济中心，承担着辐射和带动区域经济发展的重任；位于第二层级的城市是河北省的政治中心，也是京津冀区域的次级经济中心，在接受一级经济中心辐射的同时，承担着带动和促进本区域经济发展的职能；第三层级的城市是河北省的地级市，部分已发展成为京津冀区域的次级经济中心，多数为省域经济发展中心；第四层级的城市是县级市，在连接城乡、促进本地区经济发展方面发挥着重要的作用。

（二）京津冀区域城市人口规模等级体系

依据2002、2005、2010年中国城市统计年鉴数据对京津冀区域各城市人口（非农业人口）进行统计排序，并按照人口规模进行城市级别归类，见表8-2和表8-3。

表8-2　2001、2004、2009年京津冀区域各城市非农业人口与城市等级统计

单位：万人

城市名称	非农业人口 P(r)			2009年排序 R	城市级别
	2001年	2004年	2009年		
北京市	780.1	854.7	971.9	1	超大城市
天津市	535.22	556.17	598.53	2	超大城市
唐山市	127.92	159.53	307	3	超大城市
石家庄市	163.23	217.28	242.78	4	超大城市
邯郸市	106.91	117.65	147.4	5	特大城市
保定市	63.55	87.29	106.25	6	特大城市
张家口市	68.11	71.32	89.65	7	大城市
秦皇岛市	52.11	75.9	82.63	8	大城市
廊坊市	27.76	45.61	81.03	9	大城市
邢台市	46.32	50.7	61.48	10	大城市
承德市	31.85	34	54.51	11	大城市
沧州市	36.83	41.35	53.29	12	大城市
衡水市	—	24.82	31.1	13	中等城市
任丘市	5.5	4.7	23	14	中等城市
涿州市	16.5	19.1	22	15	中等城市
迁安市	8.3	10	20	16	中等城市
三河市	12.1	14.1	18	17	小城市
定州市	9.5	22	16	18	小城市
高碑店市	10.5	10.4	14	19	小城市
霸州市	7.5	20.3	12	20	小城市
泊头市	11.5	11.1	11	21	小城市
武安市	6.7	9.4	10	22	小城市
河间市	6.7	10.7	9	23	小城市
黄骅市	6.5	10	8	24	小城市
新乐市	3.9	11.4	7.4	25	小城市
遵化市	6.8	9.8	7	26	小城市
辛集市	7.2	14.5	7	27	小城市
沙河市	7.1	7.2	6	28	小城市

续表

城市名称	非农业人口 P(r)			2009 年排序 R	城市级别
	2001 年	2004 年	2009 年		
藁 城 市	5.5	20.3	6	29	小 城 市
安 国 市	4.3	7.2	6	30	小 城 市
冀 州 市	4.3	4.7	6	31	小 城 市
深 州 市	4.1	5.9	5	32	小 城 市
晋 州 市	3.7	7.5	5	33	小 城 市
南 宫 市	4.4	8	5	34	小 城 市
鹿 泉 市	4.9	8.8	5	35	小 城 市

资料来源：《中国城市统计年鉴（2002）》，《中国城市统计年鉴（2005）》，《中国城市统计年鉴（2010）》，《中国县（市）社会经济统计年鉴（2010）》。

从表 8-2 可见，京津冀区域各城市非农业人口规模存在着非常大的差异。2001 年，首位城市北京市比第二位城市天津多 244.88 万人，比非农业人口最少的晋州市多 766.4 万人。2004 年，首位城市北京市比第二位城市天津多 298.53 万人，比非农业人口最少的冀州市多 850 万人。2009 年，首位城市北京市比第二位城市天津多 373.37 万人，比非农业人口最少的鹿泉市多 966.9 万人，且人口规模差距有扩大趋势。

表 8-3　京津冀区域 2001、2004、2009 年城市等级分布比较

等级规模（万人）	年份	城市数量		非农人口		城市名称
		个数（个）	比例（%）	人数（万人）	比例（%）	
>200（超大城市）	2001	2	5.88	1315.32	59.86	北京、天津
	2004	3	8.57	1628.15	63.02	北京、天津、石家庄
	2009	4	11.43	2120.21	69.38	北京、天津、石家庄、唐山
100~200（特大城市）	2001	3	8.82	398.06	18.11	石家庄、唐山、邯郸
	2004	2	5.71	277.18	10.73	唐山、邯郸
	2009	2	5.71	253.65	8.30	邯郸、保定
50~100（大城市）	2001	3	8.82	183.77	8.36	张家口、保定、秦皇岛
	2004	4	11.43	285.21	11.04	张家口、保定、秦皇岛、邢台
	2009	6	17.14	422.59	13.83	张家口、秦皇岛、廊坊、承德、沧州
20~50（中等城市）	2001	4	11.76	142.76	6.5	邢台、沧州、承德、廊坊
	2004	7	20	208.38	8.07	沧州、廊坊、承德、衡水、定州、霸州、藁城市
	2009	4	11.43	96.1	3.14	衡水、任丘、涿州、迁安

续表

等级规模（万人）	年份	城市数量		非农人口		城市名称
		个数（个）	比例（%）	人数（万人）	比例（%）	
<20（小城市）	2001	22	64.71	157.5	7.17	任丘、定州、霸州、黄骅、辛集、涿州、三河、高碑店、新乐、泊头、迁安、遵化、河间、武安、鹿泉、沙河、藁城市、南宫、晋州、安国、深州、冀州
	2004	19	54.29	185	7.14	黄骅、辛集、涿州、三河、高碑店、新乐、泊头、迁安、遵化、河间、武安、鹿泉、沙河、南宫、晋州、安国、深州、任丘、冀州
	2009	19	54.29	163.40	5.35	定州、霸州、辛集、三河、黄骅、高碑店、新乐、泊头、遵化、河间、武安、鹿泉、沙河、藁城市、南宫、晋州、安国、深州、冀州

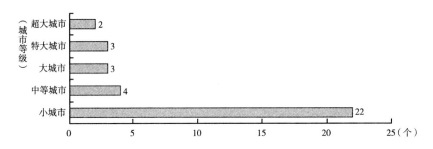

图8-1　2001年京津冀区域各等级城市数量结构

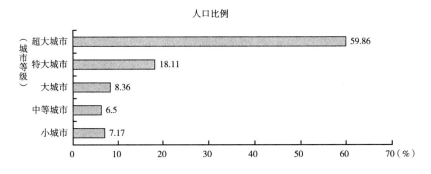

图8-2　2001年京津冀区域各等级城市人口结构

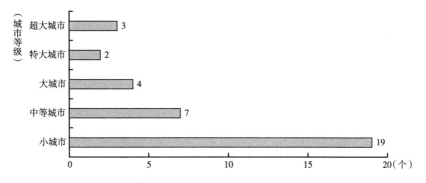

图8-3　2004年京津冀区域各等级城市数量结构

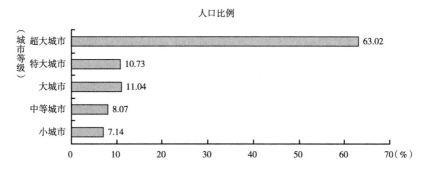

图8-4　2004年京津冀区域各等级城市人口结构

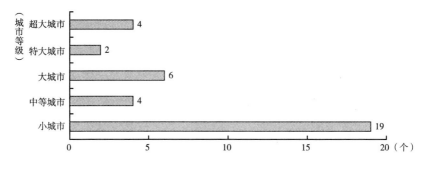

图8-5　2009年京津冀区域各等级城市数量结构

　　从表8-3和图8-1至图8-6可见，京津冀区域城市规模分布存在着严重的不合理现象。从城市数量结构看，2001年京津冀区域超大、特大以及大中小城市的数量比例为5.88：8.82：8.82：11.76：64.71，2004年为8.57：5.71：11.43：20：54.29，2009年

183

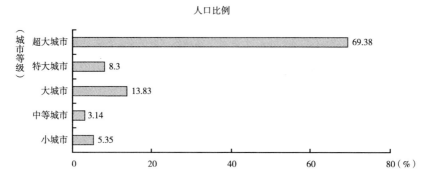

图 8-6　2009 年京津冀区域各等级城市人口结构

为 11.43∶5.71∶17.14∶11.43∶54.29。超大、特大、大、中、小城市数量结构混乱，呈现出大小相间无序排列的特征。超大城市和小城市数量过多，特大城市和中等城市数量偏少。从发展趋势看，超大城市和大城市有增加趋势，特大城市和中等城市有减少趋势，小城市数量保持稳定。从城市人口规模结构看，2001 年京津冀区域超大、特大以及大中小城市人口比例为 59.86∶18.11∶8.36∶6.5∶7.17，2004 年为 63.02∶10.73∶11.04∶8.07∶7.14，2009 年为 69.38∶8.30∶13.83∶3.14∶5.35。超大城市人口集中度过高，且有进一步增加的趋势；其他等级城市人口规模偏小，特大、中等和小城市人口规模呈现出萎缩的趋势。说明自 2005 年以来京津冀区域城市体系规模结构并没有得到改善，城市人口规模处于无序发展中。

（三）京津冀区域城市位序—规模分析

1949 年，齐夫（G. K. Zipf）提出在经济发达国家里，一体化的城市体系的城市规模分布可用以下公式表达：

$$P_r = \frac{P_1}{R}$$

式中：P_r 是第 r 位城市的人口，P_1 是最大城市的人口，R 是 P_r 城市的位序。

这样，一个国家第二位城市的人口是最大城市人口的一半，第三位的城市人口是第一位城市人口的 1/3，以此类推。这样的位序—规模分布的图解点表示在双对数坐标图上时就成为一条斜率为 -1 的直线。齐夫（G. K. Zipf）模型是一种理想的均衡状态，现在被普遍使用的公式是：

$$P_r = \frac{P_1}{R^q} \text{ 或 } P_r = P_1 - R^q$$

式中：P_r 是第 r 位城市的人口，P_1 是规模最大的城市人口，R 是第 r 位城市的位序，q 是常数。如果 $q = 1$，则称符合 Zipf 法则，最大城市与最小城市人口数量之比恰好为整个城市体系的城市数目；如果 $q > 1$，城市规模分布比较集中，高位城市很突出，中低位城市发展不够，当 q 趋向于无穷大时，表示只有一个城市；如果 $q < 1$，高位城市不突出，中小城市发展较好，当 q 趋于 0 时，表示所有城市一样大。

将公式两端取自然对数，得到位序 – 规模法则的检验表达式：

$$\ln P_r = \ln P_1 - q \ln R + \delta[1]$$

本文依据表 8 – 2 中 2001 年、2004 年、2009 年京津冀区域各城市非农业人口统计数据对京津冀区域各城市人口规模（非农业人口）排序，然后将点（R，P（r））描绘在双对数坐标图上，可得 2001 年、2004 年、2009 年京津冀地区城市等级规模分布回归图（见图 8 – 7、图 8 – 8、图 8 – 9），从图 8 – 7、图 8 – 8、图 8 – 9 可以看出点（LnR，LnP（r））基本呈一条直线，因此，可以用公式进行回归，检验京津冀区域 2001 年、2004 年、2009 年的城市位序规模，2001 年的城市样本为 34 个，2004 年和 2009 年的城市样本为 35 个，回归结果如表 8 – 5 所示。

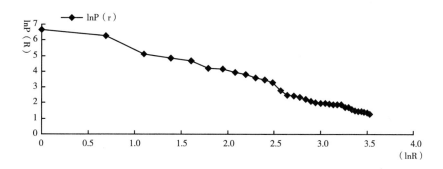

图 8 – 7　2001 年京津冀区域城市位序—规模回归

注：LnR 为城市排序对数，LnP（r）为非农业人口对数。

---

① 许学强、周一星、宁越敏：《城市地理学》，高等教育出版社，2009，第 166 页。

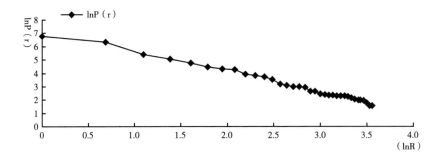

图 8 - 8　2004 年京津冀区域城市位序—规模回归

注：LnR 为城市排序对数，LnP（r）为非农业人口对数。

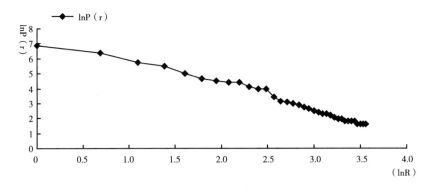

图 8 - 9　2009 年京津冀区域城市位序—规模回归

注：LnR 为城市排序对数，LnP（r）为非农业人口对数。

表 8 - 4　京津冀区域城市位序—规模回归结果

指标	2001 年	2004 年	2009 年
回归系数(q)	1.670	1.522	1.725
样本数量	34	35	35
相关系数	0.991	0.995	0.988

　　从表 8 - 4 可见，第一，京津冀区域城市体系规模位序关系不符合 Zipf 法则，历年的 q 值均较高，说明京津冀区域的城市规模分布比较集中。第二，从 2001 年到 2004 年 q 值呈现下降趋势，但幅度很低，只有 0.148。2004～2009 年 q 值呈现上升趋势，上升了 0.203。说明 2001～2004 年京津冀区域城市规模分布有所分散。但是 2004 年后又出现了集中趋势。

（四）京津冀区域城市体系首位度、四城市指数、十一城市指数分析

在城市体系中，位于最顶端、人口数量最大的城市称为首位城市，它揭示了城镇体系中的城市发展要素在最大城市的集中程度，它的发展变化情况在很大程度上代表整个城市体系的总体发展特征。马克·杰斐逊（M. Jefferson）1939 年提出首位城市律，即一个国家（或地区）的首位城市同其他城市在规模上相差较大，并很大程度上体现了该国（或地区）的实力与特征。在具体分析过程中，杰斐逊采用首位度的概念来衡量首位城市的地位，并给出了"两城市指数"，即用首位城市与第二位城市的人口规模之比的计算方法：$S = P1/P2$（Pn 表示按人口规模排在第 n 位的城市非农业人口数）。此后有学者对两城市指数加以改进，提出了四城市指数：$S = P1/（P2 + P3 + P4）$ 和十一城市指数：$S = 2P1/（P2 + P3 + \cdots + P11）$，更全面地反映首位城市与其他大城市的比例关系，说明了城市体系中除首位城市以外的其他高位序城市的人口规模或大城市的发育状况。

本文按照上述三种方法计算 2001 年、2004 年、2009 年京津冀区域的城市首位度指数，结果见表 8 - 5。

表 8 - 5　京津冀区域的城市首位度指数

首位度指数	2001 年	2004 年	2009 年
S2	1.457531	1.53676	1.62381
S4	0.944008	0.916097	0.846374
S11	1.266345	1.201434	1.097411

按照位序—规模的原理，二城市指数为 2，四城市指数和十一城市指数为 1，是城市规模结构理想状态[①]。2009 年京津冀区域的二城市指数为 1.62，低于标准 2，说明首位城市北京的优势并不明显，北京、天津呈现出双核发展态势。四城市指数低于标准 1，且从 2001 年到 2009 年有逐步下降趋势，说明北京相对于天津、石家庄和唐山的城市规模偏小，发展不足，速度偏慢。相反，天津、石家庄和唐山发展速度较快，城市规模处在不断扩张之中。十一城市指数则略大于 1，

---

① 梁兴辉、吴秀青、宋文静：《京津冀地区城市体系的规模与结构》，《中国国情国力》2007 年第 12 期。

且有接近于 1 的趋势，说明除了北京、天津、唐山以外本区域的其他城市规模越小，发展速度越慢。

二 从区域经济发展的角度看京津冀区域城市体系规模结构特征

近年来，京津冀区域城市发展很快，北京建设了 11 个郊区新城，天津在发展滨海新区的同时，也规划了新城，河北省则在北京周边规划了京南、京东和京北三个新城。这些新城的建设打破了原有的城市行政等级体系，为京津冀区域形成以区域经济发展为纽带的新城市体系注入了活力。本文将新城作为独立城市纳入到京津冀城市体系进行分析。

（一）以区域经济发展为基础的京津冀区域城市等级体系

以京津冀区域经济发展为基础，将新城纳入京津冀城市体系后，该区域共有 52 个城市可分为 5 个层级：区域一级经济中心—区域次级经济中心—省域次级经济中心—中心城功能疏解中心—地方聚集中心。

表 8-6 京津冀区域城市经济等级体系

单位：个

层级	经济发展等级系统	城市数量	城市名称
1	区域一级经济中心	2	北京中心城、天津中心城
2	区域次级经济中心	2	石家庄、唐山
3	省域次级经济中心	10	滨海新区、邯郸、保定、张家口、秦皇岛、廊坊、邢台、承德、沧州、衡水
4	中心城功能疏解中心	18	房山新城、通州新城、昌平新城、大兴新城、顺义新城、京东新城(三河市、大厂县、香河县)、京南新城(涿州)、平谷新城、门头沟新城、密云新城、京北新城(怀来县、涿鹿县)、宝坻新城、津南新城、怀柔新城、西青新城、延庆新城、静海新城、宁河新城
5	地方聚集中心	20	任丘市、迁安市、定州市、高碑店市、霸州市、泊头市、武安市、河间市、黄骅市、新乐市、遵化市、辛集市、沙河市、藁城市、安国市、冀州市、深州市、晋州市、南宫市、鹿泉市

从表 8 - 6 可见，北京中心城和天津中心城处于第一层级，占城市总数的3.8%；石家庄、唐山处于第二层级，占城市总数的 3.8%；处于第三层级的城市有 10 个，占城市总数的 19.2%；处于第四层级的城市有 18 个，占城市总数的34.6%。处于第五层级的城市有 20 个，占城市总数的 38.5%。位于第一层级的北京中心城和天津中心城，经济规模最大，是京津冀区域的一级经济中心，承担着辐射和带动区域经济发展的重任；位于第二层级的石家庄、唐山受北京、天津的辐射最强，近年来发展势头旺盛。位于第三层级的天津滨海新区已上升为国家级开发区，在政策驱动下，发展迅猛，具有带动京津冀区域发展的潜力；秦皇岛等地级市为省域经济发展中心；位于第四层级的新城与中心城相伴而生，是京津冀区域城市体系的新生力量。第五层级的城市是县级市，在连接城乡、促进本地区经济发展方面发挥着重要的作用。

（二） 以经济发展为基础的城市人口规模等级体系

依据 2010 年中国城市统计年鉴数据，对包括新城在内的京津冀区域各城市人口规模（非农业人口）和城市级别进行了统计排序，见表 8 - 7 ~ 表 8 - 8。

表 8 - 7　2009 年京津冀区域各城市非农业人口统计

单位：万人

城市名称	非农业人口 P(r)	排序 R	城市级别	城市名称	非农业人口 P(r)	排序 R	城市级别
北京中心城	734.8	1	超大城市	定州市	16	27	小城市
天津中心城	420.52	2	超大城市	高碑店市	14	28	小城市
唐山市	307	3	超大城市	京北新城（怀来、涿鹿）	13	29	小城市
石家庄市	242.78	4	超大城市	宝坻新城	12.68	30	小城市
邯郸市	147.4	5	特大城市	津南新城	12.18	31	小城市
保定市	106.25	6	特大城市	霸州市	12	32	小城市
滨海新区	92.24	7	大城市	怀柔新城	11.9	33	小城市
张家口市	89.65	8	大城市	西青新城	11.68	34	小城市
秦皇岛市	82.63	9	大城市	延庆新城	11.5	35	小城市
廊坊市	81.03	10	大城市	泊头市	11	36	小城市
邢台市	61.48	11	大城市	静海新城	10.78	37	小城市
承德市	54.51	12	大城市	武安市	10	38	小城市

续表

城市名称	非农业人口 P(r)	排序 R	城市级别	城市名称	非农业人口 P(r)	排序 R	城市级别
沧州市	53.29	13	大城市	宁河新城	9.84	39	小城市
房山新城	40.4	14	中等城市	河间市	9	40	小城市
通州新城	31.9	15	中等城市	黄骅市	8	41	小城市
昌平新城	31.2	16	中等城市	新乐市	7.4	42	小城市
衡水市	31.1	17	中等城市	遵化市	7	43	小城市
大兴新城	28.4	18	中等城市	辛集市	7	44	小城市
顺义新城	27.3	19	中等城市	沙河市	6	45	小城市
京东新城(三河市、大厂县、香河县)	24	20	中等城市	藁城市	6	46	小城市
任丘市	23	21	中等城市	安国市	6	47	小城市
京南新城(涿州市)	22	22	中等城市	冀州市	6	48	小城市
迁安市	20	23	中等城市	深州市	5	49	小城市
平谷新城	19.1	24	小城市	晋州市	5	50	小城市
门头沟新城	18.5	25	小城市	南宫市	5	51	小城市
密云新城	16.9	26	小城市	鹿泉市	5	52	小城市

资料来源：《中国城市统计年鉴2010》，《中国县（市）社会经济统计年鉴2010》。

表8-8　京津冀区域2009年城市人口等级数量分布情况

等级规模（万人）	城市数量		非农人口		城市名称
	个数（个）	比例（%）	人数（万人）	比例（%）	
>200（超大城市）	4	7.69	1705.1	55.92	北京、天津、唐山、石家庄
100~200（特大城市）	2	3.85	253.65	8.32	邯郸、保定
50~100（大城市）	7	13.46	514.83	16.89	滨海新区、张家口、秦皇岛、廊坊、邢台、承德、沧州
20~50（中等城市）	10	19.23	279.3	9.16	房山新城、通州新城、昌平新城、衡水、大兴新城、顺义新城、京东新城(三河市、大厂县、香河县)、任丘、涿州、迁安
<20（小城市）	29	55.7	296.06	9.71	平谷新城、门头沟新城、密云新城、定州、高碑店、京北新城(怀来、涿鹿)、宝坻新城、津南新城、霸州、怀柔新城、西青新城、延庆新城、泊头、静海新城、武安、宁河新城、河间、黄骅、新乐、遵化、辛集、沙河、藁城市、安国、冀州、深州、晋州、南宫、鹿泉

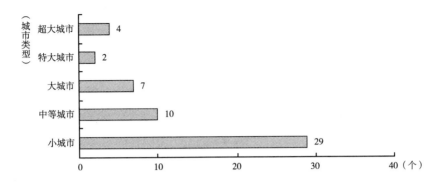

图 8 - 10　2009 年京津冀区域各等级城市数量结构（按区域经济发展划分）

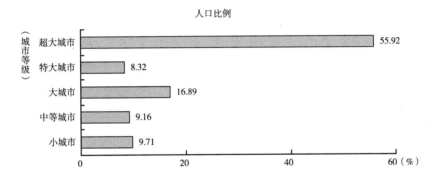

图 8 - 11　2009 年京津冀地区各等级城市人口结构（按区域经济发展划分）

从表 8 - 9 和图 8 - 10、图 8 - 11 可见，2009 年超大、特大以及大中小城市的数量比例为 7. 69：3. 85：13. 46：19. 23：55. 7。超大、特大以及大中小城市人口比例为 55. 92：8. 32：16. 89：9. 16：9. 71。尽管按经济发展划分的京津冀区域城市规模分布依然存在超大城市数量多、人口过于集中，特大城市数量偏少，小城市数量多，规模过小问题，但对照城市行政等级分布，城市规模体系正在向合理的城市规模结构转变。原因是以滨海新区为代表的大城市和以北京、天津新城为代表的中等城市发展较快，说明京津冀区域市场经济力量正在影响城市规模体系的发展。

（三）　以区域经济发展为基础的京津冀区域城市位序—规模分析

根据表 8 - 8 排序，将点（R，P（r））描绘在双对数坐标图上，可得 2009

年京津冀区域城市等级规模分布回归图（见图 8 – 12），从该图可看出点（LnR，LnP（r），基本呈一条直线，因此，可以用公式及表 8 – 8 中的数据进行回归，结果见表 8 – 9。

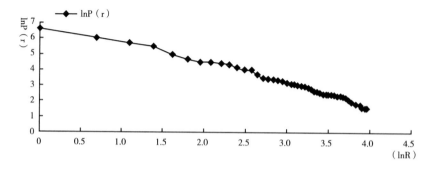

图 8 – 12　2009 年京津冀区域城市位序 – 规模回归（按区域经济发展划分）

表 8 – 9　京津冀区域城市位序—规模回归结果

指标	2009 年	指标	2009 年
回归系数（q）	1.36254	相关系数	0.99135
城市数量	52		

从表 8 – 9 可见，将新城纳入到城市体系后，京津冀区域城市体系位序—规模关系依然不符合 Zipf 法则，q > 1 说明京津冀区域的城市规模分布仍然比较集中，对照按行政等级划分的城市体系（q = 1.724608159），说明以滨海新区为代表的大城市和以北京、天津新城为代表的中等城市的发展，使京津冀区域城市规模分布有所分散。

（四）以经济发展为基础的京津冀区域城市体系首位度、四城市指数、十一城市指数分析

从表 8 – 10 可见，相对于北京、天津两城市整体比较，北京中心城区比天津中心城区的优势略为突出一些，这也能佐证天津滨海新区发展较快有助于改善京津冀区域的城市体系。四城市指数、十一城市指数降低说明北京中心城相对于河北石家庄、唐山、邯郸、保定、张家口、秦皇岛、廊坊、邢台、承德、沧州的发展缓慢。北京发展的重心在新城地区，同样，天津发展的重心则在滨海新区。

表 8-10　京津冀区域的城市首位度指数

首位度指数	2009 年	首位度指数	2009 年
S2	1.74736	S11	0.901053
S4	0.757292		

三　结论与建议

（一）结论

从城市行政等级和区域经济发展两个角度分析，京津冀区域城市体系规模结构都是不合理的，与"金字塔"形的城市规模结构相去甚远。从城市行政等级角度看，京津冀区域城市规模结构呈现无序状态，超大城市、大城市和小城市的数量相对较多，而特大城市、中等城市的数量相对较少。将新城纳入城市体系后，中等城市比例有所上升，但超大城市和小城市比例过高的问题依然存在。

从京津冀区域城市规模分布看，城市规模分布比较集中，分散趋势不明显。北京首位城市优势不突出，北京、天津构成区域发展的双极。超大城市人口高度集中，但发展速度已经放缓。新城地区人口发展较快，小城市的发展相对迟缓。

北京新城、天津滨海新区及新城、河北环京新城的建设有利于打破京津冀区域的行政区划格局，改善京津冀区域的城市体系规模结构，促进京津冀区域的一体化发展。

（二）京津冀区域城市体系规模结构优化建议

1. 强化京津冀区域超大城市，提高京、津、唐、石的辐射能力，带动京津冀区域的发展

针对北京市在京津冀区域首位城市优势不突出的现实，近期应重点突出顺义、通州、房山、昌平、大兴等新城建设，以提高辐射源势能和首位度。中期应充分发挥北京、天津与河北廊坊的地缘优势，实现三地融合，同城化发展。远期应以北京建设世界城市为目标，通过区域统一规划和建设，不断提高规模效应和

扩散效应，带动京津冀区域的整体发展。天津作为京津冀区域的第二位城市应充分发挥自身土地资源丰富的优势，与北京错位发展，近期应重点促进滨海新区和郊区新城建设，中期实现与北京的融合发展，远期应成为京津冀世界城市群的核心城市之一。加快唐山、石家庄两大城市的建设，重点是提升城市质量，增强区域辐射能力。

2. 积极培育京津冀区域的特大城市，弥补现有城市体系中特大城市的数量不足和质量不高的缺陷

特大城市的缺乏，使超大城市和大城市之间缺乏必要的支撑和链接，弱化了超大城市的辐射带动作用。京津冀区域现有邯郸和保定两个特大城市，其中，邯郸市非农业人口为147.4万，保定市非农业人口为106.25万，处于特大城市的中级和初级规模，总体实力不强，优势不突出，后劲不足，难以带动其他城市的发展。因此，大力促进大城市向特大城市转变，完善城市体系层级，是完善京津冀区域城市体系的必由之路。目前，京津冀区域的大城市数量也很少，只有张家口、秦皇岛、廊坊、邢台、承德、沧州六个城市，因此，需加大投入，着力培育，使之尽快向特大城市转化。

3. 促进大城市发展，提升大城市规模

京津冀区域现有大城市规模小，功能不完备、产业基础不强，是京津冀区域城市体系的薄弱环节。今后应促进大城市发展，提升大城市规模，包括促进条件优越的中等城市上升为大城市。考虑到各城市目前的人口规模和经济规模，衡水、任丘、京南新城（涿州）、迁安都有潜力上升为大城市。同时，北京郊区新城、京北、京东新城规模也处于中等城市水平，应创造条件，促使新城向大城市转化。

4. 加快中小城市规模建设是完善京津冀区域城市体系的关键

规模适度、品质良好的中小城市的发展是科学合理的城市体系的基础。京津冀区域中小城市数量众多，但规模普遍偏小，且近年来发展十分缓慢。不仅难以发挥对小城镇和农村的辐射、带动作用，而且制约着超大、特大及大城市向周围中小城市的辐射和扩散。京津冀区域的中小城市尽管规模较小，但多数围绕在超大和特大城市周边，在承接产业、技术、信息、人口转移方面具有天然优势。中小城市应充分挖掘土地与劳动力资源，谋求与大城市联合发展。在小城市建设中要坚持扩大城市规模与提升城市品质齐头并进，力争使非农业人口10万以上的小城市逐步转化为中等城市，其余小城市则以特色发展为主，如建设生态城市、旅游城市等。

参考文献

［1］许学强、周一星、宁越敏：《城市地理学》，高等教育出版社，2009，第 166 页。

［2］梁兴辉、吴秀青、宋文静：《京津冀地区城市体系的规模与结构》，《中国国情国力》2007 年第 12 期。

［3］《中国城市统计年鉴（2002）》，中国统计出版社，2002。

［4］《中国城市统计年鉴（2005）》，中国统计出版社，2005。

［5］《中国城市统计年鉴（2010）》，中国统计出版社，2010。

［6］《中国县（市）社会经济统计年鉴 2010》，中国统计出版社，2010。

B.9

京津冀区域一体化的问题与症结分析

李 岚*

摘　要： 本文重点分析了目前区域一体化仍存在的突出问题：一是尚未形成优势互补、共赢发展的利益共同体；产业关联比较弱，产业结构融合度低；二是政府在引导区域合作方面存在偏差：关系混淆、思路摇摆；缺乏对京津发展战略的跟踪研究；三是区域发展差距逐渐扩大，在京津冀三省（直辖）市中，尽管河北的经济总量最大，但经济发展水平和质量最低，京津冀梯度差仍在加大。分析其主要原因：区域合作关系复杂，京津冀之间的经济合作掺杂着政治因素，无法像长三角区域那样形成平等的省级单位之间的合作；加上京津冀区域经济发展的阶段不同、产业发展的层次不同和发展水平不同，区域功能整合难度大。区域市场化水平较低，立足于行政区划、依靠非市场手段的行政主导型经济痕迹较重。为此，提出推进京津冀区域一体化的"四大战略重点"，即解决区域水资源短缺、优化交通基础设施建设、大力发展战略新兴产业和解决环京津贫困问题。通过规划推动，加速京津冀区域经济一体化进程；通过政策拉动，消除环京津贫困问题；通过转型带动，加快河北经济又好又快发展。

关键词： 京津冀　区域经济一体化　主要症结　战略重点

目前，京津冀区域合作进入了一个新的历史时期，国家"十二五"规划纲要明确提出，要"推进京津冀区域经济一体化发展，打造首都经济圈，推进河北沿海地区发展"，标志着京津冀区域经济一体化战略已经上升到国家层面，首都经济圈将成为我国未来最重要的区域经济增长极之一。京津冀三方对相互融

---

* 李岚，河北省发改委宏观经济研究所所长，研究员。

合、密切合作的认识达到了一个新的水平。京津经济发展水平提高，对周边的辐射带动能力增强，特别是北京经济社会发展面临着战略转型期，客观上要求与周边经济发展形成更为密切的关系。河北省沿海开发战略已经上升至国家层面，以沿海开发开放为标志的外向型经济发展取得了突破性进展，为与京津产业合作奠定了基础。现就进一步推动京津冀区域经济一体化谈几点认识。

一　京津冀合作中的问题和原因

（一）主要问题

1. 尚未形成区域分工与合作体系

尽管从趋势上看，环京津地区的经济社会联系越来越紧密，但从现实看，经济发展的分散化仍大于一体化，还未形成优势互补、相互借力、共赢发展的利益共同体。

在现有行政管理体制和财政体制下，京津冀区域间产业关联比较弱，产业融合程度低。从河北与北京的产业现状看，由于河北与北京的经济发展阶段不同、产业发展的层次不同、发展水平不同，区域功能整合难度大。北京进入后工业化经济时代，呈现出后工业经济时代的特点，正在经历产业转型，标志是：以工业为主向现代服务业为主转型、以投资拉动经济发展向以消费拉动转型、以外延式扩张向内涵式驱动转型。北京正在加速向消费型城市和服务之都转型。与北京不同，河北省经济发展正处于工业化中期，处于重化工业加快发展的阶段，产业发展的粗放程度较高，提升品质的任务较重。北京主要是城市经济的发展问题，河北是典型的二元经济，城市经济不发达，城镇化水平低，农村人口占近60%。无法适应北京产业快速转型之后的产业发展形势，无法适应北京加速产业高端化和服务化的趋势，不能有效填补北京在工业领域撤出后其高端市场的空缺，影响了京冀区域合作的进程。

2. 京津冀区域市场化水平较低

与珠三角和长三角相比，京津冀区域市场化水平较低。其主要标志就是政府对经济发展的干预程度较高，对外开放水平较低，要素市场建设滞后。在京津冀区域，立足于行政区划、依靠非市场手段的行政主导型经济痕迹较重，市场化进

程缓慢。由于政府的强势，企业的区域合作受到限制，要素流动受到影响。由于政府的强势，环京津地区的行业协会和为企业服务的民间组织难以有效发挥作用。因此，如何通过政府推动、按照市场经济的规律和法则来进行区域经济一体化，如何打破长期延续下来的计划经济时期的不合理、不平等的合作方式，实现多赢的目标是环京津区域经济一体化要解决的核心问题。

3. 区域发展差距逐渐扩大

区域发展差距扩大，是影响区域一体化进程的焦点问题之一。张家口、承德的全部和保定的部分县是环京津贫困区域，与京津的发展差距逐年扩大。从农民人均纯收入看，张家口与京津的差距，由 2001 年的 3638 元、2560 元扩大到 9143 元和 7682 元，承德由 3514 元、2436 元扩大到 8880 元和 7419 元。根据我们的调查，目前环京津地区贫困状况没有得到根本改观。京津周边、集中连片、与京津资源环境关系密切的环京津贫困区域仍有 180 万贫困人口。在张家口和承德的赤城、丰宁、沽源等县，贫困人口占总人口的比重为 40%～60%，贫困人口比重高、生活水平低的状况没有得到根本改观。

（二）主要原因

1. 环京津区域合作关系复杂

京津冀区域是"三地"和"四方"的关系，也就是京津冀"三地"与首都、北京、天津和河北"四方"的关系，经济合作还掺杂着政治因素。而在长三角区域合作中，上海、江苏和浙江是平等的省级单位之间的合作关系，没有政治因素掺杂。在环首都与京津的经济合作中，首都的因素和政治的因素起着重要作用，使经济关系变得更为复杂，依靠市场的力量无能为力。由于首都和政治因素的影响，平等的市场经济关系变得不平等，既无特殊政治地位又无特殊经济地位的河北处于弱势，不能够与京津平等对话，从根本上影响了京津冀一体化的进程。

2. 政府在引导京津冀合作方面存在偏差

从河北看，一是对环京津战略的认识存在偏差。河北省虽然提出了两环战略，但对两环开放带动战略的本质认识不足。长期以来，在与北京的关系上，北京和首都、经济和政治是相互混淆的。思路也是左右摇摆，一段时间只提服务京津、做后花园；一段时间又提立足自我发展。不清楚如何处理与京津的关系。二是对与京津冀合作引导不利。河北省对京津的发展战略没有跟踪研究，对京津的产业、城市发展也没有深入细致的研究。与北京签署了合作备忘录，但只是一个合作的意向，如何具体运作，落实备忘录提出的合作意向需要进一步深入研究。

从北京看，几十年来，河北省在为首都服务方面作出了巨大牺牲，无偿给了北京水资源和矿产资源等，张家口、承德等一些地区为了政治、军事上的需要，不能发展工业。但是北京则认为河北就应该无偿给首都提供水资源、矿产资源和其他资源。

从天津看，天津原来就是河北省的一部分，所以与河北的合作由来已久。随着滨海新区的开发开放，特别是国家"十一五"规划将天津滨海新区列为国家战略，天津加快了发展。但是，由于天津的港口与河北港口属于同一腹地，部分港口的功能类似，所以，从现阶段看，天津与河北的竞争关系大于合作关系。

3. 综合发展环境落后于京津

河北省产业发展模式转变缓慢，尚未实现从资源依赖向创新依托的转变，没有形成与首都产业的梯度差，没有形成产业互动、链型发展的良性关系。从发展环境建设来看，河北省虽然具有土地、劳动力成本低的优势，但由于北京的政策环境、基础设施环境更为优越，河北省的综合环境较北京处于劣势。近年来，河北省制定了许多优惠的吸引外来投资的政策，在抓机关作风建设、改善软硬发展环境方面下了很大的工夫，各级政府领导在招商引资上也做了较多的工作。但是由于作风转变非一朝一夕，有些权力部门为企业服务的意识不强、办事效率低的问题没有彻底解决。

二 京津冀合作的战略重点

目前，京津冀合作进入了一个新阶段。三方在区域经济一体化实践方面已经迈出实质性步伐，政府层面已经多次签署合作协议，在水资源补偿、部分产业合作、生态环境保护等方面合作进程加快。京津冀三方对加强区域经济一体化合作的认识加深。特别是北京，对区域合作的认识发生了较大变化。北京市在"十二五"规划中明确提出，北京要立足于国家首都的职能定位，在更大区域发挥功能，从注重功能集聚为主向集聚、疏散与辐射并重转变，从注重单方面保障为主向双向服务共赢发展转变。深入广泛开展与津冀晋蒙

及环渤海地区合作，共同推动区域经济一体化进程和首都经济圈形成。河北省对如何对接京津、加快自我发展也有了明确的认识。在"十二五"规划中，河北省提出了环京津绿色经济圈战略，并提出了具体的实施办法。从京津冀区域合作的实际出发，在三方要求最迫切、最容易达成共识的领域取得突破，通过政府、市场和各类组织在一体化中作用的有机结合，是推进该区域一体化的最优选择。

（一）解决区域水资源短缺是合作的抓手

京津冀地区是我国水资源最短缺的地区之一，随着工业化和城市化进程的加速，水资源供求矛盾十分突出。统筹解决京津冀区域水资源问题，才能促进这一区域的协调发展和可持续发展。

首先，要对京津冀水资源管理体制和运行机制进行改革，改变目前用计划经济的手段管理区域水资源的体制和机制，即行政指令式水资源分配机制、临时应急性水资源调配机制、用水权利与保水责任脱节的水资源保护机制。建立政府和市场双向调节的水资源调度管理机制，从制度和机制上保证水资源的合理分配、使用和保护。长期以来为缓解北京和天津日益严重的缺水局面，国家不断强化河北部分地区的供水责任和用水限制，增加应急调水量。为保证水资源质量，加大对密云和官厅水库上游资源开发和工农业生产的限制，不断提高水源保护标准。"十一五"以来，张家口市污染治理总投入为26.5亿元，其中2009年污染减排项目投入就达5亿元。近三年，限批污染严重建设项目30多个，总投资40多亿元。2005～2009年，张家口市连续五年为京津无偿调水1.4亿立方米。行政命令式的水资源分配机制，强制性的调水和限水，导致了上游地区的长期贫困；强制性地提高水环境功能标准和污水处理标准，增加了上游地区农民和企业的负担。政府投入巨资用于改善生态环境的工程建设，难以转化成为集约用水和节水的效益。这种管理方式不仅严重影响了上游地区保水、让水的积极性，同时导致下游地区的供水安全难以得到有效保障，区域水资源和水环境矛盾日益显现，区域统筹协调发展和社会和谐面临巨大挑战。因此，要建立充分体现上下游用水权利和水资源价值的水资源补偿机制，充分调动河北部分地区保水、节水、让水的积极性，有效增加对北京和天津的水资源供给，缓解水资源供求矛盾。我们建议，按照先易后难的原则，选择京津冀三方用水关系最简单、矛盾最突出、认识最一致的流域开展水资源补偿试点。通过平等协商，制定转让水量测度办法，建立水资源使用权转让机制。

（二）交通基础设施建设是合作的先导

为改变历史上形成的以北京为中心的放射状区域路网布局，疏解京津冀地区交通紧张的状况，加快建设河北港口至内蒙古、陕西的煤炭运输通道，缓解京津冀地区所有铁路和公路煤炭运输压力；加快建设关内外第二、第三运输专线，缓解既有道路南北运输压力；加快建设京津冀东西向骨干交通线路建设，适应西北地区经济崛起和外向化的需求，实现陆港能力对接；加强天津、石家庄、唐山等京外综合交通运输枢纽设施建设，减轻既有枢纽交通运输方式转换的压力。加快构建功能齐全的环首都地区现代化综合交通网络，通过交通路网建设，实现与京津的互通互联，逐步实现区域内交通一体化。

（三）战略新兴产业发展是合作的重点

以毗邻京津的城市、开发区、京津创业园为重点，发挥河北省电子信息、生物产业、新医药、精细化工、新能源及能源设备制造等高新技术产业的优势，加快建设京津冀电子信息走廊核心区和京津冀新能源和战略新兴产业基地。在发展条件较好的涿州、香河、三河、固安和怀来等县市建设高层次人才创业区、科技成果孵化园区、新兴产业示范园区、现代物流园区。重点发展高新技术产业、文化创意产业等，承担北京产业转移任务。通过发展休闲、健身、旅游等现代服务业，全面提升首都地区休闲宜居服务水平。建设高标准的健康城、健康中心和养老服务中心，为北京特定人口群体提供优质服务。发挥旅游品牌优势，打造环首都国际一流的旅游休闲度假胜地。提高现代农业发展水平，增强为北京提供优质农产品的能力。

（四）解决环京津贫困问题是合作的焦点

消除环京津贫困问题，对于促进区域协调发展意义重大。由于环京津贫困区域贫困人口数量多、分布广，而且贫困问题与生态交织，生态问题与经济发展并存，即是河北省区域发展平衡问题和生态环境保护问题，又涉及首都生态安全和政治稳定问题。因此，要从国家和省市多层面着手、从经济社会体系、管理体制和运行机制上解决环京津贫困问题。

三　加快推进京津冀区域经济一体化的途径

（一）规划推动——加速京津冀区域经济一体化进程

京津冀"三地四方"的特殊关系决定了只靠三方很难解决区域问题，必须由中央政府牵头，成立专门的机构，建立三省（直辖市）政府、部门之间沟通的协调机制，建立区域合作的组织机构和相关制度，建立信息沟通平台，推动解决京津冀面临的共同问题。当务之急是由国家部委牵头，制定京津冀区域经济一体化的规划，引入市场关系和市场机制来解决现实问题，针对区域内存在的重大问题提出具体解决思路。积极推进区域内重大项目合作，支持和引导区域间产业转移，鼓励企业进行跨地区、跨行业联合重组，加快推进区域产业一体化发展。

（二）政策拉动——消除环京津贫困问题

从国家层面，就是要在张家口、承德（以下简称张承地区）及保定的部分县，即环京津贫困带区域，实行特殊政策——建立京津冀北生态经济特殊示范区。通过体制与机制创新、产业升级、城镇改造、人口分布结构调整和人力资源优势再造、资源开发利用方式转变，建立生态型的经济和社会功能体系，形成区域一体化的资源共享、合理开发、高效利用与保护机制。目前解决环京津贫困带加快发展的最现实问题的方法就是给予土地特殊政策。从张承地区自身具有大量不适应种植粮食作物的实际出发，从张承地区1994年以后才全面开放的实际出发，从张承的贫困不利于京津冀区域稳定发展的特殊关系出发，呼吁国家给张承地区特殊土地政策，支持其加快发展，缩小区域发展差距。在其他方面也要给予环京津贫困带倾斜支持，如在张承地区布局重大战略物资储备项目、享受西部大开发政策，减免重大项目建设配套资金等优惠政策。

加大北京、天津对环京津贫困带的支持力度，出台专门政策，引导和鼓励企业外迁时优先选择向张承地区的产业园区转移和扩散。

从河北省级层面，第一，在一些事关环京津贫困带与北京的生态和经济发展关系的重大问题上，应该深入研究，提出有理有据的解决办法。如在水资源补偿问题上，要提出补偿领域、补偿数量及理由、补偿资金的用途和河北省应该做好的具体工作等。第二，省里要出台在资金、土地、基础设施等方面对环首都贫困区域的支持政策。

（三）转型带动——加快河北经济又好又快发展

胡锦涛总书记 2011 年在河北视察时提出了京津冀区域经济一体化中重点发展河北的思路，切中了京津冀区域经济一体化的关键点。河北是京津冀区域人口最多、面积最大、经济总量最大的区域，是实现京津冀区域经济一体化的主体。而且河北是三省（直辖市）中发展水平最低、农村人口比重最高、贫困人口最多、产业结构转型工作量最大、节能减排任务最重的省，因此，河北发展水平的高低是影响和制约京津冀区域经济一体化进程的主要因素。加快河北发展，要抓住沿海规划上升至国家层面的有利时机，推动全方位对内对外开放，重点加强与东北亚的经济合作，深化与京津的对接融合，密切与华北、西北纵深腹地的经济联系，全面提高参与国际分工与合作的能力和水平。充分利用国家赋予的先行先试的政策环境，努力消除体制机制障碍，争取在曹妃甸新区、渤海新区和秦皇岛设立综合保税区，努力将其打造成为全省沿海对外开放的桥头堡和带动产业结构调整的龙头区。加快推进内陆地区开放平台建设。争取在内陆中心城市设立海关特殊监管区，力争将廊坊出口加工区升格为综合保税区，全方面打造内陆中心城市对外开放平台体系，提高内陆中心城市承接国际战略投资者吸引力，构建开放型经济体系。谋划建设国家主题工业园，有针对性地吸引韩国、日本、新加坡、德国、我国台湾地区的技术和投资。

为加速推动京津冀区域经济一体化进程，河北省环京津地区首先应该在突破体制障碍上作出努力，把接轨京津的重点放在体制、观念、环境和政策接轨上，把推动经济发展的着力点放在改善市场环境，打造统一、高效的区域大市场上。

B.10
京津冀梯度差问题研究

河北省政府研究室课题组*

　　摘　要：本报告对梯度差理论进行了概括、补充和创造，首次提出梯度差有正负之分的观点。同时，提出河北要以"借梯"、"接梯"、"升梯"、"造梯"等形式，充分利用正梯度差、缩小负梯度差。随后本报告在认真分析京津冀地区发展现状、差异的基础上，结合国内外著名都市圈的发展经验以及河北相对与京津在体制、政策、服务、综合环境四个梯度差表现及影响，首次系统提出河北形成对京津正梯度差的基本思路、四项原则以及奋斗目标。最后，从切实转变观念和工作思路、努力破除体制机制障碍等九个方面，提出28条具有很强可操作性的对策建议。

　　关键词：京津冀　梯度差　区域合作　对策建议

一　京津冀梯度差问题的提出

　　"梯度"一词的本来含义是指事物在一定方向上呈现有规律的递增或递减的现象，它是描述事物在空间内不均匀分布状况的一个概念。人类社会是由多种复杂状态的梯度差构成的，世界万物的发展演变是各种梯度综合作用、梯度差不断产生和消失的过程。每个国家或地区都处于一定的发展梯度，较为发达地区属于高梯度地区，不发达地区属于低梯度地区，两者之间的差距就是梯度差。

　　既然差别有正负之分，梯度差也应该有正负之分。梯度差是正还是负，关键

＊　河北省政府研究室课题组成员：魏然，河北省人民政府研究室巡视员；王二伟，河北省人民政府研究室宏观经济研究处处长；周桂华，河北省人民政府研究室宏观经济研究处副处长；崔成涛，河北省人民政府研究室宏观经济研究处副调研员；王元，河北省人民政府研究室宏观经济研究处主任科员。

是从哪个角度去看。同样的差别，对于高梯度差地区是正梯度差，对于低梯度差地区就是负梯度差。比如京津的科技实力较强，与河北相比是正梯度差，而对于河北就是负梯度差；河北的土地资源丰富，与京津相比是正梯度差，而对于京津就是负梯度差。

京津冀地域相连、文化相近，同属一个经济区，共用使同一区域基础设施网络，共占同一区域资源和市场，是中国乃至世界城市区、工业区、港口区最为密集的地区之一，在地理上堪称中国北部的黄金地带；在市场容量方面，京津冀经济区作为中国乃至世界性的大城市群，消费群体集中，拥有近 1.2 亿的消费人口，是全国市场容量最大的地区之一。因此，近年来京津的一些资金、技术和产业都出现了正加速向河北转移的趋势。这一趋势的形成，背后是梯度差理论这一经济发展规律的客观要求，表现为来自转移方（京津）内部推力和接受方（河北）外部拉力两大因素。前者包括缺乏足够的发展空间，劳动力工资和其他要素成本的上升，特别是土地、水电和各种服务成本的上涨，更加严格的劳动和就业环境保护法规、交通拥挤、环境和生活质量下降以及远离当地市场，等等；后者包括充足廉价的土地和劳动力供应，较低的要素供应和服务成本，地方政府的投资刺激政策、宽松的劳动和环境保护法规以及接近当地市场等。

对京津（转移方）来说，梯度转移虽然会降低自身竞争力，并减少当地就业机会和财政收入，但却有利于自身产业结构优化和升级。而对河北（接受方）来说，有选择地承接京津的梯度转移不仅会提高自身的发展水平，而且也可以通过一系列的传递扩散机制，提高整个地区的竞争力。一个典型的例子是首钢总公司落户河北，不但减少了资源供给和生态环境对北京的压力，而且为河北新增许多就业岗位，造就一批熟练的产业工人和经营管理人才，同时还为当地带来先进的管理理念和经营理念，带动了服务业、运输业、教育和商业等相关产业的发展①。

梯度差不仅是一个重大的理论问题，更是一个重要的实践问题。《国家"十二五"规划纲要》把"加快推进京津冀区域经济一体化"和"打造首都经济圈"上升到了国家战略，河北省"十二五"规划纲要把"加快建设环首都绿色经济圈"列为"四个一"战略重点之首。在此大背景下，研究京津冀梯度差问题，

① 纪良纲、晓国：《京津冀产业梯度转移与错位发展》，《河北学刊》2004 年第 11 期。

对充分发挥河北区位优势，加快河北发展，促进京津冀地区区域协调发展，壮大中国经济增长"第三极"具有积极的现实意义和深远的历史意义。

2009 年 3 月，李长春同志到河北考察时指出："河北要着力打造体制梯度差、政策梯度差、服务梯度差、综合环境梯度差，形成加快发展的新优势。"据此，本报告着重在这四个方面展开研究。

二 京津冀梯度差的表现及影响

（一）体制梯度差

体制与制度有密切相关，制度是根本，是方向，体制是保持发展方向所采取的组织方式。概括来看，体制梯度差主要体现在经济管理体制、财政管理体制和行政管理体制三个方面。

1. 主要表现

（1）经济管理体制。

在管理重点方面。京津作为国际化大都市，特别是北京，已经走过了靠铺摊子、上项目支撑来推动发展的阶段，目前重点，一是明确城市定位，并依据城市定位做产业选择。北京就应该凸显其政治文化中心功能，让渡其经济功能，放弃、转移一部分第二产业，同时狠抓服务业上质量、上水平；天津则是唱响北方经济中心的概念。二是大力推进创新，以创新带动发展。北京把做创新典范作为建设世界城市的重要目标；天津则在滨海新区开发上做文章，大胆探索，利用国家赋予的权力做各方面政策创新的"试验田"。三是争取中央更大的支持，特别是政策的支持，以获得更强的发展动力。京津人口密度大、地理空间小，所以更加注重在政策上寻求突破，以开辟更大的发展空间。河北对自身的判断是处在工业化中期阶段，政府管理经济的重点还是抓投资、上项目。这也使得河北一直保持着较高的投资水平。"十一五"期间，河北固定资产投资总额 46413.1 亿元，远远高于北京的 21128.7 亿元和天津的 18813 亿元。"十二五"期间，河北提出了"四个一"发展重点，即建设环首都绿色经济圈，壮大沿海经济隆起带，打造冀中南经济区，培育一批千亿元级工业（产业）聚集区、开发区和大型企业集团。从根本上讲，"四个一"依然是以投资为主的发展导向。

在管理方式方面。京津基本上已经转到主要为市场主体服务和创造良好发展环境上，比如，北京致力于建设中关村国家自主创新示范区，提速行政效率，保障资金、人才等各类生产要素供给；天津大力开发滨海新区，施行争取在各方面先行先试的政策，同时，凭借港口优势，加强基础设施建设，吸引国内外大公司、大集团落户，等等。目前河北各级政府主要经济管理方式还处在亲力亲为、冲在经济战场一线的阶段，每年大的招商活动都是政府主导，省、市、县、乡抓经济的主要任务就是招商引资，有的地区甚至把招商引资的任务下达到各个部门，作为考核干部政绩的重要指标。在企业本来应该自主决定的市场经济活动中，特别是国有企业兼并重组中还有行政力量的影子。

在管理手段方面。京津基本上已经不是以行政手段为主导来管理经济，而是以市场手段、法律手段为主，行政手段为辅。比如中关村国家自主创新示范区的建设政策由北京市政府和国家有关部委共同制定，示范区运转基本上是公司化模式，项目能不能进区，有一套严格的评价体系，符合要求，小项目也可以进，不符合要求，大项目也不能进；区内企业能不能获得财政资金支持也不是政府说了算，而是中关村发展集团各方组成的评估机构拍板决策。新加坡在天津建设的生态产业园项目也是如此，园区面积、发展方向由天津市政府确定，具体区内规划、项目招商由新加坡方面完成。河北近年来也比较注重综合运用财政、金融、法律等手段管理经济，但与京津相比，在许多领域采取的手段还是以行政力量推动为主。比如，2010年底，为完成"十一五"节能减排任务，一些地方采取拉闸限电；淘汰落后产能、整合钢铁企业过程中，人为捏合企业合并；工业聚集区建设中，一些企业被迫搬迁；新农村建设中出现的农民"被上楼"，等等。

（2）财政管理体制。

集中体现在以下三个方面。

一是征收体制。河北有些市为了保本级收入稳定，对县区在收入划分上仍然保留按行政隶属关系来确定企业收入。随着市场经济发展，多种所有制经济成分的出现，级次问题很难划清，混库现象严重。北京市央企众多，此类问题一度也十分突出，现行体制是共享分成，较好地解决了这个问题，北京市对外投资基本也是这个体制，比如首钢搬迁到河北迁安，税收与迁安地方分成。此外，从2005年开始，河北省推行省直管县财政体制，将22个扩权县纳入省财政，对其直接管理，2009年又将43个产粮大县纳入省财政对其直接管理，2010年省财政直管

县总数达到了92个，这些县财政直接对省，减少了市这个管理层级。京津则一直沿用市县乡三级财政管理体制。

二是收支责任。河北在财政收入划分与各级财政支出责任上衔接不到位，有些事项属于市县政府职责，支出责任也在市县，但财力却在省级，计划经济体制的痕迹还比较浓。比如支援农业、科技、教育、文化、卫生、公安装备、基本建设、企业挖潜改造、乡村道路建设等事项的职责和支出责任，大部分或全部在市县，目前这些事项的专款却在省级。从而造成了一种现象：基层有责无钱，争取资金"多跑多给、少跑少给，不跑基本不给"。京津在这方面体制基本上是钱随事走，事权和财权相匹配，县（区）乡（办事处），特别是县（区）在发展中的财力比较充足。

三是转移支付。河北省对市县转移支付还不尽规范，产生许多问题，主要表现在：县级财政普遍较弱（2010年国家级贫困县39个），每年支付规模比较大，但因为种类过多，目前参与转移支付的部门达30多个，因此无法产生规模效益。转移支付分配方式不统一，主要采取两个渠道：市、县直接立项；预算安排切块给省直主管部门，省直主管部门下达市县。实际操作中，往往产生交叉情况。下级更掌握本区域内信息，却没有资金和决策权，省级了解情况少，但是却掌握资金，如此极易出现不均衡、不公平和不公开现象。转移支付多为地方事项，对其他辖区外溢性较小，应属于本级财政支付责任，但因为财力限制，职能由转移支付完成。回顾京津财政体制的沿革，基本上是市向县（区）让、放的过程，特别是北京，不断提高基层税收留成比例，2009年实施新的财政体制，增加区县财力213亿元，将市与区县财力结构由57∶43调整为43∶57，进一步增强了区县统筹经济社会发展和促进基本公共服务均等化的能力，也减少了大规模转移支付带来的问题。

（3）行政管理体制。

京津冀行政管理体制的差异可以分为两种情况。一是与国家制度和管理模式相对应的体制差别，主要是京津实行市、县（区）、乡（办事处）的三级管理；河北实行的是省、市、县、乡四级管理。近年来河北省先后实行扩权县、省财政直管县，但这些县里只是得到了部分经济管理权力，大部分权力依然在市里，没有从根本上减少管理层级，而且两部分权力归属的错位，往往使这些县被市级"冷落"，陷于"不上不下"的尴尬处境。二是地方政府根据发展需要制定的不同的管理体制，比如规划、公安等一些政府职能部门，京津在市、区、办事处之间实行的是"一条线"管理，便于协调统一开展工作；河北实行的是省、市、县各级政府"块块"管理，近年来有的地区做了一些改革尝试，但还不到位，比如保定市将城市规划局改为城乡规划局，初衷是打破在规划方面城乡分治的情况，但因为人财物等关键要素还属于分级政府管理，所以规划没有真正实现城乡统筹。

此外基层行政的职责也有很大的区别。河北乡镇政府的重点工作是，维护稳定、完成税收、招商引资。上级对他们的考核有三句话：以项目论英雄，以税收评成败，以稳定看水平。北京市乡镇的重点工作是，排查并化解各种不安全不稳定因素、落实各项强农惠农政策、保护首都水源和生态环境、加强森林防火防疫等。不同的工作重点可以看出基层行政职责的不同，也可以看出行政管理体制的不同。

总体来看，京津冀经济管理体制、财政管理体制和行政管理体制的差异，都体现了三地在管理理念、管理方式和管理方法上的不同。在一定程度上讲，正是这些不同造成了三地在经济社会发展水平上的巨大落差。

2. 造成影响

一是社会事业发展滞后。三地政府职能定位不同，京津两地政府的中心工作已逐步转到社会管理和公共服务，在这方面投入也较大，对经济的领导主要是提供服务、创造环境。河北现阶段政府的主要任务还是大干快上，抓投资、上项目，做大做强市场主体，这无形中弱化了在社会事业发展方面的支出。

二是创新能力弱。创新两个关键要素供给，河北都比不上京津。一是资金，京津每年政府科技研发投入远远超过河北，而且金融主体多、金融体制灵活，各类风投资金、创投资金等为科技创新提供了坚强的保障；二是人才，京津作为国际大都市，社会保障水平高、人文环境好，对各类创新人才吸引力都要比河北强得多。

三是市场发育程度低。实践证明，市场是生产要素配置最有效的途径。河北在这方面管得过宽、管得过细，行政权力在经济领域的干预过多，必然使市场规则被破坏、市场意识淡薄，从而为各类生产要素自由配置造成障碍。

四是财政在经济社会发展中作用发挥不够。事权财权不匹配、征收体制不科学、转移支付不规范等，造成了以财理政的能力不足，这也是长期以来河北职工

收入水平低、产业结构不合理、地区之间不平衡、县级财政"造血"能力差等问题的一个重要因素。

五是管理效率低。河北有11个设区市、172个县（市、区）、近2000个乡镇，最多的保定市管理27个县（市、区）；北京在崇文区、玄武区并入东城区和西城区后，目前有16个县（区）、183个乡镇；天津有18个县（区）、140个乡镇。从管理学角度看，京津行政管理幅度宽而短，便于提高行政效率；河北省行政管理的幅度窄而长，必然使管理效率降低。

（二）政策梯度差

政策是政府意图最直接的表现，不同的政策代表着不同的发展道路选择。京津冀政策的差异主要基于两方面原因：一是因省情、市情不一而形成的天然梯度；二是因为工作思路、工作手段、工作方法不同，制定差异政策所形成的梯度。从政策梯度差的角度看，前者梯度形成在一定程度上讲带有客观必然性，而后者梯度形成在许多方面则是主观使然。基于此判断，本部分内容侧重以主观因素导致的梯度差为研究基点。

1. 主要表现

一是与河北相比，京津政策的力度更大。以近年来企业发展最关心的生产要素土地为例，京津两地企业用地管理相对宽松，符合产业发展政策的大项目、好项目，政府会千方百计满足供应，对高新、环保等发展前景广阔的项目，甚至会零价供地，河北虽然土地资源丰富，但是在土地的使用、管理上还有一定差距，比如，沧州有大片的沿海滩涂未利用地，前几年国家对此管理较松，河北自身管理却比较严，迟迟没有有效利用，现在国家管理严了，想用又束手无策；还有，在京津，只要与农业、农产品加工有关的项目京津都可批为农业用地，但在河北即使建设农产品深加工厂房，也很难批为农业用地。企业税费政策差距也比较明显。北京自2009年1月起，工业企业营业税减免一半，由原来的6%变成3%；天津一些县区注册公司，头三年返税50%。与京津相比，河北企业的税负则较重，仅就建筑行业来说，北京的企业所得税只有0.7%，河北则在1.25%至2%之间。力度决定效力，京津冀不同的政策力度是造成三地发展水平梯度的一个重要因素。

二是与河北相比，京津政策导向更明确。从"十一五"以来河北提出的区域发展战略看，基本思路是"大而全"。2006 年，河北提出了"一线两厢"战略，涵括了河北的全部设区市；其后，又提出了建设沿海强省的口号，秦唐沧三地发展被提到了重要议事日程，但从 2010 年开始，环首都绿色经济圈（包括保定、张家口、承德、廊坊 4 市的 14 个县）建设如火如荼，为照顾平衡，冀中南经济区（包括石家庄、邯郸、邢台、衡水 4 市）也随即出炉，发展战略又涵括了河北的全部地区。都被列入了发展战略，被给予的政策自然也是大同小异，没有明确的倾斜导向。反观北京，在区域发展战略方面，"十一五"期间重点强调的只有一件事，就是打造中关村创新高地，完善首都区域创新体系。与此相对应，北京近年来对带有创新特点的产业明显予以政策倾斜，如研发、信息、移动通信、计算机网络、集成电路、光电网络等，而对传统工业严格限制，制造业保持了一定规模，这也是出于支持自主创新、促进就业和提升城市竞争力的考虑。天津在"十一五"期间，区域发展方面主要强调的只是滨海新区开发建设，在产业发展方面，政策的支持除了国家给予滨海新区"先行先试"权力，更多体现在出口导向方面，比如出口基地建设，对外开放基金和奖励政策等。其政策倾向的区域和产业也十分明显。

三是与河北相比，京津政策规定更具体。制定政策的目的是解决问题，因此，政策细化、具有可操作性是关键，不能只停留在"要办"的笼统的要求，更应该具体到"怎么办"的层面。河北这几年提出的发展战略很多，由此出台的各类政策也很多，总体来看起到了一定的效果，但也有很多政策因为过于笼统，使基层往往难以执行，或执行走样，影响了政策的效力。比如，2010 年河北省政府出台在曹妃甸为 11 个设区市各留出一块"飞地"的政策，规定了双方税收分享比例，但在土地指标、排放指标归属等问题上规定不明确，致使这一政策在执行中"扯皮"不断。还有 2010 年省政府出台的《关于加快开发区（园区）发展的若干意见》规定：开发区（园区）完成规划环评后，对入区项目简化环评内容。但哪些方面简化，哪些方面保留没有详细说明。类似情况很多。梳理京津近几年出台的经济社会发展政策，给人总的印象是细化、量化、具体化，针对各种情况都有明确的规定。以引进海外高层次人才为例，2009 年河北和北京都出台了政策，对比两个政策可以发现，河北基本上是照搬了中央的意见，北京的除了对中央的意见具体化，政策还包括保障海外高层次人才知识权益、按其对地方财政收入作出的贡献以市政府名义予以奖励、方便海外高层次人才在京就

医等。这些在河北的政策中都未涉及。

四是与河北相比，京津政策执行更到位。没有执行，政策就是空谈。我们在基层调研中经常会发现，河北一些企业对省里制定的政策，甚至国家的政策竟然还不知道；有的地方落实政策，就是以会议和文件的形式"一开"或"一发"了之；还有一些基层落实政策挑挑拣拣，给钱给物给指标的积极性高，出钱出物出力的就摆困难、提要求，打折扣执行，甚至不执行。比如省政府出台的冀政〔2010〕134 号文件明确规定："对引进内外资项目的企事业单位、中介机构、自然人给予按实际到位资金 1‰的奖励。"各市县也都有类似政策，有的奖励额甚至达到了 3‰，但从 2011 年 3 月省政府组织的对外开放政策落实督查情况看，冀〔2010〕134 号文件出台后，全省引进外资近 5 亿美元，奖金却一分钱也没有兑现！相比之下，京津对政策的落实则敢于见"真招"。比如，中关村国家自主创新示范区对创新发展有个"1 + 6"政策，通过此项政策，多家创新企业在起步阶段得到支持，其中一家电力科技管理公司通过中关村管委会审核，在不到一个月时间拿到了 5000 万元的产业发展支持资金，其中包括北京市政府 2000 万元财政创新资金！如此政策，如此额度，如此速度，对河北处于起步阶段的企业来说，几乎是想都不敢想。还有天津市对外贸企业的出口退税足额、及时，一般不超过 20 天，河北虽然在 2009 年加大了出口退税力度，提出一般不超过 21 天，但企业反映，因为各种原因，一般在 2～3 个月。

2. 造成影响

一是信誉度低。制定的政策不能有效落实，"说了不算"。从自身而言，伤害了基层的感情，使企业和群众不敢相信政策、不愿相信政策，影响政府的公信力。目前一些地区群众越级上访，正是对地方政府信心丧失，从而诉求上级的典型表现。从外部而言，信用是对外开放的第一形象，投资者对政府许诺的优惠政策没有信心，对项目落地后政府行为没有把握，自然也影响着项目资金的流入。

二是稳定性差。"治大国若烹小鲜"。作为一个经济加快转型的大省，如果在特定的发展阶段，制定的战略不能一以贯之，作出的决策不能保持稳定、左右摇摆，其结果必然是发展的连续性遭到破坏，造成人力、物力、财力的浪费。河北这几年战略多、政策多，从而发展的方向和重点也"多元化"。这是造成与京津存在差距的一个重要因素。

三是吸引力弱。河北不具备京津作为国际大都市的特有优势，比如首都优势、港口优势、中央对直辖市的支持优势等，且其在优势资源的利用上也不够，比如土地政策因为各种因素还不够灵活，丰富的劳动力资源还没有转化为人力资源等，都使得河北在对资金、项目、人才的吸引上处于劣势。目前河北实际利用外资水平不仅远远低于京津，在沿海14个省份中也仅高于广西，处于倒数第二的位置。

（三）服务梯度差

1. 主要表现

主要表现在行政功能、行政机制以及行政规则三个方面。

（1）行政功能。

一是招商引资的服务不到位。北京市场服务机制相对健全，社会化服务项目多、费用低，有关部门定期定人与企业联络，询问困难，提供市场信息，帮助企业营销，成立服务机构或组织。北京、天津都非常注重本地优惠政策的宣传，将招商项目编印成册免费发放，为企业提供及时周到的信息服务。河北对京津企业相关情况缺乏深入系统了解，对接京津缺乏针对性。有些地方没有形成有计划、有组织的宣传服务，甚至投资人主动咨询招商事项，相关部门无法提供相关信息与资料，很大程度上削弱了企业投资的动力。对60家企业发放调查问卷的反馈结果显示，仅有5%的企业认为河北的服务好，有18.9%的企业认为河北的服务一般，有76.1%的企业认为河北的服务措施不够好，办事程序烦琐，工作效率低下，严重存在着服务不到位的问题。

二是创业融资环境不成熟。河北的融资渠道狭窄、方式单一、成本较高，信用体系不完善。北京一些银行只要企业具有项目合同书就放贷；天津近几年着力打造金融首善之区，吸引了国际国内各类大中小银行入驻，为企业提供了更多的融资渠道。而河北的银行却要求必须用固定资产抵押才能贷款。民间融资也比较困难。调查显示，60家接受问卷调查的企业中，有70%的企业感觉融资比较困难。此外，政府引导的创业服务仍需完善。

三是劳务培训和输出缺乏有效组织。河北省劳务输出缺乏统一组织，无法形成规模和品牌效应。全省注册建筑业从业人数338.4万，进入京津市场的只有45.8万人，仅占13.5%。河北省在京津的农民工多数没有接受过正规培训，79%的人是初中以下文化程度，77%的人没有职业技能证书，只能从事技术含量

低、挣钱少的工种。河北在京农民工从事加工制造业的约 12.5 万，建筑业约 10.4 万，批发零售业约 11.6 万、保安人员约 5.5 万，餐饮、保姆和其他服务约 24.1 万，五项合计占河北进京务工人员的 76.3%。

行政机制。一是部门间的协调力度差。北京为市场主体办理相关业务时，各相关部门协调联动，如同一个机器，各零件协调运转，形成合力，机器整体高效运行。企业可以通过政府各部门开办的网上办公系统，办理注册、申报、批准等业务。而河北一些地方和部门公章虽然减了，但部门间联动性、协调性很差，对其他相关部门办理的审批事项、审批程序的认可度不高，审批程序复杂。据一些企业反映，办理注册、审批的程序仍然烦琐复杂，需要到相关的各部门跑二三十次，盖几十个公章。

二是为市场主体办事服务效率较低。天津的一站式服务大厅，一般项目 7 天就可完成审批。而河北一些部门的一站式服务大厅变成接收申报材料的中转站，服务窗口变成了"领表窗口"、"问事窗口"，不少审批还要返回相关部门办理，总共需要几个月甚至更长的时间才能办完，并未真正减少审批时间。60 份调查问卷的反馈结果显示，京津冀三地认为办事效率高的依次是：北京 78.8%，天津 19.3%，河北 1.9%；认为审批手续简便的比例依次是：北京 66.7%，天津 25.5%，河北 7.8%。

（2）行政规则。

一是依法行政制度建设滞后。北京、天津注重依法行政的制度建设，为推进政府依法行政、依法管理经济与社会事务，发挥政府应有的服务职能作用，两市政府于 2004 年分别公布下发了《北京市人民政府关于全面推进依法行政的实施意见》、《天津市人民政府关于全面推进依法行政的实施意见》；又于 2010 年分别公布下发了两市《关于加强法治政府建设的实施意见》。河北直到 2011 年 4 月才公布下发《河北省人民政府关于推进依法行政加强法治政府建设的意见》，依法行政的制度建设稍显滞后，而制度建设的滞后必然带来行动的滞后，落实的滞后。

二是服务意识较差。在北京调研时了解到，一般规定只要企业照章纳税、依法经营，无特殊情况不允许到企业检查。企业很少甚至没见过执法人员，只有对口负责的工作人员会来了解企业的困难，再帮助解决。而河北一些地区和部门还存在服务意识不够强、乱收费（变相收费）、执法不公等突出的问题。个别工作人员服务态度生硬，吃拿卡要报，不给好处不办事，给了好处乱办事；有的甚至随意执法、野蛮执法、违法执法，乱封账户，乱下令停工停业。对60家企业发放调查问卷的结果显示，京津冀三地认为乱检查现象更多的比例依次是：河北78.3%，天津15.2%，北京6.5%；在三地中认为变相乱收费、乱罚款现象更多的比例依次是：河北61.2%，天津36.8%，北京2%。

2. 造成影响

（1）政府行为不规范直接影响着地区投资环境。

上述一些地方政府在市场经济条件下仍习惯于干涉企业的经营，个别市县出现向本地企业摊派的现象，相应的政府职能部门时不时"光顾"企业，这种行为对于企业的日常生产经营造成了很大的影响，而企业对于政府职能部门是敢怒而不敢言，最终只能离开当地，另寻发展出路。资料显示，在山东德州有个河北园，专门安放河北到山东投资的企业，2003年，有25家河北私企到山东投资，投资额7.5亿元。近年来，河北连续发生知名企业"迁徙"之事：保定"妙士"出走、邯郸"雪驰"远嫁、石家庄"神威"落户他乡等等。

（2）政府服务不到位导致社会信用的缺失。

确立稳定、有效的信用秩序是保障社会稳定，促进区域经济不断走向繁荣的重要前提。行政审批缺乏规范，程序过于烦琐，不透明，审批环节不一致，审批标准随意性大，违反法律规定越权审批，设置审批障碍等，将导致政府信誉严重下降，使整个社会陷入一种低信用状态。对市场主体的有效服务不到位，创业投资的环境不成熟，会降低市场主体对政府的信任以及市场主体间的相互信任，增加投资合作的成本，不利于区域经济发展营造公平的市场竞争秩序。所以，这种信用缺失的环境势必会影响一个区域的经济发展。

（3）行政决策不科学影响着政府与群众建构良好的关系。

一些地方政府仍习惯于传统的行政行为作风，忽视社会公民的知情权，在政府工作方面缺乏公正性，透明度不够，致使最终决策没有民意基础，缺乏民主性和科学性，从而出现以权谋私的违纪违法现象，基层老百姓对当地政府公共政策合理性、正当性、科学性、有效性的信任程度降低，对政策产生怀疑、不认同感、畏惧感、排斥感等，进而严重伤害人民群众对地方政府的感情。政府与群众之间的无法建立相互信任的合作机制，就会损害政府的权威。在这种情况下，政府要实现自己的任何一个行政意图，往往不得不动用各种强制手段，投入极大的

人力物力，这就提高了政府运作的实际成本。

通过上述分析可以看到，改善政府服务对河北承接经济优势资源转移的意义重大，应进一步提升行政审批效率，健全服务体系，建立统一规范、公开公正的市场秩序，完善的法律保障机制，努力打造服务的正梯度差。

（四）综合环境梯度差

综合环境是指影响一个国家或地区发展的外部因素的总和，包括自然资源、政策环境、市场环境、产业环境、政务环境、商务环境、人文环境、开放环境、创新环境、人居环境等方面。由于资源环境、政策环境、政务环境等前面已有专门研究，本部分仅就京津冀市场环境、产业环境、公共服务和科技创新环境的梯度差进行比较分析。

1. 市场环境

包括市场秩序、企业税负，以及资金、劳动力、技术获得的便利度等方面的差异分析。

（1）市场秩序。

在市场秩序方面，河北做了大量工作，取得了显著成效，但由于人多地广，与京津存在明显的梯度差。突出的表现是，假冒伪劣产品时常充斥市场，最典型的就是三鹿毒奶粉事件，其负面影响之大、持续时间之久，国内外罕见。许多地方在加强产品质量监督检查，完善标准、计量、质量和技术性贸易措施体系，严厉打击商业欺诈、不正当竞争等违法行为方面还有很多工作没有做好。

（2）企业税负。

在企业税负方面，河北与京津乃至全国平均水平存在负梯度差。以批发业为例，河北百元主营业务缴纳的税金及附加费高于北京0.4元、高于天津近0.5元，高于全国平均水平0.2元。特别是批发业中的经贸与代理业，税负更是高得离谱，分别是京、津的10倍、11倍，是全国的4.7倍。农畜产品批发业、医药与医疗器材批发业、文体用品及器材批发业的税负也高于批发业平均水平。

（3）资金获得便利性。

在资金获得的便利性方面，河北存在明显的负梯度差。河北银行存贷比长期低于全国平均水平，排全国倒数第5、6位。2010年全省贷款余额不到1.6万亿元，存贷比为60%，低于天津23个百分点，低于全国平均水平9个百分点。因为低于全国平均水平而少贷 2300 亿元。如果达到天津的水平，全年将多贷 6000 亿元。同时，中小企业信用担保体系发展滞后，多种出资方式的担保机构还不完善。股票、证券融资额也远远低于京津。

（4）人力资源。

在人力资源方面，河北与京津的梯度差十分明显。缺乏有竞争力和吸引力的引进政策，劳动、资本、技术、管理等生产要素按贡献参与分配的有效激励机制还没有建立，人才资源的合理、有序流动格局还没有形成。职工工资远远低于京津甚至全国平均水平。以批发业为例，2008 年，京、津、冀职工年人均工资及福利费分别为 5.3 万元、2.5 万元、1.6 万元，河北明显低于京津，低于全国平均水平 1 万元。

（5）征信体系建设。

在征信体系建设方面，河北远远落后京津。还没有建立面向个人和企业，覆盖社会经济生活各个方面的社会诚信体系，信用信息网站和信用档案还不健全，诚实守信的社会经济环境还不完善，还没有建立全省或更大范围内的信用信息归集和信用记录共享体系，对失信行为的惩戒力度不大。

2. 产业环境

主要是基础设施、产业集群发展、园区承载力等比较。

（1）基础设施。

在基础设施方面，河北与京津的梯度差明显。尽管近年来河北基础设施建设突飞猛进，每年都有新成效，但相对于京津两个直辖市而言，基础设施建设起步晚、欠账多、水平低，特别是在广大农村，公路网密度偏低，发展不均衡，干线公路等级有待提高。北京是全国的政治文化中心，基础设施建设一直全国领先。天津是北方的航运中心和物流中心，基础设施建设主要集中在城区和港口，单位面积投资强度远远高于河北。

（2）产业集群。

产业集群发展方面，河北存在明显的产业落差。北京产业集群集中在三产，总部经济、楼宇经济、金融业、现代物流、会展、旅游业等飞速发展，创意产业、信息服务业等方兴未艾，产业环境呈现出了产业集群高端化和产业结构高级化的良好态势。天津产业集群集中在二产，形成了以电子信息、石化和海洋化工等为主的 7 大产业集群。河北土地资源、劳动力资源比较富足，加上气候适宜，

农业有良好的发展基础，因此种、养、加第一产业的产业集群较多。

（3）园区承载力。

在园区承载力方面，河北负梯度差明显。河北现有国家级高新产业园区4家，分别是唐山、燕郊、石家庄、保定高新技术产业开发区。有国家级经济技术开发区3家，分别是秦皇岛、廊坊经济技术开发区和沧州临港经济技术开发区。园区数目虽多，但要素聚集力、产业承载力，特别是政策优惠度远不及北京中关村科技园和天津滨海新区。

3. 公共服务环境

包括公共安全、服务设施、政府服务、司法公正、社会保障、教育水平、科技水平、医疗水平、文化设施、社会福利等方面的比较。京津的正梯度差明显，河北没有优势。

中科院《2010中国城市竞争力报告》对我国包括港澳台在内的294个城市的竞争力进行研究发现，北京、天津分别排在第1和第7位；河北11个设区市中有5个排在前100名，石家庄、唐山、沧州、秦皇岛、廊坊分别排在第46、53、67、79、93位，其他5个设区市都在100名之后。衡量城市综合竞争力的一个重要指标就是公共服务竞争力。2008年京、津公共服务竞争力分别位于全国第1和第25位①。河北11个设区市没有一个在前50位①。

公共服务竞争力是公共服务环境的集中反映。京津现代化水平较高，公共服务较为健全，社会稳定健康。特别是北京，全国排名第一，其治安良好，司法机构、行政机构等公共服务部门工作质量较好、工作效率高，文化教育水平高，医疗卫生发展迅速，市民满意度高。

相比之下，河北不仅公共服务整体落后，而且城乡之间、地区发展很不平衡。一些地区治安保障程度低，行政办事效率和质量较低，文化教育和医疗卫生发展较为落后，科技研发能力低。特别是广大农村地区，除了医疗、养老制度正在普及外，许多公共服务档次较低，有的还没有延伸到这里。

其他更高层次的如公共安全、社会福利、文化设施等与京津的差距更大。总之，无论是和京津比，还是河北自身横向比，推进城乡公共服务一体化和均等化，要走的路还很长。

---

① 2010年中国城市竞争力相关数据，来自互联网。

4. 科技创新环境

包括科技资源、信息基础设施、科技创新能力、科技服务体系、科技转化能力、创新氛围、激励制度、环境优美度等方面。在这些方面，河北与京津的负梯度差很明显。

北京市是全国科技、智力、人才和信息资源最密集的区域，天津的科技综合实力位居国内前列，是全国区域科技中心城市之一，拥有一大批优势重点学科和国家级的创新机构。其创新环境不言而喻。相比之下，河北科技创新环境较差。主要表现：一是科技研发能力不足。河北现有国家级工程中心 5 个，省级工程技术中心 133 家，国家重点实验室 6 个。2010 年河北登记的科技成果是 2903 项。科技成果中，国际领先水平的成果占比不到两成。企业不是研发主体，仅占全省科技成果的 14%，应用技术成果不足 16%。二是科技研发投入较少。2009 年，京、津、冀 R&D 总经费分别为 668.6 亿元、178.5 亿元、134.8 亿元，三省市 R&D 经费占 GDP 比重分别为 5.5%、2.37%、0.78%。三是企业科技创新的能力较弱。河北企业高学历科研人员占比较低，2008 年河北为 6.2%，京、津分别是 25.3% 和 12.4%；新产品开发规模较低，2008 年规模以上工业有新产品开发的工业企业占全部规模以上企业不到 5%，京津分别是 21.4% 和 10.3%；从产出来看，工业企业新产品出口占全部新产品销售收入不足 12%，北京和天津都在四分之一左右。

5. 综合环境梯度差对河北的影响

综上所述，河北除了市场环境有一定的基础，产业环境有一些正梯度差之外，大部分的环境都与京津有明显的负梯度差。这对河北持续稳定健康发展影响十分不利。

（1）对生产力的影响。

京津的优势资源、高级人才和高端产业多而强，加速了生产力发展。相反，河北当前一些单位和干部队伍中还存在思想保守、服务被动、政策落后、执行乏力、作风懒散等不良现象，这些都是阻碍生产力发展的致命因素。

（2）对吸引力的影响。

综合判断，北京环境最好，因此优势资源最多，更有利于发展高新技术产业和高端产业；天津环境次之，有利于发展先进制造业和现代物流业；河北是农业大省、人口大省，目前环境的吸引力更有利于发展一产和二产的资源型产业。长

期看，这不利于经济结构的优化。应高度重视政策环境、商务环境和开放环境的改善，同时不断提高人文、人居和创新条件，从而促进产业升级和发展方式的转变。

（3）对竞争力的影响。

从根本上讲，环境就是竞争力。当今区域间的竞争，已经从拼资源转向拼环境，环境已经成为经济发展的第一要素和吸引投资的核心竞争力。河北比之京津竞争力较弱的原因，从根本上说是综合环境较差。提高地区竞争力，首先要从改善发展环境着手，树立"人人都是发展环境"的理念，从政府到企业到居民，都要做好自己该做的事情，并且要持之以恒。

（4）对发展成本的影响。

联合国用劳动力成本、生产资料成本、税负、融资成本、运输成本、对外联络成本，及地区名片（即广告成本）来衡量一个国家和地区的综合竞争力。京津冀综合环境有明显的梯度差，是因为综合成本有明显的梯度差。具体地说，北京发展综合成本最低，因此综合环境最好；河北发展综合成本最高，因此综合环境最差；天津介于二者之间。反过来说，改善环境，就是降低成本，降低成本就会提高实力、活力、竞争力。

（5）对声誉的影响。

效率、服务、诚信，是环境良好的必备条件。河北综合环境不及京津，差距最大的是政策环境和政务环境这两个子环境。河北优惠政策制定了不少，但真正落实到位的并不多；信用意识不强，招商时好话说尽，项目到手后不兑现承诺，甚至还敲诈勒索；亲商意识不强，重前期招商，轻后期服务，"只管摘果，不管栽树"，打击了投资者的积极性，同时也降低了河北的整体信誉。

抓环境，就是抓机遇、抓发展、抓生产力。良好的综合环境是赢得竞争、赢得发展最为重要的砝码。当前和今后一段时期，缩小与京津综合环境负梯度差，是河北全省上下十分重要而紧迫的任务之一。

三　河北形成对京津正梯度差的机遇、思路和目标

体制、政策、服务、综合环境四个梯度差，使河北与京津形成了巨大的发展鸿沟，也使京津冀区域严重滞后于长三角、珠三角发展。基于这一现状，立足于

打造中国经济增长第三极，国家"十二五"时期开始对京津冀区域发展进行重新定位，三地也在不断磨合、探索。对河北而言，抓住这一历史机遇，明确形成对京津的正梯度差的思路和目标，就显得尤为重要和迫切。

（一）主要机遇

1. 中央对河北发展寄予厚望

2006年以来，中央主要领导同志先后到河北省考察，对加快曹妃甸科学发展示范区建设、推进京津冀融合、打造河北对京津的梯度差、推进京津冀区域经济一体化等作出了重要指示。这充分表明中央对京津冀地区发展十分重视，对河北发展寄予厚望。国家"十二五"规划纲要体现的"促进长远发展、追求社会公平、为全国做示范"等原则，暗含着国家促进河北发展的政策导向和期望。"促进长远发展"，预示着国家将对首都定位进行调整，首都功能将向周边地区分解；"追求社会公平"、"为全国做示范"，预示着国家将着手解决环首都贫困带问题等。

2. 三大国家战略同时垂青河北

国家"十二五"规划纲要已经把京津冀一体化、首都经济圈、河北沿海地区发展规划提升到了国家战略层面。国家五年规划同时涉及一个省份的三个战略重点，这在我国尚属首次。据悉，国家同时还在制定《京津冀框架规划》，基本思路是今后首都发展的诸多症结，将放在京津冀范围内来解决。可以预见，京津冀、首都经济圈和环渤海地区将是未来我国经济发展舞台上的一场"重头戏"。

3. 冀中南地区被国家列为重点开发区域

根据2011年6月国家颁布的《全国主体功能区规划》，冀中南地区的功能定位是：重要的新能源、装备制造业和高新技术产业基地，区域性物流、旅游、商贸流通、科教文化和金融服务中心。被列为重点开发区域，意味着国家将在许多政策上给予倾斜。比如，适当扩大建设用地供给，环保政策相对宽松，等等。同时，此次规划还将京津地区列为优化开发区域，在生产要素配给许多方面予以限制。一限一放，为河北加快与京津形成正梯度差提供了难得机遇，为冀中南地区快速崛起提供广阔的空间。

4. 北京加速转型需要津冀的强力支撑

北京已经意识到,无论是建设世界城市,还是加快自身发展,携手津冀共同发展是一个绕不开的话题。北京市发改委的一份报告指出:"从一定意义上讲,建设北京世界城市将和深化推进京津冀区域合作处于同一阶段,进一步深化京津冀区域合作将为建设世界城市提供强有力的外部支撑。"2010 年以来,河北与北京的高层接触和对话频繁,双方已经在规划完全对接、共同推进基础设施一体化、共同推进两地通信一体化、合作共建产业园区、共同举办招商活动、共同促进制度创新等多方面达成了共识。北京表现出前所未有的积极态度。

5. 天津加快发展,希望与京冀密切合作

天津正在努力建设我国北方对外开放的门户、高水平的现代制造业和研发转化基地、北方国际航运中心和国际物流中心。实现这些目标,天津迫切需要与北京在转移高新技术、发展物流和金融产业等方面加强合作,也希望能搭上北京建设世界城市的快车。同时,也希望与河北在搞好港口功能定位、资源环境合作、产业配套发展等方面加强配合,避免恶意竞争。天津的积极态度,为消除津冀合作障碍、加强合作创造了机遇。

(二)基本思路和原则

加快打造与京津在各方面的正梯度差,是河北在京津冀合作中发挥更大作用的关键之举。客观讲,由于历史和现实多种因素影响,在短时间内河北不会全方位弥合与京津的梯度,由反梯度转正梯度更是不可能。因此,河北打造与京津正梯度差的基本思路是:全面贯彻科学发展观,遵循规律、顺势而为,立足当前、着眼长远,以点带面、由易到难,突破重点、带动全局,从河北能够做的、京津能够接受的方面或领域入手,率先打造服务梯度差,尽快缩小政策梯度差,全力打造综合环境梯度差,逐步消除体制梯度差,在服务首都和推进京津冀一体化中实现河北跨越式发展。

基本原则是:坚持政治服务与提升经济实力相结合原则,既要摆正位置,保持服务首都、服从大局的高姿态,继续做好首都的"护城河"和"后花园",又要树立经济是基础,没有强大的经济实力作支撑,在区域合作中永远缺少话语权的理念。坚持政府引导与市场主导相结合原则,既要善于运用必要的行政手段强化规划控制、消除制度障碍、优化发展环境,为顺利开展区域合作铺平道路,又要按市场规律办事，主要用经济和法律手段，发挥市场配置资源的基础性作用，建立有利于优势资源合理流动的长效机制。坚持提高效率与降低成本相结合原则，既要倡导言必行、行必果、雷厉风行的工作作风，强调抓落实、抓细节、抓短板的工作方法，又要坚持科学决策、民主决策、审慎决策，充分考虑各方面的基础条件和承受能力，不急功近利、不贪大求全，防止盲目倾向，防止不计成本，不为了小目标而损害大目标的实现。坚持打造大环境与优化小环境相结合原则，既要树立"处处都是发展环境、人人都是发展环境"的理念，努力形成你追我赶、竞相优化发展环境的良好态势，同时也要考虑到不同地区和不同领域发展不平衡的实际情况，鼓励有相对优势的地区和领域，率先优化小环境，带动大环境逐步优化。

（三）主要目标

经过三到十年的努力，力争在主要领域与京津的负梯度差逐步缩小，一些领域甚至消除负梯度差，一些优势地区和领域的与京津的正梯度差逐步形成。

1. 与京津的服务梯度差方面

三年内，政府服务意识明显增强，依法行政制度完善程度、行政许可和行政审批制度与京津差距明显缩小；五年内，政府部门协调机制、政府办事效率大幅度提高，招商引资、创业融资等为市场主体服务的制度与京津接近；十年内，政府越位、缺位、错位现象基本消除，服务型政府建设达到国内先进水平。

2. 与京津的政策梯度差方面

除了国家规定的政策以外，三年内与京津政策差别明显缩小，政策导向更加明确，政策的可操作性更强，政策的执行力度更大；五年内与京津的政策差别大幅缩小，河北政策的稳定性、吸引力与京津接近；十年内与京津的政策差别基本消除，在某些河北有优势的领域甚至超过京津。

3. 与京津的综合环境梯度差方面

三年内河北环京津市县、沿海地区、中心城市的市场环境、产业环境等与京津的差距明显缩小，产业承接力明显增强；五年内基础设施、公共服务、投资环境等与京津差距明显缩小；十年内全省科技创新环境、对外开放环境、宜居环境等，与京津相比大幅度提高。

4. 与京津的体制梯度差方面

三年内经济管理体制，财政管理体制，行政管理体制的手段、方式和方法与京津的差距明显缩小；五年内大幅度缩小，十年内基本接近。

四　打造河北对京津正梯度差的对策建议

为充分发挥河北区位优势，抢抓首都经济圈建设的新机遇，打造河北对京津的正梯度差，提出以下对策建议。

（一）切实转变观念和工作思路

1. 增强危机感和使命感

在全省开展新一轮解放思想大讨论，围绕"克服因循守旧观念，强化改革创新意识，着力解决影响河北省发展的体制机制问题；克服自满保守思想，增强危机意识、忧患意识和机遇意识，加快实现跨越式发展；克服狭隘封闭观念，增强开放合作意识，提高区域合作和对外开放水平；克服片面发展观念，树立科学发展意识，增强可持续发展能力"四个重点，着力解决思想观念落后、体制机制不活、工作作风浮躁等问题，增强时不我待、加快发展的危机感和使命感。

2. 明确京津冀合作思路

从服务京津为主向服务京津与深度合作并重转变，在稳定京津冀水资源、能源、农副产品和劳务等合作的同时，实施河北与京津"资源换科技、环境换资金计划"，把京津的科技优势、人才优势和资本优势与河北的资源优势、产业优势和市场优势有机结合，吸引京津更多的科技成果中试和成果转化基地设在河北，吸引京津金融资本、总部经济、生产性服务业、教育资源、高新技术和现代制造业向河北省辐射。加强京津冀在生态环境保护、旅游产业发展等方面的合作与共建。

（二）努力破除体制机制障碍

1. 深入开展京津冀合作研究

发挥高级智库作用，加强京津冀合作研究。针对三方合作中存在的重大和现实问题，组织政府研究机构、著名咨询机构、民间研究机构深入持续地开展京津冀合作研究，增强决策的科学性。支持非政府组织不站在任何一方利益上，用"第三只眼"开展研究，真实反映市场规律和客观需求，为京津冀合作提供重要决策参考。

2. 争取国家的"一揽子"政策支持

积极向国家申请政策支持：如建立由国务院牵头的京津冀合作领导协调机构、建立首都经济圈生态经济示范区、建立首都经济圈产学研相结合示范区、建立首都经济圈科技金融创新示范区、将天津滨海新区部分优惠政策扩大到河北港口、将中关村国家自主创新示范区部分政策扩大到河北国家级高新技术产业园等。

（三）进一步密切与京津的对接与合作

1. 着力推进京津冀基础设施和公共服务一体化

提出"基础设施统一规划、互联互通，产业发展优势互补、合理竞争，环境保护联防联治、统一执法，生态系统整体联结、同保共育，城市规划统筹协调、相互衔接，公共服务统一标准、流动可用"的目标，加快区域内交通等基础设施建设，构建1小时、半小时交通圈，加快实现京津冀高速公路收费"一卡通"；逐步实现环京津市县通信、有线电视、医保、住房公积金等设施和服务的对接；推进与京津供电、供水、供气等基础设施的共建共享；加强三省市交界河流的水质检测、河涌截污和综合治理力度；制定空气污染综合整治实施方案。

2. 探索建立京津冀区域产业合作园区

借鉴广东省劳动力和产业"双转移"的成功经验和运作模式，按照"合作共建、互利多赢"的思路，以物流服务为纽带，以高速公路、铁路等交通干线为轴，依托北京产业发展政策、资金、技术、人才、管理等资源，利用河北产业发展用地空间，积极探索建立京津冀区域合作产业园区。

3. 打造京津总部经济拓展基地

加快完善河北省园区的交通、信息、环境、住房等基础设施及教育、医疗、健康、休闲、安全等公共服务配套设施，积极创造总部基地发展的外部环境。按照建立现代产业体系的要求，制定优惠政策，积极吸引京津总部企业将其实体经营、物流配送基地、生产加工基地等设在河北。

（四）打造"生态、便利、幸福"的环首都绿色经济圈

1. 打造高端、高技术、高附加值"三高园区"

一是提升园区规划水平。聘请一流设计单位，进一步完善总体规划以及生态

环保、生活配套、地下管网、人才科技等专项规划，把园区建成科技创新、经济循环、资源节约、环境友好的生态工业区。二是提升园区绿色发展水平。制定严格的准入门槛，大力开展绿色招商。以腾笼换鸟的方式发展战略性新兴产业，把园区打造成绿色产业的示范引领区。三是提升园区基础设施建设水平。统筹推进生产、生活、服务配套设施建设，强化园区的吸纳能力。四是提升产业集群竞争力。遵循新型工业化发展的基本规律，不断完善园区内龙头企业、产业集群和知名品牌。

2. 优先保障重点项目建设用地需求

抓好土地增减挂钩解冻和河北即将纳入全国采矿废弃地整理试点的有利时机，用好政策、做好规划；实施"腾笼换鸟"，将科技含量不高的项目搬出园区；利用城郊农村改造，置换出土地；用好"飞地"政策，利用冀东北、冀中南工业区实施产业转移，允许跨设区市转让补充耕地指标。

（五）大力发展金融产业

1. 加快壮大地方金融机构

加快组建全省性的商业银行，在 11 个设区市都要建立分支机构。重点是加快农村信用社股份制改造和股权优化，支持农信社改为金融控股公司，尽快在全省60%左右的县设立农村商业银行，把河北省农信社办成河北人自己的银行。探索建立环首都经济圈科技银行。抓紧组建地方保险公司。积极稳健地发展小额贷款公司、村镇银行和农村资金互助组织。

2. 积极利用间接融资工具

大力推进上市融资，推动一批符合上市条件的优势特色企业上市，培育上市企业后备资源。积极推进债券融资，开展多形式、多渠道的债券融资，充分利用集合债券、集合票据等融资方式，为中小企业提供融资途径。千方百计用好各类基金融资、债券融资等工具，大力发展产业投资基金、创业风险投资引导基金、私募股权投资基金、产权基金及各类创业基金，积极引进国内外知名创投机构到河北省设立办事处。

3. 探索财政与金融结合、产业与金融、资本与资源结合的有效途径

鼓励各市县科学运用财政资金、政府采购、税收政策、收费权、土地、建设项目、政府特许经营等国有资源和资本，与银行资金、保险资金、证券资金、社保资金有机结合，筹措建设资金。

4. 加强金融生态建设

建立和完善贷款风险补偿机制，重拳打击恶意逃避金融债务行为，为金融机构支持地方企业发展创造良好的环境，鼓励金融机构支持地方经济特别是小微企业发展。积极引入国内外金融机构入驻河北。探索利用国家保险公司资金支持地方经济的途径和政策。建立并完善区域金融系统信息交流制度。

（六）促进适应京津消费需求的现代服务业发展

1. 加快农副产品生产基地和市场建设

瞄准京津庞大的销售市场，集中建设一批标准化蔬菜生产基地、粮油生产基地、有机农产品基地、鲜活农产品和食品加工基地。在区位优势突出、产业基础较好的水果、蔬菜生产的大县，通过财政补贴或以奖代补的形式，支持企业申报无公害农产品、绿色食品、有机食品"三品"认证和名牌认定，鼓励企业把产品打入京津市场。

2. 推进河北旅游资源联合促销经营

深度把握红色旅游资源的内涵，促进河北省的红色旅游与绿色生态旅游、历史文化旅游、民俗文化旅游等特色旅游资源的有机结合，形成叠加吸引力，集中面向京津推介。以集团化、网络化、国际化为发展方向，组建一批跨区域的大型旅游企业集团，逐步实现旅游饭店连锁化、景区景点集团化、旅游运输联合化、导游服务公司化的产业组织。

3. 大力实施河北文化品牌进京津工程

将环京津周边地区优势文艺资源和河北省优秀传统文化结合起来，打响"红色太行"、"壮美长城"、"诚义燕赵"、"神韵京畿"、"弄潮渤海"五大文化品牌，加快推进河北文化品牌进军京津。在京津常年开办"河北文化大舞台"，集中推出一批体现河北气派和民族特色，具有广泛影响力、深度震撼力和持久竞争力的文艺精品。

4. 加快打造面向京津的会展经济圈

明确石家庄、廊坊、唐山和邯郸 4 市为会展中心城市，在环京津区域确定 3～5 个会展业重点县（市）给予重点支持。打造品牌展会，谋划和办好中国·廊坊国际经济贸易洽谈会等较大影响的展会，提升展会的规格和影响力。加强会

展企业建设，培育一批集展会策划、咨询、实施、服务、宣传、旅游等于一体的会展龙头企业。引导河北会展业合理布局，培育和壮大城市品牌展会，将会展业打造成为河北省吸引京津消费的新引擎。

5. 打造环京津物流产业带

加强与天津港的合作，共同应对国际港口竞争。以服务京津为重点打造环京津物流产业带，畅通以唐山港、秦皇岛港为龙头的冀东物流通道，以黄骅港为龙头的冀中南物流通道，以张家口为龙头的冀西北物流通道，重点建设唐山曹妃甸工业区综合物流、沧州市综合物流园区等项目。在张家口、承德、秦皇岛、邯郸、保定、廊坊等地建设物流配送基地。

（七）拓宽引才引智与人力资源互动交流途径

1. 大力引进京津的人才和技术资源

根据需求专门建立人才工作委员会，组建、引进猎头公司。围绕科技创新的实际需求，有针对性地引进高层次人才、产业领军人才，特别是能够带动一个团队、影响一个产业的人才。对高层次人才引进，敢于给特殊政策，舍得下本钱，在住房补贴、家属安置、子女入学、知识产权入股、创业扶持、科研资助、生活补助和奖励等方面制定比京津及周边省市更加优惠、宽松、更具有吸引力的政策。编制并定期发布《河北省紧缺人才引进目录》，在京津两市分设"河北省驻京（津）人才联络服务站"，在京津高校、科研院所、人才机构等分设"人才联络员"，打造环首都人才聚集高地。

2. 打造高素质型高技能型劳务输出品牌

创建培训平台，积极与京津专业院校、培训机构、行业企业联合开展培训，扩大订单式培训规模。建设保安、建筑工人、家政服务培训基地，统一培训内容，实行技术资格认证。组织培训农村青年，打造河北建筑、保姆、月嫂等家政品牌，促进农村劳动力转移就业。

（八）打造加快河北发展的软环境

1. 营造公平竞争的市场环境

全面清理妨碍公平竞争的各种壁垒，进一步打破行业垄断和地方封锁，鼓励市场竞争，建立全省统一的商品和要素能够自由流动的市场。降低市场准入

"门槛",按照"非禁准入"原则,进一步放宽经营范围和投资领域,支持民营经济、个体经济快速发展,激活市场主体。整顿和规范市场秩序,完善市场秩序责任追究制,严厉打击制假售假、不正当竞争、市场垄断及哄抬物价等不法行为,维护市场的公平公正和群众的切身利益。

2. 营造公开透明的政策环境

加大政策创新力度,提高政策的科学性、针对性和有效性,集中有限资源,营造局部的政策优势,吸引人才、资金等要素向河北发展最需要的领域聚集。对实际工作中一些不符合实际、难以落实的政策,进行修改、完善。适时开展落实政策的专项行动,对落实不力而造成政策梗阻的,通过自查、联查、群众举报、加强督导等办法,确保各项政策落到实处,发挥作用。

3. 营造活力迸发的创新环境

围绕创新信息充分、创新人才充足、创新成本降低,制定政策,采取措施,拿出最好的地块、提供雄厚的资金,支持科研院所项目建设,吸引更多的国家级科研机构选择河北,加快河北自主创新步伐。建立以政府部门为主导、企业为主体、科研机构为支撑、融资服务为拓展、中介机构为辅助的一整套规范、系统的合作模式,有效整合资源,实现优势互补。允许创新失误,营造支持创新、宽容失误的环境和氛围,激励科技人员保持和增强开拓进取的锐气。

4. 营造诚实守信的人文环境

深入开展公民道德教育,提高公民素质和法人履约践诺诚信的道德水准,切实转变机关作风,树立全社会诚信文明的新形象。以人民银行征信系统为依托,不断加大质监、环保、公安、教育等有关部门的信息采集共享力度,推进政府信用、企业信用和个人信用体系建设。加强对优化发展环境的宣传教育,牢固树立"人人是形象、人人是环境"的理念。大力宣传新成就、好典型和区域资源优势,积极推介特色产业、骨干企业、重点项目和名牌产品,努力提升河北的知名度和美誉度。

(九) 切实加强京津冀区域合作的组织领导

1. 建立推进京津冀经济一体化领导小组

借鉴长三角、珠三角经验,成立河北省推进区域合作领导小组,由省政府主要领导任组长,有关职能部门为成员单位,形成政府统筹指导、部门分工落实、

社会参与协同的区域合作推进机制。借助京津冀一体化纳入国家战略之势，推动成立由国务院领导和国家发改委牵头、各方行政首长参加的京津冀区域协调发展联席会。注重发挥民间力量，组织建立京津冀科技、旅游、工商业等行业促进会；打破行政区划限制，组建跨地区的同业联盟，推进三方企业的宽领域、多方式合作。

2. 选派优秀干部赴京津地区挂职锻炼

与京津组织部门沟通，每年从省直部门选派100名干部到中央国家机关和京津市直部门，从环京津市、县选派100名干部到京津相邻区（县）挂职交流。通过干部异地挂职，开阔眼界、提高素质，增进交流、提供信息，增强与京津合作的针对性、前瞻性和实效性。

3. 搭建对接京津的联系平台和信息平台

建立常态化的京津冀合作工作平台。主要负责京冀项目洽谈、信息发布、项目落地、政策落实等具体事务，成为京津冀合作的"天天5·18"平台。发挥在冀战斗和工作过的京津老领导以及河北省在京津工作人员的人脉优势，完善驻外办事处职能，认真筹划举办联谊会、推介会、座谈会等招商活动，搭建与京津企业的接洽平台。

4. 建立严格的督导考核和激励机制

建立完善河北省委和省政府领导的对口负责制度，加强对各市、县（市区）和省直各部门对接京津工作的考核力度，对在对接京津工作中作出突出贡献的单位和个人给予重奖。

参考文献

［1］《第三只眼睛看河北》，中国财政经济出版社，2005。

［2］《京津冀区域合作论》，《天津滨海新区与京津冀产业联系及合作研究》，经济科学出版社，2010。

［3］《关于京津冀一体化过程中市场主体发展环境研究分析及对策建议的情况报告》，河北省工商业联合会冀联呈〔2010〕20号文件。

［4］《2010中国财政年鉴学》，中国财政杂志社。

［5］《中国省以下财政体制（2006）》，中国财政经济出版社，2007。

［6］《天津统计年鉴（2010）》，中国统计出版社，2010。

［7］李惠国：《社会科学新方法大系》，重庆出版社，1995。

［8］厉以宁等：《区域发展新思路》，经济日报出版社，1999。

［9］弗朗索瓦·佩鲁：《增长极概念》，《经济学译丛》1988 年第 9 期。

［10］周起业等：《区域经济学》，中国人民大学出版社，1989。

［11］李国平、许扬：《梯度理论的发展及其意义》，《经济学家》2002 年第 4 期。

［12］纪良纲、晓国：《京津冀产业梯度转移与错位发展》，《河北学刊》2004 年第 11
期。

［13］李刚：《广义梯度理论在皖北地区经济发展实践中的应用》，《中国证券期货》
2011 年第 3 期。

［14］陈凡生：《何为"反梯度"理论》，《开发研究》1986 年第 3 期。

［15］郭正模：《"梯度推移"、"发展极—增长点"与"点线面扩展"》，《生产力研究》
1988 年第 1 期。

［16］刘丰泉：《关于"梯度推移"理论讨论情况综述》，中国知网。

［17］王陆进：《"梯度差"与"发展极"》，《金融信息参考》1997 年第 1 期。

［18］方创琳等：《2010 中国城市群发展报告》，科学出版社，2011。

［19］刘学敏等：《首都区——实现区域可持续发展的战略构想》，科学出版社，2010。

［20］倪鹏飞等：《城市竞争力蓝皮书·中国城市竞争力报告》，社会科学文献出版社，
2005。

［21］李廉水：《中国特大都市圈与世界制造业中心研究》，经济科学出版社，2009。

［22］《2010 中国城市统计年鉴》，中国统计出版社，2011。

［23］《2010 中国区域经济统计年鉴》，中国统计出版社，2011。

［24］《中国经济普查年鉴 2008》，中国统计出版社，2010。

［25］《河北经济年鉴 2010》，中国统计出版社，2011。

［26］《北京统计年鉴 2010》，中国统计出版社，2011。

［27］《天津统计年鉴 2010》，中国统计出版社，2011。

［28］《中国统计年鉴 2010》，中国统计出版社，2011。

［29］《2010 年中国城市竞争力相关数据》，互联网。

B.11
河北省环首都贫困带现状研究

韩 劲 王文浩*

摘 要:"环首都贫困带"是长期以来横亘在京津冀区域一体化发展道路上的"壕沟"。本文以 2004 年为基期考察京冀之间尤其是京冀相邻边界两侧的县(市、区)之间的经济差距在"十一五"时期的变化情况。总体而言,尽管京冀两省市之间的绝对收入差距依然呈现拉大趋势,但京冀之间的相对收入差距有收缩趋势,由于河北农民增收力度渐弱,京冀之间农村居民收入的相对差距也呈现拉大趋势。就京冀边界两侧对比,2004 年三项收入指标的边界京冀比均在 2 倍以上,地区财政收入京冀比高达 9 倍以上;五年内,边界两侧各项收入差距扩大势头依然迅猛,差距拉大的速度超过了河北一侧的增长速度;边界两侧农村居民的生存状态正在由不平等走向更大的不平等。

关键词:河北省 环首都贫困带 首都经济圈 京津冀区域一体化

一 引言

2005 年 8 月 17 日,亚洲开发银行与河北省政府公布《河北省经济发展战略研究》报告,首次提出"环京津贫困带"概念,并立即引起了京津冀三方的高度关注。但是,三方的合作之路却颇多坎坷。截至 2011 年初,"京津冀区域一体化"和建设"首都经济圈"被列入国家"十二五"规划,上升为国家战略。但

---

* 韩劲,石家庄经济学院经济学教授、硕士生导师,中国人民大学经济学博士,北京师范大学马克思主义学院出站博士后,澳大利亚 James Cook 大学国家公派访问学者。研究方向:区域协调可持续发展理论与模式。王文浩,石家庄经济学院人口、资源与环境经济学专业在读硕士。

是，历史形成的"环京津贫困带"问题依然存在。这个问题不解决，"京津冀区域一体化"和建设"首都经济圈"就是空谈。

本文考察河北省"环首都贫困带"，原因有三：首先，国家"十二五"规划提出建设"首都经济圈"，这个新提法突出了首都在该经济圈中的核心地位，北京在区域中作为唯一核心的区域统筹责任更大了，长期以来努力追求的三方合作可能会被以首都北京为核心的京冀、京津和津冀双边合作所替代。因此，依托"首都经济圈"国家战略考察"环首都贫困带"就比考察"环京津贫困带"显得更为切中要害。其次，天津与河北同样受到北京的首都政治地位压抑，所谓京津冀区域的京、津双核是不平等的，传统的港城互动关系在这里由于政治上的不平等而发生了一定程度的变异，京津经济相互掣肘进而使双核带动能力以及区域一体化发展遭到削弱，天津作为历史悠久的天然良港的经济优势也在一定程度上受到消弭（国欧城市竞争力2004排名，天津作为沿海城市的竞争力排名落后于上海、深圳和广州）。因此，这里将剔除区域内的双核关系而单独考虑河北与北京之间的"环首都贫困带"问题。最后，大多数经济大国在发展过程中都形成了庞大的首都经济圈和都市圈，如伦敦、巴黎、东京、首尔等，只有中国的首都周边形成了庞大的贫困带。"环首都贫困带"是长期以来横亘在京津冀区域一体化发展道路上的"壕沟"，自2005年该现象被公之于众之后又经历了"十一五"计划周期，贫困带是否依然贫困，其间发生了怎样的变化？本文即以2004年为基期考察"环首都贫困带"的演变和现状。

"环首都"分两个口径：一是大口径，包括津冀晋蒙；一是小口径，即与北京交界的河北省的14个县（市、区），包括涿州、涞水、涿鹿、怀来、赤城、丰宁、滦平、兴隆、三河、大厂、香河、广阳、安次和固安，即河北省环首都绿色经济圈的范围，以及天津的蓟县和武清2个县（区）。

本文重点关注的小口径环首都经济圈，与2005年提出的河北省"环京津贫困带"所采用的分析口径（以县为单位）是一致的，所不同的是当时的"环京津"是指环绕包括天津在内的京津区域中心的外围32个连片贫困县。以往对环京津贫困带范围的界定重点考虑的是把河北省环绕京津的连片的贫困地区都包含进来，强调这个环京津贫困带的广度和贫困程度。这里考察的"环首都贫困带"与河北省环首都绿色经济圈相吻合，重点是以直接环绕首都的河北与北京协调可持续发展为出发点，反映京冀之间尤其是京冀相邻边界两侧的县（市、区）之

间的经济差距在"十一五"时期的变化情况。当然,以"环首都贫困带"接替"环京津贫困带",虽考察县(市、区)个数减少或范围缩小,但口径不变,因而不妨碍对"环京津贫困带"现象的连续观察。

本文以收入指标衡量北京与河北的经济差距。选择的指标主要有三个:人均GDP表示地区国民收入总量;地区财政收入代表政府收入;农村居民人均纯收入代表民间收入(因京冀边缘地区以农村为主,所以农村居民人均纯收入能更准确地代表大多数人的民间收入)。使用的方法总体上是动态比较方法,主要包括总量观察法、平均数对比法和差异趋势法等。本文所采用的数据基本来自于《北京统计年鉴》和《河北统计年鉴》。

二 大口径环首都经济圈

本文关注重点在于小口径环首都经济圈。但是在考察小口径之前,作为大背景,先总体观察大口径环首都经济圈在近年的变化情况。

(一) 京津冀晋蒙收入总量对比

由图11-1、图11-2、图11-3、图11-4可见,京津冀晋蒙在2005~2009年五年内在各项收入指标(指人均GDP、地区财政收入、城镇居民人均可支配收入和农村居民人均纯收入,下同)上存在的落差及变化趋势:①人均GDP和城镇居民收入两项指标基本保持原来的变化趋势;地方财政收入指标的变化似乎较为复杂,但京津加速上升趋势显著,且北京的表现更是独领风骚;京津的农村

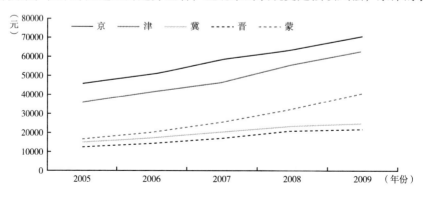

图11-1 2005~2009年京津冀晋蒙人均GDP

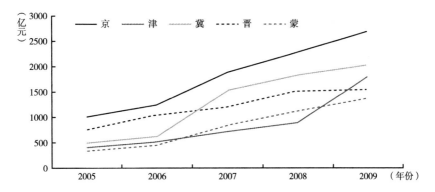

图 11-2　2005~2009 年京津冀晋蒙地方财政收入

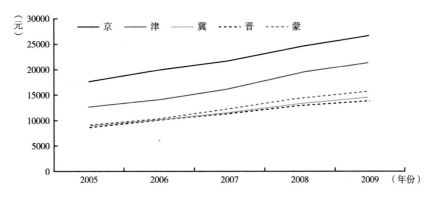

图 11-3　2005~2009 年京津冀晋蒙城镇居民人均可支配收入

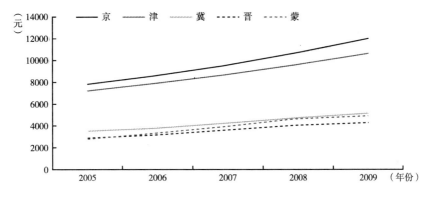

图 11-4　2005~2009 年京津冀晋蒙农村居民人均纯收入

居民收入与冀晋蒙的落差有明显的加速扩大趋势。②在整个华北地区，京津两市经济表现类似，属区域经济中心的发达地区；河北与山西和内蒙古的表现非常接近，属边缘腹地，与中心地区有较大经济差距。

（二）大口径京冀总体经济差距及其变化

由图 11 −5、11 −6、11 −7、11 −8 和表 1 可见河北与北京两个省（直辖市）之间的总体经济差距，即各项收入指标的京冀差和京冀比在 2005～2009 年五年内的变化情况：①各项收入指标的京冀差基本呈扩大趋势，唯地方财政收入指标在个别年份有所跌宕。②各项收入指标的京冀比在 1.5～3，其中人均 GDP 的京冀比最大（2.91），其次为农村居民人均纯收入（2.27）。③人均 GDP、地区财

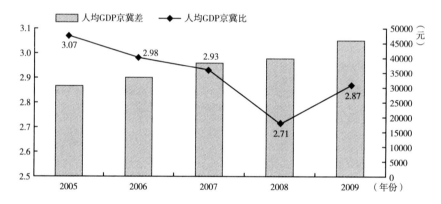

图 11 −5　2005～2009 年人均 GDP 京冀差异变化

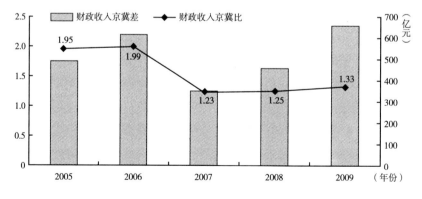

图 11 −6　2005～2009 年地区财政收入京冀差异变化

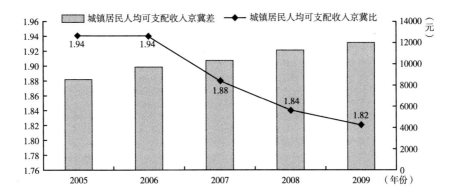

图 11 - 7   2005～2009 年城镇居民人均可支配收入京冀差异变化

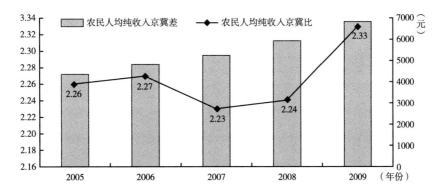

图 11 - 8   2005～2009 年农村居民人均纯收入京冀差异变化

表 11 - 1   2005～2009 年各项收入指标京冀比变化

收入指标	2005	2006	2007	2008	2009	五年平均
人均 GDP	3.07	2.98	2.93	2.71	2.87	2.91
地区财政收入	1.95	1.99	1.23	1.25	1.33	1.55
城镇居民人均可支配收入	1.94	1.94	1.88	1.84	1.82	1.88
农村居民人均纯收入	2.26	2.27	2.23	2.24	2.33	2.27

政收入和城镇居民人均可支配收入三项指标的京冀比在近年均呈现下降趋势，但农村居民人均纯收入的京冀比呈现上升趋势。④农村居民收入指标的京冀差距呈现加速扩大趋势，原因主要在于河北的农村居民人均纯收入增长率在 2007 年以后呈现下降趋势（2007 年 12.91%，2008 年 11.69%，2009 年 7.40%）。

三　小口径环首都经济圈

这种小口径环首都经济圈分析是指对京冀边界两侧县（市、区）进行经济对比。北京一侧涉及的县（区）有：大兴、房山、门头沟、昌平、延庆、怀柔、密云、平谷、顺义和通州，共 10 个；河北一侧涉及的县（市）有：涿州、涞水、涿鹿、怀来、赤城、丰宁、滦平、兴隆、三河、大厂、香河、广阳、安次和固安，共 14 个，其中广阳和安次两个区属于廊坊市区，没有独立的统计数据，这里的分析作剔除处理。

（一）京冀边界两侧各县（市、区）各项收入总量变化直观比较

图 11 - 9、11 - 10、11 - 11 分别表示京冀边界两侧各县（市、区）人均 GDP、地区财政收入和农村居民人均纯收入总量在 2004~2009 年的变化情况。

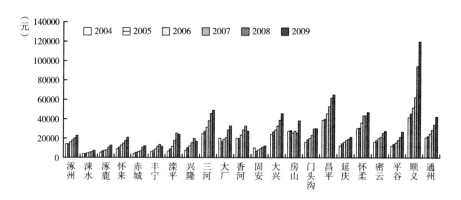

图 11 - 9　2004~2009 年京冀交界各县（市、区）人均 GDP

由图 11 - 9、11 - 10、11 - 11 可见，①京冀边界两侧各县（市、区）三个收入指标的总量差距显著，河北一侧（左半边）各项收入总量均显著低于北京一侧（右半边），其中京冀边界两侧的地区财政收入差距最大，其次为农村居民人均纯收入差距；②各县（市、区）的三个收入指标在近年均呈现递增趋势；③河北一侧的个别县市（如京东的三河、大厂和香河）的有些收入指标值高于北京一侧的个别县（如延庆、密云和平谷），尽管总体上的京冀边界两侧收入差距显著。

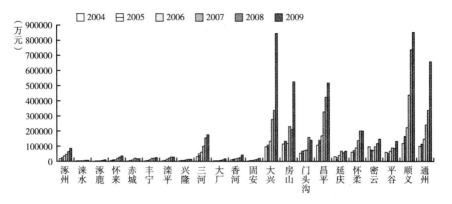

图 11-10 2004~2009 年京冀交界各县（市、区）地区财政收入总量

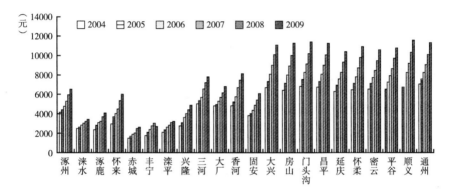

图 11-11 2004~2009 年京冀交界各县（市、区）农村居民人均纯收入

（二）京冀边界两侧县（市、区）各项收入平均数对比

图 11-12、11-13、11-14 显示京冀边界两侧各县（市、区）人均 GDP、地方财政收入和农村居民人均纯收入指标的平均值（边界一侧各县收入总数/县个数）：京冀边界两侧各项收入落差一目了然：各项收入差距均在 2 倍以上，其中地区财政收入差距最大（9 倍）。

上述事实可以从表 11-2、11-3 数据得到支持。表 11-3 进一步表明：河北一侧各项收入指标的平均值环比增长率五年平均数均大于 2009 年数据，而北京一侧则正好相反。说明河北一侧各项收入的增长势头均在下降，而北京一侧各项收入的增长势头还在加快；京冀边界差距继续拉大不仅是目前的事实，而且是未来的趋势。

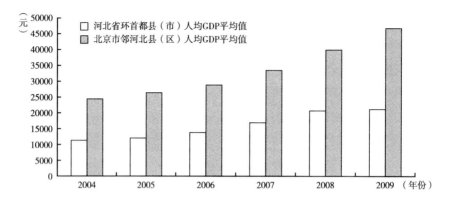

图 11-12 2004~2009 年京冀边界两侧县（市、区）人均 GDP 对比

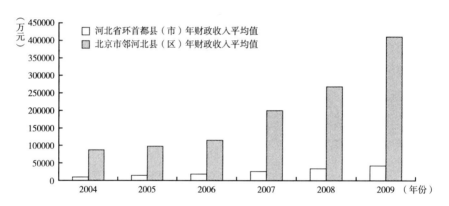

图 11-13 2004~2009 年京冀边界两侧县（市、区）地区财政收入对比

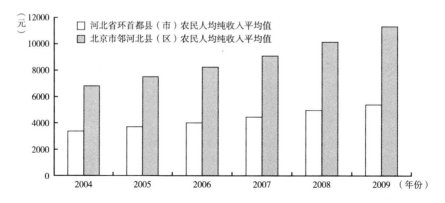

图 11-14 2004~2009 年京冀边界两侧县（市、区）农村居民人均纯收入对比

表 11 - 2　2004～2009 年京冀边界两侧各项收入指标平均值

地区	经济指标	2004 年	2005 年	2006 年	2007 年	2008 年	2009 年
河北一侧	人均 GDP(元)	11543.42	12047.83	13966.92	16938.92	20719.33	21272.58
	地区财政收入(亿元)	9573.25	13617.17	18029.25	26469.00	35046.00	42857.25
	农村居民人均纯收入(亿元)	3412.17	3724.33	4053.00	4469.42	4992.00	5393.25
北京一侧	人均 GDP(元)	24477.04	26432.27	28956.39	33453.66	40071.52	46782.28
	地区财政收入(亿元)	86785.5	97572.4	114986.2	199610.5	268623.3	410854.6
	农村居民人均纯收入(元)	6863.9	7543.2	8246	9099.8	10177.7	11329.5

表 11 - 3　2005～2009 年京冀边界两侧各项收入指标平均值环比增长率

单位：%

	增长率	2005 年	2006 年	2007 年	2008 年	2009 年	五年平均
河北一侧	人均 GDP	4.37	15.93	21.28	22.32	2.67	13.31
	地区财政收入	42.24	32.40	46.81	32.40	22.29	35.23
	农村居民人均纯收入	9.15	8.82	10.27	11.69	8.04	9.60
北京一侧	人均 GDP	7.99	9.55	15.53	19.78	16.75	13.92
	地区财政收入	12.43	17.85	73.60	34.57	52.95	38.28
	农村居民人均纯收入	9.90	9.32	10.35	11.85	11.32	10.55

（三）京冀边界两侧县（市、区）各项收入京冀差变化趋势

由表 11 - 4 和图 11 - 15、11 - 16、11 - 17 可见，各项收入指标京冀边界差距（京冀边界两侧收入平均值之差）变化及差距环比增长率变化趋势：①近年来三项收入指标京冀边界两侧的巨大落差都在继续扩大，且差距增长率呈现大幅上升趋势，其中地区财政收入京冀差距环比增长率五年平均高达 39.09%，人均 GDP 京冀差距年均增长率为 14.92%，农村居民人均纯收入京冀差距年均增长率 11.33%。② 2009 年各项收入边界差距增长率数据均高于相应指标的五年平均数，边界两侧各项收入差距平均增长率（表 11 - 4）均大于河北一侧相应收入指标的增长率（表 11 - 3），说明京冀边界两侧各项收入差距扩大势头依然迅猛，差距拉大的速度，超过了河北一侧的增长速度。③地区财政收入京冀边界落差以接近 40% 的年均环比增长率超正常高增长，根据以下数据可以作出解释：北京一侧县（区）财政收入的环比增长率 2007 年以后各年均高于河北一侧县（市），

且有上升趋势，2010 年北京地区财政收入的环比增长率高达 146.35%；而河北一侧则呈现下降趋势（表 11 - 3）。北京边缘地区地方财政收入增长如此之快，可以推测北京市对于边缘地区的财政转移支付力度是大幅增长的。

表 11 - 4   2004 ~ 2009 年各项收入指标京冀边界差距及其环比增长率

单位：元，%

经济指标	2004 年	2005 年	2006 年	2007 年	2008 年	2009 年	五年平均
人均 GDP 京冀边界差	12934	14384	14989	16515	19352	25510	
环比增长率		11.22	4.21	10.18	17.18	31.82	14.92
地区财政收入京冀边界差	77212	83955	96957	173142	233577	367997	
环比增长率		8.73	15.49	78.58	34.91	57.55	39.09
农村居民人均纯收入京冀边界差	3452	3819	4193	4630	5186	5936	
环比增长率		10.64	9.8	10.43	11.99	14.47	11.33

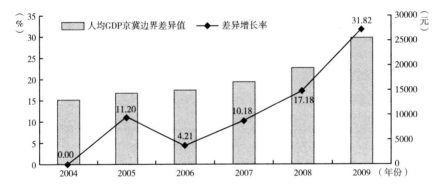

图 11 - 15   2004 ~ 2009 年人均 GDP 京冀差异变化趋势

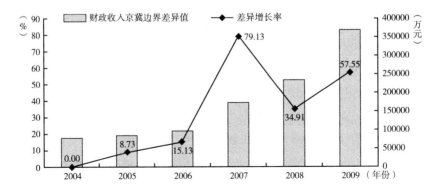

图 11 - 16   2004 ~ 2009 年地区财政收入京冀差异变化趋势

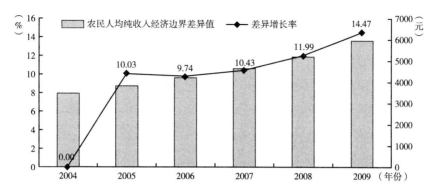

图 11 - 17　2004~2009 年农村居民人均纯收入京冀差异变化趋势

（四）京冀边界两侧县（市、区）各项收入京冀比变化趋势

由表 11 - 5 和图 11 - 18 可见：①基期 2004 年三项收入指标京冀比均在 2 倍以上，地区财政收入京冀比更是高达 9 倍以上。② 2009 年各项收入指标的边界京冀比均大于五年平均数，说明京冀边界两侧各项收入差距均呈显著扩大趋势。③地区财政收入边界京冀比（7.67，表 11 - 5）远大于总体京冀比（1.55，表11 - 1）；可以佐证上述关于北京市对其边缘地区加大转移支付力度的推测。④地区财政收入边界京冀比五年平均数接近 8，2009 年趋近 10，京冀边界两侧存在如此巨大的财政能力差异，可以推测边界两侧公共服务水平差距之大，而且这个差距还在继续扩大。

表 11 - 5　2004~2009 年三项收入指标边界京冀比变化

单位：%

经济指标	2004 年	2005 年	2006 年	2007 年	2008 年	2009 年	五年平均
人均 GDP	2.12	2.19	2.07	1.97	1.93	2.20	2.07
地区财政收入	9.07	7.17	6.38	7.54	7.66	9.59	7.67
农村居民人均纯收入	2.01	2.03	2.03	2.04	2.04	2.1	2.05

（五）京冀边界两侧县（市、区）农村发展与民生状态

鉴于京冀边界两侧以农村居民为主，这里对京冀边界两侧农村发展和民

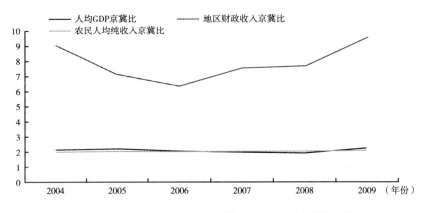

图 11-18   2004～2009 年三项收入指标边界京冀比变化

生状态作进一步说明。如表 11-6 所示，京冀边界两侧农村居民的收入水平
由 2004 年的 2.01 扩大到 2009 年的 2.1；农村居民人均纯收入边界京冀差及
其环比增长率以及边界京冀比均呈现上升趋势。说明京冀边界两侧农村居民
人均纯收入落差依然呈现加速扩大趋势，表明京冀边界两侧农村居民的生存
状态正在由不平等走向更大的不平等。联系北京市对边缘地区的财政转移支
付力度逐年大幅增长，从而在北京边缘地区形成较高的社会公共服务水平，
而河北省的表现却恰好相反的情况，这种京冀边界两侧的居民待遇的不平等
就更加明显了。

表 11-6   2004～2009 年农村居民人均纯收入京冀边界差距

经济指标	2004 年	2005 年	2006 年	2007 年	2008 年	2009 年	五年平均
农村居民人均纯收入边界京冀差(元)	3452	3819	4193	4630	5186	5936	
京冀差环比增长(%)		10.64	9.8	10.43	11.99	14.47	11.33
农村居民人均纯收入边界京冀比	2.01	2.03	2.03	2.04	2.04	2.1	2.05

如图 11-19 和表 11-7 所示，北京市的城乡收入比低于河北省；北京
市的城乡收入比低且呈现下降趋势，河北省的城乡收入比居高且呈现上升趋
势。说明北京市的城乡差别小于河北省，并且趋于城乡一体化目标；相反，
河北省的城乡差别大于北京，而且其变化趋势与城乡统筹发展和城乡一体化
目标背道而驰。

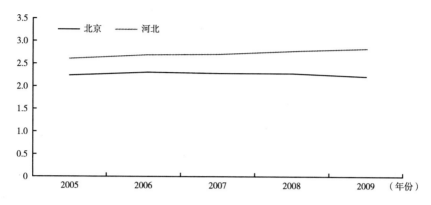

图 11-19　2005~2009 年京冀城乡收入比变化趋势

表 11-7　2005~2009 年京冀城乡居民人均收入对比

单位：元

	经济指标	2005 年	2006 年	2007 年	2008 年	2009 年
北京	城镇收入	17653	19978	21989	24725	26738
	农村收入	7860	8620	9559	10747	11986
	城乡收入比	2.25	2.32	2.30	2.30	2.23
河北	城镇收入	9107	10305	11690	13441	14718
	农村收入	3482	3802	4293	4795	5150
	城乡收入比	2.62	2.71	2.72	2.80	2.86

四　结论

根据对环首都经济圈与首都中心之间的收入差距（人均 GDP 表示地区国民收入总量；地区财政收入代表政府收入；农村居民人均纯收入代表民间收入）的考察，得出以下几点主要结论：

第一，在整个华北地区，京津两市经济表现类似，属区域经济中心的发达地区；河北与山西和内蒙古的表现非常接近，属边缘腹地，与中心地区有较大经济差距。在 2005 到 2009 年的五年内，京津的农村居民收入与冀晋蒙的落差有明显的加速扩大趋势。

第二，2005~2009 年，尽管京冀两省（直辖市）之间的绝对收入差距依然

呈现拉大趋势，但京冀之间的相对收入差距总体有收缩趋势，但由于河北农民增收力度渐弱，京冀之间农村居民收入的相对差距也呈现拉大趋势。

第三，2004~2009年，京冀边界河北一侧县（市、区）的各项收入总量均显著低于北京一侧，但河北一侧的个别县市（如京东的三河、大厂和香河）的有些收入指标值高于北京一侧的个别县（如延庆、密云和平谷）。

第四，基期2004年三项收入指标边界京冀比均在2倍以上，地区财政收入京冀比更是高达9倍以上。2009年各项收入指标的边界京冀比均大于五年平均数，说明京冀边界两侧各项收入差距均呈现扩大趋势。

第五，2009年各项收入边界差距增长率数据均高于相应指标的五年平均数，边界两侧各项收入差距平均增长率（表11-4）均大于河北一侧相应收入指标的增长率（表11-3），说明京冀边界两侧各项收入差距扩大势头依然迅猛，差距拉大的速度超过了河北一侧的增长速度。

第六，2004~2009年，京冀边界河北一侧各项收入的增长势头均在下降，而北京一侧各项收入还在加快增长，所以京冀边界差距继续拉大不仅是目前的事实，而且是未来的趋势。

第七，2004~2009年，地区财政收入京冀边界落差以接近40%的年均环比增长率超正常高增长，原因在于：北京一侧县（区）财政收入的环比增长率2007年以后各年均高于河北一侧县（市），且有上升趋势，2010年北京地区财政收入的环比增长率高达146.35%；而河北一侧则呈现下降趋势（表11-3）。

第八，北京边缘地区地方财政收入增长如此之快，且地区财政收入边界京冀比（7.67，表11-5）远大于总体京冀比（1.55，表11-1），可以推测北京市对于边缘地区的财政转移支付力度是大幅增长的。

第九，地区财政收入边界京冀比五年平均数接近8，2009年趋近于10，京冀边界两侧存在如此巨大的财政能力差异，可以推测边界两侧的社会公共服务水平差距之大，而且这个差距在继续扩大。

第十，京冀边界两侧农村居民的收入水平由2004年的2.01扩大到2009年的2.1；农村居民人均纯收入边界京冀差及其环比增长率以及边界京冀比均呈现上升趋势，说明京冀边界两侧农村居民人均纯收入落差依然呈现加速扩大趋势，表明京冀边界两侧农村居民的生存状态正在由不平等走向更大的不平等。联系北京市对边缘地区的财政转移支付力度逐年大幅增长，从而在北京边缘地区形成较高的社会公共服务水平，而河北省的表现却恰好相反的情况，这种京冀边界两侧的居民待遇的不平等就更加明显。

第十一，北京市的城乡收入比低于河北省；北京市的城乡收入比低且呈现下降趋势，河北省的城乡收入比高且呈现上升趋势。说明北京市的城乡差别小于河北省，并且趋于城乡一体化目标；相反，河北省的城乡差别大于北京，而且其变化趋势与城乡统筹发展和城乡一体化目标背道而驰。

参考文献

［1］2005～2011年《北京市统计年鉴》，中国统计出版社。
［2］2005～2010年《河北省统计年鉴》，中国统计出版社。

B.12

京津冀区域治理机制研究

张智新 申现杰*

摘　要：京津冀三省市在城市发展定位、基础设施、水资源、产业发展及行政区划等方面均存在一定程度的竞争和冲突，造成了区域市场分割和地方保护主义、地区间重复建设和投资浪费、区域公共物品供给失灵、公共政策相互抵触等不良后果。为了促进地方政府间的合作协调，京津冀地方政府应该通过强化政府间互动合作的理念与激励，尝试构建中央和区域层面的府际协调机构，规范中央和地方之间财政人事等方面的分权制度，改进政府绩效考评的主体和标准等措施，优化并完善以政府、企业、社会组织和公民共同参与的区域治理机制。

关键词：京津冀　府际关系　区域治理　区域合作

在区域竞争的背景下，城市间产业竞争已经由单纯的单个企业竞争转变为产业链的竞争，在这种新的竞争模式下，区域竞争力需要一个产业上、中、下游各个环节企业的配合和支撑。一个区域在产业链的某个环节具有竞争力，并不代表这个产业链就有竞争力。因此，面向整个都市圈，整合各方面资源，建立新型的区域分工机制，打破旧有的分割体系，变政府竞争为合作，形成区域都市圈产业链的整体优势，将是提升都市圈整体竞争力的核心所在。

珠江三角洲的崛起，推动了香港制造业向内地的转移，同时也增强了香港的竞争力。长江三角洲也是在上海的牵引下获得迅速发展，成为强大的零配件制造业基地，反过来又巩固了上海作为经济中心的地位。如此一来，核心城市和周边

---

* 张智新，首都经济贸易大学城市经济与公共管理学院副教授、博士，主要研究公共管理；申现杰，赛迪顾问股份有限公司项目经理，主要研究区域经济学。

地区之间关系密切，形成了相互依存的利害关系。在上海对于长三角，香港、广州对于珠三角都产生了显著的"正拉动"效应的情况下，京津反哺区域经济的作用尚不明显。和珠三角、长三角地区相比，相距120公里的京津两大直辖市对于区域经济的带动作用在竞争与较量中日渐抵消，各自为政的现代化规划很少能够从地区发展的层面审视自身城市的发展，更无法以整体观念解决地区问题，呈现出竞争大于合作的局面，主要表现在京津之间的竞争和津冀之间的竞争。

北京和天津作为该地区两个特大型中心城市，联合观念的缺乏、行政地位的对峙以及由此形成的区域壁垒和特定时期形成的财政、投资、金融体制等方面的制度障碍，在相互竞争区域经济发展的"龙头老大"的过程中，出现了明显的工业主导产业趋同现象，二者已经形成了包括传统基础工业、高技术产业和都市型工业在内的自我循环的工业体系。作为全国的政治和文化中心，北京虽然已经形成了以第三产业为主体的产业格局，但地方财政和就业对第二产业的依赖性还比较强，因而与该地区其他城市的产业差异性还没有完全突显。

天津与河北的竞争主要体现在工业上，天津是北方重要的港口和工业中心城市，而河北也是北方的工业大省，境内的唐山、秦皇岛和沧州在主导工业、港口等方面都是天津的竞争对手。北京、天津与河北之间的合作虽然较前一个阶段有了一定的深化，但主要是围绕京津两大城市居民的"菜篮子"和"米袋子"。农产品的低价格以及由此产生的农业合作的低利润使河北得利不多，这也在很大程度上抑制了河北开展区域合作的积极性。深层次产业合作的缺乏，导致彼此经济增长的相关性明显降低。

一 京津冀地区地方政府竞争现状分析

京津冀地区内共有13座城市，围绕着各自自身的发展，北京和天津及河北在不断地展开着竞争。本文以省和直辖市为单位，将竞争点予以陈述。

（一）城市发展定位上的竞争

城市规划是为国民经济和社会中长期发展规划的落实作出的战略部署。其制定的依据主要是各城市在国家或区域政治、经济、文化、生活各方面所处的地位和所起的作用，以此来确定各城市在城市网络以至更大范围内城市分工的主要

职能。

规划是城市建设的龙头，是一项战略性、全局性、系统性的工作，对推动城市发展至关重要。规划对产业的合理选择与布局，不仅能为城市带来巨大的经济效益，而且直接关系到城市的总体功能有效发挥、经济社会环境协调发展、综合竞争力得到提升、市民的生活品质和生活环境得到切实改善，以及城市形象得到提升。

1. 北京城市发展战略规划——世界城市

2004 年北京城市总体规划文本出台的时候，北京就已经明确了北京建设世界城市的"三步走"战略。2010 年在北京市十三届人大第三次会议上，世界城市的概念第一次出现在北京市的政府工作报告上，北京建设世界城市已经成为北京进一步发展的目标所向。北京市市长郭金龙在《关于制定北京市国民经济和社会发展第十二个五年规划建议的说明》中指出，牢牢把握可以大有作为的重要战略机遇期，认真落实国务院关于《北京城市总体规划（2004～2020 年）》的批复精神，以建设中国特色世界城市①为努力目标，大力弘扬北京奥运精神，以更高的标准推动首都的科学发展。

2. 天津城市发展战略规划——北方经济中心

2004 年天津市规划文本出台，指出要将天津建设成为我国北方的经济中心、国际航运中心、生态型城市。2006 年 7 月，国务院进一步明确天津的城市定位，在批复天津市城市总体规划中表示，要将天津市定位为国际港口城市、北方经济中心和生态城市。同年，国务院也赋予了天津成为我国第二个综合配套改革试点区的地位，拥有综合配套改革试点的政策优势，天津滨海新区的开发开放将作为天津未来发展的新引擎，带领天津成为名副其实的"北方经济中心"，并使天津逐步成为全国第三个拉动区域经济发展的龙头型城市。2010 年，中共天津市委关于"十二五"规划的建议指出，努力建设国际港口城市、北方经济中心和生态城市，不断开创改革开放和社会主义现代化建设的新局面。……为全面实现中央对天津的城市定位和滨海新区的功能定位打下更为坚实的基础。

---

① 世界城市是国际城市的高端形态，是指在城市国际化进程中处于最高层次，集中了远远超出常规比例的国际商品、资本、信息、技术、人员等要素和世界上最重要的经济活动，能够在世界经济、政治、文化领域发挥全球性影响的国际城市。目前世界上公认的世界城市是纽约、东京和伦敦。

3. 世界城市与北方经济中心定位的冲突

世界城市首先是个经济概念，具有为全球生产性要素服务的本质特征，是全球范围内商品、资本、信息、技术、人员等生产性要素流动的集散地。众所周知，要素聚集程度越高，流量越大，城市就越繁荣，就越具有国际竞争力和辐射力。根据要素扩散与辐射力的大小可以观察城市影响的地域范围，区别国际城市的层级：地区性国际城市—洲际性国际城市—全球性国际城市。由于全球性国际城市处于国际城市的顶端，因此也被称为世界城市。

从伦敦、纽约和东京目前世界公认的这三大世界城市来看，世界城市是全球经济体系的重要节点和发达都市圈的首位城市。以纽约为首位城市的都市圈包括波士顿、纽约、费城、巴尔的摩、华盛顿等40个城市，形成密集的城市连绵带，城市化水平达到90%以上，人口占美国总人口的20%，还集中了美国70%的工业；以伦敦为首的伦敦都市圈，拥有英国60%的人口和80%的经济产值，形成了英国产业密集的经济核心区；同时依托日本三湾一海地区的东京首都圈是世界上人口密度最大的国际都市圈，集中了日本80%的产业，60%的城市化人口和40%的高等教育人才。由此可以看出，世界城市作为全球经济体系的重要节点和国际经济中心，首先必须是区域的经济中心城市，依靠中心首位城市的带动辐射，周边连绵城市带的支撑，使该区域成为影响全球经济的中心地带。

经济中心是指经济活动的高度积聚，在要素市场、产品市场和生产组织中起决定性作用的地方。既可以为外区域提供产品和服务，也可以为腹地提供服务。足够大的经济规模和流量成为壮大城市中心地位的关键。虽然国家明确了天津经济中心的定位，但从现实来看，与北京相比，其具有明显的劣势。一是经济规模不够大。2010年天津地区生产总值是9108.8亿元，地方财政收入776.65亿元，三次产业结构为1.6∶53.1∶45.3。而2010年北京全市实现地区生产总值13778亿元，地方财政收入2105亿元，三次产业结构为0.9∶24.1∶75。北京虽然没有明确提出成为区域经济中心，但实际上北京已经奠定了京津冀地区经济中心的地位。二是从产业结构来看，天津面临着产业结构层次较低、产品附加值偏低、自主创新能力低和外向性依赖重等弱势。天津城市产业结构制造业比重很大，第二产业发展对城市下一步发展影响很大。虽然城市本身第三产业发展已经步入快车道，但与北京相比还是差距甚大，2009年北京的第三产业比重为75.8%，而天津第二产业发展速度快，第三产业比重降到40%左右，反映出天津的集聚效应、

吸引力远低于北京。

京津两个城市的自身定位都得到了中央政府的认可和支持，在这样一个很小的区域，只能有一个核心的经济中心。由于两个城市的产业结构比较雷同，差异化竞争的局面尚未构成，为了在争夺区域中心的竞争中胜出，天津将北京作为防范的重点对象，而北京不想让天津大，在产业转移和兴建基础设施方面，北京宁愿舍天津而与河北合作。比如北京和河北省政府目前主要打造唐山曹妃甸 LNG 一期工程（600 万吨/年）建设，企业迁移方面比如首钢迁移至唐山、北京市化学建材厂迁址保定高碑店；北京二毛纺织集团同河北保定高阳县的三利集团联合建设车间等。

在京津冀地区金融方面，北京提出要建"具有国际影响力的金融中心"。天津要建设区域金融中心、离岸金融中心。石家庄也要力争建成区域性金融中心。① 一个城市是否具备区域金融中心的功能，主要在于城市金融在区域中的话语权、金融辐射力、区域外的参与度，需要一个城市拥有活跃的市场与庞大的经济体量作为支撑。区域经济或金融中心的构建，是经济自然发展形成的过程。北京具有总部和政治优势，天津具有先行试点的政策优势，石家庄作为河北省的省会，具有影响河北 11 市的地位，由此可以看出，未来围绕金融中心的争夺战也会在京津冀地区蓬勃展开。

（二）城市基础设施上的竞争

为了构建良好的区域投资环境和满足进一步推进城市化对基础设施建设的需求，大量投资城市基础设施变成必要，大量投资基础设施建设短时期内也能对拉动 GDP 增长具有巨大的推动作用，因此，京津冀地区各地方政府都十分重视和加强地方基础设施建设，争相上马建设大型的港口、机场、铁路和公路等。

1. 天津国际航运中心与河北国际物流中心之争

天津市城市规划（2006～2020 年）提出将天津港建设成为"北方国际航运中心"，《河北省"十一五"规划纲要》指出："统筹秦皇岛港、唐山港和黄骅港的建设与发展……积极推进曹妃甸重化工业循环经济示范区建设，建设现代化的

---

① 《中国 26 个城市"区域金融中心"建设之争》，http：//news. 163. com/09/0729/09/5FCM60OD 000125LI. html。

重化产业基地和国际物流中心。"这种定位对天津临海产业的发展和海洋产业的发展带来非常严峻的挑战。《河北省"十二五"规划纲要》指出:"大力拓展港口功能。整合港口资源,完善基础设施,建设三个亿吨综合大港。全省港口生产性泊位达到 165 个,吞吐能力达到 8 亿吨,其中集装箱达到 310 万标箱。"

　　京津冀地区几大港口近乎相同的定位必将引发激烈的竞争,这对天津港的未来发展带来了严峻的挑战,并将直接影响天津海洋产业和与航运等相关产业的发展。随着河北经济发展战略的东移,河北省的三个港口和天津港展开了一轮又一轮的竞争,即使是同一省内的港口之间也竞争有余,秦皇岛、京唐、黄骅港之间也即如此①。四个港口的腹地有着大范围的交叉地带,彼此之间展开的盲目竞争造成大多数港口长期货源不足,吞吐能力闲置和浪费,亏本经营。与此同时四个港口重复建设的浪潮也此起彼伏,一浪比一浪高,这一现象严重制约了港口经济特征突出的京津冀地区经济的发展。"一方面中国需要更多的港口和机场,另一方面中国现有的港口和机场利用率很低,原因是选址不对。……中国实在是浪费不起那么多的资金搞设施的重复建设和错建。"② 除开发区和港口外,京津冀地区的机场、高速路等重大基础设施的规划、建设也都需要进一步下大力气协调。

表 12 - 1　京津冀地区港口和直接经济腹地一览

港　口	直接经济腹地
天津港	北京、天津两个直辖市和华北、西北以及广大内地省市
秦皇岛港	秦皇岛、北京、山西和内蒙古的产煤地区
唐山港	唐山、北京、冀北、内蒙古
沧州港	沧州市及河北省中南部、山西中部、陕西

表 12 - 2　天津和河北"十一五"时期港口建设力度

港　口	"十一五"期间
天津港	投资约 367 亿元,重点建设北港池 10 个集装箱泊位、30 万吨级原油码头、10 万吨级液化天然气码头、南疆大型专业化煤炭及矿石泊位等,货物吞吐能力预计将达到 3.3 亿吨,集装箱吞吐能力达到 1200 万标准箱

---

① 参见《"饿着肚子"忙扩建》,2003 年 9 月 17 日第四版《经济日报》。
② 莱斯特·瑟罗:《资本主义的未来》,中国社会科学出版社,1998,第 50 页。

港　口	"十一五"期间
唐山港	京唐港在"十一五"的投资使其在2010年计划煤炭接卸能力增加到5000万吨 曹妃甸拟在"十一五"期间投资320亿元建设2个25万吨级和2个40万吨级矿石码头、2个30万吨级原油码头、16个5万至10万吨级煤炭码头、1个10万吨级液化天然气码头港口吞吐总能力达到15300万吨,成为世界上最大的煤炭专用码头
秦皇岛港	煤五期工程作为国家重点建设项目2007年4月提前建成投产。该工程的投产,将使秦皇岛港新增5000万吨煤炭通过能力,使该港设计年通过能力达到2.17亿吨,其中煤炭通过能力达到了1.87亿吨
沧州港	"十一五"期间,主要建设内容为新建5万~10万吨级煤炭装船泊位3个及其配套工程,其中:10万吨级泊位2个,5万吨级泊位1个。同时,建设液体化工、集装箱、杂货等码头。沧州港规划到2010年,吞吐能力将突破1亿吨

资料来源:上述港口网站。

2. 机场建设之争

　　港口货运枢纽为天津的竞争优势,天津凭借其货运枢纽地位,为港口建设更多的集疏运基础设施,提升港口条件增强对腹地的辐射能力,对于天津实现国际物流中心具有积极的现实意义,但是天津所提供的城市服务质量和城市服务对象的等级远不能同北京相比,因此,京津塘走廊上,天津更愿意撇开北京,向西聚焦于行政区内部以求内生发展。而国务院"建设天津滨海新区"的政策导向,使得天津这种内生发展动力变得更加强烈。《北京市"十二五"规划纲要》指出,在南部地区全面落实"城南行动计划",打造以北京经济技术开发区和大兴区整合后的空间资源为依托的南部高技术制造业和战略性新兴产业聚集区,抓好首都新机场、丽泽金融商务区等重点项目建设……大幅提高城南发展水平。虽然天津和北京的直线距离较近,但天津的机场尚未达到饱和状态,天津滨海国际机场的扩建工程列入了天津市规划,《天津市"十二五"规划纲要》指出,实施滨海国际机场扩建工程,完善航线网络,引进优质运力,建设我国北方国际航空物流中心和大型门户枢纽机场,与北京展开了新一轮的航空争夺战。

　　此外,从河北省来看,在天津机场和北京展开竞争之际,《河北省"十二五"规划纲要》指出,进一步推动航空业发展,做大做强河北航空公司,改造

---

　　① 唐燕:《生态文明视角下的城乡规划——2008年中国城市规划年会论文集》。

扩建石家庄机场，打造成区域型枢纽机场、北京主要分流机场和备降机场，加快秦皇岛、张家口、承德新机场建设和邯郸机场改扩建，谋划建设沧州、邢台机场，"十二五"末航空客货运输能力分别达到2200万人次和22万吨以上；这样在京津冀区域内，未来就会分布着北京首都机场、北京首都新机场、天津滨海国际机场、石家庄机场、唐山机场、秦皇岛机场、张家口机场、承德机场、邯郸机场、沧州和邢台机场，在京津冀21.61万平方公里的狭小空间，就会存在11个机场，平均1.96万平方公里一个机场，其中，邯郸至邢台60公里，邢台至石家庄115公里，承德和张家口分别距离北京206公里和200公里，且河北城市之间均有高速公路连接，按照每小时120公里的行车速度，均在1个半小时车程内，况且河北省的地理形势为南北狭长，在河北省狭长的两边，又存在着太原机场和济南机场，这13个机场布局在密度如此狭小的空间里面，势必存在着一些机场的闲置和浪费，京津冀三地的基础设施建设京津冀三个地区因条块管理体制和相关法规限制，无法形成共建共享机制。京津冀三地间行政隶属关系复杂，许多方面政策不统一，利益不一致，各自为政，各行其是，使得京津冀地区之间的协调难度很大。条块分割，过度竞争，导致了京津冀区域性交通基础设施和环境治理工程因各地政府之间缺乏协调而进展缓慢。

（三）城市用水资源上的竞争

水是经济发展赖以依靠的基础自然资源和战略性资源，是一个城市发展的生命线，是可持续发展的重要物质基础。京津冀三地所属的华北北部地区属于缺水型地区，随着京津冀经济水平的进一步提升和人口的增长，三地对水资源需求不断增长，供需矛盾日益尖锐，水资源将成为京津冀三地经济发展的最大制约因素。因此，京津冀三地之间围绕资源的竞争，也主要表现在水资源的供给和补偿上。

河北两市与天津在用水上的竞争。位于天津北侧的河北省唐山市已跻身成为京津冀都市圈的三大主角城市之一。2010年，唐山市国民经济生产总值已经达到4469亿元，位居河北省设区市第一位，重化工业基础雄厚，具备了经济社会进一步发展的基础条件。《河北省"十二五"规划纲要》指出，做大做强唐山这一省域中心城市，人口规模在"十二五"期末要达到300万以上。唐山市要着力发展精品钢铁、装备制造、循环化工等，建设科学发展的示范城市、环渤海地

区的新型工业化基地、东北亚地区的合作窗口。

从未来唐山市人口和其主导产业来看，唐山市对水资源的需求会越来越大，而1980年初实施的"引滦入津"工程，将唐山上游潘家口水库的部分水资源分配给天津使用，自身用水量不断提升的唐山，迫切希望减少对天津的供水而转向满足自身的经济发展需求。与此同时，河北省沧州也正在着力发展石油化工、装备制造、冶金建材、临港物流等产业，建设环渤海地区的明星城市，也希望作为水源地逐步地减少对京津两市的供水量，转而补给自己的港口工业建设。

河北两市与北京在水资源上的竞争。2005年河北省政府与亚洲开发银行合作的《河北省经济发展战略研究》提出，在京津两大城市周围，有一个巨大的贫困带，涉及32个贫困县、272万贫困人口，其中，在北京的周边涉及河北的县市有13个。[①] 位于京津以北生态敏感带中的张家口和承德地区是北京的生态屏障和水源保护地，多年来为维护北京整体生态环境承担了诸多责任，因此相较其他城市而言，失去了诸多平等的发展机会。比如张家口处于"环京津贫困带"的地区，其贫困县数量达到了11个之多，涉及农业人口95.4万，为了给首都提供充足和清洁的水资源，大规模压缩工农业用水，不断提高企业排污标准，关停了众多效益可观而耗水严重和排污标准低的企业，严重制约了工业的发展。作为京津的风沙源治理区，尤其是北京的风沙源治理区，为保护京津的大气环境而实施的封山育林和退耕还草还林所需要的投资远远不够，使得张家口的农业和畜牧业无法充分地发展。[②] 2006年10月，北京市和河北省签订了《北京市人民政府与河北省人民政府关于加强经济社会发展合作备忘录》，北京市向河北省有关地区提供了稻改旱、治理水污染的补偿，但是其补偿额度远未达到能够弥补河北省相关地区损失的程度，2010年后虽然补偿额度稍微有些增加，但是河北与北京围绕补偿额度的竞争始终在继续。

（四）城市行政区划上的竞争

廊坊和保定因为适于城市建设，又直接毗邻京津两市，较多地接受了来自京

---

① 《环京津贫困带不利于首都安全》，http://news.163.com/05/0818/02/1RDFDBM20001124T.html。

② 左停等：《首都经济圈的贫困带成因与消除贫困的建议》，《乡镇经济》2009年第5期。

津地区的辐射，人口和经济规模不断提升，而建立区域一体化的市场体系将给两市带来更多的实惠。不过，位于京津走廊上的廊坊，仿佛夹心饼干一样，它的主要发展被动地依附于北京和天津，同时又有着被吃掉合并的危险。河北省主要官员在谈到京津冀区域合作的时候，总是将维持现有行政区划作为合作的基本条件，也反映了河北对于损失廊坊北三县的担心。位于北京南部的保定京南地区，距离北京中心还不足50公里，随着北京建设世界城市步伐的加快，作为腹地的河北周边地区，与北京的经济联系将会逐步地加强，而与河北保定、廊坊中心城区的联系将会逐步减弱，伴随着企业的外迁，这些地方很可能被北京市划入自己的辖区，且在这些地区，其固定电话区号已经开始并轨使用北京和河北两地的区号。

因此，由于河北担心一些周边地区被北京或天津在行政区划上吃掉，围绕京津两大都市，河北周边地区的基础设施建设投资较低，建设缓慢，也使得京津产业缺乏配套的基础。以汽车制造业为例，北京和天津是我国重要的汽车生产基地之一，与汽车发展配套服务的零部件生产有很强的市场需求，其所需要的零部件生产企业一般都在100家以上，但京津汽车产业发展所需的汽车零部件的80%左右要由京津冀以外区域供给，其中绝大部分来自长三角地区。比如北京现代汽车与国内40多家配套厂建立了协作关系，其中20家建在北京，另外20多家分布在上海和江浙，而河北没有一家。北京和天津的汽车企业到江浙一带寻求配套零部件的生产，直接加重其物流运输成本，不利于自身的利益最大化，而河北不能提供充足的零部件生产厂家，也是一种发展的缺失。

（五）城市产业发展上的竞争

产业转移之争导致相关产业集群难以形成。在京津冀地区开发区建设布局中，以发展工业为主的开发区更是遍地开花。以京津塘为例，京津塘地区共有44个市级以上各类开发区，其中北京有27个开发区，天津有13个开发区，廊坊有4个开发区。在继天津滨海新区成为国家级开发区后，河北渤海唐山新区也开始计划申报成为国家级开发区，为了争夺客户，吸引产业到本开发区发展，这些相邻的开发区竞相在土地使用、税费、市场准入和环境保护等方面降低门槛，在竞争中造成资源的流失和优势的相互抵消，这种低水平无序竞争使得各类开发

区整体规模都不大,开发区中产业分布的指向性和集中性非常不明显,各类企业分布在众多的开发区中,而没有形成相关产业集群。

中共河北省委关于制定"十二五"规划的建议指出,加快建设环首都经济圈,全方位深化与京津的合作,在承德、张家口、廊坊、保定四市近邻北京、交通便利、基础较好、潜力较大的县(市、区)重点突破,实施环首都"新城战略",以廊坊市北三县、涿州、怀来为中心,倾力打造京东新城、京南新城和京北新城。但是我们应该看到,由怀来和巨鹿组成的京北新城位于北京的上风上水地区,其境内的官厅水库目前尚不能向北京提供饮用水,处于正在治理的状态,如果在此设立开发区,建设新城,引进产业,势必进一步影响到北京的环境,处在下游的北京拥有众多的中央机构,环境导致的问题很容易在行政和产业转移上遭到北京的抵制。再看京南新城,虽然其地理位置较佳,但其境内,却拥有易县、涞水县、白沟、定兴、高碑店、涿州等县市,县城之间不足20公里,与产业转移相伴随的是税收的转移,如何使北京的已有的产业向南部的河北地区转移,在河北基础设施不足和县域多方竞争没有龙头地位的现实下,这是一个需要跟北京博弈的过程。

结构趋同和结构瓶颈的共生构成当前京津冀地区发展的第一制约。从北京、天津、河北制定的国民经济和社会发展"十一五"规划看,他们所确定的产业发展方向基本相同,京津冀地区各省市都有自己的钢铁、化工、建材、汽车、机械制造、旅游、医药等传统产业,目前又都致力于发展电子信息、生物制药、新材料等高新技术产业,产业同构现象比较严重。三地间产业同构的状态,使得三地产业的互补性相对较小,一方面导致三地产业不得不开展一轮又一轮的竞争;一方面使得各地地方政府为了本地产业的发展,而制定出一系列竞争的产业政策,通过打压异地的产业来寻求自身的发展,加剧了政府间的过度竞争。

表12-3 京津冀地区"十一五"期间产业发展重点

地 区	产 业
北京市	产业定位:大力发展高新技术产业,适度发展现代制造业,加快发展现代服务业 高新技术产业:软件、集成电路、信息网络、生物工程和新医药、新材料、新能源 现代制造业:电子通信设备制造、汽车制造、装备制造、生物医药、光机电一体化、石化、新材料 现代服务业:金融、文化产业、现代物流、旅游会展、信息服务、中介服务

续表

地 区	产 业
天津市	产业定位:建设具有更多自主知识产权和品牌的现代制造业基地,加快发展现代服务业 现代制造业:电子信息产业(无线通信、新型元器件、软件)、石化产业(石油、海洋和精细化工)、汽车制造业、石油钢管和优质钢材、现代医药产业、绿色能源和环保产业、装备制造业、纺织业 现代服务业:现代物流、金融保险、旅游
河北省	产业定位:壮大提升工业主导产业,加快发展高新技术产业,全面振兴服务业 工业主导产业:钢铁、装备制造(汽车、船舶、电力、环保、通信)、石油化工、食品、医药、建材建筑、纺织服装 高新技术产业:电子信息、新材料、新能源、生物与医药 现代服务业:现代物流、旅游

资料来源:各省市"十一五"规划纲要。

从京津冀三地区"十二五"规划来看,京津冀三地产业发展重点也多有雷同,比如在产业发展上,三地区都注重新能源、高端装备制造、生物医药、新材料、信息和航空航天产业在未来五年的发展;从服务业来看,京津冀三地区的产业发展重点也比较类似,北京、天津、河北,以及河北的唐山、秦皇岛和石家庄三市都分别侧重于生产性服务业的总部经济、会展、信息服务、金融和生活性服务业的旅游业上,产业同构现象依然存在,可以预见,未来的"十二五"时期,作为三地利益代言人的政府仍然不能排除过度竞争的存在,建立起有效的产业分工与合作机制,加强地区间产业关联度,形成功能互补和各具优势的产业结构依然任重道远。

表 12-4 京津冀地区"十二五"时期产业发展重点

地 区	"十二五"产业发展重点
北 京	信息技术、新能源汽车、节能环保、高端装备制造、生物医药、新能源、新材料和航空航天等产业
天 津	航空航天、石油化工、装备制造、电子信息、生物医药、新能源新材料、轻工纺织和国防科技等产业
河 北	钢铁、装备制造、石化、建材、轻工、医药、食品、纺织服装等传统优势产业,加快培育战略性新兴产业,努力把具有一定优势的新能源、高端装备制造、生物医药、新材料和以物联网、云计算为主要特征的新一代信息产业等打造成为后续支柱产业,力争在节能环保、航空航天、新能源汽车和海洋开发等新兴产业有较大突破

资料来源:京津冀三地"十二五"规划纲要。

表12-5 京津冀地区主要城市"十二五"时期服务产业发展重点

地 区	服务业
北 京	金融中心、软件和信息服务业、总部经济、商务服务业、旅游业、会展业、文化创意等
天 津	现代物流、金融保险、科技和信息服务、中介服务、创意产业、会展经济、总部经济、楼宇经济、服务外包等
河 北	商贸物流、会展、金融保险、服务外包、旅游
唐 山	港口物流、总部经济、滨海旅游、会展经济、海洋经济等
石家庄	总部经济、文化旅游、商贸物流、信息网络、会展经济、现代服务业等
秦皇岛	休闲旅游、港口物流、电子信息、总部经济、会展经济等现代服务业

资料来源：京津冀三地"十二五"规划纲要。

　　北京和天津作为该地区两个特大型中心城市，在争做区域发展的"龙头老大"的过程中，出现了明显的工业主导产业趋同现象，二者已经形成了包括传统基础工业、高技术产业和都市型工业在内的自我循环的工业体系。两市产业结构雷同，造成产业间过度竞争，资源分散利用，产业无法做大、做强，也制约了北京、天津的产业结构升级。此外，这种雷同的产业结构不利于发挥地方资源优势与区位优势，不利于高效地利用有限的资本投入，更不利于区域经济一体化发展。不仅如此，这种雷同的产业结构还引发区域内在土地、税收、人才等方面的不良竞争，制约了区域经济竞争力的增强。

二　京津冀地方政府竞争产生的危害性后果

（一）区域市场分割与地方保护

　　在地方政府竞争中，出于本辖区经济增长业绩、劳动力就业、税收等地方利益的考虑，地方政府有可能在商品、资金、人才、服务或信息等流动和交易方面设置不利于行政归属不在本地的企业或个人的规定，从而偏向本地区的生产者和消费者。比如天津要求摩托罗拉的配套企业必须百分之多少要在天津；而北京现代汽车，则被要求"救活"北京原有的汽车厂，此外在北京市出租车换型过程中，北京市先后颁布了车的设计方案和技术标准，每个设计方案都是以北京现代索纳塔为底版，而最终的结果不出意外地是北京现代胜出①；廊坊虽距离首钢、天钢很近，却在胜芳镇建设产能600万吨的钢铁制造基地。

在法规方面，比如天津市地方法规规定，凡是外地施工企业施工产值达到一千万元及以上，就必须在当地工商部门注册，企业所得税全部在当地缴纳②。而《中华人民共和国企业所得税法》第五十条第一款规定，居民企业以企业登记注册地为纳税地点；第五十条第二款规定，居民企业在中国境内设立不具有法人资格的营业机构的，应当汇总计算并缴纳企业所得税。

在就业方面，比如2009年北京市各区县政府批准招商引资企业招用本市城乡劳动力比例要达到50%以上，用人单位当年新招用人员中本市城乡劳动力比例要达到50%以上。北京市副市长表示，单位招用本市城乡劳动力比例将纳入就业工作综合评定考核内容③。

表12-6　京津冀地区保护主义影响的深度

地区＼类别	限制数量(1)	控制价格(2)	滥用工商质检(3)	政府采购及司法障碍(4)	原材料设限(5)	用工障碍(6)	投融资限制(7)	技术控制(8)	最大值	所对应的方面
北　京	2.38	1.88	2.29	2.22	1.63	2.00	1.67	1.56	2.38	1
天　津	1.54	1.57	1.75	1.74	1.36	1.92	1.33	1.47	1.92	6
河　北	1.51	1.33	1.71	1.80	1.27	1.99	1.38	1.47	1.99	6
最大值	2.38	1.88	2.29	2.22	1.63	2.00	1.67	1.56	2.38	
所对应地区	北京	北京	北京	北京	北京	北京	北京	北京	北京	

资料来源：李善同、侯永志等编著《中国区域协调发展与市场一体化》，经济科学出版社，2008，第233页。

（二）城市间重复建设与资源浪费

重复建设是生产能力超过社会需要，建成后不能发挥效益的同类项目的建

---

① 《北京出租车换型拷问公共政策制定》，人民网，http：//www.people.com.cn/GB/shehui/1063/2920151.htm。

② 《天津地方保护设障碍税企同心共维权》，http：//www.zjswzx.cn/2009/9 - 23/11084260942.html。

③ 《北京出台政策优先录用本市户籍劳动力》，中国网，http：//www.china.com.cn/policy/txt/2009 - 09/25/content_ 18597442.htm。

设，是多余的不必要的建设。重复建设有两种类型，一是建设对象，比如港口、公路等设施，有些没必要建设，却又在盲目建设同类企业，有些建了再重建。二是建设方式不是技术升级，而是扩大规模，造成生产能力过剩。地方政府财政资源的使用，关系到辖区内居民得到公共产品和服务的切身利益，稀缺的财政资源由于不能用于最急需的领域，从而带来了巨大的浪费，即使这种错误的资源配置产生了亏损，也没有具体的部门和个人对此负责。地方政府进行投资建设考虑更多的是政治利益，因此政治博弈和自身利益的博弈竞争使得重复建设不断地被推向高潮。

京津冀地方政府为了赢得竞争，往往不愿意从整个区域着眼来定位自身的发展，从自身优势入手来发展自身的核心产业，担心缺乏某种能力会造成对其他地区的依赖，从而令稀缺资源外流，影响到自身的竞争能力。因此京津冀地方政府作为决策主体和投资主体，不顾中央对基本建设投资规模控制的政策规定，在机场、港口等大型公共基础设施上重复建设，造成了资源的浪费。

（三）跨区域公共物品供给失灵

京津冀各地地方政府追求自身的利益最大化，进行区域大战或者区域封锁，会导致一些跨京津冀的地区性公共物品的供给失灵。作为一种跨区域性的公共产品，在各城市展开竞争的条件下，无法回避搭便车和外部性产生的供给与维护问题，造成了"公用地的灾难"。

根据 2009 年 5 月国家审计署发布的渤海水污染防治审计调查结果，渤海环境质量已严重恶化。2007 年，环渤海人口超过百万的 13 个城市 180 户国家重点监控废水排放企业中，有 41 户废水超标排放，其中 35 户属于石油化工、造纸和印染等污染物排放大户，达超标总数的 85%。审计署的调查还发现，目前环渤海陆源超标排放现象依然严重，环渤海沿岸共监测陆源入海排污口 96 个，其中超标率为 82%。据统计，近年来进入渤海的年污水量占全国排污水量的 30% 以上①。

在京津的供水问题上，河北作为京津的水源地，为了给京津提供充足、清洁

---

① 《环渤海忧思：中国经济第三极面临环境危机》，搜狐财经，http://business.sohu.com/20091207/n268725598.shtml。

的水资源，不断提高水源保护标准，投巨资改善了生态环境，加大对这一地区资源开发和工农业生产的限制，因而不可避免地制约了该地区的经济发展。而北京对周边地区的资源大量索取，而没有对此给予相应的生态环境补偿，造成了上游水资源的枯竭和生态环境的恶化，加剧了首都周边地区的贫困。北京应对张家口所提供的生态效益按照合理的生态补偿机制进行补偿，如企业治理污染的成本，改变张家口市发展规划的转移成本等，北京和天津尤其是北京应该加大对张家口和承德两市的财政转移支付力度，而不是局限在北京目前的笼统的支付 2000 万元上，这远远不足以弥补上游张家口和承德的损失。承德市 1990~2000 年十年间在此方面的投入就超过 20 亿元，每年投入近 2 亿元，平摊到每个县为 3000 多万元，仅宣化造纸厂关闭就使当地每年损失利税 5000 多万元，致使 3000 多职工下岗①。这种补偿不足的直接后果就是河北在京津冀区域合作中动力不足，这在一定程度上也限制了京津的发展。

（四）城市间公共政策的冲突和抵触

在京津冀一体化进程中，通过公共政策的衔接和融合，进而推进整个京津冀城市群一体化发展是其中一个至关重要的环节。但是在今天的京津冀城市群中，人才流动、社会保障、资源开发等许多领域的公共政策都存在着冲突的现象。下面以京津冀地区城乡内养老保险政策为例，来说明公共政策相互抵触现象的存在。

京津冀各地区间城乡养老保险体系并不一致，如北京出台了《北京市基本养老保险规定》和《北京市城乡居民养老保险办法》等，天津市出台了《天津市城乡居民基本养老保障规定》等，河北出台了《关于进一步扩大城镇基本养老保险覆盖面的意见》、《关于实施企业基本养老保险省级统筹有关问题的通知》等，这些养老保险政策，三地都存在着一定的抵触和冲突。

当然，从各地享受养老保险待遇的退休人员必须具备的条件和待遇上各省也不一样，尤其是在养老保险关系的异地转移上困难重重，按照现行政策，养老保险异地转移只能转个人账户基金，因此，各地为了减轻养老负担也往往会对养老保险的异地转入设置严格的条件，甚至采用不同的条件。带来的后果是，假如一

---

① 左停等，《首都经济圈的贫困带成因与消除贫困的建议》，《乡镇经济》2009 年第 5 期。

表 12-7　京津冀地区城乡居民养老保险对比分析

地域	性别	年龄	条件	缴费方式	缴费额度
北京	男	16~60	本市户籍	年缴费	最低:上年农民人均纯收入的9%;最高:上一年度人均城镇可支配收入的30%
	女	16~55	本市户籍		
天津	男	18~60	本市户籍10年以上	年缴费	最低:上年农民人均纯收入的10%;最高:上一年度农民人均可支配收入的30%
	女	18~60	本市户籍10年以上		
河北	男				农民工个人以全省上一年度在岗职工月平均工资的60%为基数,按照4%的费率个人缴纳基本养老保险费
	女				

资料来源:《北京市城乡居民养老保险办法》,《天津市城乡居民基本养老保障规定》,《关于进一步扩大城镇基本养老保险覆盖面的意见》。

个户籍在河北的公民想到北京去发展,除非他能将户籍迁入北京,否则他不能带着身份证和社会保障号直接享受北京基本公共服务,医疗、养老、失业救济等社会保障均需回到河北户籍地方才能享受。因此,京津冀地区内各城市应加强协调与合作,进一步改革和完善社会养老保险制度,减少政策差异,加强衔接和互通互认,从而通过养老保险等公共政策良好对接,来促进区域一体化的可持续发展。

此外,在区域协调机制不完善的情况下,利益分享与补偿机制尚未健全,区域合作可能对某些地区有利而自身地区却可能要承受损失,当区域整体利益与辖区利益发生冲突时,城市政府往往从辖区利益加官员自身利益大于区域整体利益的角度出发,忽视整体利益的存在。比如,地区间由于法律的执行宽严程度存在不平等竞争现象,北京法律相对健全,法律执行也相对严格,导致在京企业处于相对劣势,如大型运输车辆的牌照问题,北京严格按照有关标准审批,但是河北、内蒙古等地为了引资,放宽标准,使一些企业在北京周边地区注册、上牌照,而在北京从事经营。此外,对于本地车辆,执法单位一概"睁一只眼闭一只眼",对于外地车辆,则严加盘查,寻找漏洞罚款。如天津对北京牌照车辆和对天津自身牌照车辆在执法上就存在上述问题,使得北京车辆在运输货物到天津时蒙受在北京可以避免的损失。

西方发达国家城市群协调城际利益冲突的政府协调机构的种种形式,对于确立推进京津冀区域协调机构的组织形式有一定参考价值,但是由于我国与西方发达国家在文化、体制和经济发展水平上的不同,我们不能不顾实际照搬国外模式，况且国外模式也并不能够解决区域发展中城市群内部的利益冲突，因此应该尝试着从建立具有前瞻性和可操作性入手，秉持多中心、共容性原则，构建具有选择激励的区域治理机制，以消弭化解区域地方政府竞争的负面效应。

三　优化京津冀区域治理机制的建议和设想

（一）区域治理主体的确定

多中心治理理论认为那些在城市地区权力分散和管辖交叠的治理模式，实际上是一种充满竞争的、富有效率和活力的模式。单中心意味着只有政府一个决策单位，而多中心则意味着在社会公共事务的管理过程中，并非只有一个决策主体，而是存在着包括中央政府、多个地方政府、各种非政府组织、各种私人机构以及公民个人在内的许多决策中心，这些主题在一定规则制度的约束下，以多种形式共同行使主体性权力。

1. 区域治理主体的核心——政府

政府是区域治理的核心成员，政府的存在本身就是公共利益的体现。其中，中央政府是区域治理的指导者和监督者，也是政府间争议的复议主体。区域协调发展是中央政府宏观调控中的一项重要任务，在我国特殊的政治体制背景下，中央政府不可避免地会参与到区域治理中来，推进区域治理离不开中央政府的指导和支持。当然在区域治理中，也包含有中央政府的派出机构，如淮河治理委员会。

地方政府是区域治理的主要参与者和决策者，是区域治理中的重要不可或缺的力量，没有区域内地方政府的参与，也就无法构建区域协调机构。地方政府也是区域治理中的受益方和监督方，在区域治理中承担相应的责任和义务，是辖区利益的捍卫者，也是促进区域整合的动力所在，因此地方政府是区域治理的最大主体。

2. 区域治理的基础——企业

企业是区域治理最积极的参与者，通过参与区域治理，企业可以表达它们对政府政策、服务和税收方面的建议，为自身所在的企业和行业争取优惠，同时企业也可以通过治理机制与社会各界展开沟通，使自己能够扩大社会资本，在公众

面前树立良好的形象。企业主要分为政府开发公司、大型国有企业集团和较有规模的跨区域经营的民营企业集团。

3. 区域治理的成员——行会、学者和公民

区域行业协会的存在对区域治理具有积极而重要的意义，一方面行业协会可以通过自治和自律的方式规范企业，倡导企业间的跨区域合作与良性竞争，也可以收集本行业与区域协调发展相关联的信息和发展动态，并通过制度型的反馈将相关信息送达区域治理机构，组织和推动相关企业共同制定区域行业发展规划，区域共同市场规划，以推进区域共同市场的建立。

学者都是对某一领域有深入研究的专业人士，学者的参与可以就区域治理机构在相应阶段解决相应问题时提供有益的建议，促进区域治理的良性发展。公民参与者主要是区域治理过程中具体项目执行时的利益相关方，多倾听相关方公民的建议，能够及时地解决在区域治理过程中随时出现的意想不到的问题，为顺利地推动区域治理打下良好的基础。

（二）京津冀区域治理机制的架构

京津冀区域治理机制的架构，主要由三个方面组成，一是中央层面的区域协调委员会，二是京津冀地区层面自主组成的京津冀区域协调委员会，三是京津冀区域协调委员会下设的专门委员会。

1. 中央政府设立的区域协调委员会

目前我国中央政府对地方政府的宏观调控主要采取的是以省为行政单位的分解调控模式，例如长三角、京津冀、粤港澳、海西经济区和成渝经济区等，未来随着区域间竞争和发展的进一步推进，政府尤其是省一级政府的微观经济管理职能将逐步弱化，城市群或区域化将成为我国城市化发展的主导模式。而中央政府至今还没有一个专门指导大的都市圈协调发展的机构。现有的国家发改委地区经济司级别太小，在调整区域间发展上力不从心。因此，在中央内部设立一个具有权威性的、负责对全国城市群经济社会发展进行宏观调控的机构是我国当前区域经济发展的形势需要。

从当前实际出发，近期内可考虑建立一个由多部委协同配合的国家区域经济指导委员会，委员会是一个矩阵式结构，由相关部委派遣几名代表组成，由国家副总理或国务委员担任委员会的主任，同时全国人大赋予其必要的职权，使其能够搞好和国家相关部委间的权力分配和协调。委员会基本职能应该涵盖如下内容：

第一，对我国主要区域城市群的总体发展方向、产业布局、横向协作、相互关系等，从国家经济社会协调发展的战略高度，提出宏观性、指导性的政策建议，报中央与立法机构审批，并具有执行经法定程序通过的政策与规划。

第二，协助解决城市群与国家宏观规划、政策的相互衔接和面临的重大区域问题，实施城市群区域重大项目的规划与建设。

第三，作为行政区之间发生矛盾和冲突的复议机构，负责解决各行政区域之间的纠纷，同时审批某个区域的总体规划和项目建设，以防与国家区域总体规划和临近区域规划相冲突。

第四，统一管理国家关于区域发展的有关经费，协同有关部门规划好国家城市群建设和发展经费的使用方向。

第五，指导各个城市群内部组成的区域性协调机构，指导城市群内部协调机构的组织设立、规则订立、经费保障等一系列工作，对城市政府进行协调，约束不正当竞争行为，鼓励正当竞争。

2. 京津冀地区组建区域协调委员会

中央政府设立区域协调委员会，是国家层面的区域协调机构，同时与国家区域协调委员会相适应，京津冀地区也应该设立区域协调委员会，对国家区域协调委员会的宏观指导和政策进行层层分解，具体落实到相关的省份和城市。其构想如下：

京津冀经济圈由多个城市组成，城市与城市之间既有横向的平行关系又有纵向的垂直关系还有互不隶属的关系。在京津冀区域发展圈，既有北京和天津及河北省的互不隶属的平行的关系，又有张家口、廊坊、秦皇岛、唐山等城市与河北省之间的隶属关系。这些城市之间的互不隶属的平行关系，目前区域城市发展尤其是跨行政区之间还是总体上处于无政府状态，没有专门的机构对区域规划与区域政策负责，也没有可供区域管理利用的区域划分框架，区域政策工具缺陷不全，缺乏有效的监督和评估体制。

在这样的发展状态下，地方政府作为区域经济中的一个成员，他们选择的依据必然是以自己的利益为主，有利益的就合作，没有利益的即使对整个区域有好处也拒绝，因为没有好的监督机制，行政上互不隶属。因此，极有必要构建区域

的发展协调中心并赋予一定的协调监督权。区域经济的发展对地方政府的利益具有共容性,在京津冀地区经济合作的过程中,由于跨越三个省级行政区,必须有一个强有力的协调机构来保障这种区域共容性利益,否则,政策出台后缺乏执行主体或执行的选择性激励,是无法协调京津冀区域内 13 个城市的。因此在现有不依靠中央主导的协调机构下,借鉴美国和法国的经验建立拥有选择性激励的京津冀区域协调委员会势在必行。没有权威的机构是无法行使其职能的,对于京津冀区域协调委员会,其权威主要来自于以下几个方面:

(1)中央政府职权的让渡。

选择性激励对大集团的集体行动起着相当大的作用。选择性激励是指只有行动者才能得到,不行动者不能得到的额外奖励。作为一个理性的经济人,他的任何行动都需要受到激励,对于处在大集团中的个体也是这样的。奥尔森认为,人数众多的大集团的集体行动的成功与否取决于选择性激励。既然是选择性激励,就是分为正负的激励,奥尔森通过描述工会,把强制性的被迫的尽义务列为负激励,把能够获得某种非集体收益作为正激励。激励并不限制于经济激励一种,例如社会地位、社会承认等都属于激励。大集体的行动需要选择性激励,配合集体共同利益行动者得到正的激励,不行动者受到负的激励,只有这样,才可以促进大集团的集体行动。

要使选择性激励的协调机构具有权威性和能够对成员政府进行正负激励的分配,国家区域委员会把涉及京津冀地区跨区域的项目审批权和项目的配套资金、外贸配额等权力转移给京津冀区域协调委员会,也可以以合同的方式授予区域管理机构的一些仅限于京津冀区域内的宏观调控权。情况发生变化时中央可以在合同期满以后收回授予的权力,也可以依据特别法律法规(下文要述及的区域协调法律法规)随时收回相应权力。同时国家区域协调委员会也负责在权力行使中对京津冀区域协调委员会的监督,使之符合中央的意图。

(2)地方政府职权的让渡。

凡对区域共容性利益①有利的跨区域项目的权力授予由城市联合形成区域管

---

① 奥尔森的集体行为理论认为,在集体行动中存在共容性利益,共容性利益是指某位理性的追求自身利益的个人或某个拥有相当凝聚力和纪律的组织,如果能获得特定社会总产出的增长额中相当大的部分,同时会因社会产出减少而遭受极大损失,则他们在此社会中便有了共容利益,它给人以刺激,诱使或迫使他们关心全社会的长期稳定增长。

理机构，授权的形式可以采取合同制的方式，这样可以避免各城市发展中出现问题，并待合同到期的时候，重新修订合同。也可以依据区域协调性法规进行授权，同时地方政府也应该根据相关项目的权重系数列出部分财政款项作为区域协调机构运行和进行跨区域项目实施的费用。

（3）激励和运行。

在区域机构的管理中，需要形成一个明确的进入和退出机制，制定区域管理机构的制度规则，在某些城市不能履行相关规定，损害京津冀区域整体利益时，应依据具体的区域协调制度进行相应的间接式惩戒，如减少相关外贸配额等。对于积极履行区域管理机构的地方政府可以考虑给予一定奖励：在舆论宣传上给予表扬，向中央汇报地方政府的业绩，对主要官员通过组织制度进行表扬或在区域内政策和资金投入上向其倾斜。这样就在区域内城市之间形成了一种选择性激励制度，对于搭便车和损坏其他城市的外部行为进行规避，也可以使一些城市在区域机构中发表自己的意见和建议，为他们争取属于自己的正当合法利益形成申诉的渠道并得到理解。比如张家口可以向区域机构说明治理环境的成本，这样不仅是北京，其他周围受外部影响的城市均可以为其治理环境成本进行补偿，这样也降低了北京独自承担的成本。

选择激励性区域协调机构的运行应建立协商和民主投票机制，针对区域内的共同利益，在集体行动上，可以依据城市的经济规模、人口数量、地理位置、产业程度等指标确定在各种事项上的不同投票系数，对于区域内重大决策事项，进行民主协商和讨论，决策一经确定，经由区域协调委员会或其下属专门机构进行执行或检验，而各城市政府则可以利用自己的权力对区域协调委员会或其下属专门委员会的行动进行审计和评估，以确保由各地区财政转移支付的款项得到合理、合法、透明的使用。

（4）义务和责任。

在职权设置上，区域协调机构职能应主要集中于跨区域公共物品和公共服务的提供，对各成员城市进行利益协调，按照合同履行国家区域协调委员会让渡的部分职能，为整个京津冀区域经济一体化进行服务，并注重公平和效率的结合。

京津冀选择性激励区域协调机构应该努力履行中央赋予的各项职权和经各城市会员民主协商和讨论及投票形成的决议，促进整个京津冀地区的一体化发展。

该机构应该努力提供有利于区域一体化发展的方案，并及时就区域内公共问题

召集各治理主体进行协商讨论,有执行区域政策的权力,涉及跨区域提案由区域内各城市会员提出,区域机构负责召集各会员城市进行讨论,并制定出相应政策。

3. 京津冀协调委员会下的专门委员会和机构

依据地方政府的职权让渡,可成立一些专门的问题解决委员会,如京津港务局、津冀港口协调委员会、环京交通委员会、京津冀环境委员会和京津冀水资源利用委员会、京津冀协议执行委员会、京津冀跨区域规划委员会等机构,机构内的成员可依据自身的身份和地理位置参加。比如,京津港务局由北京和天津两市组成,河北省在框架内参与,但是不具有表决决策权。而环京交通委员会可由北京周边的县市和北京直接组成,河北省内诸如邯郸、邢台等市则不具有决策表决权而仅有参议权。

(三) 京津冀区域治理的配套机制

1. 树立城市政府间互动合作的理念

在多中心治理体制中,为了解决不同范围的公共治理问题需要借助多样化的权力和政府单位,因此多中心治理揭示了对于许多公共治理问题而言,不是依靠简单的行政命令和规划来解决,而是需要权力或政府之间通过合作、协商、谈判,需要运用交叠生产层次和多个领域政治互动中的治理智慧。

当前,在京津冀区域内,各省市各自为政、自成体系、从地方的经济利益出发来考虑问题的现象仍旧十分普遍。随着国家把京津冀区域规划纳入未来规划体系,区域经济合作将向更深层次发展,京津冀各级政府应该进一步解放思想,更新传统的陈旧观念,以促进区域快速发展为总体目标,大力倡导"接轨京津、错位发展、竞争图强、合作共赢"的理念,共建在区域治理和协调发展上的认知共同体,把提升京津冀地区整体竞争力视为自身必须承担的重要任务,树立合作共赢和良性竞争的区域整体发展观念,逐步消除阻碍区域内生产要素和商品自由流动的体制性障碍和各种行政壁垒,在加强联合中谋求自身和整个区域经济的共同发展。比如河北各市要有开放的眼界和共同发展的心胸,要突破京津的"护城河",努力摆脱这种"从属"心态,更新观念,树立起在京津冀区域内"繁荣看京津、发展看河北"的信心,在坚持促进区域整体经济快速发展的大前提下,立足于自身的优势,努力提升河北各市在京津冀地区内的经济地位,实现与京津在基础设施、产业配套等方面的对接,形成共同发展的新局面。京津作为区域内的核心大都市，更应该抛开相互竞争的理念，在区域发展中利用彼此的优势，错位发展，合作共赢，在不断加快自身经济全面快速发展的过程中，进一步加深与河北之间的产业联系与经济合作，增强京津冀区域经济的整体竞争力。

2. 改进政府绩效考核的主体和标准

改进政府绩效考核主体，形成上级和地方民众共同参与考核地方政府政绩的主体。由于中央和地方在考核信息上的不对称，在政府目标多元化和多重目标不易考核测量的情况下，选择以 GDP 为主要标准的考核方式，对于实施我国的赶超战略具有现实的意义。借鉴西方发达国家民主政治和我国台湾省的考核方式，本文认为，解决中央考核的困境在于监督和控制地方官员的行为不仅是由上级政府单一决定，在权为民所系的执政理念下，应赋民于权，积极探索当地居民和社会组织对本地官员和政府绩效的考核，甚至需要部分地借助于区域外人员对政府的评价。

马克斯·韦伯曾深刻指出，社会经济发展越是多元分殊，中央权力就越有必要通过赋权与民众联合，否则会处处受制于各种地方和集团利益。在中国建立中央政府、地方政府和民众三层之间的相互制约关系，让中央联合民众制约地方政府，当然地方政府也可转变成制约中央过度集权的重要的力量。赋民以权，不仅可以降低上级政府在考察官员所需的信息成本，而且是比如何完善政府官员考核指标体系更为根本的政绩考核之道。将民众满意度正式纳入官员绩效考核，使得地方官员必须注重民生和民意，只有这样，地方官员才不会为了竞争和政绩而任意地挥霍当地居民和企业的纳税款项、以推动经济增长为唯一目标，从而形成真正的好钢用在刀刃上。当然，本文并不主张将考核的全部放在地方民众和当地的外来人员上，为保持中央政令的统一和上级政令的严格执行，确定一系列的考核指标，并赋予中央和上级在地方考核上的主导地位在现阶段是可行的。比如在指标制定中，赋予地方民众和外来民众及一些社会组织在地方政府的考核指标中占据30%的比例，而中央或上级政府占据70%的比例，使地方政府官员真正地改变目前的唯上是从的状态，形成地方政府双重身份的考核机制，真正实现中央和地方的共治。

引入综合考核指标，改进现有指标考核体系。在京津冀区域发展中，要坚持五个统筹要求，贯彻落实科学发展观；确立对政府官员的科学评价体系，在任期考核指标中除了经济 GDP 要求之外，还应引入绿色 GDP、人文 GDP 及合作效果等综合指标。同时加快干部制度改革，改变组织任命过程中的上级喜欢谁就让谁

上的现象，使综合考核的结果得以实现，并以此来加强京津冀地区间协作体系，减少地方政府间招、投资过度竞争行为，对政府官员胡乱招、投资行为和作秀工程切实做到有效的考核和问责。

3. 建立规范的中央和地方分权制度

京津冀及其他地区地方政府之间发生的竞争，重要原因之一在于中央和地方的分权制度不太明细。在我国中央和地方政府的分权具有随意性，对于不同层级的政府应该有什么权力和职能，没有明细的法律规定，且由于现行的分税制，使大量的税收收入向上级政府转移，而事权则向下转移，结果导致基层政府事权过重，财权太少，地方政府便不得不采取各种方式发展已方经济，在区域间以邻为壑，争夺财源，结果导致了地方政府间的严重竞争，损害了区域整体经济的发展。

明确法律上的行政性分权是奠定区域治理的制度基础。科学地划定中央和地方的事权与财权，从法律制度上规定中央与地方政府事务和税收的管理范围和相应的权力，即明确规定哪些权力必须由中央行使，哪些权力由地方自主行使，使中央合理集权和地方合理分权在政治过程中相互依存、相互制约、动态平衡。该由中央管理的事项就必须由中央政府及其派出机构管理，该由地方负责的就由地方负责管理，在中央和地方共同承担管理责任的事项上，则交由区域协调委员会解决。在三者之间的事权、财权划分的范围、标准和费用分担比例应力求明确具体，并以具体的法律、法规作保障，减少随意性，形成中央和地方动态平衡的事权与财权平衡的运转机制，调动中央和地方各级政府的积极性，约束区域内地方政府间的过度竞争行为。

4. 促进区域性的法律法规的建立

国外大都市区的治理模式多种多样，但其组织机构都具有一定的法律基础，都有法律法规来明确其权力、功能、职责和资金保障，强化了其权威性。因此，有必要推动区域治理的法律建设，使区域治理组织的成立及其发展建立在相关的法律基础上，保障其资金来源，使其不受行政干预，具有独立处理共同经济事务的职能和权力。

解决京津冀区域经济增长过程中的地区利益冲突和无序竞争，必须通过立法来规范政府间的横向关系，为区域政府间合作和竞争提供必要的法律依据，通过构建区域规划、发展和管理方面的法律，明确各级管理机构与组织的权限，改革现行的行政法，确保在区域间的竞争冲突上做到可诉并有法可依。在法律的框架下调节城市政府之间的利益冲突和竞争，对过度竞争造成严重后果，经法律裁断为违法后，对地方政府负有责任的官员进行审判，将区域间政府竞争纳入到一个正常的轨道。同时建立区域问题审判的异地审判制度，针对区域之间的竞争，可由另一区域的高级法院予以审理，二审可由国家最高法院审理，而行政复议则由上文中的区域协调机构完成。另外，对不同级别间政府的授权方式、权限和义务等做出明细的规定，使政府之间在相关项目上的授权做到有法可依。综上，通过改革现有的行政法律制度，使区域之间的治理机制做到有法可依、有法院可诉、有机构可复议，才能建立起维护地方政府间竞争秩序的有效制度。

5. 构建横向的财政转移支付制度

建立财政横向转移支付的目的是为解决京津冀地区集体行动的成本分摊和利益分享问题，横向的财政转移可依据城市常住人口数量和消耗资源的数量作为基本数据，进行测算各地区针对集体行动所应付出的成本，当然也可以运用其他方法量化地区收益所占比重和对收益的影响度来作为付出成本比例系数的参考。通过将专项集体行动资金交由区域协调委员会下的专门机构来实施公共项目的运作，对于运作的成果和各相关城市政府财政转移支付资金的使用情况，可以由各城市政府联合起来进行审计，确保资金的合理有效使用。例如，在京津冀地区，河北作为上游地区，其对水和环境的保护使得下游的北京受益，多年来经济相对落后的河北为保护北京地区的水和环境付出了巨大的代价，作为下游受益的北京理应与河北通过协商方式确定补偿额，通过区际之间横向的财政转移机制支付应有的补偿，实现北京周边地区水和环境等资源保护的外部效应内在化，提高流域水资源的保护效率。

为了解决河北省境内生态区的贫困问题，促进生态区的经济发展，更好地保护京津冀地区的区域生态环境，可依据"谁受益、谁出资"的原则对生态区进行补偿。根据生态区为保护京津冀地区区域生态安全所做出的贡献，确定补偿范围。包括：水资源使用权补偿、生态林业用地补偿、限制传统工业发展权益补偿、高耗水农业发展权益补偿、生态工程管护费用补偿、自然保护区管护费用补偿、提高地表水环境质量标准和提高生态功能区域标准导致的地方经济损失补偿等[①]。通过政府

---

① 王宪明、回建，《关于京津冀都市圈中北厢区域发展问题的思考》，《河北大学学报（哲学社会科学版）》2006 年第 6 期。

间的财政转移支付，每年拨出一定的专款来保证生态区的生态环境建设、政府支出和贫困区农民生活保障。

（四）京津冀区域治理的运行机制

京津冀区域治理运行机制，如图 12 - 1 所示。京津冀区域协调委员会的权力主要来自于中央区域协调委员会和区域内不同级别地方政府的授权和财政转移支付，由专门的协调委员会进行相关跨区域项目的执行和审批，涉及相关利益的地方政府如果对区域专门委员会执行的结果不满，可以对其进行审计。对于区域专门协调委员会的工作表示不满或者对其他政府表示不满，可以通过专门委员会进行协商，也可以通过行政复议途径向中央区域协调委员会进行复议，同时也可以向法院进行申诉，由异地法院代为审理。行业协会、学者、公民主要承担监督反馈责任，可以参与决策的讨论与区域政策的制定，在区域项目起始运作和以后执行过程中，对于项目进行配合和促进的地方政府，在项目完结以后，必须向该地方政府的上一级机关进行通报，作为该地方政府政绩考核的一部分。由此，便形成了一个多中心的、具有共容性利益的、能够进行选择性激励的多中心治理机制（见图 12 - 1）。

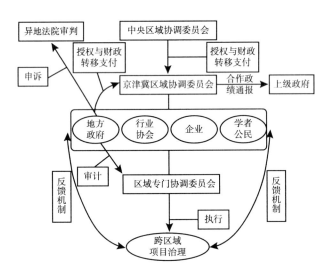

图 12 - 1　京津冀区域治理运行机制

参考文献

［1］《中国 26 个城市"区域金融中心"建设之争》，http：//news. 163. com/09/0729/ 09/5FCM60OD000125LI. html。

［2］《"饿着肚子"忙扩建》，2003 年 9 月 17 日第四版《经济日报》。

［3］莱斯特·瑟罗：《资本主义的未来》，中国社会科学出版社，1998。

［4］唐燕：《生态文明视角下的城乡规划——2008 中国城市规划年会论文集》。

［5］《环京津贫困带不利于首都安全》，http：//news. 163. com/05/0818/02/ 1RDFDBM2000 1124T. html。

［6］左停等：《首都经济圈的贫困带成因与消除贫困的建议》，《乡镇经济》2009 年第 5 期。

［7］《北京出租车换型拷问公共政策制定》，人民网，http：//www. people. com. cn/GB/ shehui/1063/2920151. htm。

［8］《天津地方保护设障碍税企同心共维权》，http：//www. zjswzx. cn/2009/9 – 23/ 11084260942. html。

［9］《北京出台政策优先录用本市户籍劳动力》，中国网，http：//www. china. com. cn/ policy/txt/2009 – 09/25/content_ 18597442. htm。

［10］《港口何须家家有——京津冀经济带连续报道之三》，中国交通技术网，http：// www. tranbbs. com/Techarticle/TEconomy/Techarticle_ 11734. shtml。

［11］《环渤海忧思：中国经济第三极面临环境危机》，搜狐财经，http：//business. sohu. com/20091207/n268725598. shtml。

［12］王宪明、回建：《关于京津冀都市圈中北厢区域发展问题的思考》，《河北大学学 报（哲学社会科学版)》2006 年第 6 期。

专题报告

Special Subject Reports

B.13

北京建设世界城市与京津冀
一体化进程分析

陈　飞*

摘　要： 区域经济一体化既是经济社会发展的结果，也是经济社会发展的基本要求。任何城市或地区的经济发展都与周边地区发生广泛的经济联系，区域间关联的深化过程就是区域一体化不断深化的过程。北京2010年提出建设世界城市的目标，推进世界城市的建设离不开京津冀地区的经济一体化；力图把京津冀打造成引领中国经济增长的第三极，也离不开京津冀地区的经济一体化。本部分主要是结合世界城市与周边地区的经济联系，对京津冀一体化的历史进程和现状进行分析，梳理并总结京津冀经济一体化所面临的机遇和挑战，并提出推动京津冀一体化进程的政策建议。

关键词： 京津冀　经济势差　区位商　区域一体化

* 陈飞，经济学博士，首都经济贸易大学城市经济与公共管理学院，讲师。主要研究方向：新经济地理，区域经济发展。

一 北京建设世界城市的区域基础分析

2010 年北京市明确把建设世界城市作为城市发展的着眼点。世界城市是对全球一体化生产进行管理和控制的场所以及各种生产要素的集散地[1]，是在全球网络中将高等级服务业的生产和消费中心与它们的辅助性社会连接起来的点[2]。对于位于全球城市体系顶端的世界城市来说，其对全球经济社会的发展都具有强大的影响力、控制力和辐射力，与周边地区的经济社会联系也尤为密切。建设世界城市，北京首先应立足于京津冀这一区域。

（一） 城市发展的空间范围分析

一方面，空间是人类经济和社会活动的基本载体，人类的活动离不开适宜的空间。世界城市职能和作用的发挥，需要有足够的空间支撑。就纽约、伦敦和东京这三大世界城市来看，其都市圈的面积目前分别达 138000 平方公里、45000平方公里和 36237 平方公里。[3]

另一方面，世界城市的发展轨迹通常都伴随着空间范围的扩大。以纽约为例，其空间范围从小到大可分为纽约市、纽约都市区和纽约都市圈。纽约市自身的面积仅为 1214.4 平方公里。纽约都市区的面积按照美国联邦政府"管理与预算办公室"的划定，"纽约—北新泽西—长岛，纽约—新泽西—宾夕法尼亚都市统计区"（New York-Northern New Jersey-Long Island, NY-NJ-PA Metropolitan Statistical Area, MSA），其面积达 17405 平方公里，包括纽约州 10 个县（市）、北新泽西和中新泽西 12 个县及宾夕法尼亚州 1 个县等，共 23 个。纽约都市圈则包括波士顿、纽约、费城和华盛顿四大城市群，此外还有巴尔的摩等一些中等城市以及它们附近的一些卫星城镇，圈内含 40 个城市，长约 965 公里，宽 48 公里到 160 公里，总面积约 13.8 万平方公里。[4]

---

① Friedmann, J. & Wolff, G. "World City Formation: An Agenda for Research and Action". *International Journal of Urban and Regional Research*, 1982. Vol. 6 (3).

② Castells, M. *The Rise of the Network of Society*. Oxford: Blackwell. 1996.

③ 资料来源：美国、英国和日本政府网站。

④ 资料来源：美国政府网站。

就北京目前的现状来看，按照目前的行政区划，北京市的土地面积约为16410平方，然而，其中2/3（10317平方）为陡峭的山地面积，其建成区面积约为1289平方。① 这一狭小的空间范围无法支撑北京的世界城市建设。

北京要建设世界城市，扩大空间范围是必然要求。从已经上报中央但尚未获批的《京津冀都市圈区域规划》的一些信息来看，中国的首都圈大概为"2＋8"模式，即北京、天津，加上河北省的石家庄、廊坊、保定、沧州、承德、张家口、唐山和秦皇岛8市，如果按照这一模式，中国的首都圈面积可达382686平方。② 无论最终采取什么模式，中国首都圈面积的扩展成为发展的必然趋势。

（二）北京市的腹地经济状况分析③

作为对全球经济和社会发展具有强大影响力、控制力和辐射力的世界城市，需要强有力的腹地对其经济社会的发展进行支撑。然而，就京津冀这一区域来看，北京、天津周边地区的发展相对滞后，与这两市形成较大的发展势差。

首先，从京津冀三省市的经济密度来看，北京、天津两市的地均国内生产总值在20世纪90年代中期先后迈过1000万元/平方公里，而河北省直到2010年才迈过1000万元/平方公里，其发展滞后了近15年。进入21世纪后，京津两地的经济密度快速增长，北京市的地均GDP从1999年的1926万元/平方公里快速跃升到2010年的8600万元/平方公里；同期，天津市的从1260万元/平方公里迅速增长到7741万元/平方公里。河北省的经济密度则增长缓慢，从1999年的269万元/平方公里增长到2010年的1016万元/平方公里（见图13－1）。

其次，从京津冀三省市的人均国内生产总值来看，其发展趋势与三省市的经济密度趋势一样，河北省的发展表现出明显的滞后性。进入21世纪，北京市的人均国内生产总值即超过24000元，而河北省直到2009年才达到24000多元，滞后了近10年的时间。如果按照该指标考量，根据钱纳里和世界银行的判别方

---

① 资料来源：《北京统计年鉴2011》。
② 资料来源：各市政府网站。
③ 从经济联系的角度看，还有其他许多地区可视为北京的腹地，为了紧扣主题，这里只对河北省和天津市进行分析。

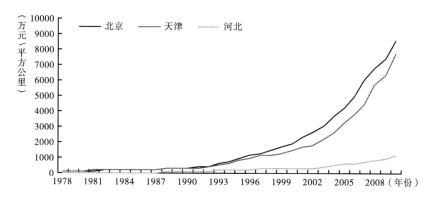

图 13 - 1　京津冀 1978 ~ 2010 年经济密度趋势

资料来源：作者根据《北京统计年鉴（2011）》、《天津统计年鉴（2011）》和《河北统计年鉴（2011）》的数据整理制作。

法，北京和天津目前已经进入后工业化时期，而河北省整体仍然处于工业化中期向工业化后期过渡的时期。从图 13 - 2 可以看出，尽管河北省"十一五"期间发展比较迅速，人均 GDP 增加明显，但是，其与北京和天津的差距并没有显著缩小。因此在这一时期，京津两市的发展也很迅猛，尤其是天津市，其发展速度明显快于河北省的发展速度。

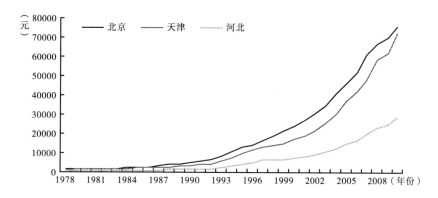

图 13 - 2　京津冀 1978 ~ 2010 年人均 GDP 趋势

资料来源：作者根据《北京统计年鉴（2011）》、《天津统计年鉴（2011）》和《河北统计年鉴（2011）》的数据整理制作。

最后，从要素报酬特别是在职人员工资收入水平来看，京津冀两市一省存在很大的落差。2001 年以来，北京市城镇单位在岗职工的平均工资一直都

是河北的 2 倍多，天津市城镇单位在岗职工的平均工资一直都是河北的 1.5 倍多；北京市城镇单位在岗职工平均工资基本上都超过天津城镇单位在岗职工平均工资的 30% 多（见表 13 - 1）。京津冀三地在职工报酬方面形成明显的梯度差。由于要素的逐利性和流动性，地区间要素报酬的梯度差会产生"虹吸效应"，这在人力资本方面表现尤为明显。在市场机制自发运行的情况下，生产要素的空间虹吸效应会产生循环累积因果机制，导致"贫者愈贫、富者愈富"。

表 13 - 1   2001～2010 年京津冀城镇单位在岗职工平均工资及各地比值

单位：元

年　份	北　京	天　津	河　北	京冀比	津冀比	京津比
2001	19155	14242	8730	2.194158	1.631386	1.344966
2002	21852	16223	10032	2.17823	1.617125	1.346977
2003	25312	18511	11189	2.262222	1.654393	1.367403
2004	29674	21146	12925	2.295861	1.636054	1.403291
2005	34191	24122	14707	2.324811	1.640171	1.41742
2006	40117	27628	16590	2.418143	1.665341	1.452041
2007	46507	33312	19911	2.335744	1.673045	1.396104
2008	54913	39990	24756	2.218169	1.615366	1.373168
2009	58140	43937	28383	2.048409	1.548004	1.323258
2010	65683	51489	32306	2.033152	1.593791	1.275671

资料来源：作者根据《北京统计年鉴（2011）》、《天津统计年鉴（2011）》和《河北统计年鉴（2011）》整理制作。

就发展的趋势来看，进入 21 世纪特别是"十一五"以来，河北省和天津市的经济发展势头良好，发展速度较快，与北京市的发展势差有缩小的趋势。从三省市国内生产总值的增速来看，"十五"以来，津冀两地区的国内生产总值增长迅猛，两地平均的增速都在两位数以上，明显快于北京市的发展速度（见表 13 - 2）。"十二五"时期，如果这种发展态势能够延续，河北省与京津两市的经济势差就能缩小。

表 13 - 2　京津冀名义 GDP 增速

单位：%

年　份	北　京	天　津	河　北
2001	6.5	12	8.7
2002	9.1	12.7	9.6
2003	8.3	14.8	11.6
2004	11.4	15.8	12.9
2005	9.1	14.9	13.4
2006	9.8	14.7	13.4
2007	11.1	15.5	12.8
2008	5.4	16.5	10.1
2009	6.3	16.5	10
2010	2.4	17.4	12.2

资料来源：作者根据《北京统计年鉴（2011）》、《天津统计年鉴（2011）》和《河北统计年鉴（2011）》整理。

（三）津冀对北京建设世界城市的资源支撑状况分析

根据世界城市的功能和产业发展特点以及北京市目前发展所面临的瓶颈，北京建设世界城市对周边地区最迫切的需要是能源和水资源支持。

2010 年，北京市常住人口达 1961.2 万人，国内生产总值超过 14113 亿元。就能源状况来看，2010 年北京市能源消费总量达 6954.1 万吨标准煤，人均能源消费为 661.8 吨标准煤，能源总缺口达 73.5 万吨标准煤。就水资源状况来看，2010 年北京市水资源总量为 23.1 亿立方米，其中地下水资源量为 18.9 亿立方米，占水资源总量的近 82%；人均水资源量为 124 立方米/人，仅为全国平均水平的 5% 多（同期全国平均水平为 2310.4 立方米/人）①。无论是能源资源还是水资源，北京市都处于匮乏状态。在目前的资源分配机制下，北京市的能源资源和水资源严重依赖周边地区。

河北省能源储量丰富，水资源相对丰裕。截至 2008 年，河北省石油累计探明储量 27 亿吨，天然气累计探明储量 1800 亿立方米；另外，风能资源丰富，陆上风能资源总储量 7400 万千瓦，近海风电场技术可开发量超过 200 万千瓦。

---

① 资料来源：《中国统计年鉴（2011）》。

2010 年河北省能源生产总量 8129 万吨标准煤①。河北省水资源尽管也比较短缺，但是相对北京来说丰裕得多。2010 年河北省水资源总量达 138.9 亿立方米，人均水资源量达 195 立方米。②

与北京相比，天津市能源储量比较丰富，但水资源更加短缺。目前天津已探明石油地质储量 40 亿吨，油田面积 100 多平方公里，天然气地质储量 1500 多亿立方米，煤田面积 80 平方公里。2010 年天津市能源生产总量 5236 多万吨标准煤，但是其终端消费高达 6575.8 万吨标准煤。在我国内地 31 个省（直辖市、自治区）中，天津市水资源量是全国最小的。2010 年，其水资源总量为 9.2 亿立方米，年人均水资源量只有 72.8 立方米，仅为全国平均水平的 3.1%。

综上，北京建设世界城市，经济空间范围明显不足，空间扩展成为必然趋势；腹地的经济发展相对滞后，制约北京的城市发展速度；周边地区的能源资源储量丰富，但水资源不足，需平衡使用，以实现整个区域的快速发展，推进北京建设世界城市的进程。

二　京津冀经济一体化进程分析

京津冀地区是我国最重要的政治、经济、文化与科技中心，地域相连、文化相近、历史渊源悠久，是我国经济社会发展的重要引擎之一。该区域的经济一体化不仅仅影响着自身实力的发展壮大，更会对周边地区的未来发展以及整个国家的综合国力产生巨大而深远的影响。经过改革开放三十多年的发展，京津冀市场一体化水平趋于提高③，然而，由于行政体制等方面的原因，京津冀区域一体化还有较长的一段路要走，京津间的空间一体化程度尚处于初级阶段④。

（一）市场一体化进程不断推进，但尚有一些阻碍

经过改革开放 30 多年来的发展，特别是随着社会主义市场经济体制的建立

---

① 资料来源：河北省政府门户网站。
② 资料来源：《中国统计年鉴（2011）》。
③ 陈红霞、李国平：《1985～2007 年京津冀区域市场一体化水平测度与过程分析》，《地理研究》2009 年第 6 期。
④ 吕典玮、张琦：《京津地区区域一体化程度分析》，《中国人口·资源与环境》2010 年第 3 期。

和完善，京津冀一省两市的市场一体化水平趋于提高。进入 21 世纪以来，三地的市场一体化进程不断提高，但某些年份波动较大，比如 2004 年。这里将根据价格法从商品价格空间分异的角度来衡量市场的整合程度的有个的计算值，以居民消费价格指数为对象、以省市的最终消费在本地区最终消费中的比重为权重计算加权均值，然后求解方差，方差的变动区间随时间变化而变小意味着市场一体化程度提高。

表 13 - 3 2001~2010 年京津冀居民消费价格指数及方差

年份	北京	天津	河北	加权均值*	方差
2001	103.1	101.2	100.5	101.6	3.626619
2002	98.2	99.6	99.0	98.8	1.037452
2003	100.2	101.0	102.2	101.2	2.050504
2004	101.0	102.3	104.3	102.7	5.622943
2005	101.5	101.5	101.8	101.6	0.064405
2006	100.9	101.5	101.7	101.6	0.346696
2007	102.4	104.2	104.7	103.7	2.894858
2008	105.1	105.4	106.2	105.6	0.661105
2009	98.5	99.0	99.3	98.9	0.342799
2010	102.4	103.5	103.1	102.9	0.652168

注：京津冀三地的平均价格指数是以三地各自的最终消费占三地总最终消费的比重为权重计算的，权重的具体计算公式为：$a_i = \dfrac{FinC_i}{\sum\limits_{i=1}^{3} FinC_i}$，关于价格法测度一体化和市场整合的具体计算方法，这里主要参考吕典玮等（2010）、佩克曼斯（2006）和 Parsley 等（2001）的方法。

资料来源：作者根据《北京统计年鉴（2011）》、《天津统计年鉴（2011）》及《河北统计年鉴（2011）》整理制作。

从表 13 - 3 可见，2001~2010 年，京津冀三地相对价格方差的变动区间总体趋于缩小，但是个别年份变异较大，比如 2004 年和 2007 年。从图 13 - 3 可见，粗黑线是以对数形式拟合的京津冀三地相对价格标准差变动趋势线，表明京津冀三地商品相对价格变动的幅度（振幅）日益减小，市场一体化进程不断推进。

（二）生产的地域分工日趋合理，但产业同构问题没有得到根本解决

京津冀两市一省在资源禀赋上存在较大差异，产业基础有所不同，随着经

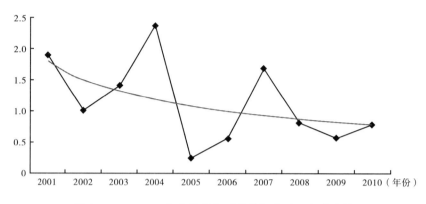

图3 2001～2010年京津冀相对价格标准差及变动趋势

济的演化，三地的产业发展各有优势，存在着一定的互补性，但也存在着较大的雷同性。从加工制造业来看，2010年京津冀的优势制造业存在着比较明显的差异。北京在燃气生产和供应业，电力、热力的生产和供应业，通信设备、计算机及其他电子设备制造业，交通运输设备制造业，印刷业和记录媒介的复制，仪器仪表及文化、办公用机械制造业等行业优势明显，其区位商分别为3.13、2.67、2.07、2.0、1.89和1.82；天津在石油和天然气开采业、黑色金属冶炼及压延加工业这两个行业上优势显著，区位商分别为6.02和2.21；河北在黑色金属矿采选业，黑色金属冶炼及压延加工业，皮革、毛皮、羽毛（绒）及其制品业等优势突出，区位商分别为6.15、3.91、1.77。然而，京津冀的产业发展目前还存在着一定的雷同现象，三地的石油加工炼焦及核燃料加工业、煤炭开采和洗选业在全国都具有一定的优势；另外，京津两市在交通运输设备制造业、通信设备计算机及其他电子设备制造业和医药制造业等行业方面存在一定的竞争性，京冀两地在黑色金属矿采选业、电力、热力的生产和供应业存在雷同现象，津冀两地在黑色金属冶炼及压延加工业和金属制品业两个行业存在比较严重的同构现象，二者在全国相同行业中都具有比较大的优势（见表13-4）。

需要指出的是，从区位商的角度看，京津冀在一些行业可能存在同构现象，然而，从经济活动集聚的角度看，这也可能是京津冀的产业竞争力之所在，问题的关键在于能否整合相关资源、延伸产业链条、协调利益分配，最终发展成为在

表 13 - 4　2010 年京津冀主要产业的区位商

北　京	天　津	河　北
燃气生产和供应业(3.13)	石油和天然气开采业(6.02)	黑色金属矿采选业(6.15)
电力、热力的生产和供应业(2.67)	黑色金属冶炼及压延加工业(2.21)	黑色金属冶炼及压延加工业(3.91)
通信设备、计算机及其他电子设备制造业(2.07)	交通运输设备制造业(1.45)	皮革、毛皮、羽毛(绒)及其制品业(1.77)
交通运输设备制造业(2.0)	金属制品业(1.41)	金属制品业(1.23)
印刷业和记录媒介的复制(1.89)	废弃资源和废旧材料回收加工业(1.37)	电力、热力的生产和供应业(1.18)
仪器仪表及文化、办公用机械制造业(1.82)	石油加工炼焦及核燃料加工业(1.34)	石油加工、炼焦及核燃料加工业(1.17)
医药制造业(1.62)	通信设备计算机及其他电子设备制造业(1.31)	橡胶制品业(1.14)
黑色金属矿采选业(1.62)	食品制造业(1.22)	煤炭开采和洗选业(1.12)
水的生产和供应业(1.61)	煤炭开采和洗选业(1.21)	
石油加工、炼焦及核燃料加工业(1.44)	医药制造业(1.04)	
煤炭开采和洗选业(1.33)		
专用设备制造业(1.19)		

注：括号中的数字为该行业的区位商。

全国乃至全球都具有显著竞争力的行业。就目前的态势看，上述的一些同构行业，三地目前的竞争大于合作，还没能进行有效整合。

三　京津冀一体化的基础与障碍

（一）京津冀一体化的基础

从地理和历史文化渊源看，京津冀共处华北冲积平原上，三地山水相连、同根同源、文化相通、习俗相近，在历史上就是一个联系比较密切的区域。明清以来的绝大多数时期，该地区都是我国的政治中心，只是近几十年形成的行政区

划，将这一地区人为划分为三个"片段"。这种地缘和人缘关系，为京津冀一体化提供了社会文化基础。

从资源禀赋和产业结构看，河北具有丰富的能源和矿产资源、土地资源、劳动力资源，天津有丰富的能源资源、良好的工业基础，北京具有大量的高素质的人力资源、知识和技术资源，三地资源禀赋各异、产业基础不同。京津冀之间在资源禀赋、产业结构、发展阶段等方面都具有较强的互补性、错位性和差异性，这是京津冀实现合作共赢发展的现实基础和利益结合点。

从空间区位和基础设施建设看，京津冀地区是东北、西北、华北联系的咽喉要道，处于环渤海地区和东北亚的核心重要区域；这一地区具备比较完善的基础设施体系，区域内具有完整、发达、在全国居领先水平的交通网络体系。目前，京津冀区域内有35条高速公路和280多条一般国道和省干线相连，基本形成了覆盖京津和河北11个区市的3小时都市交通圈。该区域是"西煤东运"、"北煤南运"、"北油南运"以及其他杂货的重要出海口，海运条件十分便利；区域内供水、防洪、灌溉等水利设施配套完善，官厅、潘家口、大黑汀、桃林口等大型水库及上游地区是京津冀三省市的重要水源地，客观上强化了三地之间的生态依赖关系。毗邻渤海，"C"字形的海岸线密集分布着大中小型的各具特色的现代化港口群，其中天津港是我国北方最大港口，与世界上160多个国家和地区的多个港口保持着贸易往来。

（二）京津冀一体化进程中的问题与障碍

首先，市场配置资源的体制不健全、行政干预力量过强。适应市场经济的合作机制目前还未形成，缺乏统一的区域经济发展规划，重复建设和产业同构问题还比较突出，受地方利益的驱动，跨省市的资源开发利用和生态环境治理还缺乏有效协调机制。

其次，条块分割比较严重，地区壁垒在不同时期不同地区以某种形式存在。区域内没有形成统一的商品、服务和要素市场，要素和商品流动尚受到行政区划和体制的制约，要素的空间配置不够合理。

最后，区内发展不均衡现象比较严重，经济发展落差比较大，尤其是河北发展比较滞后，区内尚难以形成合理的地域分工和产业关联。河北的集聚效应还没有较好地呈现，北京的集聚不经济现象就已经凸显。

四 推进京津冀一体化的建议

（一）坚持从全局利益和长远利益出发，树立京津冀区域整体发展意识

随着新技术革命和经济全球化的发展，生产要素的流动性加强，要素配置的范围不断扩大。国家与国家之间、区域与区域之间的竞争已不再是单个城市、单个地区之间的竞争，而是城市群与城市群、经济区与经济区之间的竞争，单个城市或地区很难通过自身的力量满足自身发展的需要。区域经济发展的"合则共赢，分则俱伤"已逐渐成为人们的共识。京津冀各方应坚持从全局利益和长远利益出发，树立整体意识，转变自身职能，逐步消除各自壁垒，努力寻求建立区域统一市场，促进商品、服务和生产要素的自由流动，实现资源的优化配置，提高资源利用效率，推动京津冀经济社会共同发展。

（二）本着先易后难、先技术后制度的原则，不断推进京津冀地区的一体化进程

区域一体化既是市场自发运行的结果，也是市场良好运行的要求，固然离不开市场机制的推动。然而，市场存在失灵问题，需要政府大力推动。在京津冀区域一体化的进程中，应首先从技术层面入手，消除不利于经济整合的技术安排，如畅通区内交通、撤除三地交界处的收费站，实现交通同网、通信同城，三地协同制定发展规划等。在有效消除不利于经济整合的技术问题后，着手从制度层面上推进区域内某些问题的共同治理。

（三）遵循经济活动空间演化的一般规律，坚持"集聚之中有扩散、扩散之中有集聚"

人类经济活动的空间发展通常遵循"集聚—扩散—再集聚"的过程，集聚可以获得集聚收益，推动经济更快发展；随着经济活动的集聚，集聚成本逐渐大于集聚收益，经济活动转而走向扩散。经济活动的集聚能够有效提高经济密度和效率、缩短经济距离。就京津冀区域来看，河北整体发展比较滞后，未来应通过经济活动的进一步集聚（城市化）推动经济更快发展；同时，受资源、环境和

空间所限，京津特别是北京的经济发展需逐步向周边扩散。在推动经济活动集聚与扩散的过程中，通过市场自发力量和必要行政手段，引导经济活动的空间演化。

参考文献

［1］Friedmann, J. & Wolff, G. "World City Formation: An Agenda for Research and Action". *International Journal of Urban and Regional Research*, 1982. Vol. 6 (3).

［2］Castells, M. *The Rise of the Network of Society*. Oxford: Blackwell. 1996.

［3］陈红霞、李国平：《1985～2007 年京津冀区域市场一体化水平测度与过程分析》，《地理研究》2009 年第 6 期。

［4］吕典玮、张琦：《京津地区区域一体化程度分析》，《中国人口·资源与环境》2010 年第 3 期。

［5］雅克·佩克曼斯：《欧洲一体化：方法与经济分析》，中国社会科学出版社，2006。

［6］Parsley, David C. and Shang Jin Wei. Limiting Currency Volatility to Stimulate Goods Market Integration: A Price Based Approach, NBER Working Paper, 2001, 8468.

B.14

国家战略视角下的首都经济圈建设

赵弘 何芬*

摘 要: "首都经济圈"战略是"十二五"时期国家区域发展总体战略的重要组成部分,其建设对于我国、北京及周边区域发展都具有重要战略价值。本文分析了首都经济圈一体化发展面临的突出问题,并从创新体制机制、提升区域创新能力、促进产业协作、推动基础设施一体化建设、强化生态环境建设和绿色发展等方面,有针对性地提出首都经济圈建设的战略重点。

关键词: 首都经济圈 区域协调发展 功能定位 战略重点

国家"十二五"规划纲要明确将"首都经济圈"纳入国家区域发展总体战略,并将打造"首都经济圈"作为推进京津冀区域经济一体化发展、支持东部地区率先发展的战略重点。首都经济圈是指以首都功能的充分发挥为核心,通过首都资源与周边区域资源的高效配置,形成的紧密联系、分工合作、协调发展的一体化区域。"首都经济圈"的范围界定引起各方关注,专家学者们基于不同考虑,提出多种范围界定方案。我们认为,"首都经济圈"范围界定应考虑多种因素,至少兼顾两个方面,一方面要考虑城市间具有较紧密的功能协作和经济联系,另一方面应使"首都经济圈"的建设主体明确,便于规划建设。按照这样的思路,从联系紧密度和建设时序的角度考虑,可以从狭义和广义两个层面上对"首都经济圈"的范围进行理解和划分。狭义的"首都经济圈"涵盖首都城市以及与首都具有较紧密功能协作、经济联系的周边其他城市,其范围涵盖京、津、

---

* 赵弘,北京市社会科学院副院长,研究员,主要研究方向为首都经济、区域经济、产业经济;何芬,北京方迪经济发展研究院部门经理,主要研究方向为区域经济。

冀三省市全域。广义的"首都经济圈"还应考虑与首都具有较强能源、水源、生态及市场联系的京津冀周边区域。本文所研究的"首都经济圈"是指狭义的"首都经济圈"。推进"首都经济圈"建设，既需要国家层面的统筹规划和制度安排，也需要区域内各主体间的互动协作，共同推动区域一体化进程。

一 建设首都经济圈对于我国和首都发展具有重要战略价值

在经济全球化深入发展的新形势下，在国家发展转型的关键时期，规划建设"首都经济圈"将对全国区域总体发展格局和新时期改革开放大局产生重要影响，对我国转变经济发展方式和更深层参与全球竞争合作产生重大示范带动效应。具体而言，"首都经济圈"建设的战略价值体现在以下几个方面：

（一）构建以创新为导向的世界级城市群，引领中国转型崛起的战略路径

改革开放30多年来，我国经济社会总体上得到了快速发展，2010年已成为世界第二大经济体，但总体来讲，我国自主创新能力还不强，发展方式还比较粗放，在全球产业分工中地位还比较低。比如美国三位教授在《抓住苹果全球网络中的价值》研究报告中称，2010年苹果每卖出一部iPhone，中国工人只能拿到利润的1.8%，而苹果公司能拿到58.5%；虽然苹果产品的大部分组件在中国生产，但中国在苹果全球产业链中扮演的角色"比外界想象的还要小得多"。类似的例子不胜枚举。在当前及今后较长一段时期，"中国转型"和"中国崛起"仍是我国面临的迫切要求和核心任务。我国迫切需要加快转变经济发展方式，核心是提升自主创新能力，推动经济社会发展走上创新驱动、内生增长、高端引领的轨道。

首都经济圈拥有丰富的科技、文化、人才资源，有责任有义务也有条件在我国加快发展方式转变过程中担负更重要的使命，发挥更重要的作用。建设"首都经济圈"，有利于充分发挥北京作为首都在政治决策、自主创新能力、高端产业发展及高端人才集聚等方面的优势，发挥周边区域在空间资源、劳动力资源等方面的优势，构建"创新—成果产业化"城市群合作链条，率先实现创新驱动为导向的发展格局，显著提升其在国家发展格局中的战略地位，成为我国加快转

变发展方式的示范引领区；通过创新打造具有较强国际影响力、集聚更多国际高端资源的世界级城市群，成为我国参与新一轮全球科技竞争和经济竞争的重要载体区域。

（二）落实国家区域发展总体战略，促进京津冀区域一体化发展的重要举措

近年来，我国非常重视区域协调发展，国家"十二五"规划明确把"实施区域发展总体战略"作为一项重要战略任务。在区域发展总体战略的指引下，国家出台了一系列重大区域规划和区域性政策文件，珠三角、长三角、"五点一线"沿海经济带、关中–天水经济区、山东半岛蓝色经济区、浙江海洋经济发展示范区等一批以城市群为主体的经济区先后上升为国家战略，新的区域增长极不断涌现（图14–1）。研究分析这些区域发展规划，一个值得关注的现象是，京津冀区域发展规划迟迟未出台，北京及周边区域成为目前我国为数不多的未被国家层面区域发展规划覆盖的地区。

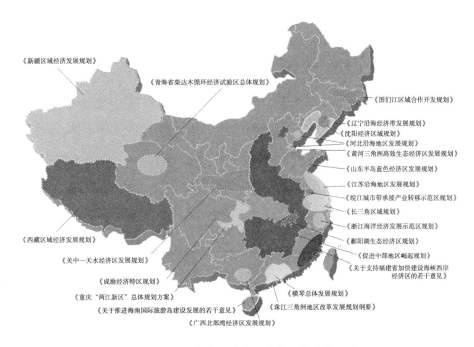

图14–1　近年来上升为国家发展战略的区域

实际上，关于首都和周边区域一体化的研究从未停止，从"环京经济协作区"到"京津冀北（大北京）地区"，到"京津冀都市圈"，每一个区域概念的出现都带来了一些新的亮点，带来对区域协调发展的新期盼。但从现实发展来看，目前京津冀一体化仍未取得突破性的实质进展，首都和周边区域之间仍然是极化效应大于扩散效应，各自为战大于协调发展，整个区域一体化进程明显落后于长三角、珠三角区域。总体上看，现在已经到了推进首都和周边区域协调发展的新阶段。建设"首都经济圈"，是落实和完善我国区域发展总体战略的重要举措，是用新的战略框架对首都和周边区域发展进行整体规划。与"环渤海地区"、"京津冀都市圈"等概念相比，"首都经济圈"突出了首都的核心地位和作用，功能指向性更加清晰，特色更加明显，更有利于发挥首都和周边区域的资源禀赋和优势潜能，又具有对接合作与互补发展的现实可操作性，将有效推动京津冀一体化进程。

（三）推动首都可持续发展，实现中国特色世界城市建设目标的客观需要

北京瞄准世界城市目标，加快实施"人文北京、科技北京、绿色北京"战略，步入一个新的更高的发展阶段。但北京发展中也面临很多困惑和制约，比如"单中心"城市格局给交通组织带来巨大困难、城市发展空间约束增强、人口资源环境压力加大、创新成果转化空间不足等。北京的发展不是孤立的，发展中面临的问题也不可能在本市行政区域范围内解决，而是要与周边地区形成功能互补和良性互动，在周边建立起一个支撑腹地，分解首都的部分城市职能，在更大范围更有效地破解发展难题，实现可持续发展。纽约、伦敦、东京等世界城市的发展经验也证明，世界城市产生于世界经济增长的重心区域，其形成和发展需要依托以中心城市为核心的都市圈的竞争力。

建设"首都经济圈"为北京的可持续发展和世界城市建设带来新的战略机遇，即跳出北京行政区划，以更宽阔的视角审视城市自身发展，在更大空间内推动城市的布局和形态完善，在更大范围内寻求突破城市发展中诸多约束的新思路、新模式和新路径，在资源配置、功能配套、产业发展、生态保护诸方面，与周边区域形成新的战略合作，以更好地实现首都功能，建设具有较强创新能力、较高国际影响力、能够集聚国际高端资源的世界城市，进而带动其所在区域发展和整个国家综合竞争力的提升。

（四）更好地发挥首都特大型城市的辐射作用，带动周边区域实现跨越式发展的必然要求

北京与周边区域存在明显的发展落差。张家口、承德、保定三市所辖的 39 个县中，有集中连片的 25 个国家和省级贫困县，200 万左右的贫困人口，是我国东部沿海贫困程度最严重的地区之一①。周边区域发展相对滞后，也在一定程度上制约了首都功能的疏解，加大了人口向北京集聚的压力，进而使得周边区域面临更加严峻的人才集聚困难、产业发展难以与北京有效对接等问题。

带动周边区域共同发展是首都的重要责任。近年来，北京对周边区域的扩散辐射效应也开始显现，比如廊坊市依托良好的区位、低廉的成本和较好的投资环境，积极承接北京地区产业转移。据了解，近年来廊坊新增的产业项目一半以上是来自于北京的产业转移，如首钢非钢产业中的机械制造、京东方的电子显示屏制造、金隅集团的新型建材等。北京市在"十二五"规划中也提出要进一步强化京津冀区域合作，将从注重以功能集聚为主向集聚、疏解与辐射并重转变，从注重单方保障为主向双向服务共赢发展转变，更积极地发挥好辐射带动作用，更深入广泛地开展与周边区域的合作，在更大区域发挥功能、配置资源和拓展服务，推动区域一体化进程，实现区域整体发展水平的跃升。因而，"打造首都经济圈"战略符合北京与周边区域的共同利益，对于解决区域共同面临的问题、促进区域整体持续协调发展具有重要战略意义。

二 首都经济圈建设要从突破发展中面临的突出问题入手

相对珠三角、长三角而言，京津冀区域一体化程度较低，未来应从解决制约该区域一体化发展的深层次问题出发，推进首都经济圈建设步伐。

（一）缺乏统一规划，分工合作的具体推进机制有待深化

京津冀地区作为一个整体地域概念已经提出多年，但区域整体发展规划滞后。"十一五"期间，《珠江三角洲地区改革发展规划纲要》、《长江三角洲地区

---

① 王君超，《环首都贫困带之忧》，2007 年 5 月 7 日《学习时报》。

区域规划》先后获得国务院批准，而京津冀都市圈规划从 2004 年开始研究编制，至今尚未推出。由于缺乏国家层面的整体规划和政策安排，首都经济圈内各城市在制定发展规划、考虑地区发展前景时，多出于对自身发展的考虑，区域发展缺乏合力，整体优势和辐射带动作用尚未发挥。

制约首都经济圈一体化发展的另一重要原因是在具体层面尚未形成一套有效的推进机制。珠三角、长三角已经在实践中初步探索出较为有效的推进机制。比如长三角形成了两省一市主要领导峰会组成的"决策层"，由常务副省长、常务副市长组成的"协调层"，由各专题委员会、城市协调会组成的"执行层"，以政府合作来强化经济联系，并不断以专题合作形式拓宽合作领域，目前已开展交通、能源、信息、科技、环保、社保、金融等重点专题合作，取得积极成效。目前首都经济圈缺乏具体层面的推进机制，京津冀区域层面签署的框架协议在实际发展中难以得到落实。

（二）首都与周边区域经济落差较大，尚未形成有效的产业对接路径

从我国区域合作的已有经验来看，都市圈内部城市间的有效合作，需要具备适宜的条件，一方面要有发展阶段的梯度差异性，另一方面其差异性又不能过于悬殊，"断崖式"的落差也不利于区域合作的开展。比如长三角地区各城市整体呈现出均匀的梯次分布格局，城市间人均 GDP 落差较为适宜，基本保持在 3000 元以内，便于合作。首都经济圈城市发展断层现象较为突出，城市之间经济规模及人际 GDP 水平落差较大（图 14 - 2），在一定程度上影响了城市间的对接与合作，制约了区域综合竞争力的提升。

一直以来，北京和周边区域由于经济发展落差大，产业结构差异大等原因，产业对接困难，特别是基于产业链的合作较少。在 20 世纪 80 年代之前，北京以实现"消费城市向生产城市的转变"为中心，形成了以化工、机械、冶金为支柱的重型工业结构。该阶段，首都经济圈虽有些城市也以重工业为主，但重工业进入门槛较高，需要有充足的资本和技术积累，加之产业链条自我封闭性强，跨区域的合作比较困难，客观上造成了北京对周边区域的带动性不足。20 世纪 80 年代以来，北京按照国务院批复要求探索转型道路，推动经济从工业主导向服务业主导转型，1994 年全市产业结构由"二三一"提升为"三二一"格局。而这

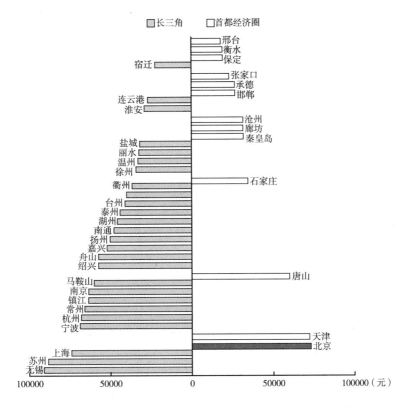

图 14－2   2010 年首都经济圈与长三角城市人均 GDP 比较

资料来源：《北京统计年鉴（2011）》、《天津统计年鉴（2011）》、《河北经济统计年鉴（2011）》。

一时期，河北则处于工业化初期向中期过渡阶段，农业依然占有较大比重，重工业开始加速发展，直到 1988 年，全省产业结构才由"二一三"格局演变为"二三一"格局。两省市产业结构的巨大差别，使得北京难以通过产业链、产业集群等方式与周边形成紧密的产业对接与协作。从现阶段来看，北京已进入以服务经济为主的后工业化阶段，而环首都区域仍处于以重工业为主的工业化加速阶段，北京向周边地区的产业转移主要以低附加值、低技术含量的传统产业为主，北京的技术成果也以"蛙跳"的方式更多地扩散到了长三角、珠三角等制造业发展较好的地区。首都经济圈内产业有效对接合作路径并未形成，加之北京与我国其他区域已形成技术扩散通道，制约了北京对周边辐射带动作用的发挥和紧密经济联系的建立。

（三）非公经济发展不活跃，市场力量在推动区域合作中的作用发挥不充分

当前，市场力量在推动区域经济一体化中的作用越来越重要，区域经济发展、产业对接合作等都需要充分借助市场机制的作用，将企业推上促进区域经济一体化的前台，达到企业发展、地域发展和经济一体化的多赢目标。长三角、珠三角区域一体化水平较高，得益于这两个地区的市场经济发育比较完善。

首都经济圈国有经济比重较高，政府对经济发展的影响大，区域之间的合作也多为政府推动，市场力量在区域一体化进程中的作用尚未充分发挥。全国第二次经济普查数据显示，2008年京津冀三省市国有企业资产总额达29.9万亿元，占全国的比重高达62.8%[①]。国有经济比重大对首都经济圈经济一体化的制约主要表现在两个方面：一方面，国企特别是央企主要是从国家层面进行全国性布局，并不会重点考虑某一区域一体化的问题，缺乏优先在首都经济圈内布局项目或投资的动机和积极性；另一方面，国有经济对资源配置能力强劲，对非公经济发展在获得人才、资金等多方面产生一定影响，其发展也因此受到一定程度的抑制。在2011年中国民营企业500强中，首都经济圈共有34家民营企业入围，而长三角地区有279家（图14-3）。非公经济发展不活跃，使得市场机制在首都经济圈资源优化配置、产业链形成、产业配套完善等方面作用不明显，其推动区域一体化进程的作用也难以充分发挥。

（四）生态、水资源等领域的合作以短期为主，缺乏长期持续合作的利益机制

首都经济圈生态环境脆弱，是生态极易遭受人为破坏且难以修复的地区。近年来，区域内各城市虽然为本城市环境改善做了不少努力，但尚未形成生态建设的合力，缺乏对区域整体生态环境的有效保护，特别是在风沙治理、水环境整治、水土保持、防洪防灾等方面，多以短期合作为主，尚未形成制度化，影响了区域生态合作和生态建设。

冀北地区为下游提供了水源涵养、调节流量和气候、调节地下水、生物多样

---

① 根据《第二次全国经济普查主要数据公报》相关数据计算。

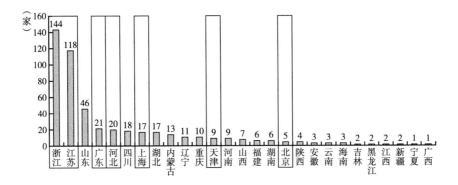

图 14 – 3   2011 年中国民营企业 500 强各省市上榜企业数量

资料来源：全国工商联 2011 年中国民营企业 500 强发布会。

性等多种生态服务，但这些生态服务大都只能获得象征性补偿；同时，当地经济发展也由于水源涵养、生态保护而受到较大限制，造成了经济不发达、群众生活贫困的局面，生态保护与区域发展的矛盾日益突出。比如永定河上游的洋河、桑干河流域曾是张家口主要的工业带，工业产值一度占全市工业总产值的 90%，自加大京津水源涵养和环境保护力度以来，为保证官厅水库水质，大量项目因环保要求而下马、关停，当地经济发展受到较大制约，却一直未能得到常态化的合理经济补偿；再比如为了给京津涵养水源，坝上地区大规模减少水浇地，虽然该地区实施了"京津风沙源治理工程"、"退耕还林还草工程"，但是相应的补偿却难以弥补农民的损失，特别是这些工程的实施导致畜牧业生产成本提高，造成当地曾经辉煌的畜牧业严重滑坡。受益方无偿或低成本占有环境利益，而保护方在区域水资源使用权、生态林业用地使用权、农业发展权等方面的损失又得不到合理的补偿，缺乏保护的积极性，使首都经济圈可持续发展面临困境，同时也影响着城市之间的和谐关系。

三　首都经济圈建设应突出五大战略重点

"首都经济圈"的建设，应坚持以保障首都功能有效实现和推动区域一体化发展为导向，通过国家层面的统筹规划和制度安排，推动区域内各主体间的互动与协作，创新区域合作机制，促进区域产业对接协作和自主创新能力提升，围绕

基础设施、生态环境等重点领域强化合作，积极推进区域资源合理配置，实现整体发展水平的跃升。

（一）强化规划引导，构建国家指导下的地方自主跨区域合作机制

从国外首都圈的发展经验来看，具有法律地位的区域规划文件是首都圈形成和发展的坚实保障。如巴黎都市圈先后出台《巴黎地区国土开发计划》、《巴黎大区总体规划》等，为都市圈城市间的合作提供了依据。建议由国家发改委牵头，会同国家相关部委，京、津、冀三方共同参与，在前期"京津冀区域发展规划"的研究基础上，加快编制"首都经济圈区域规划"，提出统筹协调首都经济圈发展的总体思路和未来部署，以此作为首都经济圈建设的指导性纲领性文件。

1. 建立首都经济圈工作联席会制度

目前京津冀区域在一些重要领域已建立起联席会制度，如每半年召开一次的"发展改革委区域工作联席会"等。从实际效果来看，现有京津冀三方联席会制度的对接层级和决策力度尚不能满足加快推进首都经济圈建设的需求，建议建立中央、京、津、冀四方参与的"首都经济圈工作联席会"，作为区域合作的决策机构，主要由京、津、冀三地省级主管领导、国家相关部委负责人组成，三地发改委、规划委、科委等相关委办局负责人列席会议。联席会一年至少举行两次，共同磋商部署区域合作重大事宜。

2. 建立高效的对接协调机制

首都经济圈区域合作除了通过各类框架协议形成共同遵守的相关准则外，更需要建立起稳定高效的对接协调机制。比如建立协商对话机制，改变目前地方政府倡导式的非制度性合作协调机制，努力形成类似欧盟的谈判机制，增强区域合作机制的稳定性、紧密性和硬约束，建立常态化多层次协商对话机制；建立规划对接机制，加强地方规划与国家级规划的衔接与协调，以及地方规划相互衔接，加强规划间的联动实施；探索区域税收合作机制，加强区域税收利益协调，建立首都经济圈税收征管合作机制，建立各区域之间税收收入归属争议协商解决机制；等等。

（二）突出创新驱动，联手打造具有全球影响力的区域创新基地

北京具有丰富的创新资源，是全国最重要的自主创新高地和技术辐射源头，

每年技术成果交易项数高达 5 万多项，其中 70% 输出到京外地区和国外。"首都经济圈"建设，应突出和强化北京作为创新中心的辐射带动作用，积极搭建首都科技资源与周边区域现有产业的对接平台，促进区域自主创新能力提升。

1. 促进首都科技创新平台对首都经济圈开放共享

近年来，特别是 2009 年"科技北京"行动计划实施以来，北京积极探索促进首都科技资源面向社会开放共享的"北京模式"，建设了首都科技条件平台、中关村创新平台、技术研发创新平台等。比如首都科技条件平台包括 1 个总平台，生物医药、新材料、电子信息、能源环保、装备制造和技术转移领域等 6 个领域平台，中国科学院研发实验服务基地、军事医学科学院研发实验服务基地等 12 个研发实验服务基地，面向企业、社会提供研发实验服务。未来应探索推动这些科技创新平台在更大范围、更广领域的配置利用，促进其面向首都经济圈开放共享，在首都经济圈范围吸纳成员单位，充分整合利用政府投入的科技条件资源，支撑未来国家、区域的重大科技发展，并不断挖掘社会需求，面向首都经济圈开展企业需求与科技条件资源对接服务，推动构建布局合理、开放高效的区域创新资源共享网络。

2. 多种形式推动科技成果跨区域产业化应用

通过新产品和新技术跨区域的应用示范带动创新产品和技术市场需求，是推动首都经济圈科技成果转化和产业化的重要途径。一是围绕首都经济圈解决城市人口管理、资源环境约束、交通拥堵等关键问题的创新需求，通过招投标等多种方式，运用各种政策手段鼓励和扶持区域内产业界、高校、科研院所，特别是企业间联合攻关承担政府示范应用工程。二是围绕重大基础设施、生态环境、节能环保、新能源利用、信息化与信息安全等领域，在首都经济圈设计组织一批具有标志性和影响力的关键技术的应用和示范工程。三是进一步推动中关村新技术新产品在首都基础设施建设中广泛应用并向环首都区域推广，加快中关村创新成果在周边区域转化和产业化。

（三）创新合作模式，探索以"总部经济"、"飞地经济"等模式实现区域产业对接

现阶段，北京应重点发展符合首都资源优势、有助于强化首都功能的总部经济、生产性服务业、文化创意产业、高技术产业等，将部分制造功能、服务功能

向环首都区域转移，实现在更大空间范围上的产业资源整合和经济功能协作，促进区域整体经济竞争力的提升。

1. "总部经济"为北京和环首都区域产业合作提供了一种新的有效路径和战略选择

在总部经济模式下，企业通过将总部、研发等高端环节与生产、制造等低端环节分离布局，实现不同区域优势资源在企业内部的最优化配置，进而提升企业产出效益和竞争力。目前北京和环首都区域在以总部经济模式推进区域产业合作方面已经进行了一些积极的探索，例如首钢涉钢产业整体搬迁到唐山曹妃甸，北京一机床铸造车间迁到保定高碑店，位于保定的中国乐凯胶片集团在北京设立研发中心等。总体而言，"总部经济"模式促进了首都经济圈内部产业分工合作，未来应继续扩大合作空间：一方面鼓励和支持北京的大企业特别是制造企业将生产制造基地向周边中小城市和地区搬迁，或直接到中小城市建设生产基地和配套服务基地；另一方面积极吸引周边中小城市具有较高成长性和较强实力的企业，将企业总部等高端环节向北京迁移，或在北京设立研发、营销等职能总部，借助首都市场和资源实现更大发展。同时，可以探索首都和周边城市"强强联合"——发挥首都独特优势吸引企业总部落户，发挥周边城市空间资源优势、劳动力资源优势等吸引生产基地落户——共同吸引新项目、大项目落户首都经济圈。

2. 积极探索"飞地经济"模式，开展丰富多样的产业合作

"飞地经济"则一般是两地政府对某块土地的使用权达成某种协议，共同对其进行规划、投资、建设、运营管理等，一方面解决中心城市土地资源紧缺、产业加速外移等问题，另一方面解决中小城市缺乏开发区建设经验、缺乏资金、招商引资难等问题，实现两地共赢发展。首都经济圈可借鉴长三角、珠三角的一些成功经验，加强"飞地经济"模式的合作，关键是要建立合理的利益共享机制，建立法制化的长期诚信合作机制，避免"先引后驱"现象。可以建立类似"长三角园区共建联盟"的机构，推进园区间考察交流，建立共建项目库，为园区间合作共建牵线搭桥，力争促成实质性的项目落地，促进"飞地经济"模式取得实效，走出一条促进区域协调发展的新路子。

（四）加强生态建设，形成区域生态环境一体化的生态安全格局

生态环境是"首都经济圈"可持续发展的保障。"首都经济圈"生态体系总

体上比较脆弱，水资源严重短缺，城市化进程加快造成的环境污染有上升趋势，区域的可持续发展面临着严峻挑战。"首都经济圈"建设应以保护生态环境为重要前提，通过建立跨区域的生态保护与环境治理机制，构建区域一体化的生态安全格局。

1. 推动大气污染区域联防联控

近年来，北京与周边区域在大气污染联防联控方面进行了一些探索，比如为确保北京奥运会空气质量达标，经国务院批准，环境保护部与北京、天津、河北、山西、内蒙古、山东6省（区、市）以及各协办城市建立了大气污染区域联防联控机制，取得了很好的效果，兑现了奥运会空气质量承诺。未来应总结推广奥运期间的有益经验，共同呼吁国家有关部门尽快制定出台相关政策，建立由环境保护部牵头、北京协同周边各省市共同参与的"首都经济圈空气质量管理与合作机制"，划定环境改善重点区域，统一排放标准、统一污染监管、统一环境质量监测与评估，实施联合防控措施，使首都经济圈成为环境与经济协调发展、生态环境良好的宜居地区。

2. 积极实施重点流域综合治理

建立流域水资源保护与区域环境保护主管部门间工作协调机制。协作开展水质监测、陆域污染物控制、入河排污口管理等工作，形成上下游齐抓共管的局面；流域上游地区环保主管部门在审批可能对跨界断面水环境质量产生影响，对可能造成水环境质量超标的建设项目进行环评时，应征询相邻的下游地区环保主管部门的意见。

3. 共建绿色生态屏障

首都经济圈水土保持和风沙治理已取得积极成效，但首都周边区域水土流失和土地沙化现象仍然非常严重。河北省目前尚有沙化土地3188万亩，占总面积的11.3%①，一些地方沙进人退，严重影响首都经济圈用水安全和生态安全。森林作为区域生态系统中具有自净功能的重要组成，在水土保持、防风固沙等方面具有重要作用。首都经济圈应结合生态涵养和修复需求，综合考虑防风固沙、水土保持、涵养水源、净化空气、土地生态修复等因素，在首都经济圈重要的风沙

---

① 曹国厂，《京津沙尘源地之一河北5年内将治理沙化土地830万亩》，新华网，2011年6月18日，http://www.xinhuanet.com/chinanews/2011-06/18content_23040601.htm。

源、水土流失严重地区、地质灾害频发地区，在重要的水源地、大型水库库区和地下水补给区，在区域内重要的工业、制造业基地、园区周边，在废弃矿山、封场垃圾填埋场等废弃土地，重点实施造林工程，开展植树造林，提高森林覆盖率。

（五）完善区域交通，建设"综合网络状"的区域交通体系

基础设施一体化是区域经济一体化的基础。如东京都市圈在每一次规划中都遵循"交通优先"原则，对轨道交通建设给予大力支持，逐步形成了由新干线、轻轨、地铁构成的总长约2865公里的区域轨道交通网络，承载了都市圈一半以上的客运量，支撑和带动了都市圈发展①。"首都经济圈"建设也应该坚持基础设施先行，从国家层面超前规划区域大交通体系、能源供应体系、信息基础设施体系等，为区域经济合作提供强有力的支撑。其中，构建与首都经济圈一体化发展要求相适应的现代综合交通体系是重中之重。

当前，首都经济圈交通发展呈现出以首都为中心、向四周延伸的"单中心放射状"格局，这种格局增强了首都与其他省市联系的紧密度、便利度，也使北京承担了大量周边城市之间的过境交通。比如京藏高速京张段承担了北京市最大的过境运输量，是河北张家口、山西西部、内蒙古西部至秦皇岛港、唐山港、天津港的主要通道。这样的交通组织形式，给北京城市交通组织、生态环境等都带来不利影响，也增加了环首都各城市之间的城际交通成本，在一定程度上制约了这些城市之间的协作和互动。

首都经济圈应探索打破行政区划和部门界限，通盘考虑、统筹规划、共同推进区域重大基础设施建设和交通格局优化，构建以北京为中心，天津、石家庄、唐山、保定、张家口等城市为重要节点，高速公路、国道、铁路、城际高铁等多种交通形式并行，节点城市间高效联通的"综合网络状"交通格局，形成快捷、高效、安全的现代综合交通网络。重点完善各节点城市之间的交通通道，做到城际直通，减少迂回运输、过境交通对各市市区的干扰，提升区域整体交通承载能力。注意加强各类型运输方式之间的有效衔接，例如首都第二机场与高速公路、

---

① 冈田宏：《东京城市轨道交通系统的规划、建设和管理》，《城市轨道交通研究》2003年第3期。

轨道交通之间的衔接，天津港、秦皇岛港、唐山港与高速公路、城际铁路之间的衔接等，使区域内人流、物流更加顺畅。

参考文献

［1］北京市统计局，《北京市统计年鉴（2011）》，中国统计出版社，2011。

［2］天津市统计局，《天津统计年鉴（2011）》，中国统计出版社，2011。

［3］《河北经济年鉴（2011）》，中国统计出版社，2011。

［4］王君超：《环首都贫困带之忧》，《学习时报》2007 年 5 月 7 日。

［5］冈田宏：《东京城市轨道交通系统的规划、建设和管理》，《城市轨道交通研究》2003 年第 3 期。

B.15

打造首都经济圈与区域经济一体化

牛立超*

摘　要：大都市经济圈作为生产力的空间载体，已成为当今世界最活跃的区域经济活动中心。首都经济圈是大都市经济圈的特例，顾名思义，是以首都为首位城市的经济圈，首都在经济圈中起着主导、引领和辐射的作用，也是首都经济可持续发展的必然要求。本文以"十二五"规划中提出的"打造首都经济圈"为出发点，全面论述了建设首都经济圈的必要性、可能性、范围界定、推进原则和步骤，并提出了相应的路径策略。

关键词：首位城市　首都经济圈　区域经济一体化　路径策略

经济圈是以内在紧密经济联系为纽带形成的经济区域或城市群，它与地理区位密切相关，但又不限于地理环境和行政区划的局限。"首都经济圈"的提出是历史的必然。从北京自身发挥首都功能的需要和资源限制看，亟须更大的发展空间；从区域经济一体化的需要看，也需要尽快接受北京特大城市的辐射和带动；从国家城市化战略格局看，在东部要逐步打造更具国际竞争力的城市群。"十二五"规划提出"首都经济圈"是北京经济社会发展的延续，是首都经济在新阶段的新拓展，也是国家战略的要求。新的发展阶段，北京需要立足于国家首都的职能定位，在更大区域发挥功能、配置资源和拓展服务。

一　经济圈是经济发展的必然趋势

各发达国家工业化过程中的区域空间格局演变历程表明，集聚是经济发展的

---

* 牛立超，清华大学经济管理学院和中国民生银行博士后流动站，博士后；中共天津市委党校经研所，讲师。研究方向为区域和产业政策。

普遍规律。当今世界的发展展示了一个集聚支配着经济发展的世界地图。从经济发展的过程来看，效率提高通常伴随着经济的集聚，经济集聚是提高效率的途径和手段。发达国家的发展历程表明，生产要素、经济活动和人口一般都向部分地区集聚，例如从纽约、东京等国际大都会的出现到欧洲以及亚洲产业经济带的形成，都体现了集聚这一区域经济发展的显著共性特征。经济空间的集聚过程就是工业化、城市化的过程，就是增长极发展壮大的过程。换句话说，要素集聚的过程，也就是经济圈形成的过程。

根据发达国家的发展历程，经济活动的集聚程度随着发展水平的提高而增强，且经济在空间上的集聚程度随着经济发展阶段的不同而不同。在发展初期，经济活动在空间上的集聚呈现为加速的过程；当人均收入超过 10000 美元之后，空间集聚步伐明显减缓。发达国家的经验还揭示，只要人口集聚和经济活动集聚相适应相匹配，经济集聚就不会有悖于区际公平的目标。

中国经济已快速增长三十余年，未来能否继续保持较快增长，发展的新空间、新动力在哪里，是全国上下普遍关注的问题，也是国际社会高度关注的问题。过去三十多年的快速增长，主要是靠沿海地区三大增长极的带动。目前，由于劳动力成本的上升和资源尤其是土地资源约束的增强，沿海三大增长极面临着较大的结构调整压力，增长动力已不如前些年强劲。从推动经济持续较快增长的需要出发，必须加快培育新的能够起巨大带动作用的经济圈。

首都周边还有不少资源富集，生态环境较好，发展潜力巨大。如果能为这些地区构筑更好的发展环境，这些地区的发展潜力就能被挖掘出来，就能够成为新的增长极。首都经济圈的建设符合城市发展的一般规律，符合北京城市化进入到建设新城、打造都市圈的阶段要求，也是国家宏观的战略要求。

二　打造首都经济圈的重要意义

（一）打造首都经济圈是北京参与世界城市竞争的重要保障

从世界性城市空间演变规律看，城市的发展越来越出现多中心化和区域一体化的趋势，越来越形成良性发展的"城市—区域"关系。北京自新中国成立以来，进行过 6 次城市总体规划，结合北京城市的发展阶段，不断调整城市空间布局。这既反映了发展实践中的曲折和探索，更体现了对城市发展规律认识的不断深化与对优化空间结构的积极追求。从北京老城的不断更新与单中心空间的扩张，到老城的整体保护与多中心新城的培育，以及提出建设宜居城市与"两轴—两带—多中心"①，北京在发展中越来越认识到，北京的发展，离不开周边地区的合作和支持，如果没有周边地区的发展，北京就是一片孤岛，其长期、持续的发展是不可能的。特别是奥运后，北京全面启动了地处东部发展带的顺义、通州和亦庄三个重点新城的建设，要与天津滨海新区形成"遥相呼应"之势，共同构成京津城际走廊两翼的"黄金发展点"，通过京津城际走廊，将北京的"空港"与天津的"海港"连在一起。这些充分反映了北京的战略思路已经跳出注重单个城市竞争的局限，转向在促进都市圈一体化发展中与周边寻求共赢发展。

（二）打造首都经济圈是缓解北京资源环境承载力的有效途径

目前的发展速度和模式下，北京的土地、水资源、大气等资源的承载力十分有限。如河北省在水资源十分紧缺的情况下，每年通过潮白河、滦河等河流给北京供水，缓解了北京市的缺水状况。但张家口、承德长期作为北京的水源地，补偿一直不足，加上张承地区的贫困导致其生态环境治理力度不够，保证北京用水安全的难度越来越大。京津冀经济圈作为我国高速发展的三大经济区之一，高速的经济发展不可避免地导致京津冀城市群大气复合型区域污染日渐显现。工业污染源、机动车尾气和油气、溶剂挥发污染快速增长，城市化无组织排放源的增加，加上原来尚未解决的区域性煤烟型污染，使京津冀大气中污染物类型和浓度变化更加复杂。同时，京津冀城市群各区域经济、社会发展仍处于不平衡阶段，产业结构、能源利用水平、城市规划、工业发展需求的巨大差异，决定了这一地区大气污染呈现复杂的区域性、复合型特点。因此，不论是从北京

---

① "两轴—两带—多中心"中的"两轴"是指北京传统中轴线和长安街沿线构成的十字轴，是北京城市的精髓；"两带"是指北起密云，包括怀柔、平谷，重点为顺义、通州、亦庄的"东部发展带"以及包括延庆、昌平、门头沟、房山、大兴等在内的"西部生态带"；"多中心"则指的是在市域范围内建设多个服务全国，面向世界的城市职能中心，包括中关村科技园区核心区、奥林匹克中心区、中央商务区（CBD）等。

的角度，还是从整个区域的角度看，资源环境承载力的提升都迫切需要依托首都经济圈。

（三）打造首都经济圈是北京产业升级与结构优化的重要方式

随着经济的发展，北京市的产业发展表现为快速的升级与结构优化。从世界范围来看，世界级城市的产业布局演变表现出制造业郊区化趋势。随着工业企业内部分工的不断细化，很多企业按照产业链的要求，将处于产业链中间环节的大规模生产活动向大都市区外围或其他地区转移，同时把公司总部、研发、设计和销售中心留在市中心，大都市更多地表现为研发设计中心，而不是生产中心，逐步形成在近远郊及周边重点建设高新技术产业化基地、现代制造业基地和在中心城区建设现代都市产业基地的新型产业分工格局。伦敦、巴黎、东京这些地区没有明显的二元结构，和周边地区没有明显的过大的经济反差。但在北京周围，还有很多贫困带，很多地区比较落后。因此，北京适时适度将一些产业转移出去，落户周边，一方面能缓解北京空间资源紧张的矛盾，另一方面也能腾出空间来发展具有比较优势的高新技术产业、综合性服务业、文化创意产业，同时在周边形成制造业腹地，形成产业配套链条，这有助于区域共同发展。

（四）打造首都经济圈是促进区域经济一体化的战略举措

从区域经济一体化发展的要求看，周边地区也需要尽快接受首都特大城市的辐射和带动。通过多年的发展，北京对周边地区的虹吸效应逐渐转为溢出效应。但不可否认的是，目前北京周边还存在环京贫困带，这一地区亟须北京的反哺与辐射带动。因此，对于打造首都经济圈，河北省的积极性最为高涨，河北提出要以"对接北京、融入发展"的理念建设"环首都经济圈"，在对接融入中寻求自身跨越式发展。对此，北京应抓住河北主动对接的有利契机，积极回应河北的合作愿望，加强对接措施的研究，重点做好产业规划、交通规划和生态规划等工作。文魁教授特别提出："北京应以主体姿态、主动出击、主持协作、主导发展，带动周边地区。"因此，从北京层面看发展意义，从区域层面看合作意义，从国家层面看战略意义，打造首都经济圈都具有重要意义。

三　打造首都经济圈已经具备基础和条件

(一)　北京具备建设世界性都市圈首位城市的条件

1. 中国在世界格局重构中的地位突出

2008 年爆发的世界金融危机，已经深刻影响了国际政治经济的格局，直接把中国推到了国际社会讨论和处理重大问题的前台。大多数战略分析家认为，中国在国际经济格局中具有重要的战略地位，以中国为代表的发展中国家的崛起必将影响和改变世界经济格局，从而引起世界城市体系重构、节点城市分工与定位的重新塑造。目前，"北京"在国际上已经成为中国的代名词，这潜在地促进了北京作为大国首都在全球城市体系中的层级的提升，为建设首都经济圈提供了新机遇。

2. 奥运会的成功举办大大拓展了北京在世界的影响力

据统计，2008 年奥运会吸引了全世界近 40 亿观众的目光，奥运会的影响已超越赛事本身，更为深远地影响到全球民众对中国的发展成就和文化魅力的认知，为北京赢得了全球声誉。奥运会的成功举办推进北京城市建设和北京经济发展进入了新阶段，大大提升了北京的开放性和包容性。参照 2008 年版 GaWC（全球化与世界级城市研究小组与网络，Globalization and World Cities Study Group and Network，GaWC）官方名册排名①，北京排在第一级别的第二梯队当中②，北京在世界的影响力显著增强（见表 15 - 1）。

另外按照 2008 年 10 月，美国杂志《对外政策》（*Foreign Policy*）在哥伦比亚大学社会学教授萨斯奇亚·萨森等人和一些组织的研究基础上，在 5 个领域：商业活动、人力资源、信息交流、文化积累及政治参与的基础上开展的全球城市

---

① 世界级城市名册是以国际公司的"高阶生产者服务业"供应，如会计、广告、金融和法律，为城市排名，可参见 J. V. Beaverstock, R. G. Smith and P. J. Taylor. A Roster of World Cities. *Cities*, 1999, 16 (6): 445 - 58。

② 参见 Globalization and World Cities Study Group and Network（GaWC）. The World According to GaWC 2008. Loughborough University. http://www.lboro.ac.uk/gawc/world2008t.html. Retrieved 2009 - 05 - 07。

表 15 – 1 世界都市体系排名

第 1 级世界都市 + +
纽约、伦敦
第 1 级世界都市 +
香港、东京、巴黎、新加坡、悉尼、北京、上海

资料来源：全球化与世界级城市研究小组与网络。

的排名①，北京总体排名在 12 位（见表 15 – 2），在商业活动和政治参与中排在前 10 位（见表 15 – 3）。

表 15 – 2 全球城市总体排名

排 名	城 市	排 名	城 市	排 名	城 市
1	纽约	5	香港	9	首尔
2	伦敦	6	洛杉矶	10	多伦多
3	巴黎	7	新加坡	11	华盛顿哥伦比亚特区
4	东京	8	芝加哥	12	北京

资料来源：〔美〕《对外政策》。

表 15 – 3 全球城市分项排名

排 名	商业活动	人力资源	信息交流	文化积累	政治参与
1	纽约	纽约	巴黎	伦敦	华盛顿哥伦比亚特区
2	东京	伦敦	布鲁塞尔	巴黎	纽约
3	巴黎	芝加哥	伦敦	纽约	布鲁塞尔
4	伦敦	洛杉矶	纽约	多伦多	巴黎
5	香港	香港	首尔	洛杉矶	伦敦
6	新加坡	东京	香港	莫斯科	东京
7	首尔	新加坡	东京	东京	北京
8	上海	悉尼	苏黎世	柏林	伊斯坦布尔
9	北京	波士顿	马德里	墨西哥城	维也纳
10	阿姆斯特丹	多伦多	华盛顿哥伦比亚特区	首尔	开罗

资料来源：〔美〕《对外政策》。

---

① 参见 The 2008 Global Cities Index. *Foreign Policy*，2008，October 21，http：//www. foreignpolicy. com/story/cms. php? story_ id = 4509. Retrieved 2008 – 10 – 31。

3. 在全国区域发展的战略格局中，京津冀都市圈的战略地位不断提高

随着京津冀 10 座城市之间合作与交流的日益密切，一个总人口约 8000 万、地区经济总量约 30000 亿元、占全国经济总量 9.7% 的京津冀都市圈正在逐渐形成。京津冀都市圈和环渤海地区发展速度的大大加快，为首都的产业结构调整、优势产业发展和带动周边区域提供了更为广阔的战略空间。

4. 首都新机场建设的推进，将为打造洲际枢纽航空港奠定基础

国际空港的功能是世界城市最重要的现代化基础设施，航空港旅客年吞吐量是衡量城市国际交通水平的最主要指标，伦敦、纽约等世界城市都是国际国内的交通枢纽，拥有一流的空港。数据显示，自 2005 年以来，首都机场连续实现旅客吞吐量的持续增长。2010 年，首都机场旅客吞吐量为 7395 万人次，排名世界第二，航班架次为 51.7 万架，排名世界第八，首都机场一跃成为亚洲第一大机场。首都新机场建设工作的推进，将进一步加快北京实现大型国际枢纽机场的战略目标，进而为推进首都经济圈建设、促进区域经济一体化提供保障。

（二）北京具备成为世界性都市圈首位城市的实力

1. 经济持续高速增长

2010 年北京市生产总值 13777.9 亿元①，按第六次全国人口普查北京市最新的常住人口统计，可算出北京市 2010 年人均 GDP 为 7.0251 万元人民币，按照最新的汇率，北京市人均 GDP 为 1.08 万美元，即将迈入发达经济发展阶段。按照 2007 年世界银行报告的最新划分标准，北京将与上海一起跻身世界高收入水平地区行列，这既是量的提升，更是质的跨越。北京的产业发展已形成以服务业为主导的经济形态，基本建立起了以现代服务业为主体、高技术产业和文化创意产业为重要支撑、现代制造业为基础的现代产业体系。

2. 服务业已成为主导经济部门

北京凭借独特的区位、技术、人才和市场等优势，使现代服务业取得了快速发展，现代服务业已成为支撑北京经济发展的重要力量。2010 年，北京市的三次产业年均分别增长 1.4%、9.5% 和 12.3%。三次产业结构由 2005 年的 1.3：29.1：69.6 变化为 2010 年的 0.9：24.1：75。知识和技术在城市经济发展中的贡献不断增大，

---

① 资料来源：除特别标明，数据均来源于北京市统计局网站。

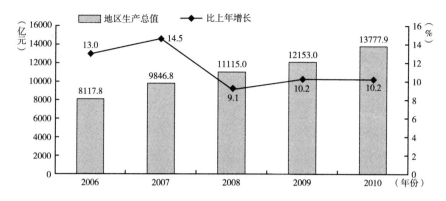

图 15 – 1　2006～2010 年地区生产总值及增长速度

经济发展质量日渐提高，北京市经济在世界产业链中的地位也随之不断上升。

3. 参与国际化竞争的能力和水平不断增强

　　北京经济外向度不断提高，已逐步融入全球产业体系中。北京形成了 CBD 金融街、中关村西区等几大特色总部集聚区，总部经济集群效应初步显现。北京作为进出口贸易集散地，开放型经济特征十分明显。据海关总署统计，2010 年全年北京地区进出口总额 3014.1 亿美元，比上年增长 40.3%。其中出口 554.7 亿美元，增长 14.7%；进口 2459.4 亿美元，增长 47.8%。北京经济合作的深度与广度的大大提升，为北京成为真正意义上的世界城市提供了一个良好的发展空间。"十一五"期间，北京地区进出口总额累计达到 11389.2 亿美元，是"十五"时期的 2.9 倍。其中出口 2482.1 亿美元，进口 8907.1 亿美元，分别是"十五"时期的 2.7 倍和 3 倍。

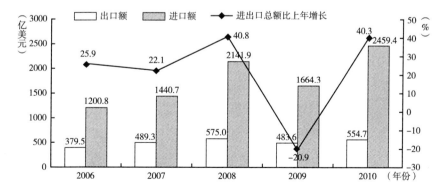

图 15 – 2　2006～2010 年北京地区海关进出口总额及增长速度

4. 具有独具特色的人文社会环境

北京是一座具有 3000 多年建城史、850 多年建都史的历史文化名城，拥有深厚的历史文化底蕴、独特的古都风貌、浓厚的历史文化积淀以及丰富的现代文化资源。北京作为国家首都，是各国外交使馆的所在地，国际组织多、跨国公司多、外国友人多，国家以及民间的对外交往活动都非常频繁。这里聚集了中国最优秀的高等学府和学术人才，拥有丰富的创新资源。2010 年，北京市全年文化创意产业实现增加值 1692.2 亿元，比上年增长 13.6%；占地区生产总值的比重为 12.3%，与 2009 年持平，比 2005 年提高 2.6 个百分点。

5. 初步形成了现代化城市基础设施体系

"十一五"期间，以奥运为契机，北京城市基础设施建设全面提速，一大批交通、供水、能源、环境等基础设施项目建成并投入使用，基础设施承载能力大幅提高，结构不断优化，环境质量明显改善，市场化水平显著提高，初步形成了安全、高效的现代化城市基础设施体系，城市基础设施实现了跨越式发展，城市管理水平显著提高。2010 年末，北京市的公路里程 21201 公里，比 2009 年增加 446 公里；其中，高速公路里程 903 公里，比 2009 年增加 19 公里。城市道路里程 6380 公里，比上年末增加 133 公里。

四　首都经济圈范围的界定

目前理论界存在两种不同意见：一种观点认为，"首都经济圈"不同于京津冀都市圈，它是围绕首都形成的圈域经济，是首都经济职能辐射和影响的空间范围。以首都命名，重在突出首都的核心功能地位，其范围小于"2 + 8"的京津冀都市圈。有专家认为"首都经济圈"的范围包括北京与河北省的保定、廊坊、承德、张家口四个地级市，简称"1 + 4"的范围。也有专家认为，首都经济圈可以按照"1 + 6 + 3"来界定，即指北京以及河北省张家口市、承德市、保定市、廊坊市、唐山市、秦皇岛市和天津北部的宝坻区、武清区、蓟县。另一种观点则认为，从区域经济联系和区域出海口来看，"首都经济圈"界定不能没有天津，但应以"首都"为主导。首都经济圈包括天津的空间范围界定，主要有"2 + 5"、"2 + 7"、"2 + 8"、"2 + 11"等不同方案，因为各方案都有其合理性，并且都有其政治、经济、历史、区域协调等因素作为空间划分依据，所以一直争议不下。北京大学政府管理学院副院长李国平教授认为，根据经济联系的紧密程度和建设时序来考虑，"首都经济圈"大体上可划分为三个层次：一是核心层，包括北京行政区范围，主要承担国家政治、文化、科教、国际交往等首都功能以及总部经济、科技创新、高端服务等经济功能；二是紧密圈，是指对首都具有较强功能支撑和经济联系紧密的区域，包括天津市与河北省的廊坊、保定、张家口、承德、唐山和秦皇岛6市或津冀全境；三是合作圈，包括区域内资源、能源、生态等方面的合作范围以及市场联系较为紧密的地区，山西及内蒙古部分地区应在合作圈范围内。

本文认为，首都经济圈范围是动态的，随着经济发展水平的提高，范围也应扩大。研究和界定经济圈，主要应着眼于区域之间内在的经济联系。打造经济圈的目的，是发现区域之间潜在的经济利益，以实现区域经济的共同发展。经济圈范围的界定，不能由行政命令决定，也不能由人们主观臆断所决定，而应反映经济发展的内在需要和客观进程。界定首都经济圈的概念和范围，应考虑地理空间毗邻，城市间具有较紧密的功能协作和经济联系；建设主体明确，便于统计分析和规划实施；圈内主体有合作的内在需求和一体化倾向等因素。应依据国家战略、城市化发展阶段、资源禀赋等各种内外因素来确定首都经济圈的功能定位及目标。因此，现阶段，我们认为首都经济圈，应是指介于核心层和紧密圈之间，以北京为核心，包括河北部分城市区域的圈域经济。以北京为核心，以首都为主导，京冀合力共同打造"首都经济圈"。

五　打造首都经济圈需厘清的两大关系

（一）首都经济圈与环首都绿色经济圈的关系

首都经济圈是以北京为首位城市，与包含环首都绿色经济圈的河北四个地级市，即张家口市、承德市、保定市、廊坊市共同组成。北京市与河北环首都4市的竞合关系，是目前首都经济圈不断加强合作、拓宽领域的主要推动力。从产业链的角度看，北京与外围地区产业链双向延伸的关联程度正逐步加深。既有北京企业将处于产业链低端的生产环节迁至外围城市，也有外围企业将研发、营销以及企业总部等产业链高端环节落户在北京。具体来说可以分为两个层面。

1. 环首都绿色经济圈与北京中心区关系，以产业链的垂直分工协作为主

北京城区中心主要以商务、金融、文化创意、现代物流和中介等高端服务业为主，具备很强的整合创新能力。因而在这一层面，北京发达的现代服务业与环首都圈的制造业、高新技术成果转化等多产业，形成了较好的互补性合作关系。

2. 环首都绿色经济圈与北京市郊县的关系，以水平分工的竞争型关系为主

从国内相关研究来看，自北京城市中心的经济高点至外围低谷点呈现出80公里左右的半径，而80公里则主要属于北京市的行政范围，这说明行政界限对经济增长有很大影响，这一情况加剧了北京自身县市与环首都绿色经济圈的竞争局面。但从近年来的情况看，由于房地产价格的不断上涨，北京市郊县的发展成本不断提高，给环首都绿色经济圈域与首都的经济合作带来了新的机遇，北京市化工企业、钢铁企业以及新型材料企业向环首都圈的迁移也说明了这一趋势。

整体来看，北京与环首都绿色经济圈的竞合关系是随着城市经济圈不同发展阶段而不断演变的。北京作为中心城市对"高能级"环节的追逐，影响和决定了竞合关系的走向，即高能级的核心环节，如现代服务、金融、文化创意、研发部门等将向北京聚集，而能量级较低的环节将会流出北京向外围迁移。另外，环首都绿色经济圈域的制造业水平，是推动竞合关系转变的主动力。只有首都绿色经济圈在制造业领域具备了较高的水平，分工才能进一步深化，才有能力通过良性竞争推动北京的低端产业的外迁。可以说，首都经济圈在制造业领域的整体提升，是推动竞合关系转变的关键因素。

（二）首都经济圈与京津冀都市圈的关系

1. 从范围上看，两者是不同的

京津冀都市圈是指以北京市和天津市为中心，囊括河北省的石家庄、保定、秦皇岛、廊坊、沧州、承德、张家口和唐山八座城市的区域，该区拥有中国的政治、文化中心和曾经的近代中国经济中心。京津冀都市圈的经济总量明显落后于长江三角洲地区，与珠江三角洲地区相近，人均国内生产总值明显落后于长三角和珠三角；进出口总额、实际利用外资等方面京津冀都市圈均落后于长江三角洲地区和珠江三角洲地区；从区域合作一体化来看，受行政体制约束影响，京津冀都市圈一体化进程缓慢，效果不理想。而首都经济圈，现阶段主要是指环首都北京的河北省各中心城市组成的城市圈，以北京为核心，包括河北省张家口市、承德市、保定市、廊坊市的圈域经济,即"1+4"模式,京冀合力共同打造。

2. 从主体功能地位上看,二者是不同的

京津冀都市圈规划强调了三地的平等地位,既然是京津冀三地区域合作,三地的地位就应该尽可能平等。而"首都经济圈"以首都命名,重在突出首都功能的核心地位,首都北京在打造首都经济圈过程中,将充分发挥其主导作用。有利于北京以主动姿态、主动出击、主持协作、主导发展,破解区域合作难题,促成京津冀区域经济一体化。北京市发改委主任张工表示,北京市将以"三个转变、八个辐射"努力打造首都经济圈。这"三个转变",一是从过去注重功能集聚,特别是经济功能集聚向功能疏解和辐射转变;二是从过去更多强调外省市保障北京向主动为外省市提供服务转变;三是从过去强调服务首都自身向通过服务区域、服务全国来实现自身发展转变。"八个辐射"主要突出了北京市辐射和带动首都经济圈发展有很多资源优势。北京市可以在金融资本、生产性服务业、科技、市场和流通、总部经济、人才和教育资源、信息、高新技术和现代制造业等八个方面加强对区域的辐射。

3. 从建设时序上看,二者是不同的

打造"首都经济圈"是近期推进京津冀区域经济一体化的战略突破口。京津冀都市圈不仅存在着首都经济圈,还包括天津经济圈、唐山经济圈、石家庄经济圈等小圈。首都经济圈的涵盖范围比京津冀都市圈小,建设主体和功能划分更明确,因此更具有可操作性。打造"首都经济圈"是动态发展的过程。伴随这一地区经济实力增强与基础设施完善,首都经济圈的范围将逐步扩大到紧密圈、京津冀全境,进一步扩大到包括山西、内蒙古部分地区的合作圈乃至环渤海。打造"首都经济圈"应从"大圈着眼、小圈入手",通过小"首都经济圈"来推动大"首都经济圈"的形成和发展,最终目标是形成大"首都经济圈"。

六 打造首都经济圈的主要原则和步骤

(一)主要原则

以首都为主导、京冀合力共同打造"首都经济圈",内在需求强劲,条件已经成熟。打造"首都经济圈"是近期推进京津冀区域经济一体化的战略突破口。

应从以下几个角度来考虑北京首都与周边河北的合作发展，共同打造首都经济圈。

1. 合力发展，"以内聚外"

抓住区域发展机遇，京冀合力，共同将首都经济圈打造成区域发展的一个靓丽品牌，吸引全球要素的集聚，实现其快速发展。

2. 错位发展，"相互借力"

在一些产业和城市功能上，通过转移和承接，京冀形成合理分工、相互支持之势。如北京在向河北进行产业转移、技术扩散和提供人才、资金服务过程中，延伸首都的产业链条，扩展首都的发展空间，河北也在承接北京产业和部分职能、疏解首都压力和服务首都过程中形成若干增长点，实现借势发展。

3. 一体发展，"相互支撑"

在基础设施、生态环境、社会基本公共服务等方面，要通过创新体制，融合发展，逐步实现首都经济圈范围内的京冀一体化发展。

（二）主要步骤

首都经济圈的建设将有利于北京成为世界城市，有利于环渤海及北方城市带的发展，意义重大，任务艰巨，宜于分步实施。

1. 近期任务

从近期（5年内）看，主要应谋划好与北京中心城区联系最为密切的北京周边地区，具体主要指廊坊市区及东部三个县（市）三河、大厂和香河，以及涿州、固安、永清等县（市）。

2. 中期任务

从中期（5~10年）看，通过高速公路和城际铁路连接天津、唐山、秦皇岛等城市市区，构建环首都城市圈。

3. 远期任务

从远期（10年后）看，建设由石家庄、济南、青岛、大连、沈阳、呼和浩特、太原和郑州等二级城市和中小城市组成的环渤海城市圈，构建首都经济圈的外围城市带，并与未来的哈（尔滨）长（春）城市群，西（安）兰（州）城市群相连，形成北方城市带。

七　打造首都经济圈，推进区域经济一体化的路径选择

首都经济圈建设的关键是京冀两地各级政府要坚持用开放的观念来创造要素流动和优化配置的环境，以市场化取向建立区域统一的劳动力市场、资金要素市场和土地市场，制定符合要素流动需要的产业政策和社会保障政策，促进要素按市场半径来进行区域组合。

（一）创新合作机制，构建以多方共同利益为基础的合作机制

在区域经济发展中，由于地方政府作为理性的"经济人"，谋求地方利益最大化是必然选择，因此如何将单个区域利益构建成共同利益是区域合作的根本动力。以市场化为导向，以企业为主体的产业合作，则是实现各方利益诉求的着力点。而要协调这些利益，制度化和规则化是实现区域经济合作的保障。建立区域利益协调的长效机制，是构建首都经济圈和谐区域经济关系的核心内容。这些机制包括市场开放、政策优惠、区域援助、转移支付等多方面。依据中央政府制定区域协调规则，通过制度化和规则化的保障，统一处理京津冀区域关于政策、规划、区域划分和协调各地区利益主体的关系。其中，完善首都经济圈生态环境改善的建设和补偿方案，保护生态环境，是目前建立区域利益协调的长效机制的当务之急。还要鼓励建立由企业、专家以及各个协会构成的民间组织，共谋京津冀区域发展的战略规划和对策，使之成为京津冀区域合作的长期发展提供智慧之泉。

（二）创新合作思路，推进区域财政税收公平化

一是可以设立针对京津冀都市圈的特别税收政策。逐步缓解乃至消除区域间的税收与税源背离问题，以促进区域经济协调发展。建议建立地方政府间的横向生态补偿财政转移支付制度，实行下游地区对上游地区、开发地区对保护地区、受益地区对生态保护地区的横向财政转移支付。

二是可以探讨建立首都圈内地方横向分税制。可以建立区域税收分享制度，以合理解决要素流动和产业融合过程中的经济利益问题，如各城市联合开发的产业项目，不论项目所在地或注册地在哪里，形成的税收应按要素投入的比例由各方共享；因产业调整、产业链延伸等原因，某些产品或生产工序由一地转入另一

地的，转入地新增的税收应按一定的比例返还给转出方；跨城市组建的企业集团或其他生产经营组织，新增利税也不能由总部所在地独享，而应在要素投入各方之间合理分配，用有效的制度保障合作各方的权益。还可以积极申请试行生产型增值税转化为消费型增值税的新税制，即允许对城市群之间生产要素流动、组合而融生的产业项目的增值税，扣除购买生产资料所含的税款等。

（三）创新合作模式，以项目合作为载体，推进区域合作务实化

京津冀区域合作由来已久，但合作模式大多停留在表象化层面，深度合作不够。鉴于首都经济圈的各区域比较优势资源和发展需求，应从成果转化基地、总部经济、飞地经济、园区共建、区域旅游整合和绿色农业等途径深化合作，推动经济联动发展。

一是发挥首都北京的创新资源优势，在周边区域建立科研中试基地和成果转化基地。北京是我国创新资源的密集区和创新辐射源头，集中了众多的国家级大院大所和中央政府研究机构，是我国最大的科研成果产出地。北京周边区域应充分承接北京创新技术的"溢出效应"，打造国家部委、高等院校和科研院所的科研中试基地和成果转化基地。

二是通过总部经济模式，实现区域联动互补发展。北京的总部经济初具规模，对东北、华北、西北乃至全国都有着较强的辐射作用。充分发挥北京的总部经济优势，通过总部和制造基地链条，将北京的人才、技术等资源辐射到周边区域，在周边区域建立制造基地，形成强有力的产业依托，促进首都经济圈的联动互补发展，提升总部的整体实力。

三是引入飞地经济模式，促进区域间的产业融合发展。打破行政区划的限制，依赖区域间的不同禀赋，采取飞地经济模式，实现跨空间的行政管理和经济开发。主要的合作途径有：合作投资、供需互动、要素供给、人才培养和产业转移等。

四是推进跨省市合作共建开发园区，促进产业的转移辐射和布局优化。按照"优势互补，合作共赢；政府推动，园区为主；市场运作，多元模式"的原则，采取资金合作共建、项目合作共建和交流合作共建等多种形式，实行双向互动，开发公司自主品牌，促进产业的转移辐射和布局优化。

五是区域旅游整合合作。北京与周边区域的旅游资源具有多样性和互补

性，这是开展区域旅游合作的有利条件，应站在一体化的角度，基于资源互补，功能互补和优势互补的原则，实现经济要素的共同整合，推进区域旅游合作开发。

六是绿色农业合作。首都北京有巨大的绿色农产品消费市场，对品牌食品、绿色食品需求愈来愈多，品牌意识和食品安全意识越来越强。北京周边区域在运输上具有一定的距离优势，应优化农业产业结构，大力发展设施农业、养殖业和农产品深加工业等现代高效农业产业，建立优质的绿色无公害农产品生产基地，做大做强名牌农产品，突出特色农产品，树立产品形象，提高产品的竞争力，稳定和扩展市场，提高市场占有率，获得更高的溢价收益。

（四）积极促进首都与周边中小城市的联动发展

结构合理的城市网络体系是都市圈的普遍特征，也是实现区域资源合理分布于各城市、实现功能互补的必要条件。首都经济圈内中小城市特色不突出，产业承接能力不强，使得首都圈辐射存在断层。长三角在适度发展大城市和特大城市（核心城市）的同时，各中小城市和诸多集镇也得到了更快的发展，从而形成了大中小城市并举、城市等级更加完善的宝塔形结构。因此，着眼于首都经济圈的整体发展，加强各城市间的协调，尤其是加强北京对周边中小城市的呼应与能动作用，将成为近期首都经济圈建设的另一重要思路。

（五）充分发挥北京的要素集散和创新引领作用

北京为区域的增长中心，有效地实现生产要素的集聚与扩散，是推进首都经济圈发展的有效途径。北京是首都经济圈最重要的集散中心，是区域经济循环网络的重要空间节点，凭借其优越的交通和信息服务，已成为大宗商品的交易地和进出区域货物的中转中心。技术流、资金流、商品流、信息流、人才流等都在北京高速集散，这种生产要素的集聚，不但有利于北京本身的发展，也将推进京津冀都市圈内部形成协调有序、分工合理的产业体系和产业集群，减少产业雷同，避免盲目竞争和资源浪费。创新功能是区域发展的动力。发挥北京的区域创新功能，主要表现在聚集有创新能力的高新技术企业，不断探索新的企业组织形式和经营体制，转换政府管理体制和运行机制等，以创新产生的示范效应和带动作用，促进整个区域的发展。

参考文献

［1］谭维克、赵弘：《论"首都经济圈"建设》，《北京社会科学》2011 年第 4 期。

［2］杨维凤：《首都经济圈建设中的区域合作突破点和路径探讨》，《北京市经济管理干部学院学报》2011 年第 3 期。

［3］靳静：《首都经济圈的人才资源开发对策》，《产业与科技论坛》2010 年第 10 期。

［4］郭隆：《"首都经济圈"究竟有多大》，《北京观察》2011 年第 3 期。

［5］王安顺：《打造首都经济圈推进区域经济一体化发展》，《北京观察》2011 年第 5 期。

［6］王华民：《北京国际金融中心城市建设与首都经济优化发展研究》，《中国发展观察》2011 年第 1 期。

［7］王书利：《环首都经济圈的重要意义和战略目标》，《领导之友》2011 年第 3 期。

［8］唐茂华：《新时期京津冀都市圈的发展动态及趋势》，《天津经济》2011 年第 10 期。

［9］王亭亭：《区域体制改革：京津冀区域经济一体化的关键》，《中国经贸导刊》2002 年第 7 期。

［10］张可云：《京津冀都市圈合作思路与政府作用重点研究》，《地理与地理信息科学》2004 年第 4 期。

B.16
北京构建现代产业体系研究

北京市政府研究室课题组*

摘　要：构建现代产业体系，是深度调整产业结构、加快经济发展方式转变的重要任务。北京要在"十二五"期间率先形成创新驱动、城乡一体化的发展格局，就需要在构建现代产业体系方面走在全国前列。本文重点对北京构建现代产业体系的理论依据、产业现状和思路重点进行了研究。

关键词：北京　现代产业体系　产业选择

党的十七大报告首次正式提出要发展现代产业体系，2010 年年初，胡锦涛总书记再次强调要"完善现代产业体系"，党的十七届五中全会进一步明确"十二五"期间要"发展结构优化、技术先进、清洁安全、附加值高、吸纳就业能力强的现代产业体系，提高产业核心竞争力"。北京要在"十二五"期间率先形成创新驱动、城乡一体化的发展格局，就需要在构建现代产业体系方面走在全国前列。为此，我们对北京构建现代产业体系的理论依据、产业现状和思路重点进行了研究。

一　现代产业体系的概念内涵及一般特征

现代产业体系是适应工业化向后工业化及信息化过渡阶段产业融合发展、清洁发展、可持续发展的需要，在产业分化与融合不断加快的推动下，由具有高科技含量、高附加值、低消耗、低排放等特征的产业群为主体的产业体系。它以不同于传统三次产业划分方法的视角来审视当前和未来的产业结构和产业发展，在理论视角、产业演进、产业构成等方面，都具有突出的现代特征。

---

*　"北京构建现代产业体系研究"课题组课题指导：周立云，北京市政府研究室主任；课题负责人：王明兰，北京市政府研究室副主任、研究员；课题组成员：雷寰，北京市政府研究室处长；蓝一，北京市政府研究室副处长；潘幸兴、唐鹏，北京市政府研究室研究人员；报告执笔人：蓝一。

（一）从理论视角来看，现代产业体系比传统的三次产业划分法更有利于深入把握产业结构的发展变化

按三次产业划分的产业结构理论形成于20世纪前期，反映了当时人们对产业体系构成的认识，符合人类社会从农业社会向工业社会、后工业化社会逐步演进的总体趋势，成为人们进行产业结构分析的主要理论工具。但是随着20世纪中期以来世界经济的快速发展，人们已经不再满足于这种粗线条的分析方法，开始从不同的角度重新审视产业发展和产业结构变化。例如，根据产业在其生命周期中的发展阶段，可将产业划分为"传统产业"和"新兴产业"两类；根据产业在国民经济中的地位和作用，可划分为"一般性产业"和"主导产业"，或者"先导产业"和"支柱产业"等。特别是随着20世纪后期经济信息化、生产服务化的发展趋势日益明显，三次产业之间的界限日益模糊，人们开始用一些体现了产业融合的概念来分析产业和产业结构。例如，格林菲尔德等经济学家提出了"生产性服务业"的概念；波拉特等人把三次产业中与信息活动高度相关的产业分离出来，单独归为"信息产业"；福特、哈特等人则考虑到通信、行政管理、教育、科研等活动对产业发展的重要作用，提出了五次产业的分类方法。而中央提出的"现代产业体系"，正是这种跳出三次产业划分方法来考察产业发展的理论探索的最近成果。

（二）从产业演变过程来看，现代产业体系是一个动态、开放体系，产业分化与融合不断催生新的产业

现代产业体系具有鲜明的时代特点，并随着时间的推移不断发展变化。无论是技术领域的重大突破，还是资源禀赋、市场需求方面的重大变化，都会引起新旧产业的不断替代。但目前推动现代产业体系动态发展的最活跃动力，来自于产业分工和产业融合。一方面，专业化分工更加精细化，从产业链前段的研发设计、市场策划等环节，到产业链中端的生产制造、企业管理，再到产业链末端的市场营销、跟踪服务，都已经分别成为很多企业的专业领域。另一方面，各产业在技术基础、业务领域、市场需求等方面的交叉融合趋势日益明显，产业的融合发展甚至产业边界的重新划分日益普遍。特别是制造业服务化广泛兴起，许多传统的制造企业依托制造业拓展生产性服务业，把经营重心转向诸如流程控制、产品研发、市场营销、客户管理、品牌维护、现代物流等。企业向消费者提供的不再是单纯的物质产品，而

更多的是依托于产品的服务和解决方案，同时，服务价值成为企业竞争力和利润的重要源泉，服务收入在企业总收入和利润中所占比重越来越高。"制造业企业"与"服务业企业"，"第二产业"与"第三产业"的界限日益模糊。

（三）从产业构成内容来看，具有鲜明知识经济、服务经济、绿色经济特征的产业群构成现代产业体系的主体

传统产业体系演变为现代产业体系，根本的标志在于传统产业的主体地位被更具活力的新兴产业所取代。这些新兴产业应当具有如下一些特点。

1. 成长性好

它们大都处于产业生命周期的上升阶段，依托科技革命的推进、市场需求的升级，具有比较广阔的市场和持续发展的空间，产业投资活跃，相对于其他产业拥有较高的比较收益。

2. 创新性强

它们以现代科学技术的发展为基础，特别是广泛应用信息技术领域的创新成果。从下一步的发展看，物联网技术、生命科学技术、能源技术、空间技术等领域即将出现的创新成果，将为这些产业的发展奠定更加坚实的基础。

3. 知识密集

这些产业最重要的要素投入是拥有丰富知识和创新创意能力的人才，最重要的资产是以专利、版权、商标等形式体现的知识产权。从消费者的角度来看，对各种创意、品牌等无形价值的需求，正在越来越多地超过对物质产品本身的需求，成为推动产业发展的重要力量。

4. 资源集约

随着传统资源能源的日益稀缺，以及传统大工业对人类生存环境破坏的日益积累，各国政府对环境保护的要求都趋于严厉。产业的发展必须更少地消耗传统资源能源，更多地使用可再生资源，从而使循环经济、低碳经济逐步成为产业发展的主体。

二 现代产业体系视角下北京产业发展的现状及问题

改革开放以来，北京经济快速发展，特别是借助北京奥运会的历史机遇，经济社会发展实现了重大跨越，产业结构和质量效益都得到大幅提升。总体来看，

北京产业发展已经呈现出向现代产业体系转变的初步趋势，为下一步构建比较完善的现代产业体系奠定了较好的基础。

1. 以服务业为主导的"三二一"结构已经十分稳固

新中国成立初期，在"首都应该成为全国的政治、经济、文化的中心，特别是要成为我国强大的工业基地和科学技术中心"思路指导下，北京提出了一系列发展重工业的战略方针和目标，形成了明显的"二三一"产业发展格局。

改革开放之后，1982年的《北京城市建设总体规划方案》强调了北京的城市功能定位是"全国的政治中心和文化中心"，产业体系从以工业为主导向以服务业为主导转型。1994年，北京第三产业在国民经济中的比重首次超过第二产业，产业结构初步提升为"三二一"格局。

20世纪90年代末，北京市第八次党代会提出"首都经济"的概念，北京市"十五"规划明确发展科技型经济、服务型经济、文化型经济、开放型经济这四种"首都经济"。进入21世纪，围绕充分履行首都城市功能，北京不断深化和完善"首都经济"发展思路，促进北京经济向服务化、知识化、总部化、绿色化方向发展。"十一五"时期，北京服务业占 GDP 比重由2005年的69.6%增加至2010年的75%。

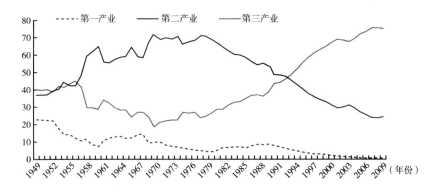

图 16 -1　北京市三次产业结构演进（1949～2010 年）

2. 一批高端高效产业已经成为首都经济的主体，发展质量不断提升

根据我们对国民经济19个产业门类进行量化评估的结果，目前北京已经形成了若干具有较大规模、较高经济效益的重点产业，这些产业大都符合现代产业的特征要求，为构建现代产业体系奠定了基础。

从产业规模来看，用增加值比重、增加值年均增速、增加值贡献率3个指标进行评估，批发与零售业、金融业、制造业、信息服务业、商务服务业、科技服务业、房地产业是目前规模最大的 7 个产业。2010 年，这 7 个产业增加值之和占全市 GDP 的 76.3%，构成了产业结构中的主体。

从质量效益来看，这 7 大产业中的 5 个，即金融业、信息服务业、房地产业、科技服务业、批发与零售业，无论从劳动生产率、主营业务利润率等效益指标衡量，还是从万元 GDP 能耗指标衡量，都明显优于全市产业的平均水平。同时，这些产业也是世界城市共性的主导产业，它们是当前北京构建现代产业体系最重要的支撑。

表 16 - 1　19 个产业门类质量效益指标情况*

产业	增加值比重(%)	年均增速①(%)	贡献率②(%)	劳动生产率③(万元/人)	利润率④(%)	增加值能耗
农、林、牧、渔业	0.97	4.82	0.39	1.89	3.69	0.84
采矿业	1.03	36.38	1.71	25.0	5.08	0.34
制造业	14.55	6.52	7.62	16.0	5.69	1.15
电力、燃气及水的生产和供应业	3.01	13.83	2.85	54.9	8.23	0.88
建筑业	5.11	18.10	5.83	10.7	5.13	0.27
交通运输、仓储和邮政业	4.58	8.30	2.93	9.0	5.03	1.84
信息传输、计算机服务和软件业	8.78	16.29	9.32	29.6	27.17	0.09
批发与零售业	12.55	23.57	16.80	28.0	3.58	0.14
住宿和餐饮业	2.16	9.47	1.54	6.6	-1.47	0.84
金融业	13.20	17.66	14.80	68.6	58.55	0.03
房地产业	8.74	23.60	11.71	35.1	15.74	0.34
租赁和商务服务业	6.66	23.61	8.93	12.9	52.81	0.24
科学研究、技术服务与地质勘查业	6.72	24.34	9.17	20.4	6.39	0.15
水利、环境和公共设施管理业	0.55	13.79	0.52	8.7	3.58	0.56
居民服务和其他服务业	0.61	-3.30	-0.20	13.2	4.41	0.45
教育	3.65	8.95	2.49	13.0	0.53	0.41
卫生、社会保障和社会福利业	1.75	16.35	1.87	12.2	0.46	0.30
文化、体育与娱乐业	2.13	10.89	1.69	18.4	5.60	0.23
公共管理与社会组织	3.45	16.27	3.66	13.9	0.00	0.27

* 国民经济 20 个行业中，国际组织没有统计数据，不作衡量。其中数据二产为规模以上，三产为限额以上。除年均增速和贡献率外均为 2009 年数据。

① 2005～2009 年增速，现价计算。

② 2005～2009 年经济增长贡献率，现价计算。

③通过增加值/两年平均从业人员计算得出，和统计局部分行业数据有出入。

④通过利润总额/营业收入得出。建筑业为工程结算利润/工程结算收入。

3. 产业链分化重组活跃，产业融合趋势明显

在技术、产品、产业等各个层次上都出现了明显的融合发展趋势。一是很多传统的二产龙头企业逐步沿着产业链向具有更高价值的服务环节延伸布局，其主要模式是原有附属于二产主业、为企业内部服务的部门独立出来，形成面向市场提供服务的企业，并成为新的重要利润增长点。例如北京城建集团旗下的城建研究设计院早已发展成为业内知名设计服务企业，联想集团旗下设立的阳光雨露公司专门提供设备维护服务并成为公司重要盈利部门。二是很多产业所提供的产品已经不再是单纯的制成品，而是基于产品的服务。例如包装印刷业，已经普遍接受和提供个性化定制，其印刷制品在相当程度上是一种服务甚至是创意产品。三是一些具有典型产业融合的产业业态已经普遍出现。例如观光休闲农业、创意农业等都市型现代农业业态，是典型的一三产融合的形态；总部经济，特别是带实体经济的总部经济，则是二三产融合的重要形态。这些趋势充分表明首都经济正在向符合现代产业体系要求的方向发展。

4. 科技对产业发展的贡献越来越大，知识经济特征更加突出

北京拥有突出的创新资源优势，在自主创新方面走在全国前列。2010 年，北京 R&D 投入占 GDP 的比重高达 5.5%，位居全国第一，高出全国平均水平 3.8 个百分点。人才密集、知识密集的高技术产业、文化创意产业发展迅猛，实现增加值占 GDP 的比重已达到 6.3% 和 12.3%。在传统产业领域，企业逐步从依赖资金、资源的投入转向更加依赖技术进步和知识产权的积累，特别是一些龙头企业利用这次国际金融危机的机遇，开展了以获取知识产权为核心的国际并购，如北汽集团收购萨博、京西重工收购德尔福等。在一些新兴产业领域，也出现了一批技术先进、基本上与国际水平保持同步的领军企业。

5. 不断融入全球化进程，经济发展的开放特点显著

首都经济是一个全面开放的经济。从对外贸易情况来看，2010 年全市进出口总额达到 3014.1 亿美元，其中货物贸易居全国第四位，服务贸易占全国比重达到 20%。特别是服务贸易增长迅速，2009 年对外承包工程和劳务合作完成营业额 22.7 亿美元，是 2001 年的近 12 倍。

同时，首都经济已经比较深入地参与到国际资本流动之中。从利用外资情况看，北京实际利用外资由 2001 年的 17.7 亿美元增加到 2010 年的 63.6 亿美元。从对外投资情况看，20 世纪末，北京市对外投资每年只有百万美元，到 2009

年，当年就核准境外企业（机构）140 家，境外企业投资总额 6.35 亿美元，分别是 2001 年的 7 倍和 58.1 倍。

6. 节能减排走在全国前列，低碳绿色特征日益显现

在申办奥运会的时候，北京市就作出了"绿色奥运"的庄严承诺，此后，绿色发展理念深刻地渗透到了北京经济社会发展各个领域。近年来，北京成功实施了首钢等重点企业的搬迁改造，退出 187 家"三高"企业，通过淘汰黄标车、公共建筑节能改造等，大力推广节能技术和节能产品，资源能源集约利用水平不断提高。2010 年北京市万元 GDP 能耗比 2005 年下降了 26.59%，为 0.5816 吨标煤，万元 GDP 水耗下降 40.46%，达到 29.4 立方米，创造了全国最低能耗水平。

同时，与现代产业体系的要求相比，北京目前的产业发展仍有明显差距，提升的空间很大。

（1）高端产业发展不足，产业发展整体水平不够高。

一方面，与首都资源优势所能提供的发展空间相比，生产性服务业、文化创意产业、现代制造业等高端产业所占比重并不高；另一方面，真正可以支撑"北京服务"、"北京创造"品牌的高端产业和先进企业并不多。特别是一些被普遍认为高端的产业低端化发展现象比较严重，总体上处于国际产业链的低端。例如电子及通信设备制造业，基本局限于简单装配环节，增加值远低于全市平均水平。

（2）企业尚未成为技术创新的主体，首都经济自主创新能力还需要进一步强化。

北京地区国有经济占比较高，民营经济发展水平明显低于长三角、珠三角地区。国有企业实力雄厚但创新动力不足，民营企业创新需求强烈但实力较弱，导致政府在推动创新中的作用过于突出，企业主体地位难以真正确立。2010 年，北京市 R&D 投入的 57.4% 来自政府，来自企业的仅占 32.9%，全市规模以上工业企业中开展了 R&D 活动的仅占 15.2%，R&D 支出占企业销售总产值的比重仅为 0.98%。

（3）区域经济一体化程度不高，跨区域的经济分工与合作很欠缺。

产业竞争力不仅仅来自领军企业的实力，更来自产业链上下游企业间分工合作所形成的综合实力。北京的资源禀赋必然要求通过区域经济一体化来实现产业链整合与合理布局。但目前北京与周边省市的合作主要还是依靠政府推动，合作内容主要是水、电、气等资源供应保障，环境和大气治理等，以企业为主体开展的产业合作居于次要地位，基于产业链的服务与制造、集成与配套等经济纽带尚未广泛形成。

（4）很多新兴产业仍属于国际先进产业的"跟随者"，引领未来产业发展的

前景具有不确定性。

目前北京新兴产业领域的企业总体上与国际先进企业存在较大技术差距，在国外企业有计划、有步骤地向我方转移技术的情况下，自主创新成果往往一走进市场就面临国外转让技术的打压，很难收回成本。真正依靠国内原创技术，或者实现了从引进、模仿到自主创新的企业和产品并不多，"引进、落后、再引进、再落后"的案例反而不少。新兴产业要实现跨越式发展，还需要进行艰难的探索，也需要政府的正确引导。

三 北京构建现代产业体系需要考虑的重要因素和主要产业选择

（一）需要考虑的重要因素

北京构建现代产业体系，除了考虑现代产业具有的一般性特征要求、北京产业发展的现有基础条件之外，还必须考虑北京作为一个发展中大国首都，在当前世界经济格局和城市发展阶段上，所面临的一系列具体因素，主要包括以下几个方面：

1. 城市功能定位

从世界上主要城市的发展历史来看，城市的产业构成与城市功能定位具有密切的联系。城市功能定位带来相应的经济资源的聚集，而城市产业的发展则为城市功能定位的实现提供着经济支撑。从新中国成立以来北京的发展历程看，北京的产业发展方向始终与城市功能定位保持一致，而产业结构的每一次大规模调整，都是由城市功能定位的调整开始的。目前，北京城市功能定位主要是1994年中央明确提出的"四个服务"职能，以及在2005年经国务院批复的《北京市城市总体规划》中确定的国家首都、历史名城、国际城市、宜居城市的定位。北京应围绕这些功能定位，形成体现首都服务功能、科技创新中心功能、文化中心功能、国际交往功能的相关产业群。

2. 世界城市目标

推动北京进入世界城市行列，是北京城市总体规划提出的宏伟目标，也是当前的一项重要任务。从纽约、伦敦、东京等公认的世界城市情况来看，其产业发展具有一定的共性，都是服务业占据绝对优势，金融业、房地产业稳居各主导行业前两位，同时拥有比重不高但竞争力强大的制造业。北京要在参考借鉴其他城市的基础上，把打造国际活动聚集之都、世界高端企业总部聚集之都、世界高端人才聚集之都、中国特色社会主义先进文化之都、和谐宜居之都作为当前建设世界城市的着力点，因此北京必然需要努力打造以金融、房地产等服务业为主、能够较好地支撑国际活动、服务总部、利用人才、增厚人文、改善人居的相关产业。

3. 世界新兴产业发展趋势

北京已经确定了在全国率先实现创新驱动的目标，同时又是国内比较发达的城市，有必要也有条件把握住世界产业发展的前沿趋势，进一步缩小与发达经济体的差距。从目前世界新兴产业发展趋势看，一是以信息技术为基础的产业正在向更广阔的领域延伸发展，二是以低碳技术为基础的绿色产业即将进入大规模发展时期，三是在生命科学、空间科学、纳米材料等领域已经积累起了大量的应用性技术，正处于产业化的前夜。北京在上述各个领域都已经拥有一定的技术条件，应当紧跟国际先进水平，率先使新能源、新材料、节能环保、生物医药、信息网络等新兴战略性产业成为经济社会发展的主导力量。

4. 区域经济一体化趋势

从区域经济角度看，一个区域往往以一两个特大型城市为中心，以产业链为纽带，形成分工合作的发展格局，中心城市与周边城市一般具有服务与制造、集成与配套的分工关系。目前，北京与周边省市在交通、信息等基础设施条件大幅改善，北京地区重化工业向周边逐步转移，首都经济圈整合发展、区域经济一体化的趋势已经初步显现。北京作为首都经济圈的核心城市，应当发挥高端引领、服务支撑的作用，通过向周边省市的制造企业提供资本、技术、人才的服务，实现对产业链的整合与控制，提升北京对区域经济的辐射带动能力。

5. 人口资源环境约束

目前，全市常住人口已达1961.2万人，人口与水、土地以及资源环境的矛盾更加突出。特别是水资源，预计"十二五"期间通过继续超采地下水、动用密云水库库存、扩大再生水利用等措施后，仍存在年均4.5亿立方米城市供水硬缺口，到2014年缺水将达到6.6亿立方米。这些硬约束，使得北京的产业发展必须走一条创新高效、集约使用资源的道路，要素投入必须以高素质人才为主，生产过程必须以创新创意活动为主，辅以小规模、高技术的制造环节，产出必须以服务为主，辅以小规模、高附加值的制成品。

（二）北京主要的产业选择

综合考虑现代产业的一般特征和首都产业发展的特殊要求，我们对国民经济98个行业大类、8个战略性新兴产业共106个行业是否符合北京构建现代产业体系要求进行了综合评价，其中与各项要求最为契合的一些产业，可以作为北京现代产业体系的主要支柱产业和先导产业（见表16 – 2）。

表16 – 2　与北京现代产业体系要求契合度较高的产业

	产业名称	高端高效	高度融合	创新性强	知识密集	资源集约	首都功能	世界城市目标	新产业趋势	区域经济
1	印刷业和记录媒介的复制	√	√	√	√	√		√		
2	医药制造业	√	√	√	√					√
3	通信设备、计算机及其他电子设备制造业	√	√	√	√					√
4	电信和其他信息传输服务业	√	√	√	√			√		√
5	计算机服务业	√	√	√	√			√		√
6	软件业	√	√	√	√			√		√
7	银行业	√	√	√	√			√		√
8	证券业	√	√	√	√			√		√
9	保险业	√	√	√	√			√		√
10	其他金融活动	√	√	√	√			√		√
11	商务服务业	√	√	√	√			√		√
12	研究与试验发展	√	√	√	√					
13	专业技术服务业	√	√	√	√					√
14	教育		√	√	√			√		
15	新闻出版业	√	√	√	√					
16	广播、电视、电影和音像业	√	√	√	√					
17	文化艺术业	√	√	√	√					
18	体育	√	√							
19	娱乐业	√	√							
20	节能环保产业			√	√	√			√	√
21	新一代信息技术产业	√		√	√				√	√
22	生物产业	√		√	√				√	√
23	高端装备制造产业	√		√	√				√	√
24	新能源产业	√		√		√			√	√
25	新材料产业	√		√	√				√	√
26	新能源汽车产业	√		√	√				√	√
27	航空航天产业	√		√	√	√			√	√

从表 16－2 可以看出，与北京现代产业体系要求契合程度较高（契合因素达到 7 个及以上）的行业共有 27 个，它们基本都集中在以下几个领域：

一是在生产性服务业领域，包括电信和其他信息传输服务业、计算机服务业、银行业、证券业、保险业、其他金融活动、商务服务业、研究与试验发展、专业技术服务业等 9 个行业；

二是在文化创意产业领域，包括软件业、教育、广播电视电影音像业、文化艺术业、新闻出版业、印刷业、体育、娱乐业等 8 个行业；

三是在高技术产业领域，包括医药制造业、通信设备计算机及其他电子信息制造业等 2 个行业；

四是 8 个战略性新兴产业，即新一代信息技术、节能环保、生物、高端装备制造、新能源、新材料、新能源汽车以及航空航天产业。

我们预计，这些行业可以在未来 5 到 10 年得到快速发展，成为北京现代产业体系的主要组成部分，成为首都经济社会可持续发展的主要支撑。

四　北京构建现代产业体系的总体思路和主要着力点

综合上述分析，我们认为，北京构建现代产业体系的目标模式，应当是以都市型现代农业、都市型工业、居民服务业、水电气热生产供应业等服务和保障城市运行的产业为基础，以金融、房地产、信息咨询、科技研发、教育传媒、高端制造等与城市资源禀赋和发展需求相适应、占据价值链高端的产业为支柱，以新能源、航空航天等体现未来科学技术和人类生活发展方向的产业为先导的有机整体，它所包含的主要产业应当以知识和技术创新、产业分化与融合、需求结构升级为动力实现内生增长。

构建这样一个现代产业体系，主要任务是深度调整产业结构，促进各细分行业的融合发展、高端发展，不断壮大符合现代产业体系要求的支柱产业。在此过程中，需要注意把握好以下几个方面：

第一，坚持有所为有所不为，立足首都资源禀赋大力发展高端产业。北京的城市性质决定了北京产业发展不可能面面俱到，而是必须有所取舍。应当根据城市发展需要，保持基础性产业同步发展的同时，依托首都资源禀赋优势，形成更多高端支柱产业。主要是面向国内外市场需求，按照国际一流水准，在金融、信

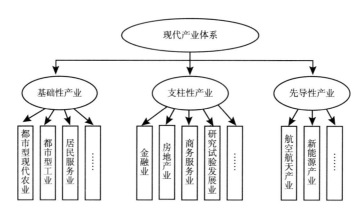

图 16 – 2 北京现代产业体系构成示意

息、科技、文化、管理等领域着力发展提供个性化产品和服务的高端产业。特别是要慎重选择制造业项目，主要发展与城市运行保障相结合、与科技成果转化需求相结合、与新城建设需要相结合，高技术含量、小规模制造的现代制造业。

第二，坚持瞄准高端环节，依托总部经济、电子商务、服务外包等新型业态，提升北京产业在价值链中的位置。大力发展总部经济，鼓励北京的汽车、电子信息、装备制造等领域的工业企业向系统集成商、品牌运营商转变，将主要的制造、物流、交付环节布局到周边省市和其他更具有区位优势的地区，形成"北京总部、全国制造"的格局。大力发展电子商务，利用信息基础设施优势，克服城市土地日益稀缺带来的成本上升，推动传统商贸流通企业转型升级，塑造新的竞争优势。大力发展服务外包，适应劳动力成本不断上升、城市人口压力不断加大的发展现状，在承接来自欧美的研发设计、商务服务、信息服务等高端业务的同时，逐步将程序写作、后台数据、呼叫中心、产品交付等劳动力密集、运作模式成熟的业务外包到二三线城市。

第三，坚持绿色低碳发展，努力使产业发展融入城市生态环境建设。一方面要根据北京市"十二五"规划确定的节能减排和生态建设指标，建立强制性的淘汰退出机制，进一步加大淘汰"三高"企业力度；同时严格把握产业准入门槛，设立更加严格的评价标准，把效益质量指标放到更加突出的位置。另一方面，要大力促进循环经济发展，特别是鼓励钢铁、水泥等传统制造企业借助循环经济模式，参与城市垃圾、污水处理，在提供物质产品、创造市场价值的同时，向更多的创造生态价值转变。

第四，坚持巩固提升已有支柱产业实力，不断培育新的经济增长点。北京目前的支柱产业大多已能初步满足现代产业体系要求。应当进一步提升其竞争力和影响力，促使其持续稳定增长。其中，金融业需要进一步形成有影响力的特色金融市场，大力推动金融产品和服务创新；房地产业需要围绕提升城市服务能力和水平，实现从以开发建设为主向以综合服务为主转变。同时，要面向未来，科学选择、重点培育一批新的支柱产业。这些产业可能目前规模不大，但是面临着技术、市场等方面的潜在突破，可以作为北京新的经济增长点。

在我们新筛选出的 27 个产业中，有一些产业已经表现出强劲的增长潜力，极有可能在未来 5 到 10 年间出现爆发式的增长。把它们培育成为北京的新支柱产业，将是构建现代产业体系的重要着力点。这些产业包括：

第一，旅游会展业。

旅游业是一个城市与国内外其他地区进行人员往来最为密集的产业，是城市对外交往的重要窗口。随着国内居民生活水平从温饱型向适度享受型提升，以及我国对外开放不断深入，来自国内外的旅游的需求都将出现大幅增长。北京应当充分挖掘自身旅游资源，不断创新和优化旅游产品，不断完善旅游公共服务设施，大力整治和完善旅游市场秩序，着力提升旅游从业人员素质和业务水平，努力把旅游业发展成为重要的战略性支柱产业，发展成为北京的形象产业和品牌产业。

第二，信息资讯业。

信息是知识经济中与技术、人才同等重要的资源，是控制经济命脉的重要依托。信息资讯产业作为搜集、整理、加工、出售各种信息的产业，涵盖了咨询与调查、广告、出版传媒等商务服务和信息服务领域的高端环节。北京拥有其他城市无可比拟的信息资源优势，应当大力培育有实力的品牌企业，争取更多像新华08 这样的大型资讯机构落户北京。要大力推进社会信用体系建设，既为资讯企业的发展创造市场需求，也为其发展创造更好环境。

第三，科技与研发服务业。

科技与研发服务业包含了研发设计服务、试验检测服务、技术转移服务、技术咨询培训服务、科技企业孵化服务、知识产权服务等领域。随着经济发展对创新的需求不断增长，科技与研发服务业的市场需求也在同步增长。目前北京的科

技研发服务产业规模与拥有的科技资源相比，还有很大提升空间。应当大力推动体制机制创新，促进科技资源市场化；加大力度支持有创新需求的企业向科技服务机构购买服务，为科技服务产业的发展创造市场需求；鼓励创投机构与孵化器等成果转化机构合作，引导社会资本更多地进入。

第四，教育培训产业。

现代社会发展对个人素质和技能不断提出新的更高要求，终身学习正在成为个人发展的必要条件。随着国民教育体系逐步完善，在学校学历教育之外的各种教育培训形式正日益发挥着更加重要的作用。北京是国内教育资源最集中的城市，教育培训市场需求非常强烈。今后主要是需要突破体制束缚，推动营利机构与非营利机构分开，为教育培训产业发展创造规范、有序竞争的市场环境。同时要支持企业兼并重组，支持品牌企业进一步成长并进入国际市场。

第五，数字媒体产业。

由于互联网用户的快速增长，居民对媒体的消费模式都发生了巨大变化，传统平面媒体逐步萎缩，数字出版快速兴起，媒体的发展模式正经历根本性的转型。目前北京的数字媒体产业总体规模还不大，主要是网络游戏领域快速增长的势头比较明显。今后应当大力推进文化体制改革，强化知识产权保护，努力把北京的文化和技术资源优势转化为产业发展优势。

第六，健康休闲产业。

随着医学知识的普及和生活水平的提高，以健康档案、健康评估、健康体检、健康干预等为主的健康产业，将逐步成为带动经济发展的强大动力。北京作为国内生活水平较高的城市，健康消费的理念领先于其他地区，应当能够把健康产业的发展作为经济发展和卫生事业发展的重要内容，加快培育市场和市场化的服务机构，争取发展先机。

第七，节能环保产业。

从世界范围看，节能环保产业大规模发展的制度框架和技术条件都已经比较成熟。北京作为生态环境要求十分严格的城市，对节能环保产业发展有着最为迫切的要求和巨大的市场空间。应当以节能环保技术和产品的研发、节能环保咨询和管理服务为重点，通过在工业、交通、建筑等重点领域开展示范项目运营，支持相关技术的产业化和相关企业的成长，推动节能环保产业在 5 到 10 年内成为北京的支柱产业。

第八，物联网产业。

物联网作为互联网的扩展和延伸，将在不久的将来深刻改变人们的生存状态，将创造比现有互联网产业更大的市场空间。北京在物联网领域具有比较明显的发展优势，拥有国内首个物联网国际技术标准和一批有竞争力的物联网企业。今后北京应主要通过在智能交通、环境保护、城市应急、公共管理等领域实施物联网示范项目，以需求带动物联网技术发展和相关企业成长。

第九，移动互联网产业。

移动互联网产业是移动通信和互联网这两大产业的结合，能够很好地适应移动通信未来发展方向。目前国内已初步形成了北京、长三角和广东三大产业群，其中北京是综合实力最强的地区。北京应当充分利用本地数量巨大的移动通信和互联网用户群体所蕴含的市场优势，加快完善基础设施环境，大力支持企业开展关键技术、关键设备和相关标准的研发，力争占据国际高端市场。

第十，生物医药产业。

随着生命科学技术的不断发展，生物医药已经成为医药行业创新潜力最大、创新品种迅速增长的主要领域。目前生物医药的研发环节正在从欧美发达国家逐步向发展中国家转移，北京已成为国内接受生物医药研发服务外包最多的城市。北京应当紧紧抓住这一历史机遇，充分利用国家在京的生物技术研究力量，大力完善公共科研条件平台，加大知识产权保护力度，促进生物医药企业快速成长。

B.17

环首都绿色经济圈战略规划与展望

武义青　张 云*

　　摘　要：本文分析环首都经济圈战略的核心是绿色经济圈，突出绿色主题，实现绿色崛起。在打造环首都经济圈的"六圈"（生态环保圈经济崛起圈、新兴产业圈、休闲度假圈、生态环保圈以及明星城市圈）中，生态环保圈无疑是其他"五圈"的前提和环境保障。环首都绿色经济圈的战略愿景是"三生"共赢，即将发展目标定位于生活、生产与生态的协调发展，实现生活水平不断提高、生产能力不断增长和生态环境不断改善三者之间的良性互动。为此要发展绿色生产，打造以环首都新城为核心的幸福生活圈，在区域一体化基础上打造生态环保圈。本文提出，要实现"三生"共赢的美好愿景，必须以绿色经济为指向，大胆进行制度创新，努力建成我国科学发展的示范区。建议赋予环首都经济圈在资源环保领域的先行先试权；适度扩展环首都经济圈的空间范围；通过政策诱导和扶持，打造绿色经济投资洼地；共建环首都高新技术产业带；建立京津冀一体化协调机制等政策建议。

　　关键词：环首都经济圈　绿色经济圈　战略规划　政策建议

一　环首都经济圈战略的提出

　　环京津、环渤海是河北省最显著的区位特征，基于此，早在 20 世纪 90 年代，河北就提出"两环战略"，旨在利用好这一区位优势。然而由于种种原因，

---

　* 武义青，河北经贸大学研究员，博士，研究方向为区域经济学、数量经济学；张云，河北经贸大学研究员，博士，研究方向为区域经济学、资源与环境经济学。

环京津战略一直未能取得预期成效。"十一五"时期以来，国家提出了以人为本、全面、协调、可持续的科学发展观，京津冀一体化进入科学发展新阶段。北京经济发展进入后工业化时代，从以制造业为主过渡到以信息服务、文化创意等第三产业为主，增长方式从投资拉动转向消费拉动（从 2006 年开始，北京最终消费占 GDP 的比例开始超过资本形成总额）、从外延扩张向创新驱动转型。北京的发展转型不但为周边地区腾出了宝贵的资源，避免了同质竞争，增强了互补性，而且对周边地区的辐射扩散效应日益明显。在此背景下，"环首都"日益成为河北省"环京津"战略的重点①。

2010 年 10 月 22 日，河北省委、省政府在三河市召开加快推进环首都经济圈建设工作会议。时任省长陈全国传达了中央政治局委员、中组部部长李源潮关于河北充分发挥环绕首都优势、在服务首都中实现跨越发展的重要指示精神，并正式提出了加快建设环首都经济圈的战略部署。总体构想是：以科学发展为主题，以加快转变经济发展方式为主线，在紧邻北京、交通便利、基础较好、潜力较大的县（市、区），重点突破，以点带面，打造环首都经济圈。会上，省政府印发了《关于加快河北省环首都经济圈产业发展实施意见的通知》。会后，时任常务副省长赵勇答记者问，就环首都经济圈的建设意义、具体内涵、近期和远期目标、主攻方向、支撑条件和工作举措进行了阐释。

本次会议确定环首都经济圈的重点是"13 县 4 区 6 基地"，后来又扩大为14 个县（市、区），成为"14 县 4 区 6 基地"。该经济圈行政范围包括保定市的涿州市、涞水县，张家口的涿鹿县、怀来县、赤城县，承德的丰宁县、滦平县、兴隆县（增补），廊坊的广阳区、安次区、三河市、大厂县、香河县、固安县等 14 个县（市、区），总面积 30093 平方公里，相当于整个北京市面积的近两倍，2010 年总人口 516.63 万人，地区生产总值 1306.25 亿元。"4 区"是：按照"一年打基础、三年见成效、五年大发展"的基本要求，尽快把环首都经济圈建成科学发展的示范区、京津冀一体化的先行区、跨越式发展的样板区、支撑河北发展的重点区。加快建设六大基地：一是建设养老基地，逐步建立与北京人口老龄化相适应、与经济社会发展相协调的养老服务体系；二是建设健身康复基地，培育集保健、康复、锻炼于一体的综合性服务体系；三是

---

① 武义青、张云：《环首都绿色经济圈：理念、前景与路径》，中国社会科学出版社，2011。

建设休闲度假基地,打造大型旅游综合体,开发建设一批精品休闲旅游品牌;四是建设观光农业基地,规划建设一批集农家游、旅游观光、生活体验于一体的现代农业观光园;五是建设蔬菜发展基地,力争通过2~3年的努力,使河北蔬菜在首都市场的占有率达到60%以上,高档蔬菜占到30%以上;六是建设宜居生活基地,营造环境优美、便利舒适的生活环境,吸引首都居民购房置业。

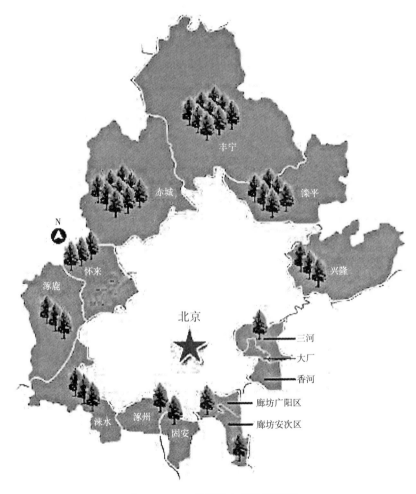

图 17 – 1 环首都绿色经济圈范围

2010年11月3日河北省委七届六次全会通过的《关于制定国民经济和社会发展第十二个五年规划的建议》,将加快建设环首都经济圈列为第一个区域战略重点，并设定了五年发展目标，即"坚持吸纳承接、融合提升、重点推进、统筹发展，在承德、张家口、廊坊、保定四市近邻北京、交通便利、基础较好、潜力较大的县（市、区）重点突破，推动'13县（市、区）、1圈、4区、6基地'率先发展，打造环首都经济圈"。

基于区域间日益紧密的经济合作的现实，"环首都经济圈"战略一经提出即得到了相关市县的积极响应。廊坊按照"主动融入、全面对接、同城一体、互补双赢"的思路，以"深耕细作"的理念全方位对接北京，加速京廊同城一体化发展步伐，时任市长王爱民提出"做环首都经济圈加快发展的排头兵"；三河市提出了从"服务北京、承接辐射"到"主动对接、错位发展"的新思路；涿州市秉承"借京兴市"的发展理念，力争实现与北京的"无缝对接"；滦平提出成为全市承接京津产业转移的"桥头堡"和首选区，成为北京发展的配套区、协作区和休闲旅游区的发展定位。承德在滦平、兴隆、丰宁等县分别设立了承接北京产业转移的创业园区，园区建设总体规划正在编制中，各园区3~5平方公里起步区基础设施建设业已开始；还准备设立环首都经济圈发展专项基金，用于园区基础设施建设和重大项目引进。

二 环首都经济圈战略的核心——绿色经济圈

环首都经济圈战略一经发布，立即在国内外引起强烈反响，但也掺杂着外界对河北环首都地区"大上项目"、"造城运动"等可能倾向的担忧。河北省及时对这些负面效应作出回应，在2011年春节过后的政府文件中将"环首都经济圈"悄然加上了"绿色"二字。2011年2月18日，河北省环首都绿色经济圈建设领导小组召开第二次会议，审议了《河北省环首都绿色经济圈产业项目建设用地管理办法》、《2011年河北省环首都绿色经济圈建设工作要点》。"环首都绿色经济圈"的提法，不仅仅是统一宣传口径、消除外界疑虑的需要，而且体现了河北省委省政府对环首都经济圈的认识正逐步深化，希望进一步突出绿色主题，实现绿色崛起。

所谓绿色经济，是以市场为导向，以传统产业经济为基础，以生态环境建设为基本产业链，以经济与环境的和谐为目的而发展起来的经济形式。绿色经济是

环首都经济圈发展的应有之义。河北省委在"十二五"规划建议中提出："把环首都地区打造成为综合实力雄厚的经济崛起圈,吸纳首都产业转移的新兴产业圈,独具魅力、舒适怡人的休闲度假圈,山清水秀、环境优美的低碳生态环保圈,安定和谐、宜居宜业的幸福生活圈,各具特色、靓丽精美的明星城市圈。"在上述"六圈"中,生态环保圈无疑是其他"五圈"的前提和环境保障。这不仅是因为生态系统对于经济系统功能的基础性,而且是基于环首都地区特殊的生态功能和严峻的环境现状。

据测算,京津冀三省市的生态足迹均已超出其生态承载力。尽管京津二市在节能减排的一些指标上领先于全国,但河北省作为京津冀经济规模最大的一方,其相关指标远远落后于全国平均水平。就以单位 GDP 能耗来说,2010 年北京为0.582 吨标准煤/万元、天津为 0.826 吨标准煤 1 万元,而河北则高达 1.583 吨标准煤 1 万元,远远高于全国平均水平(1.03 标准煤/万元)。《绿色北京行动计划(2010～2012 年)》把发展绿色经济、循环经济、建设生态城市作为未来发展的战略方向。这一计划的实施,不但需要加强对北京市域内的环境控制,而且需要周边地区协同配合。北京市作为全国人均碳排放唯一负增长的城市,已实现碳排放与经济增长的"脱钩"效应,但城区进一步减排的空间相对狭小。而环首都经济圈西北部作为京津水源地和生态涵养区,目前存在产业结构偏重、产业层次偏低、污染负荷过大等问题,若固守"两高一低"(高能耗、高排放、低附加值)的发展模式,不但会加剧生态恶化与经济贫困的恶性循环,而且会对京津的饮用水安全和空气质量构成严重而持续的威胁。

"绿色经济圈"的提出,显示出河北省委已将"生态、环保"置于"环首都经济圈"头等重要的位置,旨在打破"河北发展、北京污染"的发展惯性和认识偏见,使京冀形成生态共同体、发展共同体。这无疑是符合首都经济圈可持续发展目标的战略抉择。

三 环首都绿色经济圈的战略愿景:"三生"共赢

人的生产子系统、物资生产子系统与环境生产子系统,共同组成了密不可分的世界系统。"三生共赢"就是将人类社会的发展目标定位于生活、生产与生态的协调发展,实现生活水平不断提高、生产能力不断增长和生态环境不断改善三者之间的良性互动①。

"三生"之间从长期看是共生关系，但在短期内可能存在矛盾，特别是在自然资源有限的情况下。这就要求各地区根据自身资源环境禀赋、发展阶段和主体需求，在生活、生产与生态之间进行优先排序。环首都经济圈作为保障首都可持续发展的生态屏障区、承接首都部分功能转移的重要功能区，提高环境承载力是其首要任务。与此同时，环首都贫困带的存在，又决定了通过发展生产来提高生活水平也是其重要任务。从北京市中心到张家口康保县方向，随着距离的增大，人均 GDP 呈现衰减趋势。距北京市中心 80～100 公里是明显的分界点，2003 年北京市中心的人均 GDP 是 48000 元，到 100 公里处下降为 7000 元，到 220 公里处人均 GDP 约 4000 元②。从北京市中心向外车行 2 小时左右，便存在国家级贫困县以及欠发达的少数民族聚集地区，仅张家口、承德、保定三市就有 25 个贫困县、167 万贫困人口，形成世界罕见的"环首都贫困带"。

温家宝总理本世纪曾三次到离北京 150 公里的滦平县巴克什营镇偏桥村视察。2010 年温总理视察时对偏桥村的评价是"变化有，但是不大"。他提出，"滦平与北京仅一墙之隔，为什么发展的差距却这么大"？"我们要实现小康目标还需要做出艰苦的努力"。他对村民说："我给你们提三点建议：第一，把村容村貌搞好，让家家户户更干净些；第二，把土地规划好，利用好；第三，多种些树。这样，适当时候就可以发展旅游了。"温家宝还嘱托说，潮河水注入密云水库，是北京的水源地，要把滦平水源地治理纳入规划③。温总理的意见，涵盖了生产、生活、生态三方面，实际上是对环首都绿色经济圈"三生共赢"发展的期望。

（一）发展绿色生产

目前，环首都绿色经济圈还远不是一个富裕的经济圈。从表 17-1 可以看出，除了涿州市、三河市、大厂县之外，环首都县市的在岗职工工资水平大多低

---

① 田大庆、王奇、叶文虎：《三生共赢：可持续发展的根本目标与行为准则》，《中国人口·资源与环境》2004 年第 2 期。
② 樊杰：《京津冀都市圈区域综合规划研究》，科学出版社，2008，第 28～29 页。
③ 尉迟国利、咸立冬：《温总理嘱托"多种些树"，偏桥村民春暖好植绿》，2010 年 3 月 11 日《燕赵都市报》。

于全省平均水平。就农民人均纯收入而言，高于全省平均水平的也只有香河、三河、大厂、涿州、固安、怀来。环首都地区城乡居民收入与北京市的落差更为巨大。按常住人口计算，2010 年张家口市人均 GDP 首次超过 2 万元，达 22770 元，与自身比较取得了明显进步，但与北京差距甚大，还不到北京市人均 GDP（75943 元）的 1/3（约 29.98%）。

表 17 - 1　环首都绿色经济圈居民收入水平

单位：元

县（市、区）	在岗职工平均工资		农民人均纯收入	
	2009 年	2010 年	2009 年	2010 年
涿州市	35533	40132	6567	7270
涞水县	19332	22823	3477	3783
涿鹿县	20215	23606	4106	4853
怀来县	24994	30724	6065	6825
赤城县	21573	27154	2645	3188
丰宁县	23630	26205	2686	3057
滦平县	25503	28803	3258	3501
兴隆县	23873	27231	4881	5130
三河市	32942	39659	7881	8620
大厂县	31338	35041	6841	7696
香河县	24348	27851	8207	9176
固安县	20750	26231	6096	6771
河北省	28383	32306	5150	5958
北京市	54432	65683	11669	13262

注：廊坊市广阳、安次区没有专门统计。

资料来源：《中国统计年鉴》、河北省统计局资料。

　　环首都经济圈内部也不是同质化的，而是存在明显的两极分化。廊坊各市县及涿州从北京受益最多，经济最为发达，而张家口、承德、保定地区的赤城、滦平、涞水、涿鹿则拥有较多的贫困人口。香河县农民人均纯收入是赤城的 3 倍多，涿州在岗职工平均工资水平是涞水的 1.8 倍。

　　环首都贫困带的形成，固然有自然的、历史的、政策的等多种原因，但最主要的原因在于首都生态涵养功能与当地贫困人口生计之间的矛盾。特别是张家口、承德地区作为首都的水源涵养区，需遵守严格的环保政策及产业布局规定，从而大大限制了其产业选择，造成巨大的发展权损失。实践证明，解决贫困带问题的关键在于由"输血"转向"造血"，增强其内生发展能力。通过统筹规划、投资引导、扩大市场开放、给予生态援助等形式，更有效地承接首都产业转移和功能扩散，接受首都人才、技术、信息等高级要素的溢出，依托北京庞大的消费市场，构筑起绿色产业支撑体系，是变环首都贫困带为发展带的根本举措。

环首都各县（市、区）应借助低廉的要素成本优势，搭乘北京建设"世界城市"这列快车，摆脱传统路径，坚决淘汰污染严重、附加值低的传统产业，在高新技术和服务业等新兴产业领域实现跃迁。2011年3月，河北省政府印发《环首都新兴产业示范区开发建设方案》，将廊坊、涿州两地的新兴产业示范区试点扩大到环首都14县（市、区）。其后，河北省政府在推进战略性新兴产业发展的战略部署中，将建设环首都新兴产业带作为重点。按照设想，环首都绿色经济圈将大力吸纳首都产业转移，以科技成果孵化、现代物流、养老健身、休闲度假、有机蔬菜等新兴产业作为主导产业。这些产业或是依托首都释放出来的人力科技资源，或是面向首都广阔的消费市场，技术含量高、附加值高，它们共同构筑起具有创新性、开放性、可持续性的现代产业体系。

（二）打造以环首都新城为核心的幸福生活圈

本着以人为本的原则，打造"安定和谐、宜居宜业的幸福生活圈"，是建设环首都绿色经济圈的最终目的。环首都经济圈建设的一个重要内容，是承接北京外迁的人口，建立环首都新城。按照河北省提出的环首都新型城市群规划，未来将整合廊坊市北三县（三河、香河、大厂），建设京东新城；整合保定涿州周边地区资源，建设京南新城；整合张家口怀来、涿鹿地区资源，建设京北新城。计划到2015年，京东、京南、京北新城人口分别达到150万、100万、30万。此外，还要建设七个30万人口以上规模的中等城市。上述十个城市人口规模将达到三百万以上。

从历史上看，1992年北京城市总体规划就提出，城市建设的重点逐步从市区向广大远郊区转移，市区建设从外延扩展向调整改造转移。然而，为疏解北京市区人口而在郊县建设数座卫星城，非但未能实现预期目的，反被北京这张越摊越大的"大饼"所吞噬。在新一轮城市化到来的历史阶段，河北环首都新城要避免重蹈北京卫星城的覆辙，真正有效地减缓首都面临的交通、人口、住房、养

老、环境压力，就必须本着园城结合的原则，在吸引产业的同时聚集人口，激发创业和置业，减少人群的无效流动。

目前，固安、大厂等地以开发区、产业园区为龙头，以一些高端产业项目的落地为契机，建设了高层次的城市核心区，五星级酒店、风景宜人的创意水街、现代化的道路管网场站等，走出了一条由园到城、产城融合之路。也有个别市县盲目依赖房地产的繁荣，短期来看确实提高了财税收入，但由于缺乏产业的聚集，有成为"卧城"、"空城"的危险，还会加剧北京交通的拥堵。

环首都新城不是北京市区的复制或简单延伸，而是独具魅力的新城。在这里既能够享受到与北京同城的优惠和便利，又有更好的空气、更低的生活成本、更舒适的生活环境、更高的生活品质，打造"不是北京、胜似北京"的幸福生活圈。为此，环首都有关市县应围绕上水平、出品位、生财富、惠民生，规划实施好"十二五"期间的城镇建设工作。围绕生态宜居定位，建设密度低、环境好、生活配套齐全的住宅小区和"人才家园"，加强社会建设和社会管理，形成一幅人与自然和谐共生、文化祥和的生活画卷。

（三）在区域一体化基础上打造生态环保圈

山清水秀、环境优美的生态环保圈是环首都经济圈实现可持续发展的基本条件。河北省要求环首都14县原则上应减少粮食播种面积，同时启动高效生态林网工程，建设环城林网和环村林带，每个县（区）各建设一个3000亩以上的森林公园，力争在两年内建成并投入运营，对大气和水环境质量的治理也以前所未有的力度展开。然而，由于财力有限和产业惯性，加之行政区划分割和传统管理体制掣肘，目前环首都圈生态经济发展还面临一些困境，亟须在区域一体化基础上得到解决。

例如，为保证北京的水源供给，张家口、承德先后关闭了污染型企业数百个；封山禁牧大大提高了农牧民的养殖成本，减少了可支配收入；滦河水分给天津，导致河北唐山等地缺乏生态用水……这些发展权损失从未得到补偿。由于财力有限，环首都地区绿化水平和档次与北京有较大差距，北京的森林覆盖率已达到37%，林木绿化率达到53%，而河北省廊坊市森林覆盖率仅为24%，林木绿化率为44%。究其原因，投资的差距是重要原因。护林员的工资水平在北京密云县为400元/月，而在毗邻的河北省兴隆县仅为30元。随着造林绿化的深入开展，今后环首都地区造林重点将集中在荒山、沿海滩涂和沙化土地等生态脆弱地区，施工难度加大，造林成本提高，森林资源管护任务也越来越重。而目前造林资金主要来自中央财政，国家对生态公益林的补助虽有所提高，但远远不够。

又如，目前国家对能耗、污染减排等指标的下达是以省（直辖市）为单位，没有对跨省项目作出规定，这在实践中已产生一些问题。例如，首钢搬迁到曹妃甸，降低了北京市的环境负荷，而曹妃甸新区作为国家重大产业布局的组成部分，其初始能耗、排污指标都是零，也就谈不上完成减排任务，而这恰恰成了曹妃甸新区建设的重大障碍。目前许多项目因能耗和污染减排指标问题难以上马，从而影响到曹妃甸循环经济产业链条的完整性。再如，2011 年冬季，京冀首个能源合作项目——三河热电厂发电余热引入北京通州，这是全国首个跨省市供热项目。未来，临近北京南部的廊坊热电厂也有望为亦庄地区供热。三河热电厂供热满足了通州 760 万平方米供暖面积（相当于通州三分之一的供热面积）近 9 万户居民的供暖需求，取代了通州原有的上百座燃煤锅炉，本采暖季预计可减少煤炭用量 15.5 万吨，实现减排二氧化硫 1120 吨，减排氮氧化物 380 吨[①]。但如果节能环保等指标不能相应地进行跨省市划转，恐不利于合作的进一步开展。

四 大胆进行制度创新，建设环首都科学发展示范区

环首都绿色经济圈要实现"三生共赢"的美好愿景，必须以绿色经济为指向，大胆进行制度创新，努力建成我国科学发展的示范区。

（一）赋予环首都经济圈在资源环保领域的先行先试权

环首都绿色经济圈有条件成为我国发展绿色经济的试验田、低碳经济示范区。为此，应赋予其一定的先行先试权，依靠政府规制与市场机制的巧妙结合，探索出资源节约型、环境友好型发展的长效机制。

率先建立绿色经济发展的统计、跟踪和评价机制。绿色 GDP 是考核"绿色政绩"的新坐标。若短期内因核算技术问题难以进入操作层面，可考虑替代办

---

① 贾同军：《河北三河热源抵达通州 内外两大热源为京城供暖》，2011 年 11 月 6 日《北京日报》。

法，例如，弱化对经济总量和增长速度的要求，增大产业结构优化、生态环境友好、民生等方面指标的权重，从而引导地方政府官员围绕绿色经济开展理性竞争。

早日开设碳交易市场。依照国际通用的"碳源—碳汇"平衡规则，生态受益区对生态保护区进行补偿，是激励环首都地区保护生态环境、促使生态服务从无偿走向有偿之路的大势所趋。建议参照欧美经验，以京津冀地区为实验区，率先开展碳交易试点。尽早开展碳汇造林试点及计量监测，同时推动北京、天津环境交易所适时引入碳汇项目，催熟碳交易市场。国家应抓紧制定相关法律和政策，统一碳减排标准、扶持建立第三方认证机构，为碳排放配额交易提供制度保障。

率先在环首都地区进行水权交易试点。为了进一步改善用水效率，建议责成海河水利委员会本着可持续发展的原则明确各行政区的初始水权，组织专家测算京津冀交界断面的水量、水质和水价标准，建立水务市场。以水量、水质和生态服务为依据，探索建立生态受益区向生态服务区合理付费的生态补偿机制。

（二）适度扩展环首都经济圈的空间范围

国家"十二五"规划纲要提出"推进京津冀区域经济一体化发展，打造首都经济圈"。环首都经济圈相应地成为首都经济圈的重要组成部分。关于首都经济圈的空间结构和功能定位，尚无定论。从国际上看，以单一中心城市为核心的"日常都市圈"，通常以"一小时距离法则"界定其地域范围，但并非固定不变。随着北京辐射功能的延伸，未来首都经济圈有可能扩展到京津冀整个区域，乃至辐射到晋蒙辽等省份。而环首都经济圈目前圈定的14县（市、区）均为与北京接壤的地区，范围较小，不能与北京日益增强的空间外溢效应相匹配。综合国内外研究成果，我们将首都经济圈大致分为核心层、紧密层和松散层。核心层也称内圈，是指北京城区以及与河北接壤的14个县区；紧密层是环首都高速公路一小时通达经济圈，可覆盖北京周边100公里区域；松散层是环首都高铁一小时经济圈，已覆盖到北京周边200公里[①]。为了在行政管理上更容易操作，建议将河

---

① 武义青、张云：《首都经济圈建设构想》，2011年4月13日《科学时报》。

北省主要城市唐山、秦皇岛、石家庄、沧州等都纳入环首都经济圈中来，以便在更大的区域内优化产业布局、配置生产要素。当涉及生态共建和补偿问题时，环首都圈的范围宜进一步扩大到整个区域生态系统内。

（三）通过政策诱导和扶持，打造绿色经济投资洼地

建议中央出台促进京津冀资源共享政策。北京建设世界城市，目前最大的问题之一是"孤岛型现代化"的格局导致区域支撑体系严重不足。鉴于这一短板，《北京市"十二五"时期工业布局规划》提出，未来五年北京将通过物流与产业链衔接拉动，在周边区域形成京津冀产业协作圈，提升北京工业辐射能力，拓展工业发展空间。为了促进北京的大企业、资金、科教与人才等优势资源支持环首都地区，建议中央出台促进京津冀资源共享的政策。出台自然资源利用的一体化规划，统一管理区域内的土地、能源、水、岸线等资源，并在产业项目转移的同时，进行土地、能源、环境等控制性指标跨省市的合理划转。对于曹妃甸新区等战略意义重大的特殊新建地区，建议实行计划单列。

继续加大对环首都贫困带的生态建设支持力度。"21世纪初期（2001～2005年）首都水资源可持续利用规划"项目已经结束，但许多项目并未实施，特别是水土保持和小流域治理等项目，从近期看减少了径流量，下游北京未能看到直接收益。但从长期来看，这些项目会增加降水量，改善生态环境，起到增加优质水源的效果，因此，建议将"21世纪初期首都水资源可持续利用规划"完全落实，之后再出台21世纪中期规划。环首都经济圈各县虽然都建设了污水处理厂，但目前由于当地收入水平难以支持深度处理的运行费用，建议北京从技术和资金上增加输出，实现水源地保护与经济社会的协调发展。国家投资的生态项目要切实保障资金按进度落实到位。同时，适当提高造林投资标准、生态公益林补偿标准、退耕还林补助标准，使当地农民能够从参与生态建设中切实增加收入，维持生计。对于具有特殊重要地理作用又是国家级贫困县的丰宁、赤城、围场等县，在基础设施建设等方面，应让其享受国家西部大开发政策，安排更多绿色低碳产业项目，以增强其对京津冀生态安全的保障作用。

统筹规划北京新机场布局。建议依据机场建设定位和规模，充分发挥河北在土地、资源等方面的优势，科学、合理地规划临空产业布局及综合保税区、物流区、机场货运区、货代仓储区等区域设置，避免重复建设和无序竞争。建议批准

廊坊设立空港新区，成立副地级组织机构，在土地、财税、交通等方面给予政策支持，使其成为拉动区域经济发展的新引擎。同时，新机场与外部综合交通同步规划、审批，并由地方作为主体负责实施。根据新机场需求预测，1/3客源来自非北京方向，需要从机场东、南、西三个方面进出机场。因此，实现河北省与新机场顺畅、便捷联通是十分必要的。在目前的预可研报告中，机场外围综合交通设施布局仅考虑了北京方向进出机场的通道，需增加河北方向进出机场的交通基础设施内容，并相应补充场内外交通衔接方案。建议在新机场项目中，一并考虑和推进配套路网建设。

（四）共建环首都高新技术产业带

由于地区发展差距导致的"虹吸"效应，环首都地区相当多的人才被京津所吸引，而北京市人才济济，智力优势并未充分发挥。调查显示，北京市有77.4%的老科技工作者愿意继续发挥作用为社会作贡献，而现实中只有37.04%参与了一些工作。建议北京市在实行积极退休政策的同时，考虑与河北省联合建立老科技专家数据库和信息服务平台，疏通老科技工作者与京冀政府、企业和社会之间相互沟通的渠道，提高北京市人才智力资源的利用效率。同时，结合企业和研究院所的改制与调整，鼓励与支持北京市有条件的高校、研究院所、企业和其他社会力量，通过产学研结合、产业重新组合和资源的重新配置，形成多元化、多形式的研究开发与产业化体系，加速科研成果在京冀地区的孵化与转化。

北京中关村作为国务院批准的全国首家自主创新示范区，有望形成我国科技创新策源中心。环首都地区作为科技部批复的"环京津高新技术产业带"的核心区域，应积极谋求与中关村协作共建科技（分）园，促进对中关村技术成果的吸纳转化，消除自主创新乏力的短板。由于历史原因，河北省高校力量极为薄弱，亟须建设一所高水平大学。建议由中央协调，通过省部共建、联合办学等灵活多样的方式，为河北提供大力度的人才智力支持。

（五）建立京津冀一体化协调机制

目前京津冀三地由于行政壁垒严重，加之行政官员的级别不对等，单靠省市领导们坐在一起开会达成原则性的"共识"，难以形成一体化发展的长效机制。建议中央政府成立专门机构来统筹首都经济圈发展，实现规划对接，夯实合作基础。近期，重点加强资源、环境、基础设施和社会事业项目的合作协调，同时把一时难以解决的深层次问题作为远期协调的重点，逐步引导控制。

首都经济圈发展必须实现由辖区管理向区域联动的思维转变，构建资源互补、市场互融、利益互动的战略合作关系。具体来说，要在防沙治沙、水源涵养、森林资源保护、后续产业发展等方面作出统一的长远规划，协调各地政策，消除地方政府的"邻避"行为。在政策普惠方面，天津滨海新区拥有综合配套改革试验区的政策优势，北京中关村也有自主创新示范区的政策优势，应当通过适当的方式将这些政策延伸到河北省产业园区，以便营造一体化的发展环境。建立京津冀区域公共环境信息交流平台，共同投资和维护，实现水环境和空气质量的联防联控。推广涿州和北京医疗保险一体化的成功经验，探索建立双向转诊制度，推进公共政策的一体化。在首都新机场建设的征地拆迁和安置补偿上，建议遵循京廊同地同价的原则，以避免纠纷，努力实现国民福利的均等化。

参考文献

[1] 武义青、张云：《环首都绿色经济圈：理念、前景与路径》，中国社会科学出版社，2011。
[2] 田大庆、王奇、叶文虎：《三生共赢：可持续发展的根本目标与行为准则》，《中国人口·资源与环境》2004年第2期。
[3] 樊杰：《京津冀都市圈区域综合规划研究》，科学出版社，2008。
[4] 尉迟国利、咸立冬：《温总理嘱托"多种些树"，偏桥村民春暖好植绿》，2010年3月11日《燕赵都市报》。
[5] 贾同军：《河北三河热源抵达通州　内外两大热源为京城供暖》，2011年11月6日《北京日报》。
[6] 武义青、张云：《首都经济圈建设构想》，2011年4月13日《科学时报》。

B.18

建设河北沿海经济带与推进区域一体化

张 贵　齐晓丽*

摘　要： 沿海经济带是河北省沿海战略的关键，是京津冀地区又一重要的增长极。建设沿海经济带，对河北省经济发展以及区域经济一体化进程均具有重要影响。在城镇化建设方面，沿海经济带将形成"3＋3"个中心城市、3个滨海新城和渤海西岸城市带；在产业对接方面，将形成旅游、化工、电子信息、现代物流、船舶修造、装备制造和新能源七大产业带；在港口竞合方面，将形成"1＋3"区域枢纽港口群。河北沿海发展带建设上升为国家战略后，将凭借多方面良好的发展基础和发展优势，全面融入京津冀区域一体化中，推进区域一体化发展新格局的形成。

关键词： 沿海经济带　区域一体化　分工与合作　新格局

河北省是一个东部沿海省份，具有外环渤海和内环京津的独特区域地理位置，但时至今日还不是一个经济发达地区，主要原因是长期以来河北把发展的重点放在内陆地区，形成了"依矿依农、初级重化、内向循环"的产业结构和发展模式。随着资源供求形势紧张、市场变化和经济转型，这种发展模式已经远远不能满足河北省发展需求。要巩固和提升河北的经济地位，实现由大省向强省的转变，就必须进行战略性调整。2006年以来河北省在区域经济发展战略上进行了明显的转变，更加强调"沿海意识"，重视利用沿海的区位优势发展沿海经济。

---

* 张贵，博士，河北工业大学管理学院教授，研究方向：产业组织、区域经济；齐晓丽：博士，河北工业大学管理学院副教授，研究方向：技术创新、区域经济。

一 河北省沿海经济带的提出与变革

（一）河北沿海经济带的历史演变

改革开放后，河北省提出了多个促进经济增长的区域发展战略，从"山海坝"战略到"环京津"，再到"河北沿海经济带"上升为国家战略，大体经历了三个阶段，实现了从均衡发展向非均衡发展的转变。

1. 区域经济萌芽发展（20 世纪 80 年代中后期）

1985 年，河北省提出了改革开放后第一个区域发展思路——"山海坝"战略。该战略把河北省的重点发展区域定位在太行山、渤海和坝上草原。从"山海坝"这些地区的经济基础可以看出，河北省提出该战略是想实现区域内经济均衡发展。但"山海坝"战略提出后并未得到实际的实施，因为该战略中未确定"山海坝"在区域经济发展中各自的地位以及如何实现区域发展的路径，只是个地理概念，未能充分反映河北的区域经济特点。

1986 年，河北省提出了"环京津"战略，试图依托环京津的区位优势，带动全省发展。1988 年调整为"以城带乡、铁路与沿海两线展开"。1992 年又进一步明确为"一线（沿海）、两片（石、廊开发区）、带多点（各高新技术开发区、高新技术产业园区、旅游开发区和保税区）"。这个战略调整和演变，表明区域发展从全面开花转向集中重点地区，关注沿海。

2. 依托京津徘徊发展（20 世纪 90 年代初至 20 世纪末）

1993 年，河北省又重新整理了"环京津、环渤海"的发展战略，1995 年正式提出"两环（环京津、环渤海）开放带动战略"（以下简称"两环战略"）。该战略主要是"外向带动，两环结合，内联入手，外引突破"，借此突破带动河北发展。"两环战略"是对河北省影响最大、持续时间最长的发展战略，也成为河北省经济发展的主导战略之一。但"两环战略"提出后，由于主客观条件不成熟，一直停留在理论层面上，而且由于京津极化效应影响，在其周边的河北地区形成了环京津贫困带。理论界开始反思，当时京津两地还都在快速发展阶段，需要吸纳全国各地尤其是周边省市的优质资源，还没有出现大规模辐射河北的可能，向京津开放这条路无法走通。

2001 年，为了疏解大城市的功能，调整产业布局，发展中等城市，增加城市密度，国务院再次提出京津冀区域一体化发展的思路，但对于河北来说，这依旧是一个借力京津的方案。而这一方案依然未能有新突破。2003 年，河北省提出将全省划为冀中南、保廊、张承、沿海四个功能区。2004 年河北省委、省政府结合本省实际，进一步提出了"一线两厢"区域经济发展战略构想，以唐山、廊坊、保定、石家庄为线，将河北划分为南北两厢。此后"以我为主"成为河北的战略思想，借力京津只是手段。

3. 自主协同快速发展（21 世纪初）

2006 年以来，国务院陆续批复一系列涉海经济区规划。在此影响下，2006 年 11 月，河北省第七次党代会提出了"建设沿海经济社会发展强省"的奋斗目标，报告鲜明地提出了"打造沿海经济隆起带，构筑区域发展的新格局"的重要举措，并以此为建设沿海经济社会发展强省的突破口和战略重点，用 15 年时间把河北建成沿海经济社会发展强省。

2009 年 11 月，河北省在深入调研、广泛听取各方面意见的基础上，组织编制了《河北省秦唐沧地区发展规划》，并上报国务院请求将河北沿海地区发展纳入国家战略。同时河北省政府在构建沿海经济带战略方面作出了巨大的努力，大力投资沿海经济区域的基础建设。

2010 年 10 月，河北省政府常务会议研究通过《关于加快沿海经济发展促进工业向沿海转移的实施意见》，确立了以秦皇岛、唐山、沧州为重点的沿海经济发展思路，为实现河北由沿海大省向沿海强省跨越提供强大支撑。2011 年 3 月"重点推进河北沿海地区区域发展"的表述，出现在正式颁布的国家"十二五"规划纲要中。

2010 年 11 月，河北省在"十二五"规划中进一步提出了要"加快打造沿海经济隆起带"，推进沿海"11 县（市、区）8 区 1 路"建设，形成环渤海地区具有重大影响力的临港产业带、各具特色的滨海风光旅游带、海蓝地绿的海洋生态带和滨海城市带。

2011 年 10 月，国务院批复了《河北沿海地区发展规划》，标志着河北沿海地区发展正式上升为国家战略。促进河北沿海地区的发展，不仅关系到河北全省发展（能够形成一个带动全省发展的增长区域），而且关系到京津冀的协调发展，是国家的沿海布局的进一步完善，将进一步增强环渤海地区辐射带动能力。

（二）河北沿海发展战略的基本判断

从"山海坝"战略到"沿海经济隆起带"的提出，并制定"沿海地区发展规划"，体现了河北省沿海战略的提出和完善历程，表明河北在区域发展思路上正在实现四个重大转变。

1. 从依从于京津，转变为自主发展

在区域发展战略中，河北省经历了长久的借力京津发展战略的探索，其中包括环京津和环渤海两种取向的选择。1986年的"环京津"战略是河北省借力发展的开端。但由于北京和天津特殊的地位，在借力京津的发展战略中河北一直在此区域中属于从属地位。其间，河北方面曾多次寄望于京津冀合作，然而终未实现真正的实际操作。2006年沿海经济带的提出，使河北省发展战略转变为依靠自身的沿海地区进行自主发展，正式走出"自主发展还是借力京津、环渤海还是环京津"的战略困扰，更加旗帜鲜明地在"自主发展"和"环渤海"的战略方向上寻求突破。

2. 从服务于京津，转变为协作共赢

在"环京津"战略、"两环开放带动"战略和京津冀一体化战略中，河北的首要任务是为两个地区服务，如保障京津供水、空气质量、环境等，而不是经济发展。河北沿海发展战略中提出河北沿海的战略定位是"环渤海地区新兴增长区域，京津城市功能拓展和产业转移的重要承接地，全国重要的新型工业化基地，我国开放合作的新高地和我国北方沿海生态良好的宜居区"，其体现了河北省利用环京津这一特有的区位优势，并根据自己的特点和优势，通过主动对接，错位发展，与京津形成体制梯度差、政策梯度差、服务梯度差和综合环境梯度差的新优势，其中既有协作又有自主发展，双方可以实现共赢。

3. 从立足于京津，转变为面向世界

"沿海经济隆起带"的提出，特别是《河北沿海地区发展规划》的获批，使河北沿海开发开放站在一个新的起点上。河北沿海开发目标已不再是京津，承接产业转移的对象从京津企业变成央企、外企和国内其他地方的企业，曹妃甸的中日生态工业园和中韩合作工业园，为唐山留下拓展东北亚合作的舞台，沿海的港口也逐渐开展国际业务，拓展与国外的合作。沿海经济带的建设使河北沿海地区立足于渤海湾，面向东北亚、对接京津冀、服务蒙晋陕，形成带动河北实现跨越

式大发展的战略要地①。

4. 从省内全面发展，转变为沿海率先

在河北省发展战略的历史演变过程中，"山海坝"，"以城带乡、铁路与沿海两线展开"，"一线、两片、带多点"和"一线两厢"战略都体现了河北省想要通过中心带动周边而实现省内全面发展的思想。河北沿海发展战略的提出，指定了沿海的 11 县、市、区，作为率先发展的地区，使河北省发展战略从省内全面发展转变为沿海率先发展。

二 河北沿海经济带的现状及对河北省的影响

（一）河北沿海经济带的范围

河北省沿海经济带是指在秦唐沧沿海 487 公里的海岸线上，选择的近海临港、区位优越、基础较好、潜力较大的 11 个县（市、区），实施"11 县 8 区 1 路 1 带"重点推进计划，实现沿海与腹地优势互补、协调发展。11 个县（市、区）包括：秦皇岛市山海关区、海港区、北戴河区、抚宁县、昌黎县，唐山市乐亭县、滦南县、唐海县、丰南区，黄骅市、海兴县；8 区包括：秦皇岛北戴河新区、唐山曹妃甸新区、乐亭新区、丰南沿海工业区、芦汉新区、沧州渤海新区，以及在沧州沿海和唐山曹妃甸分别设立的冀中南、冀东北工业集聚区；1 路为滨海公路沿线，途经秦、唐、沧 3 市 11 个县（市、区），形成沿滨海公路的经济带；1 带为沿海经济带，努力打造临海产业带、沿海城市带和滨海旅游带（见图 18 – 1）。沿海经济发展带陆域面积为 3.57 万平方公里，海域面积为 0.7 万平方公里，常住人口为 419.1 万。

（二）沿海经济带的意义

1. 促进河北省产业结构调整

实施产业战略东移，壮大沿海经济带，为河北省经济拓展了更大的发展空间，内陆同类企业可以通过"增量调活"的途径配合、参与这一生产力布局调

---

① 王海乾、苗运涛：《加快河北省沿海地区发展规划研究》，《城市规划》2011 年第 9 期。

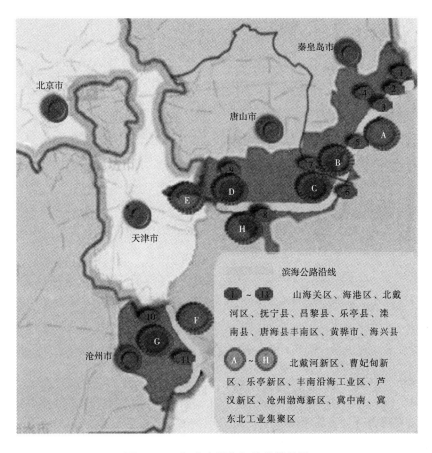

图 18－1　河北省沿海经济带的范围

整。目前，沿海经济带主要是重化工业，钢铁企业新增项目或新增投资，采取"跨区"、"飞地"或股份方式，投向沿海地区，起到优化全省产业布局和减轻内陆环境压力的双重效应①。同时，京津两城市的新定位又必然要把许多产业转移到周边地区，从而为河北省产业结构的升级转换提供了新契机。另外，环渤海地区的人力成本优势日益显著，许多跨国公司选择在此地区投资建厂。这些都有助于实现企业参与国际竞争、寻求外部资源支撑、转变经济发展方式等多重目标。

---

① 李南：《开放经济条件下河北沿海经济隆起带的产业发展对策》，《环渤海经济瞭望》2008 年第 10 期。

2. 加快形成新的区域增长极

沿海经济带的快速崛起，一方面能够培育和构建东部经济板块，形成一大批产业集群，并通过企业之间的学习效应和规模经济，产生强大的聚集效应，逐步在东部沿海地区形成一条高水平的经济增长带和增长极；另一方面，沿海经济带在发展过程中，又会源源不断地产生向外转移低端产业和向外扩散技术的扩散效应，以及进行知识输出、文化渗透和消费带动的涓滴效应，逐步把自身发展的成果惠及周边县市，成为全省乃至京津冀地区经济发展的新引擎。

3. 推进环渤海地区城镇化建设

京津冀和环渤海地区经济发展面临消费需求不足的制约，而消费需求不足在很大程度上是由于城镇化水平较低；进而，较低的城镇化水平又使普通民众难以享受到城市化所带来的福利，进而制约了人民生活水平的提高。构建沿海经济带有利于推动沿海秦皇岛、唐山和沧州三市的城镇化进程，与京津两地构成大中小层次有别，功能独特的城镇格局。一方面，可以扩大城镇规模，刺激消费需求的增长，引致经济快速发展；另一方面，通过提高城市发展质量，可以让经济发展的成果惠及普通民众，加快社会经济发展。

（三）沿海经济带的发展目标

1. 沿海经济带的总体目标

2010 年，11 个县（市、区）GDP 为 2200 亿元，占河北省地区生产总值的 10.75%。按照河北省"十二五"规划目标，将全力把沿海经济带建设成为科学发展的示范带、富民强省的支撑带、环渤海地区崛起的先行带。到 2015 年，沿海 11 个县（市、区）生产总值比 2010 年翻两番，由 2200 亿元增加到 8800 亿元，规模以上工业增加值由 900 亿元增加到 3600 亿元，全部财政收入由 270 亿元增加到 1100 亿元；到 2020 年，主要经济指标比 2015 年再翻一番，为实现河北由沿海大省向沿海强省跨越提供强大支撑（见图 18-2）。

2. 沿海经济带的阶段目标

针对沿海经济带的发展现状，为了实现总体发展目标，2009 年，河北省财政厅课题组宋立根、薛维君等人提出了沿海经济带的三个阶段目标（见表 18-1）。经过高起点开发和高标准建设，到 2020 年规划期末，力争把沿海经济带建设成为环渤海地区的重要战略增长极、滨海都市连绵带、科学发展示范区和生态

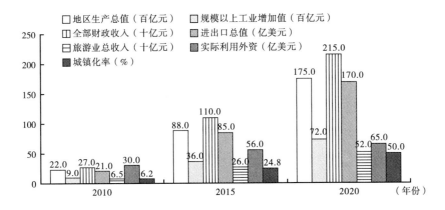

图 18-2 沿海经济带的总体目标

资料来源:《河北沿海地区发展规划(2011年)》。

和谐宜居地,建成产业加速集聚、城乡互动发展、区域合作紧密、改革开放领先、辐射带动腹地、经济社会协调的国内沿海经济新高地。

表 18-1 沿海经济带的阶段目标

阶　　　段	实施目标
2008~2010年 打基础、提实力、增后劲	人均GDP超过50000元,确保经济发展水平处于全省领先地位;城市化率达到45%,滨海都市连绵带雏形开始显现;港口货物吞吐量达到5亿吨,集装箱吞吐量达到90万标箱,形成比较完善的基础设施体系;万元生产总值综合能耗低于1.9吨标准煤,工业用水重复利用率达到90%,海洋环境接近海洋功能区划要求的水环境标准,生态和谐宜居地建设取得较大进展
2011~2015年 赶超进位、跨越发展	人均GDP超过100000元,达到中等发达国家水平,基本建成沿海经济发展新高地;城市化率达到60%左右,基本建成现代化滨海都市连绵带;港口货物吞吐量超过6.5亿吨,集装箱吞吐量达到200万标箱,基本建成有利于辐射和带动腹地的基础设施体系;万元GDP综合能耗低于1.5吨标准煤,工业用水重复利用率达到95%,渤海海洋环境完全达到国家海洋功能区划要求的水环境标准,基本建成生态和谐宜居地
2016~2020年 集约示范、实现隆起	人均GDP超过180000元,基本达到发达国家水平,成为全国沿海经济发展新隆起带;城市化率达到70%左右,港口货物吞吐量超过8亿吨,集装箱吞吐量达到300万标箱,万元GDP综合能耗低于1.0吨标准煤。全面建成体现"引擎、枢纽、生态、文化、宜居、和谐、创新"等特征的、世界知名的现代化滨海组团城市带

资料来源:河北省财政厅课题组:《河北省沿海经济隆起带发展战略研究》,2009。

（四）沿海经济带的发展现状

沿海经济带由北向南贯穿秦皇岛、唐山和沧州三地。其中，秦皇岛地处渤海之滨，是我国北方重要的对外贸易口岸；唐山是华北地区通往东北地区的咽喉地带；而沧州市被放在建设沿海经济社会发展强省的前沿位置，将成为河北经济发展的隆起带和新引擎。

从图 18－3 可见，沿海经济带的经济在 2000 至 2010 年期间得到了稳步增长，地区生产总值从 2000 年的 412 亿元上升到 2010 年的 2200 亿元，年均递增 18.23%。沿海经济带用占全省 5.73% 的面积生产了占全省 GDP 10.89% 左右的产值，说明沿海经济带在全省经济中的比重稳步上升，当然，与全国经济发达地区相比，这种龙头带动作用还有较大差距。

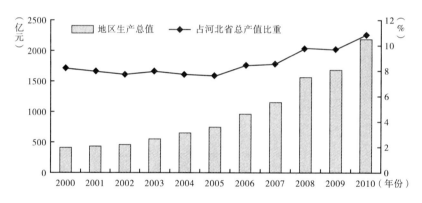

图 18－3　沿海经济带地区生产总值

资料来源：2001~2011 年《河北经济年鉴》。

（五）沿海经济带内县（市、区）发展差异分析

1. 地区生产总值差异

从地区生产总量来看，2009 年各县（市、区）的经济实力存在着明显的差距。其中唐山市的丰南区和秦皇岛市的海港区地区生产总值最高，分别为 380 亿元和 358.8 亿元；而沧州市的海兴县和秦皇岛市的北戴河区的地区生产总值最低，分别仅为 19.2 亿元和 25.1 亿元。按照其经济实力，可以把沿海经济带的 11 个县（市、区）分成三类（见图 18－4）。第一类是经济总量水平较高的地区，

包括唐山市的丰南区和秦皇岛市的海港区；第二类是经济总量水平中等的地区，包括唐山的滦南县、乐亭县、抚宁县、昌黎县和沧州的黄骅市；第三类是经济总量水平较低的地区，包括唐山市的唐海县、秦皇岛市的山海关区、北戴河区和沧州市的海兴县。

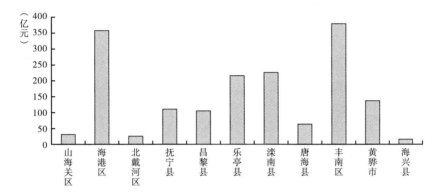

图 18 – 4 沿海经济带各地区的生产总值

资料来源：《河北经济年鉴（2010）》、《秦皇岛统计年鉴（2010）》、《唐山统计年鉴（2010）》。

2. 产业结构差异

沿海经济带各县市区的产业结构体现了明显的地域特色。从图18 – 5可见，秦皇岛市辖区的山海关区、海港区和北戴河区的第三产业相对发达，此三个地区

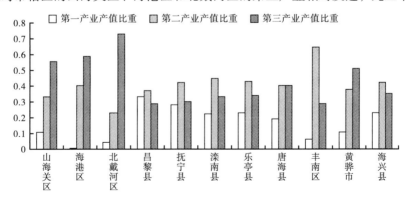

图 18 – 5 沿海经济带各地区产业结构

资料来源：《河北经济年鉴（2010）》、《秦皇岛统计年鉴（2010）》、《唐山统计年鉴（2010）》。

的第三产业产值比重远远高于其他产业，其中北戴河区第三产业的发展程度最高，而此三个地区的第一产业产值比重较小，秦皇岛市的县级区域昌黎县和抚宁县的三次产业产值比重分配较平均；唐山市内各县区大都以第二产业为主，尤其是丰南区的第二产业产值比重远远高于其他产业；沧州市的黄骅市和海兴县体现了第三产业和第二产业并重的特点。

3. 工业发展差异

在沿海经济带中起支撑作用的是工业发展，从各个地区的规模以上企业工业总产值来看，各县市区工业发展水平存在着较大的差异。图 18 – 6 是 2009 年沿海经济带 11 个（县、市）的规模以上企业工业总产值。从图 18 – 6 可见，丰南区规模以上企业的工业总产值最高，为 894.7 亿元；其次是海港区，为 540.8 亿元；其他地区的规模以上企业工业总产值水平相对较低，尤其是北戴河区规模以上企业工业总产值，仅为 12.7 亿元。

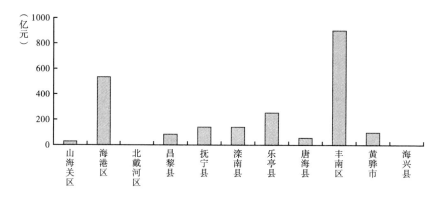

图 18 – 6　沿海经济带工业发展现状

资料来源：《河北经济年鉴（2010）》、《秦皇岛统计年鉴（2010）》、《唐山统计年鉴（2010）》。

（六）沿海经济带的经济贡献率

2000 ~ 2010 年沿海经济带各地区对河北省经济增长的贡献率值的总体趋势是缓慢上升（见图 18 – 7），且每年经济贡献率的波动幅度较大，其中贡献最高的年份是 2010 年，为 17.72%，其次是 2008 年，为 17.22%，再次是 2006 年，为 14%，其他年份都在 10% 以下。虽然，沿海发展带被寄希望成为河北省新的经济增长极，但目前对全省拉动作用不大，经济贡献率不高。造成这种结果的主要原因是以县市区为行政单位组成的沿海发展带，县处级行政管辖权和政府职能决定了其在整个经济发展中的能动作用、合作机制，也影响了由其组成的产业带在整个京津冀、环渤海中的地位也不会太高，且沿海经济带各地区的经济处于不稳定发展的状态。

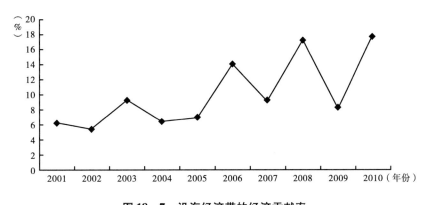

图 18 - 7　沿海经济带的经济贡献率

资料来源：2001~2011 年《河北经济年鉴》。

三　河北沿海经济带的城镇化与天津城市群

沿海经济带的 11 个县（市、区）和天津市在一条交通轴线上连成了一个带状的集合体，主要包括 3 + 3 个中心城市、3 个滨海新城和渤海西岸城市带。中心城市是河北省的唐山、秦皇岛和沧州，天津市的塘沽、汉沽和大港，滨海城市是唐山湾国际生态城、黄骅新城和北戴河新区。这个带状的城市集合体借助现代化的交通工具和综合运输网，以及发达的信息网络，把不同规模和功能的城市（镇）紧密地联系在一起，为发挥京津城市对周围地区的辐射带动作用、实现要素优化和经济发展，提供了良好的发展机遇和条件，拓展了京津冀一体化的内涵，推进了京津冀一体化的进程。

（一）河北沿海经济带城镇群发展现状

11 个县（市、区）组成的沿海经济带，被天津市的塘沽、汉沽和大港"拦

腰"隔开（见图 18-8），形成了不同层级的渤海西岸城镇群。按照辖区范围可
以分为：秦皇岛城镇群，包括山海关区、海港区、北戴河区、抚宁县、昌黎县，
人口 176.7 万，辖区面积 3312 平方公里，2009 年地区生产总值为 631.77 亿元。
唐山城镇群，包括乐亭县、滦南县、唐海县和丰南区，人口 175.8 万，辖区面积
4987 平方公里，2009 年地区生产总值为 888.93 亿元。天津滨海新区城镇群，包
括天津的塘沽、汉沽和大港，辖区面积 2270 平方公里，人口 248.2 万人，2009
年地区生产总值为 3810.67 亿元。沧州城镇群，包括黄骅市和海兴县，人口 66.6
万，辖区面积 2465 平方公里，2009 年地区生产总值为 154.50 亿元。

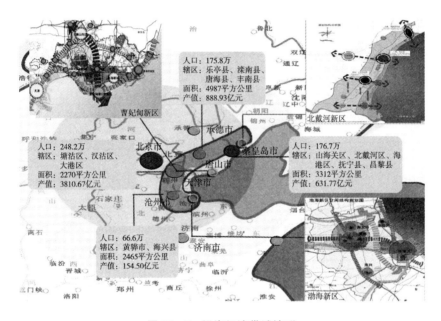

图 18-8　沿海经济带城镇群

在渤海西岸城镇群中，天津市滨海新区是地区生产总产值和人口最多的城市
群，而河北沿海的三个城镇群辖区面积较大，但人口较少，而且地区生产总值和
人均地区生产总值的水平要比天津市滨海新区城市群低很多，说明在其城镇化的
发展中还具有很大的发展潜力。从河北沿海城镇群的内部来看，秦皇岛城镇群、
唐山城镇群、沧州城镇群的各项实力强弱不均，存在典型的二元结构，城市之间
经济差距较大，与天津市滨海新区很难在短期内形成有效的对接和合作（见表
18-2）。

表 18 – 2 沿海经济带城镇群发展情况

指标名称	面积（平方公里）	总人口（万人）	地区生产总值（亿元）	人均地区生产总值（元）	全社会固定资产投资（亿元）	非农产业产值比重(%)
北京市	16411	1755	12153	70452	4858.4	99.02
天津市	11760	1228	7521.85	62574	5006.3	98.29
河北省	187693	7034	17285.6	24581	12311.9	87.19
秦皇岛市区	363.20	94.93	466.86	49372	257.27	98.6
唐山市区	1230.20	311.27	1919.37	62671	1406.63	95.2
沧州市区	183.00	50.77	327.48	55101	309.52	98.6
秦皇岛城镇群	3312	176.7	631.77	35753	352.8	88.44
唐山城镇群	4987	175.8	888.93	50565	372.4	84.74
沧州城镇群	2465	66.6	154.5	23198	92.6	87.51
河北沿海城镇群合计	10764	419.1	1675.2	39971	817.8	86.39
天津市滨海新区	2270	248.2	3810.67	153532	2281.4	99.81

资料来源：《中国统计年鉴（2010）》、《天津统计年鉴（2010）》、《河北经济年鉴（2010）》、《秦皇岛统计年鉴（2010）》。

1. 地区生产总值比较分析

在秦皇岛、唐山和沧州沿海城镇带的地区生产总值分别为 631.77 亿元、888.93 亿元和 154.50 亿元，河北沿海经济带的城镇群合计的结果与天津市滨海新区相差 1.27 倍，存在较大的经济总量和产业梯度差，这将直接影响到地区经济竞争力和产业转移的承接能力。

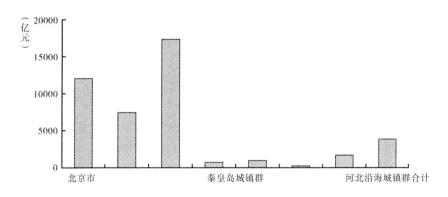

图 18 – 9 地区生产总值对比

资料来源：《河北经济年鉴（2010）》、《秦皇岛统计年鉴（2010）》、《唐山统计年鉴（2010）》。

2. 人均地区生产总值比较分析

从人均地区生产总值来看，河北沿海经济带城镇群的平均水平为 39971 元，其中唐山城镇群的人均地区生产总值的水平最高，为 50565 元；同期，天津市滨海新区人均生产总值高达 153532 元，为沿海经济带平均水平的 3.84 倍，这将影响区域内部的消费水平和消费结构，影响到区域内人员流动和交往。

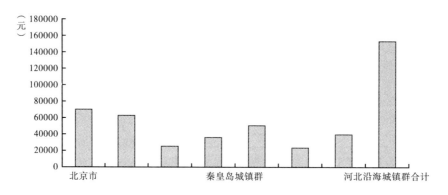

图 18 - 10　人均地区生产总值对比

资料来源：《中国统计年鉴（2010）》、《天津统计年鉴（2010）》、《河北经济年鉴（2010）》、《秦皇岛统计年鉴（2010）》、《唐山统计年鉴（2010）》。

3. 城镇群的职能结构分析

虽然沿海经济带形成的城镇群成为了河北省经济发展的重要地带，但就产业发展而言，核心的产业竞争力还十分缺乏，产业发展高度化明显不足。与北京市、天津市和天津滨海新区相比，河北沿海城镇群非农产业比重明显较低，而且其第三产业的发展相对不足，在 11 个县（市、区）中除了秦皇岛的三个市辖区和沧州的黄骅市之外，其他地区第二产业的比重都比第三产业的比重大约高出 10 个百分点，尤其是唐山城镇群内的丰南区，第二产业的比重比第三产业的比重高出 36 个百分点，这从某种程度上反映了沿海城镇群内产业高度化不足的现实。而且内部经济联系及产业分工方面的协作性较弱，城镇群内的结构联系、协调和发展机制尚未建立，城镇群的整体发展亟待有效的产业整合。从河北省沿海经济带内部 11 个县（市、区）与北京、天津的产业结构相似系数来看（见表 18 - 3），11 个县（市、区）内部的产业结构相似系数都在 0.8 以上，产业结构相似度很高，说明在 11 个县（市、区）的经济发展过程中职能部门相互重叠；

与天津的产业结构相似系数接近于1，重复性较高，而与北京的产业结构相似系数相对较低，进而导致沿海经济带与天津的竞争程度要大于与北京。

表18-3　城镇群内部职能结构分析

	天津	山海关区	海港区	北戴河区	昌黎县	抚宁县	滦南县	乐亭县	唐海县	丰南区	黄骅市	海兴县
北　　京	0.85	0.96	0.96	0.99	0.72	0.71	0.75	0.77	0.84	0.66	0.93	0.78
天　　津	1	0.94	0.96	0.85	0.83	0.89	0.94	0.93	0.95	0.96	0.96	0.93
山海关区		1	0.99	0.97	0.85	0.87	0.90	0.91	0.96	0.81	0.99	0.92
海　港　区			1	0.96	0.78	0.83	0.88	0.88	0.93	0.85	0.99	0.89
北戴河区				1	0.70	0.73	0.77	0.78	0.86	0.66	0.94	0.79
昌　黎　县					1	0.99	0.97	0.98	0.95	0.84	0.88	0.98
抚　宁　县						1	0.99	0.99	0.97	0.90	0.91	0.98
滦　南　县							1	0.99	0.99	0.94	0.94	0.99
乐　亭　县								1	0.99	0.92	0.95	0.99
唐　海　县									1	0.91	0.98	0.99
丰　南　区										1	0.87	0.92
黄　骅　市											1	0.95

（二）渤海西岸的城镇化发展格局

根据河北省"十二五"规划，沿海地区城镇化的主要内容包括：优化提升秦、唐、沧三个中心城市的功能；加快发展唐山湾生态城、黄骅新城和北戴河新区（即滨海新城）；培育壮大一批中小城市（镇），形成以中心城区和滨海新城为核心，中小城市和特色城镇为节点的沿海城镇体系。结合渤海西岸城镇群的现状分析，本报告认为沿海发展的城镇化发展格局是分层次的，其体现为"中心城市＋滨海新区＋中小城市＋特色城镇"的沿海城镇体系。

沿海经济带在与天津滨海新区的塘沽、汉沽、大港形成的不同层级城镇空间的基础上，通过产业的聚集集中人口和各种生产要素，从而有序推进人口和产业向城镇化地区聚集和布局，形成由天津市滨海新区海洋经济发展带动和秦皇岛、唐山和沧州组团构成的"一带四组团"开发格局："一带"是指"天津市滨海新区海洋经济发展带＋河北省滨海开发带"，包括天津市滨海新区的塘沽、汉沽、大港和河北省秦唐沧三市临海的11个县（市、区）；"四组团"分别是天津市滨海新区城市组团，河北省的秦皇岛组团、唐山组团和沧州组团。但在这个渤海西

岸城镇群中，目前天津滨海新区的引领和辐射作用没有凸显，河北省的城镇化正处于快速成长期，处于变化不稳定状态。

1. 中心城市的对接

秦皇岛市、唐山市和沧州市三个中心城市是"一带四组团"城镇发展格局中处于核心地位的城市①。从经济总量和人均水平上来看，三个中心城市之间都存在着经济发展的梯度，但由于各个地区在资源、基础设施和文化方面具有自己鲜明的特色，因此具备进行城市对接的基础。三个中心城市的对接主要体现在城市功能上，秦皇岛市定位于现代化滨海旅游宜居城市，唐山市定位于环渤海地区的新型工业化基地，沧州市定位于环渤海地区重要的港口城市。

秦皇岛市充分发挥旅游资源优势，在产业发展上，以国家现代服务业综合改革试点和国家旅游综合改革试验区为依托，重点发展休闲旅游、港口物流、数据产业、服务外包、总部经济、会展经济等现代服务业和重大装备、电子信息等先进制造业，在城市功能上，依托北戴河新区建设国际知名滨海休闲度假旅游目的地，形成现代化滨海旅游宜居城市。

唐山市充分发挥省域中心城市优势，在产业发展上，重点发展精品钢铁、装备制造、现代化工、港口物流、新型建材、滨海旅游、会展经济、总部经济、海洋经济等，在城市功能上，努力建设科学发展的示范城市，形成环渤海地区的新型工业化基地、面向东北亚的对外开放窗口。

沧州市充分发挥沿海和历史文化优势，高标准建设综合大港和临港工业园区，在产业发展上，着力发展石油化工、装备制造、精品钢材、港口物流、滨海旅游、海洋经济等产业，在城市功能上，努力建设成环渤海地区重要的港口城市。

2. 滨海新城对接

滨海新城城市带主要是指由唐山湾国际生态城、黄骅新城、北戴河新区等沿海区域性重点开发建设的地区。滨海新城城市带具有优越的交通区位条件，在多年的建设中，已形成了便捷快速和四通八达的交通网络，是和京津的对接的良好基础。滨海新城主要是利用自身良好的区位条件以及大规模建设的便捷的交通网络，加强和加快与京津以及周边地区的经济联系，承接京津的产业转移和人才转

---

① 宋立根、薛维君、宋超、赵新峰：《河北省沿海经济隆起带发展战略研究》，《经济研究参考》2009 年第 44 期。

移等。

北戴河新区通过京哈、京秦、大秦四条铁路干线和秦沈高速公路、京秦高速公路、沿海高速公路、津秦高铁客运专线，102 国道、205 国道、261 省道及正在筹建的京津秦城际铁路，成为了环渤海经济圈和京津冀都市圈的中心地带，素有京津后花园的美誉。唐山湾国际生态城属于曹妃甸新区，毗邻京津冀城市群，通过京山、京秦、大秦等铁路干线，京沈、唐津、唐港高速和沿海、唐承、唐曹高速网状互通的公路干线，以及京津唐的城际铁路建设，融入与北京、天津和唐山的城市圈中。黄骅新城通过区内 307 国道、205 国道、海防公路、石港高速、津汕高速、朔黄铁路、地方铁路以及正在筹建的邯港铁路、邯港高速、保港高速、沿海高速等便捷的交通网络，为形成沿海产业集群奠定基础，拉动冀中南地区快速发展。

滨海新城带的沿海重点开发地区当前已进入了大规模聚集生产要素阶段。在产业发展上，滨海新城城市带的原则是"错位发展、突出个性、彰显特色、塑造优势"，北戴河新区将发展方向定位为以高端旅游、科技生态研发、文化主题创意、综合会展经济、高尚休闲旅游和总部经济为主导，以高新技术产业、种植园经济、海洋经济为支撑的产业体系，目标是打造以人文和生态为核心的中国北方休闲、旅游、文化新区，国际知名滨海休闲旅游度假胜地。唐山湾国际生态城重点发展"六大产业"和"八大行政功能板块"，实现和沿海经济带其他地区和京津之间的产业分工，并承接京津的产业转移和人才转移。在黄骅新城的发展中，城市发展策略是先以港兴城，再以城促港，最后实现港城互动。黄骅新城围绕生态科技实现功能最终定位，建设成为"现代服务中心"和"科教创新基地"。

3. 渤海西岸中小城镇带对接

长期以来，京津两大核心城市与周边地区在发展上相互脱节，彼此间的空间联系松散、薄弱。周边中小城市特色不突出，产业承接能力不强，使得这一地区产业梯度落差过大。所以在沿海经济带发展中，除了中心城市和三个滨海城市建设外，还要注重加快抚宁、昌黎、乐亭、唐海、黄骅等一批中小城市和特色城镇的建设，要以秦皇岛、京唐、曹妃甸、黄骅四大港区为依托，加强区域基础设施共建共享，休闲旅游和制造、物流等临港产业相互促进，强化和天津滨海新区的交通和产业联系，调整功能分区和岸线布局。并与天津市塘沽、汉沽、大港联合形成带状组团的渤海西岸城镇带。在完整的城镇体系基础上，实现经济、社会、生态全方位的合作和分工。

四 沿海经济带的产业分工与京津产业群对接

在京津的经济发展进入快速发展时期的条件下，沿海经济带作为京津城市的周边城市（镇），其发展和京津产业群的对接密切相关。在现有的与京津产业对接基础和自身区位优势条件上，提出了沿海经济带产业分工定位。

（一）沿海经济带和京津产业对接现状

京津两市和沿海经济带的产业对接程度可以通过产业在该空间范围内的聚集程度得以反映①。从表 18-4 可见，2005～2009 年沿海经济带中唐山产业群、秦皇岛产业群和沧州产业群以及北京、天津产业群的区位基尼系数，通过衡量产业在不同地区的集中程度反映沿海经济带和京津产业对接的现状。区位基尼系数越趋近于零，说明该地区该产业越平均分布，如果某地区的区位基尼系数越接近于1，则该地区的该产业可能集中分布于一个地区或几个地区。

表 18-4 沿海经济带产业群及京津产业群区位基尼系数

第一产业 区位基尼系数	2005 年	2006 年	2007 年	2008 年	2009 年
天津产业群	0.07366037	0.06780876	0.0657797	0.0617864	0.06496706
北京产业群	0.08303451	0.07631434	0.07215483	0.06673628	0.06925701
沧州沿海产业群	0.06744288	0.053428	0.05260901	0.04628541	0.05105643
唐山沿海产业群	0.12521464	0.10658564	0.0941639	0.08092127	0.06755757
秦皇岛沿海产业群	0.06091769	0.05260558	0.05055082	0.04753832	0.04779547
第二产业 区位基尼系数	2005 年	2006 年	2007 年	2008 年	2009 年
天津产业群	0.02549	0.0277647	0.0279387	0.0332794	0.0249443
北京产业群	0.0307675	0.0353899	0.0378224	0.0411439	0.0388205
沧州沿海产业群	0.0151232	0.0180059	0.0184436	0.0205473	0.0191844
唐山沿海产业群	0.0156878	0.0186474	0.0210651	0.0233206	0.0247172
秦皇岛沿海产业群	0.0184304	0.0227392	0.0211134	0.0234368	0.0188848

---

① 陆立军、于斌斌：《科技和产业对接与集群企业竞争力》，《研究与发展管理》2011 年第 2 期。

续表

第三产业 区位基尼系数	2005 年	2006 年	2007 年	2008 年	2009 年
天津产业群	0.0235499	0.0244326	0.0251162	0.0277942	0.0240281
北京产业群	0.052662	0.0559931	0.0575988	0.0598524	0.0579731
沧州沿海产业群	0.0240556	0.0243263	0.0239954	0.0249872	0.0222752
唐山沿海产业群	0.0396477	0.0388516	0.0400654	0.037118	0.0423476
秦皇岛沿海产业群	0.0281321	0.0295773	0.027337	0.0277733	0.0227335

在天津、北京和沿海经济带各地区组成的产业带中，各个地区各个产业的区位基尼系数都比较低，说明目前各个地区的各个产业聚集受到的调控力度较弱，在这些地区内部是一个平稳发展的模式，在这些地区之间存在着职能结构部门重叠的状况，并未实现地区专业化，而且这些年各个地区的区位基尼系数都未发生太大变化，说明京津地区产业向沿海经济带中各地区的转移并不明显，还未形成有效的产业对接形式。

就现有的产业转移状况来讲，主要是北京、天津产业向河北各地包括沿海经济带转移。就北京、天津的转出地经济结构调整来说，一些缺乏比较优势的产业，特别是一些成熟的传统重工业，如钢铁业和传统制造业，从 20 世纪 90 年代已经开始进行梯度转移。"十五"期间，北京首都钢铁公司炼钢厂、北京焦化厂、第一机床厂铸造车间等一些大型企业已经或整体或将部分生产环节迁移到了河北省的周边地区，从 2002 年以来，已有近千家企业从转出地转移到了周边河北省各地市。呈现五大特点：一是转移产业以传统制造业为主。目前产业转移的产业主要是冶金、机械制造、服装加工、食品加工、印刷包装、木材加工等传统制造业；二是转移企业多为资源消耗型。如北京首都钢铁公司炼钢厂、北京焦化厂、第一机床厂铸造车间，以及天津厂商意欲再在周边省市投资造船、拆船、码头等项目，基本上是一些大型企业，对矿石、煤炭、水、钢铁等自然资源的消耗很大，均为资源消耗型企业；三是转移主要集中为较近的城乡边缘区。转移到河北的地区主要集中在唐山、廊坊、保定、沧州和秦皇岛等北京周边地区和有特殊地理优势或特殊资源的地区；四是京津产业转移将进入由梯度转移为主向改变城市功能为主的新阶段。伴随着北京、天津城市新定位，京津要将不符合城市定位的产业转移出去；五是产业创新、产业分工和产业转移并行。随着改革向纵深推

进，资源能源和环境的压力越来越大，京津彼此需要改变经济发展模式，而产业创新是最为有效和根本的途径。通过产业创新，提升产业结构转化和升级能力，把现实和潜在的生产要素转化为较强的市场占有率。在京津产业转移过程中，两地产业创新和新高一级主导产业也在逐渐形成，产业转入地的河北省也在有选择地承接转移产业。这两个过程推动了区域分工的深度与广度，推动了区域经济一体化。同时，随着国际分工程度的深化，原来的部门间分工逐渐向产品间分工和产业链分工过渡，国际和区际分工，以工序、区段、环节为对象的产业链分工体系正在逐渐形成，于是出现了京津主要发展研发、整机（整车）组装、现代服务等，河北省的部分地区主要发展配套和零部件生产的情况。产业创新、产业分工和产业转移的并行，必然推进一种新型的产业分工格局出现。

（二）京津冀产业空间布局与产业对接

目前，京津冀产业分工与合作是分层次推进的，由易到难：首先是旅游业；其次是以交通运输为基础的物流业；再次是制造业，如电子信息产业、装备制造业、船舶修造业、石化工业等；最后才是制造业中心、研发中心、金融中心的职能分工等。沿海经济带以重化工为主，面临陆地和海面的"两面夹击"，即陆地上，经济带处于"下风下水"位置，各种污染和排放物都经此流入渤海，而且海上也面临着石油钻井平台漏油、船舶航行导致海水污染严重的威胁。此外，产业合作与对接还存在以下几个方面的制约：京津与腹地的产业传递梯度落差大；市场化程度低，民营经济的"核心动力"不够；较少有合作意识，地方利益牵制多；官本位观念浓厚，创业文化和亲商氛围较差等等。

可喜的是，在沿海经济带与京津冀产业对接方面，已经初步形成了旅游、化工、电子信息、现代物流、船舶修造、装备制造和新能源七大产业带。

1. 旅游产业带

在产业对接方面旅游业一马当先，难度最小、见效最快。从河北省方面来讲，着力打造"环京津休闲旅游产业带"，实现河北旅游由观光向休闲的转变。"环京津休闲旅游产业带"主要包括六大功能区和七大产业聚集区。在涉及沿海经济带方面，主要有六大功能区中的以秦皇岛市和唐山市为中心城市的滨海休闲度假区；七大产业聚集区中的秦皇岛—乐亭滨海度假带，发展成为环渤海地区首位的滨海度假带、国家级旅游度假区、国际知名的滨海度假地，以及桑洋河谷、昌黎葡萄酒文化休闲聚集区，发展成为国内一流的葡萄酒庄园聚集区和葡萄酒文化体验地。

此外，在沿海经济带的各个县市区可以充分发挥旅游资源丰富、区位条件独特的优势，整合资源，建设名胜景区，打造精品线路，强化区域合作，实现旅游业跨越式发展。实施旅游产业分工定位。其中，山海关区主要发展休闲旅游，抚宁县主要发展休闲旅游，海港区主要发展会务旅游，北戴河区主要发展高端旅游，昌黎县主要发展海洋旅游，乐亭新区和乐亭县主要发展滨海生态旅游，唐海县主要发展休闲旅游，并推进旅游业与其他产业融合，办好节庆、论坛、会展、招商、体育赛事、文化交流等营销活动，推出一批高品质、有特色的旅游演艺产品（见图 18 – 11）。

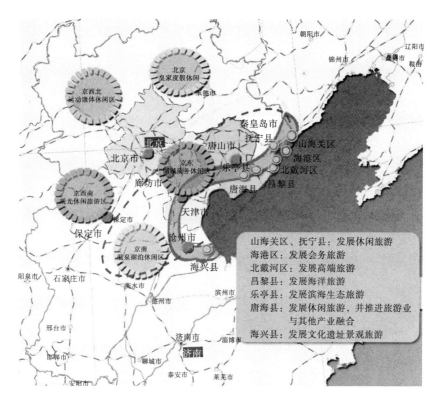

图 18 – 11　沿海经济带旅游业空间格局

2. 化工产业带

化工产业属资源和技术密集型产业，对产业集聚的要求很高，沿海经济带是我国石化工业重要的产业聚集区。唐山市乐亭县依托临港产业聚集区发展煤化工；滦南县依托曹妃甸港区发展盐化工沧州市渤海新区主要发展石油化工、盐化工、精细化工；海兴县主要发展精细化工产业带中的盐化工、煤化工、化学药品原药制造、涂料油墨和颜料及类似产品制造、合成材料制造、专用化学产品制造、日用化学品制造等七大行业（见图18－12）。

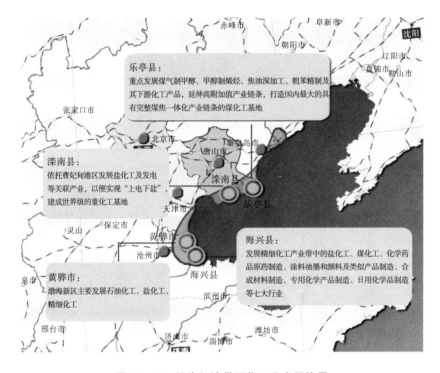

图18－12　沿海经济带石化工业空间格局

当前，化工产业已进入以结构调整和产业升级为主要特征的快速发展时期，应按照扩大规模、集约集聚、延伸链条、循环发展的思路，优化产业布局，力争规模以上企业工业增加值实现倍增。化工产业重点是，推进曹妃甸大型石化基地和中石化沧州炼化分公司500万吨炼油填平补齐二期扩建项目；煤化工以提高煤焦化，发展煤气化，适时发展煤液化为主；盐化工以推动纯碱、烧碱、PVC树脂等传统优势产品上档升级、延伸产业链，支持以海水淡化为龙头，发展循环经济为主；精细化工以大力发展高效低毒低残留农药、塑料加工助剂、高端涂料、染料等，促进原料化工向精细化工转变为主。

3. 电子信息产业带

电子信息产业是国民经济重要的支柱产业。京津冀在电子信息产业中，主要发展通信网络设备、物联网、平板显示、半导体照明、软件与信息服务、云计算等。北京、天津、沈阳、大连、廊坊、秦皇岛等城市都将电子信息产业作为支柱或者主导产业，产业发展势头十分迅猛。以北京为龙头，大连为龙尾，串联廊坊、天津、秦皇岛、沈阳等城市，形成了一条环渤海电子产业隆起带（见图18–13）。

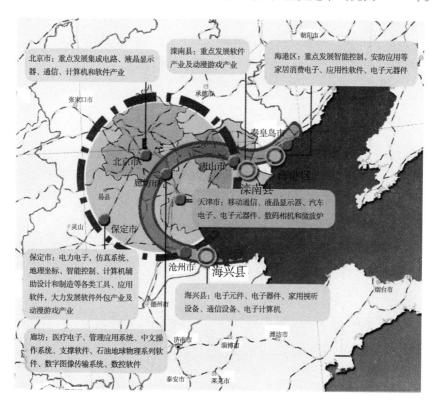

图18–13 沿海经济带电子信息产业空间格局

在沿海经济带中，依托秦皇岛数据产业基地、廊坊润泽国际信息港等，重点发展海量数据存储、灾备等云计算基础服务平台。同时，秦皇岛以海港区和经济开发区为核心，重点发展智能控制、安防应用等家居消费电子、应用性软件、电子元器件和印刷电路板等产业；唐山市以滦南县为核心重点发展软件产业及动漫游戏产业；海兴县在"十二五"电子制造规划中，也将主要发展电子元件制造、电子器件制造、家用视听设备制造、通信设备制造及电子计算机制造等产业。

4. 现代物流产业带

就河北而言，沿海经济带拥有三大港口资源，现代物流业发展的重点是畅通冀东和冀中南物流通道、建设物流产业聚集区、加快发展专项物流、推进物流业与制造业联动发展和推进物流信息化和标准化，在不远的将来将形成以唐山港、秦皇岛港为龙头，覆盖唐山、秦皇岛、承德、张家口等市，连接内蒙古、晋北、西北等纵深腹地的"冀东物流通道"；以黄骅港为龙头，覆盖沧州、衡水、石家庄、邢台、邯郸等市，连接晋中南、鲁西北、豫北等广阔腹地的"冀中南物流通道"；依托唐山港、秦皇岛港、黄骅港及石家庄空港等，将形成海港、空港、内陆港等交通枢纽型物流产业集聚区（见图18-14）。

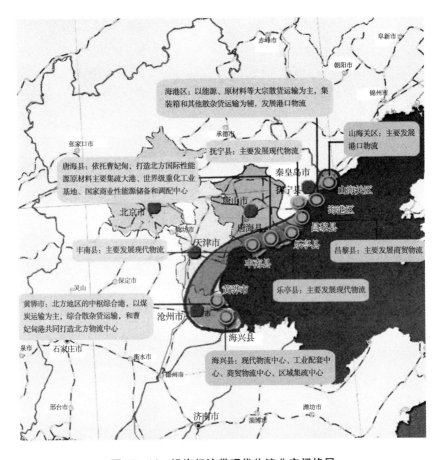

图 18-14   沿海经济带现代物流业空间格局

在京津冀方面，一方面打造环首都物流产业带，通过在环首都经济圈内的一线城市和地区建设城市配送型、农产品供给型、空港服务型的现代物流园区，实现该地区与北京及全国物流网络融为一体；另一方面建立以产业聚集为目的的物流产业带，建设以白沟箱包、安平丝网、肃宁皮毛等大型商品交易市场为主导的商贸集散型物流产业聚集区。

5. 船舶修造产业带

船舶制造业是典型的综合加工装配工业，也是我国装备制造业最具国际特色的产业，其辐射面很广，与冶金、机械、电子、石化等行业关系密切，带动其他行业的作用也很显著。对河北省国民经济的发展具有显著的带动作用。环渤海湾岸线汇聚了国内外知名船舶企业，建立起了包括科研、生产、配套、维修在内较为完整的船舶工业体系，河北省船舶修造企业主要分布在秦皇岛、沧州、保定、天津等地区。船舶配套企业主要分布在秦皇岛、唐山、沧州、保定、石家庄、邯郸等地区，河北省的船舶修造产业带已经初步形成（见图18-15）。

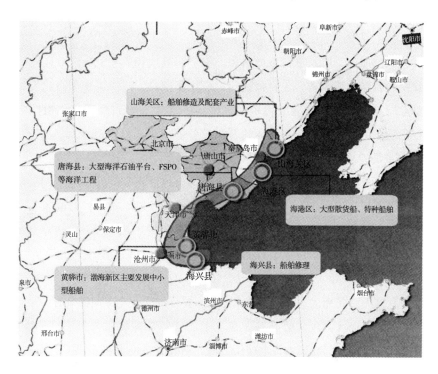

图18-15　沿海经济带船舶修造业空间格局

在河北省沿海经济带的船舶修造业中，以大型造船企业为依托，进行造船中间产品专业化配套体系建设，发展造船分段制造厂，形成现代化造船总装模式的先进制造基地。造船产品以6万吨运煤散货船、后巴拿马型散货船为主，积极开发大型海洋石油平台、FPSO等海洋工程船舶，并发展一批"新、精、专、特"的船舶配套企业，生产船用大型铸锻件、船用通信导航设备、船用柴油机及船用柴油发电机组、船用锅炉、泵浦等产品，从分工上来说，秦皇岛市山海关区和海港区主要发展大型散货船、特种船舶和游艇制造；唐山市曹妃甸主要发展大型海洋石油平台和FSPO等海洋工程；沧州市渤海新区主要发展中小型船舶，其中以海兴县为主发展工程船舶修理。

6. 装备制造产业带

装备制造业是环渤海地区的主导产业之一，沿着渤海西岸形成了一条装备制造产业带。河北省装备制造业的发展是按照发展整机、壮大配套、培育龙头、推进聚集的思路推进，涉及沿海经济带的主要由海港区、山海关区、昌黎县、抚宁县、丰南区、唐海县、乐亭县、黄骅市，以及曹妃甸新区和渤海新区来实现。其中，秦皇岛主要发展船舶制造、电力装备制造、汽车及汽车零部件生产、电子元件加工、机械加工，以及进行核电装备、修造船基地和船舶配套产业园建设；唐山主要发展新型重型装备，包括修造船、商用车项目、海洋工程和石化装备；沧州主要发展港口机械、大型工程机械、汽车零部件、船舶修理、结构性金属制品、石化装备、环保装备、超高压输变电设备等行业（见图18-16）。

7. 新能源产业带

在沿海经济带，主要促进秦唐沧沿海及海上风能资源的开发利用。秦皇岛主要发展风电及风电设备制造、生物质能、太阳能、核能，其中，海港区主要发展以光伏设备制造产业为主导（以及太阳能电池及组件、相应设备制造及其产品应用等领域）的光伏产业，以风电设备制造业为突破的区域性新能源装备产业，以生物炼油业为特色的区域性新能源产业；山海关区主要发展风电设备、核电装备。此外，海兴县无论在光伏封装设备技术还是海藻炼油产业化方面都具有一定地方特色，易于与周边地区实现优势互补，在"十二五"期间将主要发展太阳能光伏、核能、风能三大行业。在风力发电应用方面，河北省沿海经济带具有强劲的势头，特别是在促进秦唐沧沿海及海上风能资源的开发利用上（见图18-17）。

除上述7条产业带外，在京津冀更广泛的层面上，形成了4条相互连接的产

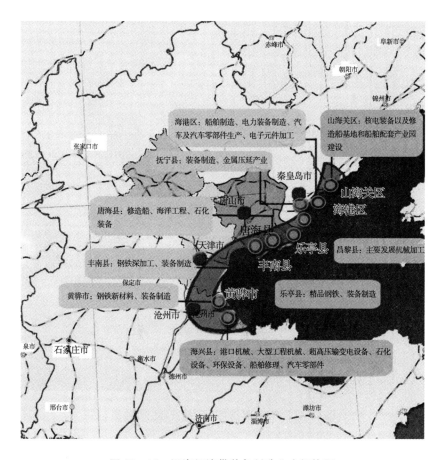

海港区：船舶制造、电力装备制造、汽车及汽车零部件生产、电子元件加工

山海关区：核电装备以及修造船基地和船舶配套产业园建设

抚宁县：装备制造、金属压延产业

唐海县：修造船、海洋工程、石化装备

昌黎县：主要发展机械加工

丰南县：钢铁深加工、装备制造

黄骅市：钢铁新材料、装备制造

乐亭县：精品钢铁、装备制造

海兴县：港口机械、大型工程机械、超高压输变电设备、石化设备、环保设备、船舶修理、汽车零部件

图18-16 沿海经济带装备制造业空间格局

业带：北京—天津—廊坊综合性产业带，侧重现代服务业和现代制造业；邯郸—邢台—唐山专业化产业带，主要从事钢铁和纺织；石家庄—保定—衡水综合性产业带，主要包括传统服务业和传统制造业；张家口—承德—秦皇岛产业带，主要是为京津提供水、空气、旅游等资源。

五 沿海经济带的港口群与天津港的协同发展

港口发展在沿海经济带经济发展中占有重要的地位，实现港口群内部与其周边港口群的有序的竞争与合作，是加快建设沿海经济带成为新经济增长极的重要

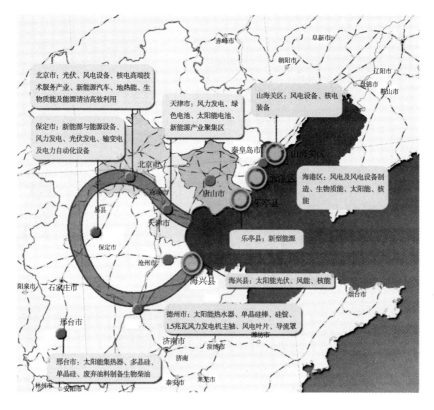

图 18－17　沿海经济带新能源产业空间格局

基础。目前，河北省港口处于快速发展期，国际航线和业务亟待拓展、提升；港口之间没有形成有效合作模式，正处于与腹地经济的整合阶段；河北省港口与天津港、环渤海周边港口之间，竞争大于合作。

（一）沿海经济带的港口群

沿海经济带周围的港口主要是环渤海地区的各个港口，环渤海地区是我国水上客货运输十分繁忙的地区之一，集中分布着我国能源输出的重要港口，为腹地冶金和石化产业的发展提供了重要保障。并且由于在毗邻港口的地方各个地区又建立了一批经济技术开发区和保税区，所以环渤海地区的各个港口是吸引投资的重要窗口，环渤海地区内90%以上的外贸物资运输需要通过港口来完成，在外贸运输中占有举足轻重的地位和作用。

环渤海地区的各个港口组成的环渤海港口群是中国五大区域港口群之一，而在环渤海港口群的内部按照空间分布又分为三个子港口群，分别为津冀沿海港口群、辽宁沿海港口群和山东沿海港口群。辽宁沿海港口群以大连港为核心，以营口港、丹东港和锦州港等为主要支线港。在 2010 年中国十大港口中大连港排名第 8，营口港排名第 10。津冀沿海港口群以天津港为核心，以秦皇岛港、唐山港、沧州港（原黄骅港）为主要支线港。在 2010 年中国十大港口中天津港排名第 6。山东沿海港口群已形成了以青岛港为中心枢纽港，烟台港、日照港、威海港等为主要支线港的分布格局，除此之外还有龙口港等地区性重要港口。山东沿海港口群中的青岛港在 2010 年中国十大港口中排名第 3。山东则形成以青岛港为干线港，烟台、日照港为支线港，威海港为喂给港的现代化港口系统。

（二）环渤海港口群的竞争与合作

环渤海的三大子港口群在空间分布上呈现"三足鼎立"的形势，由于缺乏明确的分工和定位，三个子港口群既有相互合作又有激烈的竞争，其竞争主要体现在大连港、天津港和青岛港三个中心枢纽港之间。由于三个中心枢纽港同为环渤海地区的大港，无论是深水航道泊位、港口货物吞吐量、集装箱吞吐量，都不分伯仲，实力接近，所以长久以来一直处于竞争之中。但由于三大子港口群又各有优势和劣势，所以存在合作的基础。环渤海港口间的竞争与合作可以通过环渤海地区港口群的布局规划重点来体现（见表 18 - 5）。

表 18 - 5　环渤海地区港口群布局规划重点

环渤海港口群	服务区域	港　　口	运输系统
辽宁沿海港口群 以大连东北亚国际航运中心和营口港为主，包括丹东、锦州等港口	服务于我国东北三省和内蒙古东部地区，振兴东北老工业基地的重要基础设施之一	以大连、营口港为主，以及锦州等港口为支线港口	布局大型、专业化石油（特别是原油及其储备）、液化天然气、铁矿石和粮食等大宗散货的中转储运设施
		以大连港为主布局集装箱干线港，相应布局营口、锦州、丹东等支线或喂给港口	组成集装箱运输系统
		以大连港为主	布局陆岛滚装、旅客运输、商品汽车中转储运等设施

续表

环渤海港口群	服务区域	港　口	运输系统
津冀沿海港口群 以天津北方国际航运中心和秦皇岛港为主，包括唐山（含曹妃甸港区）、沧州等港口	服务于京津、华北及其西后延伸的部分地区	以秦皇岛、天津、黄骅、唐山等港口为主	布局专业化煤炭装船港
		以秦皇岛、天津、唐山等港口为主	布局大型、专业化的石油（特别是原油及其储备）、天然气、铁矿石和粮食等大宗散货的中转储运设施
		以天津港为主布局集装箱干线港，相应布局秦皇岛、黄骅、唐山港等支线或喂给港口	组成集装箱运输系统
		以天津港为主	布局旅客运输及商品汽车中转储运等设施
山东沿海港口群 以青岛、烟台、日照港为主，包括威海等港口	服务于山东半岛及其西向延伸的部分地区	以青岛港、日照港为主，以及烟台（龙口）等港口	布局专业化煤炭装船港
		以青岛、日照、烟台港为主，以及威海等港口	布局大型、专业化的石油（特别是原油及储备）、天然气、铁矿石和粮食等大宗散货的中转储运设施
		以青岛港为主，布局集装箱干线港，相应布局烟台、日照、威海等支线或喂给港口	组成集装箱运输系统
		以青岛、烟台、威海港为主	布局陆岛滚装、旅客运输设施

资料来源：中华人民共和国交通运输部：《全国沿海港口布局规划》，2006。

环渤海港口群的三大中心枢纽港间的竞争集中表现在争相建设北方国际航运中心上，而且都把集装箱作为重点发展项目。所以在箱源的空间市场和经济腹地上展开了激烈的争夺。此外，各支线港间也存在着激烈的竞争，河北省内的黄骅和曹妃甸都瞄准了港口物流、精品钢铁、石油化工、装备制造，而大连、葫芦岛、天津、东营和日照也是相同的目标。

三大港口群又各有优势和劣势，天津港优势是腹地广阔，拥有华北西北和京津等地区的丰富货源，并且对外交通十分发达，已形成了颇具规模的立体交通集疏运体系。天津港的劣势在于其属于河口港，存在比较严重的航道淤积情况。青岛港的优势在于山东省是我国北方重要的制造业基地，可以为青岛港提供大量的货源。大连港的优势在于其货品分类中心和独特的石油储运基地。由于各子港口群经济腹地相对独立，受腹地经济和产业结构等方面的影响，三大子港口群可以根据经济腹地的特点进行服务市场的差异化，由于在三个子港口群中的各个港口离经济腹地的距离有相重叠的部分（见图18－18），所以可以通过区域分工，实现协调发展。在环渤海港口群的合作方面，当前重要的是联动发展。纵观近年来的港口发展历程，虽然看似竞争在加剧，但各港口也一直没放弃合作共赢的机会。正因为相关省市在积极推进省内港口资源的整合，才形成了以京津冀为核心区，以辽东半岛、山东半岛为两翼的环渤海区域经济共同发展大格局。

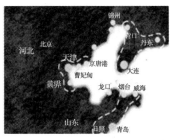

	北京	天津	唐山	秦皇岛	锦州/葫芦岛	大连	沈阳	赤峰
天津港	150		80	200	320	340	570	380
唐山港	210	110		150	280	260	510	360
秦皇岛港	270	230	140		120	220	370	370
锦州/葫芦岛港	410	370	280	150		200	220	240
大连港	460	380	310	210	230		360	430
注：表中距离为直线距离，单位：公里								

图18－18　环渤海各港口与经济腹地的距离

资料来源：根据阿特金斯、赛迪顾问等相关报告整理。

（三）津冀港口群内部的竞争与合作

津冀港口群包括天津港、秦皇岛港、唐山港和沧州港（见表18－6）。后三个港口都集中在河北省沿海带上，尤其是唐山港的曹妃甸港区依托天然深水良港的优势，定位于我国北方沿海地区国际性能源、原材料集疏大港，这无疑将使环渤海港口的竞争更加剧烈。

表18－6　京津冀地区港口的基本情况

港　　口	发展定位	建设规模（规划）	腹地经济
天津港	中国北方国际航运中心和国际物流中心，要形成港口装卸业、国际物流业、港口地产业、港口综合服务业四大产业，提高港口综合实力	北方最大人工港。港区面积200万平方公里，共10万～15万吨级船舶停靠，140个泊位,170多条国际航线，与160个国家地区300多个港口通航	直接腹地以北京、天津和华北、西北以及广大内地省市为主，总面积200多万平方公里，2亿多人口，拥有盐、煤、油和矿等丰富资源

港　口	发展定位	建设规模(规划)	腹地经济
秦皇岛港	秦皇岛港以能源、原材料等大宗散货运输为主,集装箱和其他散杂货运输为辅,大力发展海兴县工业和物流服务功能,发展成为现代化综合性大港	世界上最大的煤炭输出港之一。港区面积8.56平方公里,38个泊位,4条国家铁路干线直达港口,1条地下输油管线。预计2010年煤炭运量为1.8亿吨	腹地包括东北、华北、西北各省(直辖市、自治区)。主要货种有煤炭、石油、粮食、化肥、矿石等
唐山港	我国北方国际性铁矿石、煤炭、原油、天然气等能源原材料主要集疏大港、世界级重化工业基地、国家商业性能源储备和调配中心、国家循环经济示范区	包括曹妃甸港和京唐港,两港距离32海里。京唐港拥有泊位17个,年吞吐量3000万吨。曹妃甸总体规划泊位264个,其中25万～40万吨级各类泊位22个	经济腹地包括北京、河北等华北、西北、东北和内蒙古西部等,主要运送铁矿石、石油天然气和煤炭,可以停靠30万吨级以上的大型货轮
沧州港	北方地区中枢综合港,以煤炭运输为主,综合散杂货运输,与曹妃甸港形成联合优势,共同打造北方物流中心	我国第三大能源输出港,西煤东输第二大通道出海口。拥有1个10万吨级、4个5万吨级、1个3.5万吨级码头	经济腹地包括冀中南及晋中、陕北、内蒙古西、鲁西北等地区

资料来源:周立群《创新、整合与协调》,经济科学出版社,2007。

　　津冀港口竞争主要是正在重点建设的曹妃甸港、黄骅港与天津港之间的竞争,其竞争主要是因为三个港口在定位上有一定的重合,而且港口辐射的经济腹地的范围重叠。在港口定位方面,各个港口都不愿意放弃现有的高端港口业务和低端港口业务,并且为了增强港口的竞争力,在政府力量的支持下不断拓展新的港口业务,造成了唐山的货物大部分选择唐山的港口,天津的货物由天津港垄断;在中转货物和经济腹地方面,天津港和沧州港之间的竞争在于煤炭的运输,天津港和曹妃甸港之间的竞争在于铁矿石货源。由于津冀地区各港口的竞争仅是对现有资源的再分配,并不能增加港口群总体的货源总量,所以造成了各港口产能结构性过剩、港口资源使用率低下、港口竞争力偏低等问题。可见,津冀港口主要是形式上和名义上的港口群,尤其是曹妃甸港有首钢、冀东油田的资源优势,将来疏港铁路建成,远至甘肃和新疆的散杂货、集装箱就可以通过铁路运输直接运抵曹妃甸港;沧州港周围的铁路建成后,冀南的货物将可以直接走沧州港,而不用绕行天津港,津冀港口之间的竞争将更加激烈。

当然，津冀港口之间也存在着巨大的合作潜力。河北省东部沿海地区拥有开展对外贸易得天独厚的区位优势。一方面，河北省为京津城市发展和产业转移提供巨大空间；另一方面，河北省充分利用各种有利条件，结合自身优势，加快促进产业结构的均衡和协调发展，发展外向型经济。这些都为津冀港口之间合作提供难得的历史机遇和发展潜力。

六　构建新机制，增创新优势，拓展新格局

（一）充分利用当前的区域资源协调新机制

长期以来河北省的发展重点始终围绕在燕山、太行山山前地区，燕山、太行山传统的产业隆起带长期支撑和主导着河北经济发展，并且形成了以重化工业为主导的产业体系，由此产生了对于资源的过度依赖。随着区域资源供求格局的变化和发展观的转变，应逐渐打破经济发展对传统产业的依赖，积极寻找和培育新的产业增长点。

河北省沿海经济带处于东北亚经济圈的关键地带，是我国经济由东向西扩散、由南向北推移的交会点和连接点，其经济腹地涵盖华北、东北、西北和中原，涉及的人口占全国总人口的近三成。充分利用当前的区域资源协调新机制，可以解决发展过程中出现的重复建设、资源无序利用、腹地竞争等问题。从全国角度看，区域资源协调机制需要平衡我国东部沿海地区发展水平，实现我国经济发展空间布局合理化、提升区域竞争力，从而带动中原、东北、西北、华北经济社会协调发展。

发挥每个城镇群的中心城市的区位优势和空间优势，积极整合区域资源，切实加强与北京在资源配置、职能分工、产业布局和基础设施等方面的衔接协调，强化中心城市极化作用，加快提升唐山、秦皇岛、沧州中心城市功能，大力发展临港产业园区，强力推进沿海基础设施建设，打造沿海新城（新区），着力构建沿海城市带。整合中心城区与周边地区资源，统筹城乡规划、产业发展、基础设施建设、社会管理和公共服务，实现同城化发展。强化省域中心城市唐山市的龙头地位，壮大规模，率先发展，2015年城市人口规模均达到300万人以上，成为京津冀和环渤海地区辐射带动能力强的重要增长极。秦皇岛、沧州城市人口达

到 100 万人以上，沿海地区统筹港口、港区、港城空间资源，加快建设曹妃甸生态城、黄骅新城、北戴河新区、乐亭新区等新城（新区），积极培育沿海新兴区域中心城市。

（二）建立区域利益分配和补偿、考核、评价新机制

改革财政、税收等区域利益的分配和补偿机制，创新中央对地方政府、上级政府对下级政府的考核、评价等机制。唯有这样才能改变体制造成的部门分割、行业分割、地区分割的局面，也唯有这样才能为三地一体化创造制度优势。

建立区域一体化新机制主要包括：各园区政府间合作、协调机制；打造一体化流通市场，增创市场新优势；加强高校、科研机构与企业合作，增创产学研商新优势；联合开展区域水资源保护与合理利用、重大生态建设和环境保护项目，增创生态新优势；启动京津冀区域发展总体规划和重点专项规划的编制工作，统筹协调区域发展中的城镇体系和基础设施建设等相关问题，增创区域布局新优势。

实现区内法规、政策及发展规划的衔接与协调。这是京津冀地区经济合作的最高目标，也是实现区域经济一体化的基本标志。统一、协调的法规、政策及发展规划将从制度上保障市场的开放与统一，避免各自为政、产业重复与竞争、严重的不均衡增长等。

（三）共同实施差异化竞争战略，创区域分工新机制

沿海经济带的各地区要立足各自区情，结合地理位置、区位和产业优势，并考虑各市未来重点发展的区域布局和产业发展重点，主要集中于旅游、装备、化工、造船、物流及战略性新兴产业，实施具有区域特色的差异化竞争战略，形成分工协作新模式和资源整合新模式，加速新经济增长的形成。

使沿海经济带在京津冀一体化进程中发挥越来越重要的作用，最终把这条经济带打造成一个网络、一个平台、一个体系。

一个网络，就是要形成通畅的信息沟通风格，做到信息共享，沟通无障碍，这是沿海经济带建设的保障。

一个平台，就是要在沿海经济带的各地形成资源共享与转化平台，使得科技创新，成果转化、人才流动等能够按照各地形成的独特优势自由流动。

一个体系，就是各地通过沿海经济带这个网络和平台，按照自己所具有的独特优势，在产业链中承载不同的环节，以形成完整的现代产业体系。

（四）积极构建地方政府、企业商业、民间团体三层合作新机制

沿海经济带及京津各地应发挥各自优势，积极参与分工协作，最终形成沿海经济带各县（市、区）与其他地区相互支持、加强协作、协调联动、互利共赢的发展格局。为使对策建议得到更好的实施，需要从政府、企业商业、民间团体合作三个层面开展有效合作。

在政府层面：①建立联席会议制度。会议成员由协议各方沿海经济带和天津市滨海新区的相关政府部门负责人组成。会议每年举行一次，研究决定合作重大事宜，必要时可召开临时联席会议。联席会议设立工作办公室，成员由参加联席会议的省市区各选派一名负责人组成；②建立联络员制度。各组成会员确定一名联络员，负责联络、沟通和协调工作；③建立专题工作小组制度。根据每年联席会议确定的合作项目，必要时成立相应的专题工作小组，开展具体的专项合作工作。

企业商业层面：①共同培育有区域特色的产业集群。围绕渤海沿岸区域重点领域、重点产业，引导区域内大中企业实行强强联合，组建区域产业协作联盟，形成区域高新技术产业集群；②联合开展区域发展战略研究，形成协调共赢的共同体。在指导思想、发展战略、政策制度、科技攻关、人才交流、产业集群等方面形成协调共赢的共同体；③发挥行业协会作用，推进各方协会的交流与合作，充分发挥其在行业标准制订和修订、人才教育和培训、技术交流与推广、信息搜集与服务、统计体系建立、规则咨询服务、行业对外交流与合作等方面的重要作用。

民间团体层面：①建立项目合作机制。鼓励和支持区域内高校、科研院所、企业联合承担国家重大项目；②实现人才合作培养与交流机制。互派中青年专家和人员到各方所属区域的相关部门学习、培训、挂职锻炼；③重点实验室和研究中心合作机制。相互开放国家级和省级重点实验室、工程技术研究中心、中试基地、大型公共仪器设备、技术标准检测评价机构。

（五）加强城市间交通基础设施建设和管理，创流通渠道新优势

沿海地区要实现全面的、持续的经济快速增长，要成为全省经济梯次中的高

端。需要通过各种交通运输纽带连接沿海经济带周围各地区，完善"东出西联"交通基础设施建设，畅通以唐山港、秦皇岛港为龙头，覆盖唐山、秦皇岛、承德、张家口等市，连接内蒙古、晋北、西北等纵深腹地的"冀东物流通道"；以黄骅港为龙头，覆盖沧州、衡水、石家庄、邢台、邯郸等市，连接晋中南、鲁西北、豫北等广阔腹地的"冀中南物流通道"。逐步形成与国家公路干线和环渤海地区公路干线有机衔接的高速公路网；到2020年，形成覆盖区域主要城市的"两小时交通圈"，城市化水平接近发达国家和地区，达到68%左右。

依托唐山港、秦皇岛港、黄骅港及石家庄空港等，通过组建河北港口集团，统筹开发建设包括秦皇岛、唐山、沧州等在内的全省港口资源。加快建设海港、空港、内陆港等交通枢纽型物流产业集聚区。依托大型骨干企业，以订单为纽带，建设钢铁、煤炭、装备制造、医药等产业基地型物流集聚区。依托白沟箱包、安平丝网、肃宁皮毛等大型商品交易市场，建设商贸集散型物流产业聚集区。加大曹妃甸大型深水港区建设力度，保证矿石码头、原油码头和煤码头建成并投入运营。秦皇岛港重点建设煤四期扩容和煤五期工程。京唐港重点建设7万吨级通用散货泊位。完善黄骅港二期工程，适时建设三期工程。拓展河北省对外开放的海上通道。

（六）共同打造技术链、产业链和价值链，创区域产业新优势

按照技术"入链"、企业"入群"、产业"入带"原则，在原材料重化工基地、现代化农业基地和重要的旅游休闲度假区域展开大规模建设和发展，在战略性新兴产业发展中应推动现代环保新型工业和低碳产业，使经济带成为京津高技术产业和先进制造业的重要的研发转化及加工配套基地。

共同构造经济区域内投资环境、配套设施和产业链条；要充分发挥各园区在研发、孵化、中试、产业化制造和贸易等方面的比较优势，广泛进行分工协作、配套结网、产业集群。积极引导和支持区域内行业及企业间的经贸、技术合作，共同举办京津冀一体化论坛、经贸合作洽谈及招商引资等活动。

共同制定统一的产业发展规划。避免产业的恶性竞争，延长产业链、塑造产业集群，提高产业整合效益。实施产业发展东移，打造沿海"新增长极"，使全省经济发展摆脱对传统产业的过度依赖，依托海洋资源，充分利用国际资本、技术等新竞争要素，建成沿海临港现代重化工业、产业体系。实现通过沿海地区的

率先发展带动腹地地区的发展。

实现区内经济资源的共享。共享的经济资源包括自然资源（尤其是土地、水等稀缺资源）、资本、劳动力（人力资源）、基础设施（道路、桥梁及港口等）等。共享机制可以是市场机制（如建立统一资本市场、劳动力市场等），部分公共资源也可以通过政府协商采取互换或赠与方式。

七　结论

河北沿海经济带的开发与国家规划的实施，意味着国家规划实现了中国 1.8 万公里海岸线的全覆盖，也标志着河北沿海发展正式上升为国家战略。沿海经济带是河北省沿海战略的关键，是河北省极为重要的经济增长极。河北沿海区位优势独特、资源禀赋优良、工业基础雄厚、交通体系发达、文化底蕴深厚，具备多方面良好的发展基础和发展优势。沿海经济带必将成为环渤海地区新兴增长区域、京津城市功能拓展和产业转移的重要承接地，沿海经济带从城市、产业、港口等几个方面，全面融入环渤海区域一体化当中，必将构筑环渤海区域发展新格局。

参考文献

[1] 王海乾、苗运涛：《加快河北省沿海地区发展规划研究》，《城市规划》2011 年第 9 期。
[2] 李南：《开放经济条件下河北沿海经济隆起带的产业发展对策》，《环渤海经济瞭望》2008 年第 10 期。
[3] 宋立根、薛维君、宋超、赵新峰：《河北省沿海经济隆起带发展战略研究》，《经济研究参考》2009 年第 44 期。
[4] 陆立军、于斌斌：《科技和产业对接与集群企业竞争力》，《研究与发展管理》2011 年第 2 期。
[5] 周立群：《创新、整合与协调》，经济科学出版社，2007。

B.19
天津在京津冀区域发展中的地位与作用

臧学英　邹玉娟　于明言*

摘　要：本研究报告通过回顾天津城市定位的历史变迁，阐释了21世纪中央政府对天津城市新定位的历史要求及其战略意义，由此揭示出21世纪初，在中国区域经济的演变中把天津确立为北方经济中心地位的理论依据与现实意义。在此基础上阐明天津在京津冀区域经济发展中所处的重要地位以及所应发挥的应有作用，即充分发挥滨海新区在改革开放中的先行先试作用，在转变经济发展方式、调整经济结构和自主创新中走在全国前列，并积极推进京津冀一体化。

关键词：天津　新定位　京津冀　地位作用

一　天津城市新定位及其意义

（一）天津城市定位的嬗变

天津起源于渤海湾一个小渔村，优越的地理位置和难得的机遇改变了天津的命运。随着隋朝京杭大运河的开凿和元朝海运的开辟，到了明朝，天津渐渐发展为我国北方的水陆交通枢纽和连接南北水路货运的重要中转地。到了清代中期，天津已经成为连接我国南北的经济枢纽和北方地区的经济重镇，而且还是全国的

---

* 臧学英，经济学硕士，天津市委党校（天津行政学院）经济发展战略研究所所长、教授，主要研究专业和方向为区域经济与经济发展战略；邹玉娟，经济学博士，天津市委党校（天津行政学院）经济发展战略研究副教授，主要研究专业和方向为世界经济与区域经济；于明言，经济学博士，天津市委党校（天津行政学院）经济发展战略研究所讲师，主要研究专业和方向为国际贸易与区域经济。

重要的产盐区和北方盐业的购销中心。鸦片战争后，天津成为了全国对外通商口岸。特别是随着洋务运动的兴起，以及随后官僚资本和民族资本主义的发展，天津到 20 世纪 30 年代发展成为北方经济中心。抗日战争爆发后，天津经济发生剧烈波动。日本帝国主义几乎垄断了天津所有的近代工业，从 1945 年抗战胜利到 1949 年天津解放，当时国民党政府的接受，再次造成了对天津经济的破坏，使得天津经济几乎处于崩溃的边缘①。新中国成立后，随着社会主义建设的大规模开展，天津经济再次获得了发展。天津的许多工业品，特别是一些新兴工业品在全国处于领先地位，天津此时仍保持着中国北方经济中心的地位。进入第二个五年计划时期，1958 年 2 月第一届全国人民代表大会会议决定，将天津由中央直辖市改为河北省省辖市，成为河北省省会城市（直到 1967 年 1 月中共中央、国务院决定将天津由河北省省辖市恢复为中央直辖市）。九年的级别降格，使天津北方经济中心的地位受到极大削弱，加之出现大跃进、大炼钢铁、大办人民公社等违背经济规律的做法，天津的经济发展受到了极大的制约与破坏。此间，北京、上海在全国的比重上升，1957 年上海工业占全国的比重由 16.1% 上升到 1965 年的 18.5%，北京由 2.9% 上升到 3.9%，而天津则由 5.7% 下降到 4.3%，天津北方经济中心的地位基本丧失②。

改革开放以来，天津同全国其他城市一样，进入经济加快发展时期。1984 年，在改革开放第一轮大潮中深圳等第一批经济特区已初具规模的时候，党中央又作出进一步开放天津、大连等 14 个沿海城市的决定。而当时的天津长期受计划经济模式、条块分割体制的影响，又刚刚经历"文化大革命"和唐山大地震的严重破坏，因此面临着向市场经济转轨和城市恢复重建的双重压力。1986 年，国务院正式批复了《天津城市总体规划》，确定天津的城市定位是"具有先进技术的综合性工业基地，开放型、多功能的经济中心和现代化的港口城市"。这一城市定位既肯定了天津作为经济中心的作用，也明确了天津的发展目标，即突出了天津作为港口城市的功能和地位，也为天津朝着经济中心和港口城市发展提供了一个非常好的条件。因为，按照城市定位的要求，经济中心必然具备开放、外向型等特征，在这个原则的指导下，天津提出了工业东移的战略构想和"一条

① 马献林等：《天津在全国经济发展中的地位变化研究》，天津人民出版社，2001，第 16 页。
② 马献林等：《天津在全国经济发展中的地位变化研究》，天津人民出版社，2001，第 20 页。

扁担挑两头"的城市新布局，强调滨海地区要加快发展。1984年天津经济技术开放区正式成立，开始了在一片盐碱荒地上的艰苦创业。同年，天津港的管理权也下放天津市，港口建设步伐逐步加快。引滦入津、环线建设、煤气化、供热改造等工程的完成，使得城区建设取得了空前的成就。

进入20世纪90年代，中国的改革开放迎来了第二轮高潮。1994年，天津开始对总体规划进行修编，重新考虑城市的定位和发展问题。在天津市委市政府的努力下，1997年经国务院审批，天津的城市定位为"环渤海地区的经济中心，要努力建设成为现代化港口城市和我国北方重要的经济中心"。这一定位首次明确了天津作为环渤海区域经济中心的地位，这既是中央政府对天津多年来改革发展成就的肯定，同时也提升了天津在环渤海地区的经济地位。从1993年到2005年，天津地区生产总值年均递增12.9%，同时拥有我国北方最大的港口和进出口货值最大的海关。特别是滨海新区的基本建成，使天津实现了巨大的飞跃。天津位于环渤海的核心地带，不仅是我国北方最大的沿海城市，而且经过长期努力积累了巨大的发展潜能。和北方其他城市相比，此时的天津已拥有更多的优势：区位优势、交通优势、基础设施、产业优势、科技优势、人才优势、土地资源优势等。特别是作为南北东西的交会处，又是一个港口城市，根据国内外区域（城市）发展经验，天津具备了作为经济中心城市的诸多发展条件和优势。因此，经过多方面的比较，中央最终选择天津滨海新区作为启动中国第三个经济增长极的龙头城市。

面对新形势和新要求，2005年天津开始对城市总体规划再次进行修编，在这次修编中，市委市政府反复强调一定要"跳出天津看天津"，从环渤海乃至东北亚的更大区域范围来研究城市发展方向、规模和布局。2006年8月在国务院批复的《天津城市总体规划（2005~2020）》中，赋予天津新的城市定位是"环渤海地区的经济中心，要逐步建设成为国际港口城市，北方经济中心和生态城市"，其中，最引人瞩目的是首次明确天津是北方经济中心，这一城市定位。

回顾天津经济发展的曲折历程，透过天津城市定位的嬗变，我们清晰地看到天津总体实力的不断增强，城市地位的不断提升。天津的发展已经成为关系中国区域经济发展和国家总体战略的重要一步棋，天津也迎来了千载难逢的历史性发展机遇。

（二）天津城市新定位的内容及意义

1. 天津城市新定位的内容

在国家宏观发展战略的统筹下，天津进一步明确了发展方向。在《天津市城市总体规划（2005～2020年）》中，确定了天津的城市发展目标为：将天津建设成为技术先进、制造业发达、服务水平一流、综合竞争力强、对外开放度高、创业环境优越的我国北方经济中心，适应全球一体化发展趋势、对外联系便捷、信息网络高效、辐射能力强的国际港口城市，资源利用高效、安全体系完善、生态环境良好、宜人居住的生态城市，历史文化底蕴深厚、近代史迹特色突出、社会和谐、教育文化科技发达的文化名城。国务院在《关于天津市总体规划的批复》中，将天津定位为国际港口城市、北方经济中心和生态城市，并希望天津市以滨海新区的发展为重点，逐步实现上述目标。其中特别强调，天津市的规划建设要注意与京津冀地区发展规划的协调，加强区域性基础设施建设，促进产业结构的合理调整和资源的优化配置。要注意加强与北京市的协调，实现优势互补、协调发展，提高为首都、环渤海以及北方地区服务的功能。

国务院批复《天津市城市总体规划（2005～2020年）》（以下简称《城市总体规划》），进一步明确了天津城市性质、功能和发展重点，并对天津城市发展、建设与管理提出了明确要求。

（1）天津城市性质、定位的新表述。

与"1999年版总体规划"相比，2005～2020年天津《城市总体规划》对城市性质和定位在三方面进行了调整和新的表述，将"我国北方重要的经济中心"调整为"北方经济中心"，将"现代化港口城市"调整为"国际港口城市"，增加建设"生态城市"的发展目标。1999年8月批准实施的天津城市总体规划明确，"天津市是环渤海地区的经济中心，要努力建设成为现代化港口城市和我国北方重要的经济中心"。而此次新规划确定，天津是北方经济中心，并强调与京津冀地区发展规划相协调，特别是加强与北京在城市功能上优势互补、协调发展。由"我国北方重要的经济中心"调整为"北方经济中心"，虽然只是几个字的改变，实际上进一步明确了京津冀、特别是北京与天津两个城市的功能分工，进而彰显了天津城市地位的提升。新规划将"1999年版总体规划"中"现代化港口城市"调整为"国际港口城市"，"国际"二字，使天津的城市地位提升了

一大步。而"生态城市"的提出,一方面是源于实践科学发展观是天津的首要任务和长期使命,也是实现胡锦涛总书记给天津提出的"两个走在全国前列"、"一个排头兵"和"五个下工夫、见成效"新要求的具体体现;一方面则源于如何实现城市经济社会发展与生态环境建设的协调统一,是国内外城市建设共同面临的一个重大理论和现实问题。

天津市早在1996年就将建设生态城市的思想体现在城市的总体规划中,之后又在2001年将建设生态城市的目标落实在天津市经济与社会发展的"十五"规划中,作为其奋斗目标和发展模式。特别是近几年,天津下大力气加强生态环境建设,2005年底顺利通过国家环保总局的考察验收,成为直辖市中唯一一个国家环境保护模范城市,这不仅为建设生态城市奠定了坚实基础,也为实现这一目标定位明确了方向。

《天津市城市总体规划(2005~2020年)》在深化完善天津在1986年确立的"一条扁担挑两头"布局结构的基础上,结合近几年天津城市发展的现状和今后的发展趋势,将京津塘高速公路走廊作为城市主要发展方向,提出了"一轴两带三区"的市域空间布局结构。加快滨海新区开发开放,进一步提升滨海新区在区域经济发展中的战略地位,促进区域协调发展,也是此次规划修编的重点。根据国家对天津滨海新区发展新的要求,《城市总体规划》将中心城区和滨海新区共同作为城市主要发展地区,共同承担城市的综合职能。

(2)天津城市定位的空间新布局。

2009年6月公布的《天津城市空间发展战略规划(意见稿)》,以深化落实国务院确定的"国际港口城市、北方经济中心和生态城市"的城市定位为目标,依托京津冀,服务环渤海,面向东北亚,从区域和国际视野,着眼天津未来长远发展,着力优化空间布局、提升城市功能,提出了"双城双港、相向拓展、一轴两带、南北生态"的总体战略新布局(见图19-1)。

天津发展正处在一个关键时期。加快推进滨海新区开发开放,努力做到"两个走在全国前列"、"一个排头兵"、"四个注重"和"五个下工夫、见成效",努力把天津建设成为国际港口城市、北方经济中心和生态城市,迫切需要对城市的空间布局、产业发展、城乡建设、资源利用、环境保护等进行总体谋划和科学规划。

从《天津城市空间发展战略规划》可以看出,规划从天津的城市定位出发,

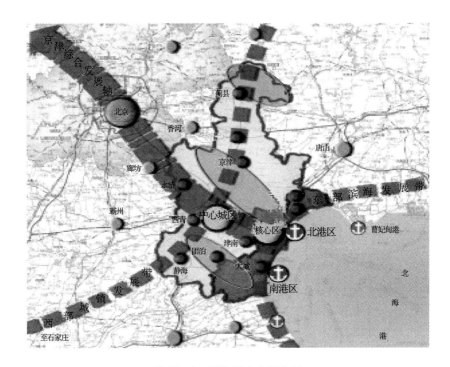

图 19－1　天津城市空间布局

资料来源：北方网。

立足于实现国家发展战略，立足于体现天津特色和优势。

《天津城市空间发展战略规划》全面提升了城市功能，能够更好地发挥天津的辐射和服务作用。同时，天津城市空间发展战略规划还很好地解决了城市发展过程中存在的一个普遍性的"摊大饼"问题，提出的"双城双港、相向发展"，既拓展了城市发展空间，拉开了城市发展的骨架，同时也避免了"摊大饼"式发展所带来的城市问题。另外，"一轴两带、南北生态"的提出，既兼顾了城市与区域发展的关系，又突出了保护生态环境、建设生态城市的发展目标。因此，新的城市发展战略既突出了天津自身的特点，又符合科学发展观的要求，为天津市勾勒出了一个科学、可持续发展的城市空间结构。

2. 天津城市新定位的意义与要求

（1）天津城市新定位的意义。

国家将天津定位为国际港口城市、北方经济中心和生态城市，是中央政府在

新的历史条件下所做的一次具有战略意义的区域发展调整。既是国家发展战略的需要，也是城市建设指导思想的重大转变。

首先，天津城市新定位是国家经济发展战略转变的需要，是改善我国区域经济发展不协调状况的必然要求。改革开放以来，我国经济发展主要经历了两次大的浪潮，开放中心也由南向北移动。1979年我国正式实行改革开放，1980年深圳被定为经济特区，带动了整个珠江三角洲成为我国改革开放和经济发展的中心，并掀起了我国改革开放的第一次浪潮。随着1990年上海浦东的开发开放，我国的改革开放中心逐渐由珠三角地区转移到长江三角洲地区，并带动了整个长江流域的经济发展。经过20多年的发展，珠三角和长三角地区的经济已经得到了飞速发展，广东、上海、江苏、浙江四省市的GDP已经占到全国GDP的一半以上，成为我国经济增长的核心力量，带动了整个国家的经济发展。珠三角和长三角地区在经过了20多年的改革开放后，税收等方面的优惠政策逐步弱化，投资成本增加，劳动力出现一定程度的短缺。另外，我国南北经济发展不均衡状况日益突出，北方15个省份的GDP在全国的比重由1985年的44.6%，下降到41.2%。① 如果长时间维持这种经济发展态势，对我国经济的健康稳定发展和南北经济的协调必然会产生诸多负面影响。因此，为了未来的经济发展，改革开放的中心再次向北转移也是一种客观需要。此次将天津定位为北方经济中心，正是基于以上的考虑。

其次，天津城市新定位的明确，充分体现了中央政府对天津经济中心建设最强有力的支持，进一步明确了京津两市的功能分工，为京津合力共建北方经济中心提供了制度保障。新中国成立前，天津、北京功能定位很清晰，一个是经济中心，一个是首都（政治中心）。但新中国成立后，在计划经济体制下我们的定位模糊不清，出现失误，北京由一个消费型城市转变成生产型城市，工业生产项目全面上马，市区面积日益扩张，与周边城市形成重复建设，不仅极大地压抑了相邻地区的经济发展，使相邻城市的发展出现滞后和不协调的畸形状态，而且，也使北京宜居城市的建设面临严峻挑战，世界城市建设困难重重。此次中央政府明确将天津定位为北方经济中心，主要是明晰长期以来两市的功能定位，减轻首都北京的经济发展压力，让这两座中心城市发挥各自应有的功能作用。即北京坚持

① 祝尔娟：《天津经济发展概论》，天津人民出版社，2004，第201页。

世界城市、文化名城、宜居城市的发展定位，全力建设政治文明的首都城市；天津则要加大投资，扩大新兴产业经济规模，全力建设北方经济中心，进而在京津冀经济合作与发展中不断做强做大环渤海的龙头，带动区域经济发展。

最后，天津城市定位的明确，有利于京津冀城市群优势互补，主动对接，错位发展，协调合作，实现共赢。京津冀是我国具有首都地区战略地位的城市密集地区，以北京市和天津市为中心，包括河北省的石家庄、保定、秦皇岛、廊坊、沧州、承德、张家口和唐山等城市的区域，拥有中国的政治、文化中心和曾经的近代中国经济中心。国家"十一五"规划中的主体功能区规划将京津冀地区列入优化开发区域，其国家战略定位是提升国家竞争力的重要区域，全国重要的人口和经济密集区，成为带动全国经济社会发展的龙头。京津冀区域以北京、天津"双核"为主轴，以唐山、保定等城市为两翼，通过调整产业布局，增加城市密度，共同打造更具国际竞争力的城市群。

（2）实现天津城市新定位必须处理好"三大关系"。

尽管国家明确了天津是中国北方的经济中心，但在实现其目标的道路上，仍然面临着与周边城市在功能分工、区域利益、空间布局等需要协调的关系和问题。天津能否尽快发展成为北方经济中心，不仅取决于自身的发展速度，也取决于周边环境的发展与改善程度，更取决于京津冀区域一体化进程。

与长三角、珠三角相比，环渤海经济圈各城市之间相互联系不够紧密，生产要素流动不够顺畅，区内产业结构雷同，缺乏合理分工与布局，区域经济一体化进程缓慢，蕴藏的巨大潜力不能充分发挥出来。环渤海经济圈之所以"圈"不起来，主要原因还是区域的"核心"未能尽快形成，还没有建构起整个经济圈的巨大引力场。目前在辽东半岛、山东半岛以及京津冀地区，事实上已形成了三个相对独立的都市圈雏形，各自为战，自求发展。由于核心区域与周边区域的经济势差不明显，京津两大中心城市的"虹吸效应"导致周边城市缺乏主动向中心城市靠拢、产业对接的经济动力，更难以形成以"龙头"为重心的产业布局和区域分工。因此，产业结构雷同、竞争大于合作便是必然结果。在这样的局势下，天津要建设成为北方经济中心，需要很好地处理与周边地区的关系，加强京津冀合作以及环渤海的联合。

一是加快京津合作。由于两市毗邻，彼此间城市功能与产业定位不明，长期以来，京津之间是竞争多于合作。因此，国务院在给天津的批复中指出，天津市

的规划建设要注意与京津冀地区发展规划的协调，加强区域性基础设施建设，促进产业结构的合理调整和资源优化配置。特别要注意加强与北京市的协调，实现优势互补、协调发展，提高为首都、环渤海以及北方地区服务的功能。而国务院批复的北京市城市发展总体规划中，北京被定位为"国家首都、国际城市、文化名城、宜居城市"。

二是促进津冀联合。由于天津和河北第二产业比重都比较高。2008 年天津第二产业在 GDP 中占 60.1%，高于河北（54.2%）[1]，因此，在工业尤其是制造业方面会与河北存在一定的竞争关系。这就要求天津在制造业发展上，一方面要主动加快产业升级调整，重点发展电子信息、石油和海洋化工、汽车和装备制造、石油钢管和优质钢材等先进制造业，与河北制造业发展拉开档次，形成梯度，实现错位发展；另一方面要加强与河北在制造业、服务业等方面的合作，搞好协调、配套发展。借助河北在钢铁、建材等方面的实力，实现互补协作，在重视自身发展的同时，注重拉动河北经济发展与产业升级。其中重点是处理好津冀之间在港口发展、临港产业和制造业等方面的关系。

三是实现天津与环渤海其他省份的协调。尽管早在 20 世纪 90 年代初当时的国家计委就已开始启动并牵头组织编制"环渤海地区经济发展规划纲要"，但多年来包括北京、天津、河北、辽宁、山东、山西、内蒙古中部四省二市一区的环渤海经济圈一直处于松散的状态，并未形成"珠三角"、"长三角"那样经济联系紧密的经济圈。其主要原因在于，环渤海地区七个成员之间在产业上缺乏明确的分工，定位趋同、产业同构、恶性竞争也比较突出。因此，天津要通过自身的科学定位，合理引导环渤海地区成员的发展定位与相互协调，有效规避恶性竞争，实现和谐发展，为成为"北方经济中心"扫除障碍。近年国务院批复了《辽宁沿海经济带发展规划》、《山东半岛蓝色经济区发展规划》等既给天津的发展带来一定挑战，但同时也为环渤海区域合作与发展带来良好机遇。对于天津来说，关键在于如何抓住历史赋予的各种发展机遇，通过东部滨海发展带与辽宁沿海经济带、山东环黄海经济带等战略布局的对接，实现协调发展。

---

① 根据中华人民共和国国家统计局各省统计公报整理。

二 天津在京津冀区域发展中的地位日益显现

（一）天津在京津冀区域发展中地位的演变

1. 鸦片战争～20世纪30年代，北方经济中心形成

1860年，清政府在西方列强的武力威逼下将天津辟为通商口岸，这与京津距离相近有直接关系。凭借优越的地理位置和港口条件，天津迅速成为商品集散地，其政治经济地位得到大幅度提高，成为河北、山西、山东、河南以及内蒙古部分地区的经济中心。1850年，天津有经商铺户万余家，1925年天津的商店总数增加到15456户，1928年中外商店和公司为25448家，1936年前后达到31600余户①。天津成为商贾云集的工商业中心。

在20世纪的30年代，天津市的对外贸易量相当于当时中国的四分之一，这个数量是相当大的。另外天津当时的金融业很发达，在天津解放路有一条金融街，号称中国的华尔街，有40多家银行，其中外国的银行，就有17家，当时天津的整个的金融资本相当于中国的17%左右。由此可见，当时的天津就是中国北方的重要经济中心②。

2. 新中国建立～改革开放之前，两个经济中心并存

新中国成立至20世纪70年代后期，国家在北京兴建了大量的工业项目，伴随着北京大规模的工业化，北京的工业迅速发展，资源要素向北京集中，削弱了天津传统工业优势的发挥，又导致北京一系列的资源和环境问题，京津之间的共生关系被扭曲。随着计划经济体制向市场经济体制转轨，20世纪八九十年代京津的地方政府均从各自利益出发，以自己的行政辖区为界限进行资源配置和生产力布局，由此形成了两个地方市场、两个经济中心并存的格局。为保护地方短期收益，地方政府设置了种种市场壁垒，逐步向封闭型经济体系发展。

从20世纪五六十年代开始，天津就不断受到"沿海不建"、"天津划归河北省"政策以及"唐山大地震"等因素的影响。这使得"七五"、"八五"时期的

---

① http：//city. sina. com. cn/city/2005 - 10 - 13/58399. html。

② http：//finance. people. com. cn/GB/1037/4245663. html。

十年，天津的经济增长速度平均每年低于全国两个百分点。1979～1992年，天津市平均GDP增长率仅为6.5%，而同期全国平均增速达9.1%①。

3. 20世纪80年代～2005年，滨海新区成为天津经济增长极

改革开放以后，党中央国务院就在谋划天津的发展。天津经济技术开发区（TEDA）于1984年12月6日经中华人民共和国国务院批准建立，为中国首批国家级开发区之一。1991年5月12日国务院批准设立天津保税区。

早有谋略对滨海新区的发展党中央国务院，在中共中央支持下，1994年，天津市委、市政府正式作出了发展滨海新区的决定，它被定义为"将成为中国北方最有增长力的经济重心和高度开放的标志性区域"。当年《政府工作报告》提出了建设滨海新区总体构想：用10年左右时间基本建成滨海新区的奋斗目标，使滨海新区GDP达到天津的40%，外贸达到天津的50%。从此滨海新区作为天津地方性战略进入发展快车道。2005年10月，十六届五中全会审议了《中共中央关于制定国民经济和社会发展第十一个五年规划的建议》，提出："继续发挥经济特区、上海浦东新区的作用，推进天津滨海新区等条件较好地区的开发开放，带动区域经济发展。"这是国家从最高决策、中长期发展规划层面正式做出的推进天津滨海新区开发开放这一具有全局性和战略性意义的重大决策，这标志着国家首次把推进天津滨海新区的开发开放放在与上海浦东新区同等重要的位置，把推进天津滨海新区的发展由天津地方发展战略上升到国家发展战略的高度，确立了天津滨海新区作为新时期带动区域发展和全局发展的核心力量的地位。这也标志着天津滨海新区作为"第三个发展极"正式步入中华民族伟大复兴的历史舞台。

4. 2006年至今，天津被重新确立为北方经济中心

2006年中央政府明确宣布：作为京津冀和环渤海地区经济中心的天津市，要以滨海新区的发展为重点，逐步建设成为国际港口城市、北方经济中心和生态城市。国家首次确定把天津建设为北方经济中心，是解决中国经济南高北低、推动经济平衡发展、区域经济协调共进的重要战略"支点"②。

随后发展滨海新区被写入"十七大"报告。2008年3月，国务院批复了

---

① http：//lzcb. dzwww. com/lzxw/200609/t20060911_ 1753022. htm。

② http：//news. enorth. com. cn/system/2009/09/23/004211703. shtml。

《天津滨海新区综合配套改革试验方案》。目前，金融改革创新、土地管理体制改革、行政管理体制改革、涉外经济体制改革、农村体制改革等一系列综合配套改革方案正在滨海新区这块土地上实施，滨海新区，成为继深圳经济特区、浦东新区之后，又一带动区域经济发展的新增长极。

现在把天津定位为北方经济中心，既是国家发展战略的需要，同时也是对历史的尊重。在历史上北京与天津本来就是一个首都与一个经济中心，现在中央从国家发展战略的角度考虑，明晰各自的定位，让京、津发挥各自应有的作用。天津作为北方最大的沿海城市，经济总量不断上升，科技水平也迅速上升，天津的发展呈现出突飞猛进的局势。

（二）天津在京津冀区域发展中的战略地位

在我国《国民经济和社会发展"十二五"规划纲要》中强调，要发挥东部地区对全国经济发展的重要引领和支撑作用，在更高层次参与国际合作和竞争，在改革开放中先行先试，在转变经济发展方式、调整经济结构和自主创新中走在全国前列。要推进京津冀、长江三角洲、珠江三角洲地区区域经济一体化发展。《天津市国民经济和社会发展"十二五"规划纲要》也提出，天津要扩大国内交流，主动参与京津冀都市圈建设，深化环渤海地区务实合作，加强区域生态环境治理和水源地保护，推动区域市场、交通、金融、旅游、人才等一体化发展。可见，天津应成为以京津冀都市圈为依托的京津世界城市的双核心之一，国际港口大都市。世界级的加工制造业基地现代化国际物流中心。

京津世界城市的双核心之一：北京在最新制定的空间发展战略中已经提出建设"世界城市"的目标。而北京最大的缺憾是，没有属于自己的能够与国际接轨的大型港口，同时它的制造业发展空间也相对不理想。环渤海湾地区靠近北京、又能够满足大运量、快捷高效的国际运输的唯有天津港，这将成为京津联合的重要契机。此外，天津具备雄厚的制造业基础，有能力成为我国北方重要的制造业基地，能够为北京建设世界城市提供制造业上的支持。与北京强强联合，发挥各自优势，共建世界城市，既满足天津和北京各自发展的需要，也符合城市发展的客观规律。

国际港口大都市：在港口功能方面，天津已经具备了建设成为现代化国际港口大都市的基本条件。从城市的功能和特征来考察，天津先后经历了封闭的内贸

型城市、开放型的贸易城市、中国北方最大的近代工商业城市、综合性的工业基地、全方位开放的综合性港口城市和北方工业中心等发展阶段,因而发展现代国际港口大都市是天津城市发展的历史必然,天津具有发展成国际港口大都市的潜力和综合实力。现代港口型国际化大都市的发展趋势大体为经济外向化、交通网络化、产业高级化、金融国际化、业务物流化、管理信息化、建设深水化等等,各种功能互相配套、相互促进。天津要不断突出港口型国际大都市的特点,发展和拓展港口功能和现代国际化城市功能。天津现代化国际港口大都市地位的发展和确立,必将推动京津冀地区和环渤海地区的发展,辐射我国的华北、西北和东北等地,并影响东北亚地区乃至世界经济的发展进程。

世界级的加工制造业基地:以滨海新区为基地,以现代制造业为突破,以高新技术产业为龙头,以现代金融业为纽带,带动物流业、旅游业、商贸业等领域,积极打造六大主导产业板块,联动"北京——首都圈——环渤海——中国北方——海外(东北亚)",形成世界著名的集高科技企业总部、研究开发、高科技制造于一体的制造业集聚区。

现代化国际物流中心:利用天津的海、陆、空综合运输优势,打造现代国际物流中心,加快构建现代化的高速交通网络,包括高速铁路和城际铁路网络、高速公路网络及航空运输网络,实现建设北方经济中心和航运中心大流通的骨干运输网络,逐步提高天津在京津冀北地区的中心地位和辐射功能。

(三) 天津在京津冀区域发展中的地位日益显现

进入 21 世纪以来,随着国家对天津城市功能定位的明确,天津站到了一个新的历史起点上,目前的天津如深圳对珠三角,上海对长三角一样,对北京、河北和环渤海地区的经济发展产生着深刻的影响,天津在京津冀区域发展中的地位日益显现。

1. 从经济实力变化上看,天津对京津冀地区经济影响在逐渐增强

城市经济总量代表了一个城市经济整体实力。自 2000 年以来,京津冀地区 GDP 高速增长,从 2000 年的 9207.8 亿元增长到 2010 年的 43083 亿元,年均增长率达到 16.8%①。特别是 2004 年以后,该地区增长速度大幅度提升,呈现出

---

① 数据根据各年度的《中国统计年鉴》计算整理得出。

指数增长的趋势。2010 年该地区 GDP 占全国 GDP 总量（397983 亿元）的 10.8%，是同时期长三角地区 GDP（69871.97 亿元）的 61.7%。其中，北京、天津、河北省 GDP 分别为 13777.9 亿元、9108 亿元和 20197.1 亿元。

在京津冀地区，天津经济总量与其他城市相比基数虽然较小，但增长速度非常快（见图 19 - 2）。2000 年天津 GDP 仅为 1639.36 亿美元，相当于北京 GDP 的 66%，河北 GDP 的 32%。到了 2010 年，天津的 GDP 增长到 9108.83 亿元，与北京、河北的经济总量差距也有所缩小，达到河北 GDP 的 45%①。从城市经济总量的增长速度比较来看，北京、天津、河北三个省（直辖市）2009 年 GDP 分别比上年增长 15.9%、18.4%、6.5%，2010 年增长率分别为 13.4%、6.9%、21%、17.2%。可见，虽然天津经济总量相对较小，但近年来的增长速度远远超过河北、北京两省（直辖市）。

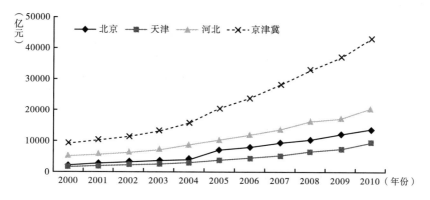

图 19 - 2　2000～2010 年京津冀各城市经济总量比较

从京津冀地区经济总量的占比来看（见图 19 - 3），近年来天津在京津冀区域经济总量中的比重也不断提高，从 2000 年的 17.8% 跃升到 2010 年的 21.14%，在区域经济中的重要性不断提升。尤其是"十一五"滨海新区被纳入国家发展战略以来，一大批大项目、好项目相继启动，天津北方经济中心的作用逐步显现。目前，天津滨海新区"十大战役"已经打响，并取得显著成效。可以预见，"十二五"期间天津经济将以更快的速度发展，在区域经济中的地位将进一步提高。

---

① 本文所用的数据皆根据相应城市统计年鉴整理。

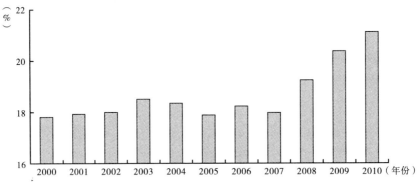

图 19 - 3   2000 ~ 2010 年天津 GDP 在京津冀中的占比

2. 从区域职能作用上看，天津承担着京津冀地区物流中心、外贸中心与先进制造业基地等多重职能

对比 2009 年京津冀地区各中心城市职能主要指标，天津市在工业增加值、全社会固定资产投资、货物周转量、实际利用外资等方面均位于首位。2009 年天津全市规模以上工业企业增加值增长 22.81%，增速比同期加快了 1.8 个百分点，在 31 省份中增速排名第二位①。这说明天津市以空中客车为代表的先进制造业发展水平明显高于其他城市，工业发展水平处于最高层级。

从固定资产投资来看，自 2006 年以来，天津固定资产投资额增长迅速。比较京津冀三省（直辖市）固定资产投资的增长速度，从 2007 年起，天津市就一直是京津冀地区固定资产投资增长最快的城市，2008 年天津的增长速度甚至高达 44.05%。即使是受全球金融危机影响，2009 年天津固定资产投资仍然比上年增长 39.8%（见图 19 -4）。

天津的货物周转量在京津冀地区也一直居于首位。2009 年京津冀三省（直辖市）各自的货物周转量分别为 731.6 亿吨公里、9606.6 亿吨公里和 6405.2 亿吨公里。天津货物周转量相当于北京的 13.1 倍，河北的 1.5 倍。

改革开放以来，各地方政府提供各种方便政策大力吸引外商直接投资（FDI），FDI 也对我国区域经济快速增长作出了极大贡献。从图 19 -5 可以看到，

---

① http://www.tj.gov.cn/wbjbs/jxwbs/jxwsbxx/201001/t20100126_112182.htm。

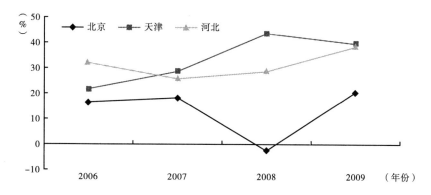

图 19 - 4　2006 ~ 2009 年全社会固定资产投资增长率

自 2004 年以来,天津市实际利用 FDI 占 GDP 的比重一直在京津冀地区居首位。
2009 年天津实际利用 FDI 总额为 90.2 亿美元,数额大大高于北京的 60.82 亿美
元和河北的 35.98 亿美元,可见,天津在京津冀地区对外资的吸引力最大。随着
天津滨海新区的开发开放,外资企业不断进驻,大批项目不断开工,也为天津带
来了大量外资,因此近年来天津吸引 FDI 数量不断增加。

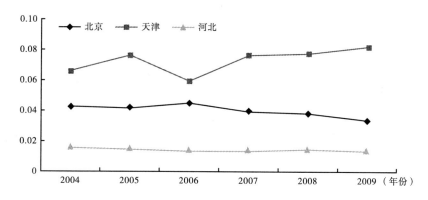

图 19 - 5　2004 ~ 2009 年京津冀地区 FDI 在 GDP 中的比重

　　而位于首位的货物周转量与实际利用外资水平指标说明天津港的快速发展
亦提升了天津对开放门户的地位,其中,货物周转量为北京市的 23 倍。而且,
涌入的大量外资也促使天津不断融入国际分工,大大推动了天津成为京津冀地
区物流中心与对外贸易中心的进程。可见,天津在京津冀区域经济发展中的地
位日益显现。

三　天津在京津冀区域发展中应发挥的作用

（一）进一步发挥滨海新区的龙头带动作用，使之成为区域经济增长极

天津滨海新区已纳入国家发展战略，并被批准为综合配套改革试验区。推进天津滨海新区开发开放，是新世纪新阶段，党中央、国务院从我国经济社会发展全局出发作出的重大战略部署。从这个意义上说，天津滨海新区不仅仅是天津的，也是北京、河北的。天津应注重进一步充分发挥滨海新区在京津冀区域发展中的龙头带动作用。

进一步发挥滨海新区的龙头带动作用，不断巩固天津北方经济中心的地位，扩大京津冀区域经济总量和规模，并促进其聚集效应转化为辐射扩散效应。即通过这一战略的实施，加大市场要素供给，加速京津冀地区市场经济的发展，不断提高市场化程度，促进混合所有制经济发展。并通过天津在欧亚大陆桥和三北地区出海口的核心位置，增强其辐射和扩散效应。

进一步发挥滨海新区的龙头带动作用，利用滨海新区的港口优势和"无水港"政策创新优势，加快京津冀港口资源整合。即通过天津与河北省的曹妃甸港、黄骅港、秦皇岛港等港口资源的整合，实现港口资源的优化配置，港口经济的错位发展，促进京津冀临港产业做大做强，进而成为环渤海地区海洋经济的产业龙头。并充分利用滨海新区作为京津冀城市群对外开放的门户、出海口以及产业承接口的区位优势，通过打通滨海新区与京津冀的交通、信息和物流通道，在积极承接日韩和北京的产业转移中实现区域整体产业结构的调整与升级。

进一步发挥滨海新区的龙头带动作用，加快提升提高京津冀地区的"经济能级"，使之成为中国经济发展的"主引擎"。具有优良的港口条件的滨海新区，是发展态势迅猛的国家级新特区，早已成为天津经济的新的增长极。按照滨海新区"十二五"发展目标，到2015年末，滨海新区的地区总产值预计达到1万亿元。届时京津冀整个区域的经济总量和规模将跃上新台阶，成为能与长三角经济圈相抗衡的区域，其必然通过"经济能级"的提升，成为中国经济发展的"主引擎"。

（二）积极打造京津唐高新技术产业带，使之成为世界重要的高端产业基地

从国际经验看，在一些经济技术密集的区域建立以区域、产业为特色的高新带，将之沿高速公路、铁路、江河航道和海岸线等主要交通干线两侧展开，依托若干个高新区或中心城市，带动周边区域的社会、经济、科技的全面发展，是一条发展高技术产业、繁荣经济的有效途径。在京津冀地区，沿京津唐高速公路就有这样一条以高新技术为核心建立的高新带，拥有雄厚的技术、智力资源和人才、物资资源等优势，并有强大的产业支撑。但京津唐高新带本身带有明显的区域性和行政区界性，天津应充分发挥滨海新区"先行先试"的政策优势，率先破除行政体制障碍，打破行政区划的界限，变内耗式的竞争为合作式的竞争，促进京津唐高新带产业链的形成和产业的集聚，打造跨区域经济带。同时，充分发挥滨海高新区已有的优势，依托北京的科技优势、唐山的资源优势，努力把京津唐高新技术产业带建设成为中国高端产业集群的新组合、最具竞争活力的大城市带、滨海新区腾飞的后花园以及环渤海经济综合体的联结轴，提高区域经济整体竞争力，带动整个京津冀经济的振兴。近几年，京津冀地区已成为海外资本尤其是日韩资本进入中国内地的首选地之一，天津应借助传统的工业基础和优越的地理区位，依托京冀将该地区建设成为世界上重要的高端产业基地和加工制造业基地之一。

（三）加快京津冀金融资源整合，努力构建中国北方金融中心

金融是区域经济协调发展的"第一推动力"，是区域经济合作的重要纽带①。要实现区域经济在更大范围、更广领域、更高层次的协调发展，就必须加强金融服务，更好地发挥金融在区域资源流动和产业合作分工中配置导向和市场调节作用。

金融中心是区域内各金融市场通过为各种金融业务活动提供最大便利的竞争而逐渐形成的。这种竞争优势地位的取得需要金融市场自身进行不断的改革与创新，即需要经常的、阶段性地重新审视和调整原有金融市场的体制和制度缺陷，

---

① http：//www.chinafinancialyst.com/Html/TBCH/10102514371131785.html。

并建立新的金融市场体制和制度，以解除滞后体制和制度对金融市场发展的制约，并为金融市场的发展注入新的活力和动力。

从京津冀三方发展来看，北京作为首都，集中了全国50%至60%的金融资产，是全国金融管理中心和信息发布中心。经济快速发展中的天津正在逐步成为中央银行北京大区行所在地，随着滨海金融区、渤海银行以及渤海产业基金等金融业的快速发展，天津的金融创新基地正在形成。河北的金融机构设置和集中程度虽然相对较弱，但近年来经济的迅猛发展，使得其对资金的要求更为迫切，有利于实现区域金融资源的互补。目前，北京的银行是全国最大的存差行，每年银行存款大于放款好几百亿元，而且多年来由于受到银行贷款额度的约束，发放贷款受到一定限制，这导致北京的大量银行资金不能用于本地区的经济建设而不断南流，与此同时，河北和天津虽然毗邻北京，但金融机构历来资金紧缺，长期处于银行借差。随着天津滨海新区和唐山曹妃甸的大规模开发，京津冀金融业走向一体化正处在一个最佳时机。

事实上，京津冀金融业的联合出现端倪。北京银行正式进军天津，从一家地方性银行转型为区域性银行，计划在3年内在天津开设10家分支机构，开展个人金融和企业金融业务。这一尝试性举动对京津冀金融走向全面合作提供了经验和样本。从国家政策上来看，区域金融合作的坚冰也已松动。按照国家银监会的要求，只要经营绩效、资产品质和审慎经营这三类指标均达到国有股份制商业银行平均水平以上的城市商业银行都可以走出区域，这给京津冀地区的所有银行带来了难得的历史机遇，也给河北众多为融资困扰的中小民营企业带来了希望。

天津完全可以利用滨海新区金融改革与创新的先行先试政策优势，将其政策延伸到京冀，加快京津冀跨区域金融资源流动的步伐，逐步培养完善的货币市场、证券市场、期货市场、产权市场，实现金融市场的多元化，为区域实现资本市场一体化创造条件。通过信贷项目交流、银团贷款等形式促进跨省融资活动，实现资金合理流动和优化配置。通过培育和发展金融市场，实现更大范围的金融资源配置。此外，还应当考虑建立京津冀地区统一的信息披露制度，主要包括银行信贷登记系统信息、个人综合信用档案系统、企业信用档案系统。信息共享是实现金融区域合作的重要条件，也是防范金融风险、增强金融跨区域服务的重要保障。

同时，天津要率先转变政府金融管理方式，与北京建立起有效的利益共享机制，构建区域金融协调机制和利益分配机制。在金融政策建立方面，首先，应从区域金融发展战略出发，制定有利于区域金融发展的政策，比如设立专门的区域性政策金融机构。其次，建立集权与分权相统一的区域金融体制，充分发挥北京作为决策中心、信息中心的优势，天津应当努力利用自身特色，做到与北京金融体系的优势互补。再次，构建区域性金融市场。要立足消除区域分割，发挥各区域集合优势，走经济协作一体化道路，利用相对统一的金融市场体系增强竞争活力，发展规模经济。最后，通过区域金融发展，实现区域经济合理布局和产业调整，推动产业结构的升级。

（四）加快京津冀战略性新兴产业的合作步伐，合力构筑中国乃至东北亚战略性新兴产业龙头

"十二五"期间，国家大力发展战略性新兴产业的政策导向为京津冀区域经济发展带来前所未有的机遇。京津冀应该紧紧抓住发展战略性新兴产业的有利时机，加快京津冀区域间战略性新兴产业的合作步伐，为尽快缩小与长三角、珠三角差距，做大做强中国经济第三增长极打造产业"新龙头"。为此，必须注重发挥各自的产业优势，找准自己的产业发展方向，合力构建具有国际竞争力的战略性新兴产业集群、产业链，并通过战略性新兴产业的发展，促进产业结构的优化升级和协调发展，推进京津冀都市圈在环渤海区域中充分发挥龙头带动作用。在战略性新兴产业发展实践中政府和企业应在以下方面用力：

第一，加大京津冀都市圈内部相互合作。京津冀各地区发展阶段不同，资源优势不同，产业结构也存在差异，因此三地之间存在良好的合作基础，各地区根据自身战略定位和比较优势，调整产业结构，加快促进区域产业协调发展。

第二，完善京津冀都市圈产业链，加快形成产业集群。京津冀地区许多产业尚不具备完整的产业链，大大削弱了产业整体竞争力。各地区积极整合资源、分工合作，构建合理的产业链，并进一步形成产业集群，是提高区域产业整体竞争力的重要途径。

第三，遵循京津冀都市圈产业错位发展的原则。目前京津冀各地区部分产业存在一定程度的同构现象，各地竞相发展同一产业或同一产品势必造成资源浪费并加大内部竞争。因此区域产业发展应注意部门错位、产品错位、功能错位的发展。

第四，注重掌握京津冀都市圈产业发展中的自主知识产权与培育科技创新能

力。科学技术是第一生产力，产业竞争逐渐前移到原始创新阶段。基于对"微笑曲线"的理解，京津冀区域经济发展应该高度重视自主创新，开发具有自主知识产权的产品，占领战略性新兴产业的发展高地。

（五）积极建设北方国际航运中心和国际物流中心，构建国际交通枢纽，形成一体化的综合交通网络

2011 年 5 月 10 日国务院批复了《天津北方国际航运中心核心功能区建设方案》，天津北方国际航运中心核心功能区的发展目标是，用 5 ~ 10 年的时间，基本完善国际中转、国际配送、国际采购、国际贸易、航运融资、航运交易、航运租赁、离岸金融服务等功能，把天津东疆保税港区建设成为各类航运要素聚集、服务辐射效应显著、参与全球资源配置的北方国际航运中心和国际物流中心，综合功能完善的国际航运融资中心。天津东疆保税港区在体制机制创新方面先行先试，探索新时期开发开放的新模式。坚持合作共赢、共同发展，加强与周边区域优势互补和战略合作，增强辐射带动作用。

天津市人民政府下发的《天津市现代物流业发展"十二五"规划》明确指出，"十二五"时期天津将着力打造一批物流集聚区，建设一批物流重点项目；培育一批竞争力强、层次高的大型综合物流企业集团，AAAAA 级物流企业达到 10 家；吸引国内外知名航空公司、船公司、物流企业将物流核心业务落户天津，使物流服务水平明显提高；区域辐射带动能力明显增强；国际化、专业化、特色化、信息化、低碳化的物流产业链基本形成。到 2015 年，将天津基本建成中国北方国际航运中心和国际物流中心。

加强与周边区域优势互补和战略合作、加强区域一体化首先是交通设施一体化和便捷畅达的交通联系。作为国家发展战略，天津滨海新区的开发开放需要现代化的立体交通体系的有效支撑。为充分发挥对环渤海和北方地区的服务辐射功能，真正体现物流的高效流通，滨海新区要围绕建设北方国际航运中心和国际物流中心，加快提升海空两港功能，打通区域铁路、公路大通道，完善城市道路网络主骨架，大力发展公共交通，强化内外交通、多方式交通之间的有效衔接，构筑通达腹地、高效便捷、衔接紧密、客货分离的一体化现代综合交通体系①。

---

① http：//news. enorth. com. cn/system/2010/08/19/004945451. shtml。

滨海新区拥有天津港和天津滨海国际机场的海港、空港基础，紧紧围绕北方国际航运中心和国际物流中心建设，滨海新区要尽快把天津港建成面向东北亚、辐射中西亚的国际集装箱枢纽港和我国北方最大的散货主干港，将滨海国际机场建成北方国际航空物流中心和大型门户枢纽机场。与此同时，加快建设集疏港道路以及通向腹地的重要骨干铁路和公路，打通区域铁路、公路大通道，加快构筑高速公路、高速铁路"双高"路网，进一步提升集疏港能力，强化与区域腹地的联系。

建设北方国际航运中心和国际物流中心，既是推进滨海新区开发开放的重要任务，也是提高京津冀和环渤海地区国际竞争力，进一步参与经济全球化和区域经济一体化的需要，也是促进区域经济协调发展的需要。天津建设北方国际航运中心和国际物流中心，首先应该成为国际和国内贸易中心，成为有效利用两种资源和两个市场的重要载体。天津要加强与北京、河北和环渤海其他地区的经济联系，沟通华北地区与西北、东北地区的经济交流，为区域经济协调发展服好务。天津要以滨海新区开发为契机推动综合交通的统筹协调，协调与完善滨海新区各功能区的规划，研究天津港自身的功能内涵，推动京津冀地区港口的协作与整合，规划疏理南北向大交通，谋划建设"曹妃甸—天津—黄骅"滨海通道。要依托首都国际机场、天津港以及发达的高速公路铁路网构建国际交通枢纽，打造北方国际航运中心和国际物流中心，加快构建现代化的高速交通网络，包括高速铁路和城际铁路网络、高速公路网络及航空运输网络，逐步提高京津冀北地区在我国乃至世界的中心地位和辐射功能。

（六） 充分发挥中新生态城的示范效应，打造京津冀生态宜居城市群

联合国贸易与发展会议（UNCTAD）《2010 年世界投资报告》指出，2009年，中国政府向世界承诺，在未来 10 年内，将每单位 GDP 的碳排放量在 2005年的基础上减少 40%。为达到这一目标，政府出台了许多政策以支持建立包括供应商、制造商和研发中心在内的众多地区低碳经济产业集群，其中最有发展前景的便是天津滨海新区[①]。

滨海新区的中新生态城是世界上第一个国家间合作开发的生态城，是全国生

---

① http：//www.unctad.org。

态城市建设的典范。中新生态城预计 2020 年基本建成。按照发展定位，将建为综合性的生态环保、节能减排、绿色建筑、循环经济等技术创新和应用推广的平台，以及"资源节约型、环境友好型"的宜居示范新城。中新天津生态城聚合国际先进生态、环保、节能技术，正努力建设社会和谐、经济高效、生态良性循环的人类居住新模式。各种环保产品企业必然向滨海新区聚集。

中新生态城将形成湖水—河流—湿地—绿地的复合生态系统，绿化覆盖率达到 50%，每年可产生氧气 9800 吨，吸收二氧化碳 26000 吨，吸收二氧化硫近 50吨，以此增强城市固碳能力，减少大气中的温室气体；生态城绿色建筑要达到100%[1]；确立了公交主导、慢行优先的绿色交通模式；大力发展节能环保、科技研发、软件产业、总部经济、服务外包、文化创意、教育培训、会展旅游等现代服务业，构建低碳型产业结构。

中新生态城的建设，最根本的目的是在这里寻找到一条能实行、能复制、能推广的节能生态城市的建设道路，为中国乃至全世界的可持续发展提供示范样板。目前中新天津生态城从规划设计、低碳产业聚集、环境治理和节能减排等方面已经初显示范效应。

以中新生态城为示范样本，打造京津冀生态宜居城市群。京津冀要建立生态协调协商机制，完善生态发展规划，统筹京津冀的生态保护。要以区域水环境治理为重点，开展一体化的京津冀区域环境保护和生态建设，要深入推进区域性大气污染的联防联治，开展京津冀地区一体化的污染治理和生态建设规划工作，为整个区域经济社会的整合提供相应的自然环境支撑。京津冀要共同打造宜居发展模式，建设宜居生态系统，提高生态环境整体质量，完善城市群的生态宜居环境。

（七）通过实施文化强市战略，与北京联手共同构筑世界文化节点城市和国际交往中心

天津建设富有独特魅力和创造活力的文化强市，是深入贯彻落实党的十七届六中全会精神，对天津文化强市战略目标内涵的丰富和拓展。天津文化强市战略的奋斗目标，无论是"区域文化中心"，还是"领先区、聚集区和重要基地"，

---

① http://paper.people.com.cn/zgnyb/html/2010 - 10/11/content_ 640440. htm.

都指向"排头兵",体现了文化改革发展的逻辑必然和"站在高起点、抢占制高点、达到高水平"的工作要求。

在建设文化强市的决策体系中,天津市委旗帜鲜明地提出要大力发展创新文化、开放文化、和谐文化。这"三个文化"的提出,是天津实现文化强市战略的必由之路。文化处处体现着思想的存在,创新为文化发展注入了无限活力。文化离不开交流融通,开放为文化发展打开了广阔视野。文化是民族精神和人格养成的土壤,和谐为文化发展奠定了重要的社会基础。要让天津文化充满活力,用开放的心态推动天津国际化的进程,用和谐的理念塑造良好的社会心态。

与长江三角洲和珠江三角洲地区相比,京津冀城市群的最大区别是首都圈特色。北京作为首都有得天独厚的政治地位背景,这为中国在世界政治文化活动和世界交往活动中获取竞争优势奠定了必要的基础。要充分发挥首都文化中心的辐射作用,就必须整合北京、天津文化资源,优势互补,推动文化企业跨区域发展,形成区域文化发展合力,共同提升首都经济圈的综合实力和竞争力。如建设统一的区域旅游市场,树立京津文化整体形象,共同开展宣传促销和招商活动,共同组织国内外旅游客源;共同举办大型国际会议,举办大型国际会议数量是城市对外交流频度的重要标志,被国际上公认为现代国际交流的重要渠道和高级形式;在京津地区进行跨地区、跨行业和跨部门的资产重组,成立国际交流服务中心、国际会展服务中心、旅游咨询和服务中心,共同改善服务环境。

天津要用开放的心态推动国际化的进程,通过实施文化强市战略,与北京联手共同构筑世界文化节点城市和国际交往中心。世界城市的影响力主要表现为城市综合创新体系,国际交往能力,文化软实力和全球化的治理结构。只有发挥北京、天津各自的独特优势,共同建设"世界城市",才是实现各自发展目标的必然选择,才能争取尽早进入世界高端城市的行列。

参考文献

[1] 马献林等:《天津在全国经济发展中的地位变化研究》,天津人民出版社,2001。
[2] 祝尔娟主编《天津经济发展概论》,天津人民出版社,2004。
[3] 根据《中华人民共和国国家统计局各省统计公报》整理。

［4］ http：//city. sina. com. cn/city/2005 - 10 - 13/58399. html.

［5］ http：//finance. people. com. cn/GB/1037/4245663. html.

［6］ http：//lzcb. dzwww. com/lzxw/200609/t20060911_ 1753022. htm.

［7］ http：//news. enorth. com. cn/system/2009/09/23/004211703. shtml.

［8］ http：//www. tj. gov. cn/wbjbs/jxwbs/jxwsbxx/201001/t20100126_ 112182. htm.

［9］ http：//www. chinafinancialyst. com/Html/TBCH/10102514371131785. html.

［10］ http：//news. enorth. com. cn/system/2010/08/19/004945451. shtml.

［11］ http：//www. unctad. org.

［12］ http：//paper. people. com. cn/zgnyb/html/2010 - 10/11/content_ 640440. htm.

B.20
全面推进开发开放的滨海新区

吴建新　唐中赋*

摘　要："十一五"以来，天津滨海新区"强基础、聚能量，调结构、促转变"，综合实力和国际国内影响力显著提升。在实施"十二五"规划的开局之年2011年，滨海新区全力打好开发开放攻坚战，扎实推动"十大战役"、"十大改革"，主要指标实现了开门红，生产总值突破6000亿元，连续三年跨越平均每年增长"千亿元"的大台阶，经济发展方式加快转变，各项社会事业又好又快发展，为全面实现国家对滨海新区的功能定位打下了坚实基础。

关键词：滨海新区　十大战役　综合配套改革　开发开放

2011年是滨海新区发展历程中极不平凡的一年，新区积极应对国内外形势变化和突发事件影响，全力打好开发开放攻坚战，扎实推进"十大战役"，全面深化"十大改革"，强化创新能力建设，推进产业结构调整，加强社会管理创新，经济社会各项事业呈现又好又快发展的良好态势。

一　加快实现国家对滨海新区的功能定位

天津市滨海新区行政区划面积2270平方公里，连同填海造陆和产业规划区面积2700平方公里，位于京津城市带和环渤海城市带的交会点上，东临渤海，

---

* 吴建新，天津滨海综合发展研究院副研究员，系统科学博士，主要研究方向为经济社会系统建模与分析；唐中赋，天津市滨海新区发改委综合规划处处长，副研究员，主要研究方向为区域经济分析与战略规划。

与日本、韩国隔海相望，西靠华北、西北，内陆腹地广阔，南和北沟通华东沿海发达地区和东北工业基地，区位优势十分明显。新区自然资源比较丰富，已探明渤海石油资源总量100多亿吨，天然气储量1900多亿立方米。现年产原油3300多万吨、天然气17亿立方米、原盐200多万吨，地热、风能和潮汐能资源也具一定的开发潜力。拥有1000多平方公里的盐碱荒地、约500平方公里的水库湿地和大量滩涂，发展条件优越。滨海新区背靠北京和天津中心城区，可依托的智力资源密集。产业基础雄厚，初步形成了八大优势产业骨架。天津港是欧亚大陆桥东部最佳起点，连接世界180多个国家和地区的400多个港口，是我国对外开放的一个重要通道。

以2005年党的十六届五中全会为标志，滨海新区上升为国家发展战略。2006年国务院颁布的《关于推进滨海新区开发开放有关问题的意见》对滨海新区的功能进行了明确定位：依托京津冀、服务环渤海、辐射"三北"、面向东北亚，努力建设成为我国北方对外开放的门户、高水平的现代制造业和研发转化基地、北方国际航运中心和国际物流中心，逐步成为经济繁荣、社会和谐、环境优美的宜居生态型新城区。几年来，滨海新区按照这一功能定位，全力推进滨海新区的开发开放，争创高端产业聚集区、科技创新领航区、改革开放先行区、生态文明示范区、和谐社会首善区，争当深入贯彻科学发展观的排头兵。

（一）综合实力显著提升

"十一五"期间，滨海新区强基础、聚能量，调结构、促转变，经济发展年均增速22.5%，连续跨越2000亿、3000亿、4000亿元台阶，2010年，生产总值突破5000亿元，工业总产值规模突破1万亿元，财政收入突破1000亿元，步入黄金发展期。进入"十二五"时期，滨海新区保持强劲增长态势，预计2011年生产总值实现6200亿元，增长23.8%左右；财政收入1360亿元，增长35%；全社会固定资产投资3700亿元，增长32%；社会消费品零售额890亿元，增长30%；外贸进出口总额700亿美元，增长26%；实际利用外资85亿元，实际利用内资458亿元，分别增长20%和30%；节能降耗保持全国领先水平。主要经济指标实现"十二五"开门红，为加快实现国家对滨海新区的功能定位奠定了坚实基础。

（二）加快形成高水平的现代制造业和研发转化基地

滨海新区产业基础雄厚，创新资源丰富，具有集国际化港口和大片可供开发盐碱荒地于一体的综合优势，战略性新兴产业和优势产业发展壮大，国内外研发机构加快聚集，正在成为全国现代制造业最集中的地区之一，全国集成创新、消化吸收再创新能力较强的地区之一。

1. 制造业保持良好增长态势

重点工业项目建设成效显著，长城汽车一期、三星 LED、中航直升机等 90 多个重点项目建成投产，富通光纤预制棒、约翰迪尔等近 200 个项目开工建设。预计 2011 年规模以上工业总产值达到 12700 亿元，同比增长 30%，航空航天、石油化工、汽车及装备制造、电子信息、冶金、食品加工、新能源新材料、轻工纺织等八大优势产业占全区比重达到 84%，形成了一个 3000 亿元（石油化工）、三个超 1000 亿元（汽车及装备制造、电子信息、现代冶金）的优势产业集群，逐步形成由一批世界级、国家级和区域级产业基地组成的先进制造业体系（见表 20－1）。航空航天、新能源新材料、生物医药、海洋科技、节能环保等战略性新兴产业发展加快，产值突破 4000 亿元，占工业的比重达到 35%，逐步构建以战略性新兴产业为先导、高新技术产业为引领、优势支柱产业为支撑的现代工业体系，产业结构呈现高端化、高质化、高新化的良好发展趋势。

表 20－1　滨海新区逐步打造的先进制造业体系

定　　位	发展重点与方向
世界级航空航天产业基地	推动空客 A320、中航直升机基地、无人机、新一代运载火箭项目投入生产，建设航天卫星产业基地、太空站等项目，引进新的龙头项目，形成"三机一箭一星一站"的产业发展格局
世界级石油化工产业基地	以规模化、一体化、集约化为方向，依托南港工业区，建设中俄 1300 万吨级炼油、中卡韩百万吨级乙烯等项目，形成"油头—化身—轻纺尾"的大型石化产业链
世界级新能源产业基地	以风电、太阳能、绿色电池和新能源汽车为重点，发展新能源产业集群，成为全国最大的风电产业集聚区之一，建成我国先进光伏制造基地和绿色电池之都
国家级新一代信息技术产业基地	以物联网、高性能计算机、高端通用芯片、新一代宽带无线移动通信产品等为重点，推动电子信息产业优化升级

续表

定位	发展重点与方向
国家级汽车及装备制造产业基地	以整车研发生产、大型工程机械、轨道交通设备制造等为重点,引进新的项目和配套企业,发展汽车及装备制造产业集群
国家级现代冶金产业基地	以优质钢材和高档金属制品为重点,依托南港工业区和海河下游工业区,发展现代冶金产业集群
国家级生物医药产业基地	以生物产品、中药、生物药和化学药为重点,形成"创新—孵化—中试—生产"紧密联系的生物医药产业链
国家级食品加工产业基地	以高品质的粮油生产及精加工产品为重点,依托临港经济区粮油产业园,发展食品加工产业集群
区域级产业基地	加快推进新材料、海洋科技、节能环保、轻工纺织等一批产业,分别形成数百亿级的产值规模

2. 一、二、三产业协同发展

围绕现代制造业的快速发展,高端服务业和生产性服务业也得到同步发展。中心商务区、东疆保税港区、中新天津生态城等十大服务业集聚区建设提速。2011年,航运物流、金融保险等现代服务业发展加快。总部经济快速汇聚,新引进总部项目60多个,累计达到近200家。菲律宾SM滨海第一城快速推进,国家动漫产业园等项目投入使用。文化产业加速发展,建立了1亿元的文化产业发展引导资金,新建文化产业项目70个,总投资415亿元。成功举办了第二届中国天津滨海国际生态城市论坛暨博览会、于家堡金融论坛等高水平展会。现代农业稳步发展,推动生态农业科技园区、茶淀葡萄科技园区、国际花卉科技园区等6个农业科技园区和滨海水产产业化示范园区、冬枣科技产业园区等5个农业产业示范园区建设,加快海珍品、葡萄、冬枣、蔬菜、食用菌等28家农业龙头企业建设,打造"翠果"牌冬枣、"茶淀"牌玫瑰香葡萄和"杨家泊对虾"等8个知名农产品品牌,农业现代化和产业化水平逐渐提升。

3. 创新能力显著增强

围绕高水平的现代制造业和研发转化基地的功能定位要求,先后建成了天津国际生物医药联合研究院、中科院天津工业生物所等50个国家级和省部级研发中心,天钢、钢管、天铁、一轻和渤化5个国家级技术中心,天铁、金耀等10个行业技术中心,以及60个工程技术中心、124个企业技术中心,22家市级以上重点实验室。国家"核高基"专项国防科大飞腾芯片、国芯专用芯片、神州通用数据库、书生版式文档标准等 4 个项目落户新区，重大新药创制、高档数控机床与基础制造装备等多个国家项目在新区顺利实施。组织实施了 100 项重大科技创新项目，培育了曙光、赛象、膜天膜等一批自主高新技术品牌。实施科技小巨人成长计划，安排科技创新专项资金 9.7 亿元，促进科技进步和创新，科技型中小企业达到 6497 家，科技小巨人企业 256 家。各类人才总量达到 75 万人，两院院士、有突出贡献的中青年专家等高层次人才近 200 人，企业特聘海外专家2100 人。

4. 科技成果转化基地加快建设

在天津市与科技部合作共建 863 计划产业化伙伴城市的框架下，滨海新区启动了 863 计划产业化伙伴城区试点工作方案，90 项国家重要科技成果落地转化；中国科学院天津产业技术创新与育成中心成立建设，双方分产业领域举办了 5 次成果对接活动。60 个项目落户滨海新区，达产后预计新增产值 40 亿元。加快孵育载体建设，新建孵化器 19 个，孵化总面积达到 218 万平方米，全区各类孵化载体达到 38 个，其中国家级孵化器达到 5 个。全球创新资源加快向新区汇聚，生物医药等八大产业研发转化集群显现规模①。

（三）加快确立北方国际航运中心和国际物流中心地位

滨海新区具有海港、空港和海关特殊监管区域的区位、交通与政策优势，着力提升国际航运和国际物流功能，努力建设高度开放的世界一流大港和中国北方大型航空枢纽港，构建以海港为中心、海陆空相结合的现代物流体系，成为资源集聚、功能完备、服务高效，具有国际航运资源优化配置能力的北方国际航运中心。

1. 建设北方国际航运中心

国务院批复了《北方国际航运中心核心功能区建设方案》（国函〔2011〕51

---

① 滨海新区加快建设的八大产业研发转化集群是：以国家生物医药国际创新园为载体，建设生物医药产业研发转化集群；以国家化学与物理电源产业园等为载体，建设新能源产业研发转化集群；以国家民航科技产业化基地等为载体，建设航空航天产业研发转化集群；以国家纳米产业化基地等为载体，建设新材料产业研发转化集群；以渤海监测监视管理基地为载体，建设海洋科技产业研发转化集群；以新加坡南洋理工大学生态城研究生院等为载体，建设生态环保产业研发转化集群；以天津大学滨海工业研究院为载体，建设化工、机械等产业研发转化集群；以国家 863 软件产业基地为载体，建设软件、文化创意研发转化集群。

号），国际船舶登记制度、国际航运税收、航运金融业务和租赁业务创新等试点政策助推了以东疆保税港区为核心的北方航运中心建设。"北方航运中心专项资金"的落实，加快推动了集装箱业务增长、"无水港"建设以及环渤海航线与远洋航线的拓展。围绕"双港、双高、三快"建设，构建便捷通畅的集疏运体系。中航油石化码头等37个海港项目建成，京津城际延伸线、津秦客运专线和于家堡枢纽站、滨海高铁站等铁路项目按期推进，津滨轻轨西段开通运营，国道112天津段、塘承高速、中央大道北段、西中环一期、塘汉快速路、轻纺大道等一批重点工程竣工通车，西外环高速、海河隧道等工程加快建设。航运服务能力明显提升，"大通关"体系进一步完善，综合通关效率显著提高，天津港货物吞吐量将达到4.5亿吨，增长10%，集装箱吞吐量1150万标箱，增长14%。滨海国际机场二期扩建工程开工，航空服务水平不断提升，全年旅客人数约750万人，货运吞吐量显著提高。

2. 建设北方国际物流中心

开发区工业物流园区、保税区空港加工物流园区、天津港集装箱物流园区、天津港散货物流园区、南港化工物流园区、临港工业物流园区、大港建材物流园区和中心渔港物流园区等八大物流园区加快发展。中集、中远、中储、台湾长荣、美国UPS、丹麦马士基、荷兰世天威、日本近铁、新加坡叶水福、普洛斯等物流企业在新区业务发展壮大。天津港散货物流、泰达物流、振华物流等本地物流企业快速成长，配套服务进一步完善，基本形成物流园区、物流中心、配送中心于一体的现代物流网络。

（四）加快提升北方对外开放的门户功能

"开发区、保税区、东疆保税港区、综合保税区"等多区域对外开放优势，以及综合保税区、保税物流园区等多形态海关特殊监管区域聚集效应，逐渐使新区成为服务中国北方扩大对外开放、参与国际竞争的重要通道。

1. 北方门户作用进一步增强

东疆保税港区加快向自由贸易港区转型，在货物流通、资金流动、企业经营、人员流动等方面探索实施与国际衔接的通行做法。国际资本、技术、信息、人力资源等要素加快在滨海新区汇聚扩散。天津港不断拓展，临港10万吨级航道、南港2个5000吨级码头、中心渔港5000吨级码头投入运营，东疆集装箱吞吐量超过200万标准箱。天津港在内陆地区建立了21个"无水港",把天津港和海关监管区的政策延伸在内陆地区。推动有条件的功能区在中西部地区建设"飞地工业园区",实现共同发展。天津港70%左右的货物吞吐量、60%左右的集装箱来自外省市,有力带动了周边及内陆地区发展。

2. 外向型经济持续发展

滨海新区投资环境持续优化,天津经济开发区在商务部国家级开发区投资环境综合评比中连续十多年名列第一。新区各单位、各部门紧紧抓住国际产业转移时机,创新招商手段,积极吸引内、外资投资新区,2011年,合同利用外资128.8亿美元,增长10%,实际利用外资85亿美元,实际利用内资458亿元,分别增长20%和30%。通关便利、保税增值等综合优势得以发挥,对外开放达到新水平,2011年,外贸进出口总额700亿美元,增长26%,其中出口274亿美元,增长18%。国际化水平不断提高,走出去步伐加快,新区在美国、哈萨克斯坦等国家建立的商贸园或工业园发展良好,滨海新区的国际影响力与号召力越发提升。

(五) 加快建成宜居生态型新城区

利用河海交汇,具有南北两大生态环境区的有利条件,滨海新区加快发展循环经济、低碳经济和绿色经济,推广生态宜居住宅。创造就业机会,合理调整收入分配,构建和谐劳动关系。着力保障和改善民生,完善全民社会保障体系,加快建立全覆盖、可持续的基本公共服务体系,维护社会稳定,使滨海新区成为建设和谐社会的高地。

1. 宜居生态新城建设稳步推进

按照"一核、双港、三片区"的空间布局,组织编制各类专项规划,先后完成了盐田利用和中部新城规划。2008~2010年,总投资3200亿元,实施基础设施三年建设计划。从2011年开始,以"双港、双高、三快"建设为重点,实施新一轮三年建设计划。建成中航油石化码头等37个海港项目,国道112天津段、塘承高速、中央大道北段等一批重点工程竣工通车,津滨轻轨西段开通。京津城际延伸线、于家堡枢纽站、滨海高铁站等铁路项目按期推进,滨海国际机场二期扩建工程开工,西外环高速、海河隧道等工程加快建设。资源能源保障能力进一步增强。实施多水源联合调配,成功实现引滦、引黄原水切换,建成北疆电

厂淡化海水送出工程。新建改造渤天化工等 4 座再生水厂，供水能力达到 151 万吨/日。新建改造西沽、营城等 8 座 110 千伏输变电站，建成汉沽垃圾焚烧发电厂和中新天津生态城智能电网综合示范工程。环境质量持续提升。实施"清水工程"，综合整治主干河道 35.5 公里。新建和改造 14 座污水处理厂，污水处理能力达到 66 万吨/日。空气质量达到或好于二级以上天数保持在 85% 以上。新开提升 20 条公交线路，增加运营里程 286 公里，投放 120 辆新型节能环保公交车，群众出行条件进一步改善。持续开展大干 300 天大规模市容环境综合整治，改造提升公园 13 个，新建绿化面积 2410 万平方米。

2. 社会更加和谐稳定

保障和改善民生是滨海新区开发开放的重要内容。20 项民心工程全面完成①，住房条件改善、就业规模扩大、群众收入增加等关系老百姓日常生活的问题得到及时解决。城乡一体的就业援助机制健全，全年新增就业人员 10 万人，安置困难群体就业近 7000 人，城镇登记失业率控制在 3% 以下。制定出台增强居民收入政策措施，促进群众持续增收。社会保障范围不断扩大。开工建设经济适用房、限价商品房、蓝白领公寓等保障性住房 460 万平方米，竣工 251 万平方米。教育水平不断提高。新改扩建中小学和幼儿园 60 所，50 所投入使用。教育"三名"（名学校、名校长、名教师）培育工程深入推进，选送 119 名优秀教师和校长、30 余名职业院校的一线骨干教师到专业院校接受专业培训。成功引进南开中学、天津一中等优质教育资源，新建、改扩建中小学、幼儿园 60 余所，其中 50 余所已投入使用。社会体育事业发展良好，举办新区首届羽毛球、篮球、乒乓球等全民健身赛事。医疗卫生事业不断加强。塘沽中医医院门诊病房楼、大港中医医院新建工程、塘沽安定医院二期工程等建成投入使用。"三甲"医院创建工作稳步推进。基本药品零差率销售实现了城乡全覆盖。大力推进机构养老设施建设和改造，新建社会办养老机构 1 家，建成 8 个老年日间照料服务中心和 15 个服务站。新区被确定为全国流动人口计划生育基本公共服务均等化试点区。实

---

① 2011 年滨海新区 20 项民心工程是：改善群众住房条件、不断扩大就业规模、切实增加群众收入、保障生活必需品供应、健全社会保障体系、发展医疗卫生事业、促进教育均衡发展、实施文化惠民工程、建设农民还迁住宅、完善区域路网设施、加快发展公共交通、搞好市容环境整治、提升环境绿化水平、改善城市环境质量、完善水电气热设施、增强社区服务能力、满足群众健身需求、加强社会福利事业、关爱残疾人生活、维护社会和谐稳定。

施文化惠民工程，完成村级文化设施全覆盖任务。成功举办首届滨海国际艺术节、滨海国际版画展交会、国际作家写作营等品牌文化活动。创建全国文明城区工作扎实推进，获得了全国文明城区提名资格。

二 全力打好开发开放攻坚战，争做贯彻落实科学发展观的排头兵

（一）"十大战役"整体情况

按照中央指示精神和市委决策部署，滨海新区区委将打好开发开放攻坚战细化为"十大战役"，即加快南港区域、临港经济区、核心城区、中心商务区、中新天津生态城、东疆保税港区、滨海旅游区、北塘经济区、西部区域、中心渔港等十个区域建设（见图 20-1），以"十大战役"为平台，整合各种资源和优势，集中优势兵力打歼灭战，实现全面开花，整体上新水平。"十大战役"嘹亮的进军号，奏响了新区大开发、大建设的华彩序章，标志新区从重点开发转入全面建设阶段。暨 2010 年完成投资 2000 亿元后，2011 年"十大战役"完成固定资产投资 2300 亿元，区域开发建设向纵深发展，功能区开发、基础设施建设、产业集聚、社会事业进步协调发展的格局正在形成。

（二）各战役推进情况

滨海新区按照"先谋后动，动则必成"的策略方法，采用"指挥部＋管委会＋平台公司"的工作模式，发挥国有企业先期建设的引导作用，建设标准厂房、道路管网等一系列配套设施，吸引央企、外资、民企投资，全面增强吸附功能，同时提供全方位保姆式服务，为企业注册和项目落地建设创造条件。几年来，"十大战役"全面实施，以基础设施项目和标准厂房等为主要内容的"启动器"相继建成，一批企业和好项目落户建设，"启动器"加快变成"吸附器"。"十大战役"建设取得显著成果，正在成为推进新区开发开放、转变发展方式的新平台。

1. 加快南港区域建设

南港区域包括南港工业区、轻纺经济区和生活区，规划控制面积 300 平方公

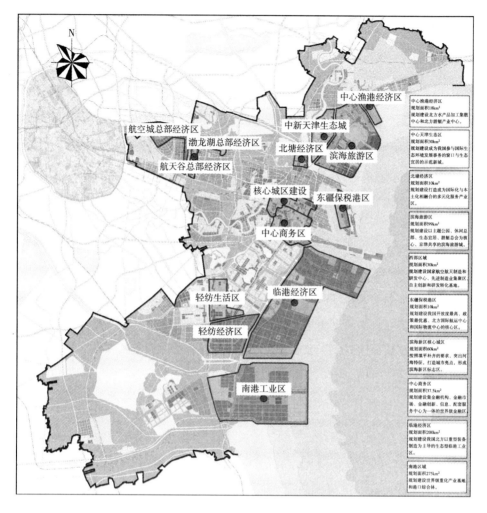

图 20-1 滨海新区"十大战役"示意

里左右，逐步成为大型重化工业基地、石化产品枢纽基地、北方重要的轻纺工业基地和循环经济示范区。2011 年，南港工业区项目用地达到 55 平方公里，建成2 个 5000 吨级通用码头，南港港区开港试通航，中石油储备库等 4 个项目竣工。轻纺经济区完成 7 平方公里起步区开发，二期 19 平方公里基础设施建设全面启动，一期 10 万平方米标准厂房建成，华恒包装等 10 多家企业投产。

2. 加快临港经济区建设

临港经济区规划控制面积 200 平方公里，包括原临港工业区和临港产业区，重点发展重型装备制造、造修船、粮油加工和港口物流等产业，逐步成为以重型装备制造为主的大型生态工业区。2011年，新增造陆23平方公里，10万吨级航道实现通航，启动10平方公里行政商务区建设，中粮油、北方重装基地竣工投产。该区域工业产值达到200亿元。

3. 加快核心城区建设

滨海新区核心城区包括塘沽城区及开发区生活区，规划占地面积53平方公里，重点开发商务商业、信息服务等功能，打造现代化城市新亮点。2011年，开发区MSD项目部分竣工，服务外包基地一期建成，二期启动；大规模的市容环境整治已持续三年，新港地区、上海道等主干道路和核心城区社区改造完成，道路沿线的楼体、商业牌匾、道路立面得到彻底整治整修，公园和绿地成为老百姓日常生活的一部分。

4. 加快中心商务区建设

中心商务区坐落在海河下游南北两岸，规划面积20多平方公里，包括于家堡金融区、响螺湾商务区等地区，重点发展现代金融、现代商务、高端商业、信息服务等现代服务业，要逐步建设成为独具特色的国际性、现代化港口城市标志区。2011年，响螺湾48栋商务楼宇全面推进，五矿大厦投入运营，于家堡股权交易所等7个项目主体超过10层。中心商务区正在成为高端金融、商务商业等服务业企业的聚集地。

5. 加快中新天津生态城建设

中新天津生态城规划控制面积30平方公里，重点发展文化创意、科技研发、节能环保、总部经济以及绿色建筑产业，创建转变经济发展方式综合示范区，逐步成为"能实行、能复制、能推广"的宜居生态示范新城。2011年，生态城南部片区8平方公里基础设施基本建成，国家级动漫产业园竣工投入使用，3D影视园、信息园加快建设。日本世贸、三井、新加坡吉宝、我国台湾地区远雄等10多个国际知名地产商云集生态城，开发的绿色率高、低碳环保、节能安防的智能建筑开始旺销。

6. 加快东疆保税港区建设

东疆保税港区位于滨海新区最东端，天津港港区的东北部，开展自由贸易港区改革探索，提升邮轮母港服务能力，重点发展国际中转、国际配送、国际采购、国际转口贸易及出口加工等五大功能，逐步成为北方国际航运中心和国际物流中心的核心功能区。4平方公里的港区已封关运作，邮轮母港投入运营，人工

沙滩建成，集装箱吞吐量超过200万标准箱。2011年，全面完成了31.9平方公里的东疆港岛造陆工程，57万平方米仓库和工业厂房投入使用，一批航运物流、融资租赁、国际贸易企业聚集，金融贸易服务中心建设加快。

7. 加快滨海旅游区建设

滨海旅游区规划控制面积100平方公里，重点建设和发展主题公园、休闲总部、博物馆、游艇经济、商务会展等，建设具有北方特色的大型室内休闲娱乐设施，逐步建设成为京津共享的国际旅游目的地和高品位的海滨休闲旅游区。2011年，基础设施建设全面开工，天津世博馆竣工，名远文化商业城、欢乐水魔方、妈祖经贸文化园正在建设。以"基辅号"航母为核心的军事主题公园吸引国内大批游客，营业收入超过亿元。

8. 加快北塘经济区建设

北塘经济区南通核心城区、北接中新生态城，横贯生态走廊，主要包括北塘核心区，北塘水库，高尔夫球场和森林公园等功能区域，重点发展国际高端会议、商务服务、餐饮娱乐，逐步建成具有中国北方传统小镇特色的国际会议举办地和小企业总部聚集区。2011年，整体规划设计完成，企业总部基地一期建成，"滨海一号"酒店滨海新区的会客厅投入使用，北塘古镇、海鲜食舫等特色商业旅游街基本建成，凤凰街、军事炮台公园等重点项目主体封顶。一批中小企业总部企业正在聚集。

9. 加快西部区域建设

重点开发建设航空谷、渤龙湖、开发区西区，重点发展航空航天、生物医药、装备制造、新能源新材料等产业，力争成为国内战略性新兴产业的发源地之一，世界一流的高新技术企业总部、研发中心、工程中心的聚集地。开发区西区完成35平方公里土地整理；渤龙湖总部经济区新开工面积80万平方米，建成商业街；空港经济区中航直升机研发总部、海航总部等30个服务业项目开工建设，建成软件及服务外包产业基地一期工程，高银117大厦建设进展顺利。航空航天、汽车及装备制造、新能源、生物医药等一大批企业建成投产，该区域工业产值已超过1000亿元。

10. 加快中心渔港建设

中心渔港北靠津汉快速路，西临中央大道，规划面积18平方公里，重点发展水产品加工、集散、物流和游艇制造、展示、维修、销售等产业，逐步建成我国北方规模最大的水产品集散中心和游艇产业中心。2011 年，5000 吨级码头、示范冷库、鲤鱼门酒店等项目建成投入运营，鲤鱼门商业街开始繁荣，综合服务中心建成，中澳皇家游艇城、新加坡第一家食品工业园开工建设。

三　建设全国综合配套改革试验区

（一）滨海新区综合配套改革整体情况

2008 年，国函〔2008〕26 号文《国务院关于天津滨海新区综合配套改革试验总体方案的批复》同意《天津滨海新区综合配套改革试验总体方案》并指出："《天津滨海新区综合配套改革试验总体方案》实施要深入贯彻落实科学发展观，综合推进滨海新区的体制机制创新和对外开放。用 5～10 年时间，在滨海新区率先基本建成完善的社会主义市场经济体制，推动新区不断提高综合实力、创新能力、服务能力和国际竞争力，使新区在带动天津发展、推进京津冀和环渤海区域经济振兴、促进东中西互动和全国经济协调发展中发挥更大的作用，为全国发展改革提供经验和示范。"该批复要求："要以涉外经济体制、金融体制、科技体制和行政管理体制改革为重点，加快转变政府职能，完善基本经济制度，健全资本市场体系和金融服务功能，建立促进自主创新的体制机制，创新区域发展和城市管理模式，进一步提高对外开放水平。要处理好新区与老城区的关系，用新思路、新体制、新机制，推动老城区乃至整个天津市经济社会又好又快发展。"

为落实综合配套改革总体方案，2011 年滨海新区在完成三年行动计划基础上，制定实施综合配套改革第二个三年计划，全面启动"十大改革"，重点领域和关键环节改革取得重要成果。滨海新区"十大改革"是指，2011 年在 2010 年已经推动管理体制、行政审批、土地管理、保障性住房、医疗卫生等五大改革并取得一定成果的基础上，进一步深化，并加快推进金融创新、涉外经济、城乡一体化、国企改革和非公经济发展、社会管理创新等五大改革，形成新区攻坚阶段的"十大改革"，明确新区在这一改革时期的重点领域和关键环节。

（二）"十大改革"推进情况

行政管理体制改革成果进一步扩大。顺利通过市编办的考评和评估，《滨海

新区条例》进入审议程序。机构职能设置逐步完善，事业单位分类改革平稳推进。

行政审批制度改革扎实推进。市政府第一批下放的110项审批事项得到高效落实，完成了23个部门审批职能归并，减少审批事项261项，审批环节进一步优化，成为天津市审批办事效率最高的地区。

土地管理改革深入开展。专项方案获国土资源部批复，试行土地利用指标动态管理，开展土地征转分离试点和城乡建设用地增减挂钩试点。

住房保障制度改革取得新成果。创新推出订单商品房等住房保障模式，滨海欣嘉园等3个保障性住房集中片区加快建设，初步建立具有新区特色的保障性住房体系。

医疗卫生体制改革稳步实施。医疗重组计划全面展开，构建新型社区医疗服务模式，大医院与社区医疗服务中心人员轮岗机制开始形成。

金融改革创新不断深化。股权投资基金及基金管理公司超过2000家，协议募集资金额超过4000亿元；中新天津生态城率先开展意愿结汇；天津股权交易所挂牌企业111家，总市值146亿元；滨海国际知识产权交易所揭牌运营。

涉外经济体制改革取得重大突破。天津北方国际航运中心核心功能区建设方案获得国务院正式批准，国际船舶登记、国际航运税收、航运金融等试点工作全面展开；在东疆保税港区注册的租赁公司超过160家，完成飞机租赁47架、离岸船舶24艘，融资租赁业务全国领先。

城乡一体化改革进展顺利。城市化战略和强街强镇计划深入实施，开工建设22个社区服务中心和114个社区服务站，基本建成5个社区服务中心。"青年农民工融入社区"试点建设工作圆满完成，国家民政部特在新区召开成果发布会，向全国推广新区经验。

国有企业改革不断深化。建立国有企业经营业绩考核体系和薪酬管理体系，国有产权管理进一步规范，公用行业改革重组开始启动。组建滨海新区公交集团，收购了塘咸线17部个体客运车辆和原503路24部个体公交车辆，有效净化了客运市场环境，维护了客运市场秩序，保障了客运市场安全稳定。

社会管理改革创新得到新加强。社会管理创新综合试点区建设加快推进。在新区街道（镇）组建枢纽型社会组织，在全国率先实现社区社会组织枢纽型管理全覆盖。在开发区、保税区和新港街道启动社会组织孵化器试点建设，按照现代公益组织发展规律，探索符合新区实际需求的社会组织孵化模式。创新流动人口服务管理模式和社区管理防范模式，率先建立综治信访服务网络，大维稳格局初步形成。

四　2012 年滨海新区发展展望

滨海新区开发建设虽然取得了一定成绩，但与中央的要求相比，与先进地区相比，还存在一定差距，如服务业比重偏低、民营企业不够发达、科技领军人才偏少、区域内发展不够均衡、产业布局有待完善、交通基础设施相对滞后等。

2012 年是滨海新区推进开发开放和落实"十二五"规划承前启后的重要一年。当前，滨海新区的发展正处在一个非常关键的时期，改革发展的任务繁重，滨海新区各方面将积极探索，勇于创新，稳中求进，在新起点上努力保持经济社会又好又快发展。初步估算，2012 年滨海新区将延续快速增长态势，生产总值将增长 20% 左右，固定资产投资增长 20% 左右，工业总产值增长 20% 以上；经济发展质量继续改善，财政收入增长 20% 以上，生产总值能耗等节能减排指标完成全市下达考核目标；对外开放步伐进一步加快，外贸进出口增长 15% 左右，实际利用内资增长 30% 左右；人民生活水平继续提高，社会消费品零售总额增长 25% 左右，城市居民人均可支配收入和农村居民人均纯收入均增长 12% 左右；滨海新区的综合实力、创新能力、服务能力和国际竞争力将再上一个新台阶。

参考文献

[1] 何立峰：《在天津滨海新区区委一届八次全体会议上的讲话》，2011 年 12 月。
[2] 宗国英：《天津市滨海新区 2011 年政府工作报告》，2011 年 2 月。
[3] 天津市滨海新区人民政府：《天津市滨海新区国民经济和社会发展第十二个五年规划》，2011 年 2 月。

B.21
区域视角下的天津产业结构调整

赵 娜 黄晓晴*

摘 要： 近年来，天津通过构建高端化、高质化、高新化产业体系，自主创新能力不断加强，产业结构逐步优化，经济呈现出持续较快发展的良好势头。但从区域发展的角度来看，目前仍然存在服务业发展相对滞后、产业集中度不高、在区域产业分工中所处的位置不高等若干问题。为更好地发挥天津在京津冀都市群中的中心城市服务功能和龙头带动作用，推动经济社会又好又快发展，继续进行产业结构优化调整势在必行。本文通过回顾天津产业结构的演变历程，剖析了天津产业结构存在的主要问题，研究了区域视角下天津产业结构调整的战略重点，并提出了相应的对策建议。

关键词： 产业结构 战略调整 对策建议

产业结构是决定经济发展速度和质量的重要因素，是衡量经济发展水平的重要标志。产业结构的战略性调整对于加快经济发展方式转变、推动产业结构优化升级、提高城市竞争力、促进经济发展都具有重要意义。近年来，天津把高水平大项目好项目建设作为推动经济结构调整的重要载体，不断增强自主创新能力，大力构建"高端化、高质化、高新化"产业体系，产业结构发生了质的变化。

一 天津产业结构的历史演变

20世纪90年代以来，天津产业结构不断优化调整。就三次产业的变化方向

---

* 赵娜，硕士，天津市经济发展研究所，经济师，研究方向为产业经济、区域经济及产业发展规划；黄晓晴，天津市经济发展研究所，高级经济师，研究方向为服务经济。

而言，虽然在不同的年度有升有降，但总体呈现第一产业比重逐年减少，第二产业比重平稳下降，第三产业比重稳步上升的"一升两降"的发展趋势（见表21－1）。其中第一产业占地区生产总值的比重由1990年的8.8%下降到2010年的1.6%，下降了7.2个百分点；第二产业比重从58.3%下降到52.4%，下降了5.9个百分点；而同期服务业的比重则由1990年的32.9%上升到2010年的46%，上升了13.1个百分点。

表21－1 天津三次产业增加值比重变化

单位：%

年 份	第一产业		第二产业				第三产业	
					其中工业			
	比重	变化方向	比重	变化方向	比重	变化方向	比重	变化方向
1990	8.8	↓	58.3	↓	53.2	↓	32.9	↑
1991	8.5	↓	57.4	↓	52.5	↓	34.1	↑
1992	7.4	↓	56.8	↓	51.8	↓	35.8	↑
1993	6.6	↓	57.2	↑	52.1	↑	36.2	↑
1994	6.4	↓	56.6	↓	50.7	↓	37.0	↑
1995	6.5	↑	55.7	↓	50.2	↓	37.8	↑
1996	6.0	↓	54.3	↓	49.0	↓	39.7	↑
1997	5.5	↓	53.5	↓	48.2	↓	41.0	↑
1998	5.4	↓	50.8	↓	45.3	↓	43.8	↑
1999	4.7	↓	50.6	↓	45.5	↑	44.7	↑
2000	4.3	↓	50.8	↑	46.2	↑	44.9	↑
2001	4.1	↓	50.0	↓	45.3	↓	45.9	↑
2002	3.9	↓	49.7	↓	45.0	↓	46.4	↑
2003	3.5	↓	51.9	↑	47.3	↑	44.6	↓
2004	3.4	↓	54.2	↑	49.8	↑	42.4	↓
2005	2.9	↓	54.6	↑	50.1	↑	42.5	↑
2006	2.3	↓	55.1	↑	50.7	↑	42.6	↑
2007	2.1	↓	55.1	→	50.7	→	42.8	↑
2008	1.8	↓	55.2	↑	50.9	↑	43.0	↑
2009	1.7	↓	53.0	↓	48.2	↓	45.3	↑
2010	1.6	↓	52.4	↓	47.8	↓	46.0	↑
总趋势	—	↓	—	↓	—	↓	—	↑

资料来源：《天津统计年鉴（2011）》。

就工业与服务业比重差距来看，天津产业结构调整经历了三个阶段（见图21-1）：第一阶段（1990~2002年），服务业比重逐年上升，与工业比重的差距逐年缩小。其中，2001年服务业比重首次高于工业比重，产业主导地位在这一阶段出现为期两年的短暂更替。第二阶段（2003~2008年），服务业比重下降后又缓慢回升，但与工业比重的差距逐年加大，到2008年该差距扩大到7.9个百分点。第三阶段（2009~2010年），服务业比重重新进入上升轨道，与工业比重的差距逐步减小，2010年二者比重仅相差1.8个百分点，工业一枝独秀的局面被工业服务业共同拉动的局面所取代。

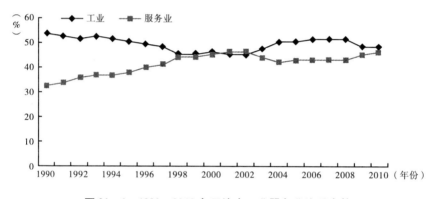

图21-1 1990~2010年天津市工业服务业比重走势

天津产业结构出现这种变动特征的主要原因有：第一，从发展阶段来看，20世纪90年代至今，天津经历了工业化中期向后期的转变，该阶段的显著特征就是第一产业比重缩小，第二产业在国民经济中居主导地位并保持稳定发展，工业的重点由高加工度化向高技术转移，第三产业比重上升并开始进入与第二产业比重相互交替的"胶着状态"（见表21-2），但尚未占据绝对主导地位。根据发达国家的发展实践，二三产业一般都要经历这样一个"胶着"阶段，第三产业才真正取代第二产业占主导。

第二，从发展环境来看，随着滨海新区2006年纳入国家发展战略，100万吨乙烯炼化一体化项目、空客A320系列飞机总装线和新一代运载火箭等一批工业大项目纷纷落户滨海新区，为天津制造业发展注入新的活力，天津工业经济进入了高速发展的快车道。从"十二五"项目储备情况来看，今后一段时间，天津工业经济仍将呈现持续快速增长的势头，工业在国民经济中的主导地位短期内很难撼动。

表 21-2 主导产业与工业化进程

工业化阶段		产业结构动态			主导产业转型	支柱产业
		一产	二产	三产		
前工业化时期		↑	→	→	农业	种植业、畜牧业
工业化初期	轻纺工业阶段	↓	↑	↑	轻纺工业、采掘业、部分原材料加工	轻工业、纺织业、采掘业、部分冶金、化工
工业化中期	重化工业阶段	↓	↑	↑	基础原材料加工业、轻纺工业	采掘、铁路、冶金、化工、部分轻纺工业
	高加工度化阶段	↓	↑	↑	高加工度化制造业	机械设备、大型装备、电器设备、汽车制造、电力供应
	高技术化阶段	↓	↓	↑	高技术产业	装备制造、航天航空、电子信息、生物技术、资源再生、新材料、新能源等
工业化后期		↓	↓	↑	高技术产业、现代特征服务业	生产服务性、社会服务性、商务服务性产业、高技术产业
后工业化时期		↓	↓	↑	现代服务业	知识、智慧型产业、新兴和衍生产业

资料来源：王天伟：《中国产业发展之路》，天津科学技术出版社，2011，第 215 页。

第三，从发展趋势来看，纽约、伦敦、巴黎和东京等国际大都市在人均GDP 接近或进入一万美元之后，产业结构以现代服务业为主导，2010 年天津人均 GDP 已经突破一万美元大关，服务业比重提高是必然趋势，但由于天津工业的强势地位和现代服务业的相对滞后，服务业短期没有实力跃居为绝对主导产业。综上，天津工业和服务业主导地位的更替短期内很难实现，工业服务业双轮驱动的局面还将持续较长一段时间。

二 天津产业结构现状分析

"十一五"期间天津大力实施大项目好项目建设，产业的规模和质量大幅提升，高端化高质化高新化产业体系初步形成。

（一）制造业支柱作用明显

由于天津正处于工业化后期的发展阶段，因此天津工业占地区生产总值的比

重一直较高，虽然近年来比重呈现下降趋势，但由于大项目好项目的拉动，发展速度仍然很快。"十一五"期间，天津工业增加值年均增速达到18%以上。与此同时，制造业的产业规模进一步扩大，2010年天津市完成工业增加值4410.7亿元，占全市GDP的47.8%，对全市经济贡献率高达63.3%，对全市经济发展发挥了重要支撑作用。

1. 优势支柱产业进一步优化调整

近年来，天津加快实施产业、产品、组织和布局结构调整，使工业结构不断优化，工业的实力、竞争力和可持续发展能力不断增强。优势支柱产业由2006年的电子信息、汽车、石油化工、现代冶金、新能源、新材料六大产业发展为航空航天产业、石油化工产业、装备制造业、电子信息产业、生物医药产业、新能源新材料、轻工纺织、国防科技八大产业。优势支柱产业规模由2005年6391亿元发展到2010年15198亿元，净增了8807亿元，占规模以上工业比重由75%提高到90.7%，支柱作用非常明显。

第一，航空航天产业从无到有。逐渐形成了以大飞机、直升机、无人机、大火箭、卫星为标志的"三机一箭一星"航空航天产业集群。2010年，天津市航空航天产业完成产值147.48亿元，较2005年增长了近80倍。

第二，石油化工产业蓬勃发展。形成了以百万吨级大乙烯项目为龙头，从原油开采、石油炼制到石油化工、海洋化工、精细化工的石油化工产业链。2010年全市石油化工企业达661家，实现产值3095.81亿元，占全市规模以上工业总产值的18.5%。

第三，装备制造业规模壮大。形成了以交通运输、造修船、石油石化、风力发电、核电、水电、超高压输变电、工程机械、港口机械、农业机械等十大成套设备为代表的装备制造业产业群。2010年实现产值6880.77亿元，占全市规模以上工业总产值的41.1%。

第四，电子信息产业飞速发展。手机、显示器、片式元器件、电子琴、录像机等产品的产销量均领先全国。2010年电子信息产业企业数达894家，实现产值2064.73亿元，占全市规模以上工业总产值的12.3%。

第五，生物医药产业领先发展。天津市是全国最大的中药心血管药物生产基地，同时还是世界上主要的微生物检测芯片研发生产基地之一，在药物研究相关芯片等方面已初具产业化条件。2010年实现产值457.77亿元。

第六，新能源新材料加快培育。通过引进一批技术领先、规模较大的项目，天津形成一批拥有自主知识产权和品牌、在国内外有影响的骨干企业，带动了新能源新材料产业的快速发展。2010年全市新能源新材料产业企业达247家，实现产值611.54亿元。

第七，轻工纺织产业重焕生机。2010年实现产值1939.96亿元，占全市工业总产值的11.6%。

第八，国防科技产业前景广阔。通过引进一批国防科技产业重大项目，滨海新区军民结合产业化基地建设顺利推进。

表21-3　2010年天津优势产业发展情况

单位：亿元

行　业	工业总产值	主营业务收入	利税总额
航空航天产业	147.48	152.66	3.5
石油化工产业	3095.81	3056.92	853.05
装备制造业	6880.77	7337.65	867.19
电子信息产业	2064.73	2073.66	157.66
生物医药产业	457.77	474.62	105.36
新能源新材料	611.54	697.87	58.18
轻纺工业	1939.96	1974.15	193.63
国防科技	—	—	—

资料来源：《天津统计年鉴（2011）》。

2. 高新技术产业发展势头良好

"十一五"期间，天津市努力推进高新技术产业创新能力建设，加紧实施具有重大带动作用的高新技术产业化项目，在推动全市产业结构优化升级、拉动全市经济增长方面发挥了重要作用。2010年，天津市高新技术产业完成产值4781.84亿元，占规模以上工业总产值的28.6%，较2005年年均增长17.4%；实现主营业务收入4869.45亿元，占规模以上工业主营业务收入的28.1%，年均增长16.8%；实现利税506.18亿元，占规模以上工业利税总额的21%，年均增长18.8%，产业的技术集约化特征非常明显。

（二）现代服务业发展质量和水平逐步提升

近年来，通过产业结构优化调整，天津市服务业发展速度加快，产业规模迅速扩大，服务业增加值由 2005 年的 1658.19 亿元，增加到 2010 年的 4238.65 亿元，年均增长 15.3%，比"十五"时期加快 3 个百分点（见图 21-2）。服务业增加值占全市生产总值的比重由 42.5% 上升到 46%，在经济社会发展中的地位逐步提升。

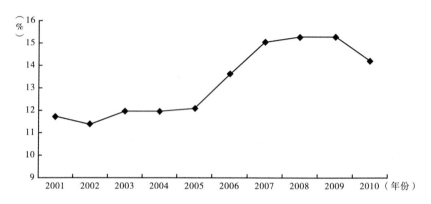

图 21-2　2001~2010 年天津服务业发展速度

1. 行业结构更加合理

2010 年天津生产性服务业比重达到 64.5%，提高了 2.8 个百分点。商贸流通、交通运输等传统优势产业不断壮大，现代金融、文化创意、会展经济、服务外包等新兴服务业竞相发展。

（1）商贸流通业迅速发展。

2010 年，天津市批发零售业实现增加值 1090.68 亿元，占第三产业增加值的 25.7%，"十一五"期间年均增长 15.9%；社会消费品零售总额 2902.55 亿元，年均增长 19.5%。区域性大型批发交易市场得以建设和改造，批发贸易集散能力得到大幅提升；连锁经营、特许经营等现代经营方式和新型业态不断推广，零售商业的能级和业态水平得到全面升级。

（2）现代物流业全面发展。

2010 年，天津市交通运输、仓储和邮政业实现增加值 585.37 亿元，占第三产业增加值的 13.8%，"十一五"期间年均可比增长 11.3%；港口货物吞吐量 41325 万吨，年均增长 11.4%；集装箱吞吐量 1009 万国际标准箱，年均增长 16%，初步形成以国际物流为重点，区域物流和城市配送物流为支撑的高效运转的现代物流体系。

（3）金融业健康发展。

2010年，天津市金融业实现增加值 572.99 亿元，占第三产业增加值的 13.5%，比 2005 年增加 413.33 亿元，年均可比增长 17.1%，对第三产业的贡献率为 12.2%。从金融存贷款方面看，2010 年，全市金融机构各项存款余额为 16499.25 亿元，比 2005 年增加 10408.75 亿元，年均增长 22.1%；金融机构各项贷款余额为 13774.11 亿元，比 2005 年增加 9051.73 亿元，年均增长 23.9%。

（4）房地产业协调发展。

"十一五"时期，天津市房地产业呈现出平稳、均衡、协调的良好发展势头。2010 年，全市房地产业实现增加值 377.59 亿元，占第三产业增加值的 8.9%，较 2005 年增加 205.93 亿元，年均可比增长 8.6%。

2. 城市服务功能日趋完善

"十一五"时期，服务业固定资产投资从 889 亿元提高到 3365 亿元，扩大了 2.8 倍。先后组织实施了 60 项服务业重大项目，累计完成投资近 1700 亿元，现代金融、物流、旅游、会展、商务商贸、科技服务等 75 个子项目建成营业并发挥效益；90 个现代服务业"短平快"项目多数建成开业，有力凝聚了人气，促进了消费。

3. 区域辐射范围逐步扩大

天津在内陆地区建成了 18 个"无水港"，口岸通关服务功能进一步向三北地区延伸。其中，口岸进出口贸易额从 2005 年的 1019 亿美元增加到 2010 年的 1641 亿美元，年均递增 10%；进出口总额中外省市所占比重提高了 4 个百分点。钢材市场、自行车市场等专业交易市场辐射全国。另外，随着夏季达沃斯论坛、世界 500 强峰会在津成功举办，天津知名度和影响力不断提高。

三　天津产业结构存在的主要问题

经过多年的发展，天津的产业结构调整取得了明显成效，但仍然存在着一些亟待解决的问题。

（一）服务业发展水平相对滞后

服务业具有消耗低、污染小、占地少、效益高的产业特征，对天津这样一个

"两头在外"的加工工业城市，扩大服务业规模、提高服务业比重显得尤为重要。经过多年的发展，2010年天津实现服务业增加值4238.65亿元，占比46%，比1990年提高了13个百分点，但与北京同期的10600.8亿元占75.1%相比，规模仍还不够大，比重仍然偏低。

从天津服务业内部结构来看，目前仍然以传统服务业为主，2010年仅批零和交通仓储业比重就占将近40%（见表21-4），而金融、信息服务、科技服务、商务服务业等生产性服务业和知识密集型服务业比重明显偏低，发展相对滞后，无法满足先进制造业需要"研发设计、市场营销、咨询策划"等现代服务业来支撑的产业需求。

表21-4 天津服务业发展现状

单位：亿元，%

行　　业	增加值	占服务业比重
交通运输、仓储和邮政业	585.37	13.8
信息传输、计算机服务和软件业	154.14	3.6
批发和零售业	1090.68	25.7
住宿和餐饮业	157.66	3.7
金融业	572.99	13.5
房地产业	377.59	8.9
租赁和商务服务业	211.83	5.0
科学研究、技术服务和地质勘察业	274.59	6.5
水利、环境和公共设施管理业	59.22	1.4
居民服务和其他服务业	202.25	4.8
教育	209.21	4.9
卫生、社会保障和社会福利业	100.29	2.4
文化、体育和娱乐业	45.81	1.1
公共管理和社会组织	197.02	4.6

（二）科技创新能力有待提升

技术市场是促进科技成果转化和产业化的重要渠道。2010年天津技术市场成交额97.66亿元，仅占全国的2.5%，而同期北京高达1579.5亿元，占全国技术市场交易额的 40.4%。另外，2010 年天津专利授权量为 2015 项，远远低于北京同期的 33511 项。可见，天津在创新能力方面与毗邻的北京差距较大，自主知识产权拥有量较少，科技服务辐射范围较小，在京津冀城市群内创新引领作用不强。这与天津打造高水平研发转化的功能定位不相匹配。

（三）产业发展水平仍需提高

与国内先进地区相比，目前天津仍存在产业规模不够大、产业集中度不够高、企业数量相对不足、市场占有率不够高等问题。2010 年天津实现地区生产总值 9224.46 亿元，仅为北京的 65.4%，上海的 53.7%，经济规模相对较小。与此同时，天津民营企业数量较少，非公经济活力不强。截至 2011 年上半年天津民营企业仅有 15.95 万户，而北京 2009 年 11 月底，民营企业已经达到 122.9 万户，民营企业数量相对不足使得天津非公经济在解决就业、促进产业结构调整、增加市场占有率、推动区域经济发展等方面作用不强。

（四）在区域产业分工中所处的位置不高

从社会发展力水平来看，在京津冀城市群中，北京高新技术产业和生产性服务业优势明显，产业结构高端化趋势凸显，逐步接近世界发达国家水平，已经成为京津冀城市群高端高效产业辐射中心。天津虽然在制造业方面具有明显优势，拥有完备的制造业基础、先进的制造技术和手段，但由于现代服务业发展相对滞后，产品研发、设计、品牌、营销等附加值高端环节还无法完全自我实现，技术和知识投入相对不足，制造业主要依靠资金、资源和劳动力等物质要素投入，集约型的发展方式还没有完全形成，处于区域产业链的较低端。

四 区域视角下天津产业结构的战略调整

（一）促进产业向高端化合理化方向发展

产业结构合理化是产业结构优化的重要内容，不仅要协调好三次产业的比例，更要注重行业结构以及产品结构的调整，提高产品附加值，加快优势产业聚集，构筑高端化高质化高新化产业体系。

1. 稳步发展都市农业

农业是国民经济发展的基础,经济社会发展离不开农业的稳定发展。虽然天津市第一产业规模不大,但对于保障天津经济社会的正常运行,具有非常重要的作用。要通过积极发展优质高效设施农业、努力提高农业科技创新能力、不断提升农产品标准化水平、加强农业基础设施建设,鼓励发展各类专业合作组织,加快转变农业发展方式,积极发展高产、优质、高效、生态、安全农业,完善现代农业产业体系,增强农业综合生产能力、抗风险能力和市场竞争能力,努力提高农业现代化水平。

2. 做大做强先进制造业

工业是天津的支柱产业,要实现先进制造业和高水平研发转化基地的建设目标,必须进一步加大制造业结构调整力度,加快产业聚集,延伸产业链条,提高产业发展的质量、效应和水平。在路径选择上要围绕航空航天、石油化工、装备制造、电子信息、生物医药、新能源新材料、轻工纺织和国防科技八大优势支柱产业,继续筹划实施一批支撑总量做大、促进结构优化,科技含量高、经济效益好、资源能源节约的高端项目,加快推进产业、产品、组织和布局结构调整,增强自主创新能力,打造自主品牌,加快形成高端高质高新化产业体系,成为京津冀乃至环渤海区域经济发展的新引擎。

3. 提升服务业发展能级

服务业的繁荣发展是产业结构优化升级的重要内容。大力发展服务业特别是现代服务业,对于加强和改善供给,扩大就业,拓宽服务消费,转变经济发展方式,具有十分重要的意义。在产业结构调整中要以市场化、产业化、社会化、国际化为方向,全面提升服务业比重、规模、质量和水平,重点发展现代金融、物流、科技服务、商务中介等市场需求旺、带动作用强的生产性服务业,提升发展商贸、旅游、社区服务等生活性服务业,大力发展楼宇经济、创意产业、会展经济等新兴服务业。优化服务业发展环境,加快服务业重点项目建设,强化招商引资,培育行业优势企业,形成传统服务业延伸提升、高端服务业迅速发展壮大的格局。

(二) 积极培育和发展战略性新兴产业

目前,天津正处于发展方式加快转变的关键时期,经济结构亟须调整转型。

大力培育和发展战略性新兴产业，努力打造具有较高科技创新力、市场竞争力和区域带动力的战略性新兴产业集群，对推动天津产业结构升级和发展方式转变具有重要意义。天津要顺应新一轮世界科技革命浪潮，密切跟踪世界科技和产业发展趋势，把握国际国内产业转移、重组、升级的新机遇，积极应对发展循环经济、低碳经济的新挑战，突出城市特色，以创新资源、集聚要素、强化优势为方向，明确产业发展方向，加快产业融合，使战略性新兴产业成为带动天津实现经济、社会、环境和谐持续发展和参与区域竞争的主导力量。根据规划，未来天津将加快培育壮大航空航天、新能源、新材料、新一代信息技术、生物医药、高端装备制造业、节能环保等七大战略性新兴产业。

表 21 - 5　天津战略性新兴产业发展重点

产　业	发展重点
航空航天	重点发展大型民用飞机、直升机、无人机、新一代大推力运载火箭、通信卫星、空间站等，加快发展各种配套产品
新能源	重点发展绿色电池、风力发电、光伏发电、核电、生物质能等五个产业领域
新材料	重点发展膜材料等新型功能材料；积极发展新型合金材料、工程塑料等先进结构材料；加快发展航空航天材料等专用材料的技术开发及产业化
新一代信息技术	推进三网融合、物联网、云计算、新一代移动通信、下一代互联网的研发及产业化；发展集成电路、高性能计算机服务器、软件服务、人工智能、信息安全等产业
生物医药	推进动生物技术药物的研发和产业化；加快中药的现代化和标准化；推进干细胞等生物医学工程产品的研发和产业化；培育生物农业、生物制造、海洋生物技术以及生物技术服务外包等产业。促进保健品的规范化和产业化
高端装备制造	提升大型成套设备设计水平和生产能力；积极发展以数字化、柔性化及系统集成技术为核心的智能装备制造；推进新能源汽车应用示范和产业化
节能环保	加快节能环保综合利用技术开发，示范推广先进环保技术装备及产品；积极推广煤炭清洁利用技术；发展节能技术服务、智能电网、半导体照明技术和产品。大力发展海水淡化与综合利用

（三）着力打造高水平的研发转化基地

科技创新和技术进步是转变经济发展方式、促进产业结构调整升级的主要动力，为提高产业核心竞争力，实现国务院对天津滨海新区高水平研发转化基地的定位要求，天津应瞄准产业发展的前沿，顺应产业调整趋势，突破重点产业的关

键技术环节，依靠创新驱动增强产业核心竞争力，加快制造业向研发设计和营销服务延伸，变天津制造为天津创造。第一，要完善创新体系。围绕产业发展需求，加快建设以企业为主体、市场为导向、产学研相结合的技术创新体系，聚集一批国家级科研院所、高水平海外研发机构。第二，要培育创新主体。引导和支持资金、人才、技术等创新要素向企业聚集，建立健全科技创新激励机制。第三，要优化创新环境。完善自主创新政策法规体系。深化科技体制改革，探索产学研合作长效机制，完善科技成果转化和知识产权流转体制。第四，要增强创新能力。围绕航空航天、新能源、节能环保、生物医药、电子信息、新材料、现代服务业、公共安全等重点领域，下大力气攻克核心技术和关键技术，取得具有重大影响和自主知识产权的创新成果。第五，要加快高新技术产业化。搭建技术转化平台，增强知识产权创造、运用、保护和管理能力，建设国家知识产权产业化示范城市，加快实现滨海新区建设研发转化基地的功能定位。

（四）推进优势产业及关键领域的产业重组

对优势支柱产业及关键领域进行产业重组和产业整合，可以更好地发挥优势支柱产业的联动效应，提高优势支柱产业的核心竞争力和市场占有率，更好地发挥优势支柱产业的集聚效应和放大效应。在未来天津的产业结构调整中，要以航空航天产业、石油化工产业、装备制造业、电子信息产业、生物医药产业、新能源新材料、轻工纺织、国防科技等优势支柱产业的价值链为切入点，以关键领域的核心竞争力为支点进行产业重组。第一，延伸产业链。支持优势企业兼并重组、加强产业整合，提高产业集中度，增强品牌企业的市场控制力。优势企业可利用自身规模、技术和品牌优势，充分发挥主业和主导产品优势，积极对上游原材料企业和下游配套企业进行兼并重组，拉长产业链，提高附加值，进一步做大做强。第二，销地建厂。鼓励优势企业在市场需求大的区域实行兼并重组、投资办厂，迅速占领当地市场，拓展市场空间，提高市场占有率和竞争力，赢得经营上的主动。第三，低成本扩张。骨干优势企业通过收购同行业弱势企业，输入资本、技术、管理和品牌，盘活资产，在较短时间内、以较低成本做大做强。

（五）大力发展民营经济和中小企业

民营经济和中小企业是市场经济的重要组成部分，是促进生产力发展的重要力量。加快民营经济和中小企业发展，对于繁荣城乡经济、扩大社会就业、改善人民生活，优化经济结构具有重要的战略意义。在产业结构优化调整的过程中，天津要不断强化企业的市场主体地位，大力发展民营经济和中小企业。一要发挥政府的统筹协调职能，创造公平竞争的市场环境，形成市场主导、政府推动、各方参与的多层次、多元化产业发展的推进格局。二要全力支持有知名品牌和发展潜力的民营企业和中小企业改制重组。三要采用高新技术和先进适用技术，提高生产效率，优化产品结构，提升产业层次，努力实现发展方式转变。

五　区域视角下天津产业结构战略调整的对策建议

（一）建立京津冀一体化区域合作机制

《中华人民共和国国民经济和社会发展第十二个五年规划纲要》把京津冀一体化和首都经济圈作为国家实施区域发展战略的重要组成部分，标志着京津冀区域合作进入了一个崭新的发展阶段。北京、天津、河北应该以此为契机，共同推进规划一体化、基础设施一体化、产业一体化、市场一体化和社会管理一体化，推进区域经济统筹协调可持续发展。京津冀城市群要充分利用北京的人才、信息、资金优势，天津的制造业产业优势以及河北的资源优势，在产业发展中寻求链条的节点，加快建立合作机制，加快区域分工合作，在差异化中实现衔接配套、合作互补、错位发展，区域共赢。

（二）加大政府对产业发展的政策支持

一要密切跟踪调查现行政策的执行效果，了解基层企业的政策需求，不断根据形势变化调整改进现行政策，使政策能够始终适应产业发展的需要。二要进一步完善先进制造业、现代服务业优惠政策，针对重点行业、重点集聚区及重点项目，在财税、土地、工商登记等多方面出台专项支持政策，不断填补政策空白。三要完善资金支持方式和管理机制，支持生产性服务业、战略性新兴产业快速发展。加强政府、企业和商业银行之间的沟通联系，由政府向商业银行推介优质项目，引导商业银行向优势企业和优质项目发放贷款。鼓励服务企业引入风险投资。支持符合条件的服务企业进入资本市场融资。

（三）加快培养和引进专业化高端人才

重点培养和引进一批掌握国际标准化规则、熟悉专业技术、具有现代企业管理技能和全球市场开拓能力的高素质、高层次复合型人才，着力引进一批创业型领军人才。完善和落实人才引进、培养、使用、评价、流动、激励等政策措施，营造充满活力、富有成效、更加开放的人才环境，开发利用国内国际两种人才资源，用好用活专业化高端人才。

参考文献

［1］王天伟：《中国产业发展之路》，天津科学技术出版社，2011。

［2］王天伟：《产业发展之路》，天津科学技术出版社，2010。

［3］祝尔娟、王天伟、陈安国等：《京津冀产业发展升级研究》，中国经济出版社，2011。

［4］李亚力：《天津在京津冀区域经济发展中的基本战略》，《南开学报（哲学社会科学版）》2005 年第 5 期。

［5］叶堂林：《当前天津产业结构形成原因及"十二五"期间产业调整方向研究》，《生态经济》2010 年第 2 期。

［6］蔡志强：《天津产业演进与高级化趋势分析》，《经济论坛》2007 年第 22 期。

［7］天津市发展和改革委员会：《天津市服务业发展"十二五"规划》。

［8］天津经济和信息化委员会：《天津市工业发展"十二五"规划》。

天津生态城市发展模式研究

鹿英姿　黄晓晴*

摘　要：近年来生态城市成为国内外各大城市发展的方向和目标。天津在生态城市建设方面进行了积极探索，取得了显著成效，开创了生态城市建设的三种发展模式：天津生态城市模式、生态小城镇模式和循环经济发展模式。从区域一体化角度来看，这些模式可以在京津冀区域内推广。天津应在生态城市建设中，在推进京津冀生态产业发展、生态一体化建设和创新区域生态补偿机制等方面，发挥更加积极的示范和带动作用。

关键词：区域一体化　天津　生态城市　发展模式

当前，人口快速增长、资源日渐枯竭以及环境明显恶化等已成为全球在 21 世纪生存与发展中所面临的严峻挑战，生态城市成为世界城市可持续发展的必然产物。中国正在经历快速和大规模的城市化，由此而产生的环境挑战也是史无前例的。生态城市可以有效解决复杂的环境和能源问题，生态城市也成为中国各大城市发展的方向和目标。作为全国四大直辖市之一的天津，在城市定位中明确提出了建设生态城市的目标。

一　天津生态城市建设的现状

2006 年 7 月，天津市在国务院批复的《天津市城市总体规划》中明确了生态城市的建设目标和定位；2007 年 9 月，天津市人大常委会审议通过《天津生

---

* 鹿英姿，硕士，天津市经济发展研究所，助理研究员，研究方向为宏观经济、区域经济、金融；黄晓晴，大学本科，天津市经济发展研究所，高级经济师，研究方向为服务经济。

态城市建设规划纲要》；随后，天津市又制定并实施了《天津生态城市建设三年行动计划（2008～2010 年）》；2009 年，天津市提出了全力构筑生态宜居高地的建设目标。经过四年的建设，天津形成了清新靓丽、大气洋气的城市形象。

（一）生态资源保护力度加大

生态宜居方面，天津 2008～2010 年连续三年开展大规模市容环境综合整治，城市环境更加优美。新建、改造和提升绿地 1.42 亿平方米，植树造林 71.7 万亩。2010 年城市绿地总面积近 2 万公顷，城市绿化率 32.1%，人均公共绿地面积为 8.56 平方米。

湿地保护方面，天津以保护和恢复中心城市南北两大片湿地为重点，通过加强大黄堡、北大港、七里海三个重要湿地保护区域的管理，在独流减河、永定新河、蓟运河等河道堤坝上营造生态林带，在黄港、营城水库种植立体仿天然森林带，在北大港水库增加种植芦苇、香蒲等这些湿地保护措施，加大湿地保护力度。2010 年天津湿地覆盖率达到 14.95%。

自然保护区监管方面，推动八仙山、蓟县中上元古界、天津古海岸与湿地、青龙湾固沙林等国家级、市级自然保护区建设。全市自然保护区总面积已达到 1542.02 平方公里，占全市面积的 12.9%，达到世界发达国家水平。

农村环境保护方面，蓟县、宝坻、汉沽等 7 个区县被命名为"国家级生态示范区"，杨柳青镇、中北镇、大田镇等 8 个乡镇获得"全国环境优美乡镇"称号。全市文明生态村总数达到 875 个。

（二）生态产业规模迅速壮大

近年来，天津市节能环保、新能源和节能材料产业发展速度显著加快。作为中国北方环保科技产业基地，天津现已形成环保设备、资源综合利用、环境保护服务等多种新兴产业共同发展的格局。2010 年节能环保工业总产值为 20.96 亿元，比 2009 年增长了 1.68 倍。污水处理、工业废水深度处理、垃圾和固体废物处理、汽车尾气净化等多项技术居国内先进水平，膜材料加工、膜技术应用、海水预处理、反渗透、低温多效等产品和成套设备达到国际先进水平。2010 年实施合同能源管理的企业全年节约近 18 万吨标准煤。天津新能源和节能材料产业在全国起步较早，2010 年工业总产值达到 175.06 亿元，是 2005 年的 3 倍（见图

22-1）。现已凭借绿色电池、光伏发电、风力发电等为骨干的多样化产业门类，形成6亿只锂离子电池、3亿只镍氢电池、110兆瓦光伏电池和5600兆瓦风电整机生产能力。天津新能源产业的绿色电池在生产技术、研发实力和产业化水平均处于全国领先，锂离子电池和镍氢电池生产能力居全国第一。亚洲首家第三方风能技术中心——通标标准技术服务有限公司天津风能技术中心正式运营。风电装备形成了从主机设备的整套机组到电机、齿轮箱、叶片等配套零部件较为完整的产业链，成为国内最大的风力发电设备生产基地。

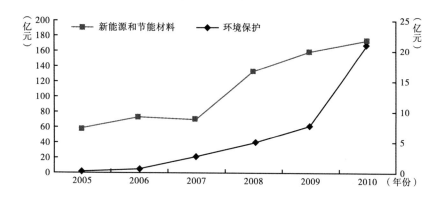

图22-1　2005～2010年环境保护业、新能源和节能材料业工业总产值情况

（三）生态环境治理卓有成效

水环境专项治理取得突破。完成中心城区10条河道和大沽排水河以及29条农村河道治理。国控河流水质达标断面比例上升6.8%，劣V类水质断面比例下降6.8%。集中式饮用水源水质达标率保持100%。污水处理能力大大提高。"十一五"期间天津市完成60座污水处理厂新建、扩建、升级改造，新建配套管网798公里。2010年污水处理能力达到204.8万吨/日，较2005年增长了47万吨/日，2005～2010年均增长9.4万吨/日；2010年污水处理率高达85.3%，较2005年的58%增长了27.3个百分点，2005～2010年均增长5.46个百分点（见图22-2）。全市污水处理厂全部达到一级排放标准。

大气环境治理方面，"十一五"期间完成全部火电机组的烟气脱硫和168台10吨/时以上工业及供热燃煤锅炉烟气脱硫，拆除并网小锅炉280座。更新改造公交车5690辆。加强建设工地、运输撒漏和道路清扫扬尘控制。2009、2010年，

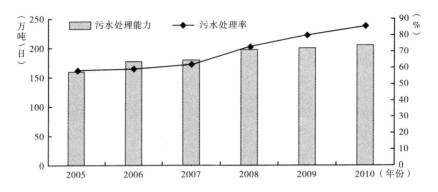

图 22 - 2　2005~2010 年污水处理率与污水处理能力情况

可吸入颗粒物、二氧化硫、二氧化氮三项指标年均值全部达到国家二级标准。2010 年，天津市二氧化硫和化学需氧量排放总量分别为 23.515 万吨和 13.1969 万吨，比 2005 年分别下降了 11.26% 和 9.61%。环境空气质量达到及好于二级天数稳定在 300 天以上。固体废物综合利用再上新水平。城镇生活垃圾无害化处理率由 2007 年的 86.60% 提高到 91% 以上。农村环境基础设施建设逐步加快。建成 7 座小城镇垃圾处理设施、15 座农村污水处理设施。完成 30 万亩农业节水灌溉工程。实施了农村饮水安全与管网入户改造工程。

二　天津生态城市建设的发展模式

天津生态城市建设取得一系列成就得益于其特色的发展模式，包括三种：天津生态城市模式、生态小城镇模式和循环经济发展模式。这些模式可以为京津冀区域内生态建设提供可借鉴的模板。

（一）生态城市模式——中新天津生态城

中新天津生态城是天津建设生态城市的标志性工程。2007 年 11 月 18 日，国务院总理温家宝和新加坡总理李显龙共同签署了《中华人民共和国政府与新加坡共和国政府关于在中华人民共和国建设一个生态城的框架协议》，明确在天津滨海新区建设一座资源节约型、环境友好型、社会和谐型的城市。中新天津生态城整体规划面积约 30 平方公里，预计 10 到 15 年建成，人口规模达到 35 万人。

四年以来，"自然、和谐、美观、协调"的中心天津生态城已初具雏形。

1. 城市建设贯穿"三和"、"三能"两大全新理念

中新天津生态城是在天津滨海新区盐碱荒地上建设一座为未来发展起到示范样板作用的宜居生态之城。选址范围内 1/3 的土地为盐田，1/3 为水面，1/3 为荒滩，生态物种稀少，水资源短缺，污染严重，地质水文条件较差。选址在这一自然条件较差的区域，符合不占用耕地的要求，突出了建设生态城的示范意义。同时，在资源约束条件下，在一个水资源缺乏、污染较为严重的盐碱荒滩上新建设一座生态城市，在世界上尚无先例。中新天津生态城的建设始终贯彻"三和"、"三能"两大全新理念——"人与人和谐共存、人与环境和谐共存、人与经济活动和谐共存"，"能复制、能实行、能推广"。中新天津生态城将为解决现代城市经济社会发展与生态环境保护的矛盾，探索建立城市永续发展的模式和人类理想聚居的方式提供一个典范。

2. 城市布局兼顾生态环境保护与人文生态居住

坚持生态优先原则，以构建区域一体化生态系统为目标，加强对生态城河湖水系、湿地和鸟类栖息地等生态敏感区域的保护，同时规划建设六条生态廊道，形成"一岛三水六廊"的生态格局。在此基础上，结合津滨轻轨延长线，建设生态谷，串联各生态片区，结合交通站点建设城市中心和片区中心，形成"一轴三心四片"的紧凑型空间布局结构。同时，借鉴新加坡理念，每个生态片区由 4~5 个生态社区组成，每个生态社区由 4~5 个生态细胞构成。科学布局居住、公共设施和产业用地，使居民出行距离更加合理。居民步行 300 米内可到达生态细胞中心，步行 500 米内可到达生态社区中心，80% 的各类出行可在三千米范围内完成。

3. 城市交通突出绿色交通体系的构建

规划建立以公共交通为主的交通体系、以轨道交通为主的公交体系、以清洁燃料为主的公共补充体系和以步行、自行车为主的慢行体系，创建低能耗、低污染、低占地、高效率的绿色交通发展模式。并与土地使用紧密结合，合理设置公交站点，服务范围覆盖公交站点周边 500 米半径。通过方便快捷的服务，提高公共交通和慢行交通的出行比例，实现从"以车为本"到"以人为本"的转变。2020 年，生态城内绿色出行所占比例不低于 90%。

4. 城市建筑特别注重能源的节约利用

生态城内所有建筑必须符合相关的绿色建筑标准，实现节能减排，通过能源梯级利用与循环利用，提高能源利用效率。到 2020 年，中新生态城建筑节能达到 75% 以上，绿色建筑占所有建筑的 100%。优化能源结构，促进高品质清洁能源的使用。优先发展太阳能、地热、风能、热泵等可再生能源技术并合理耦合，到 2020 年，使可再生能源利用率不低于 20%。在水资源方面，将节水作为首要目标，将 2020 年人均生活用水指标规划控制在 120L／人·天。优化用水结构，实行分质供水，加强水资源循环利用。在生态城范围内供排水管道普及率达到 100%。加强再生水利用，实现污水的资源化，污水处理达标率为 100%。另外，加强雨水收集和海水淡化利用，合理配置水资源，减少对常规水源的需求。非传统水资源利用率不低于 50%。

5. 城市发展强调生态环保科技产业

构筑与生态城相适应的产业结构，把自主创新作为转变发展方式的中心环节，积极开发和推广节能减排、资源循环利用、生态修复、污染治理等先进适用技术，重点发展节能环保、科技研发、软件产业、总部经济、服务外包、文化创意、教育培训、会展旅游等高端、高质、高新产业，建设国家级生态环保培训推广中心和现代高科技生态型产业基地。

（二）生态小城镇模式——华明镇

华明镇是天津区县经济发展的代表，是天津生态小城镇模式的典范。华明镇在创建文明生态社会主义新农村，改善区县生态环境、推进城乡一体化方面取得卓著的成绩。生态小城镇模式为京津冀区域郊区县、农村地区的生态环境建设提供了样板。

1. 着重规划以生态为特色的功能分区

华明镇在规划布局中解决了城郊地区农村环境散、乱、脏的难题。保留了农村的优点，克服了农村的缺点，引入城市的优点，摒弃城市的弊病，强调民风、民习、民俗，保留农居味道。华明镇选址在空港物流区对面、高速公路与津汉公路相交处，交通便利，区位优势明显，适应了本镇村民从事物流业的传统，考虑到了经济社会发展的长远需求。华明镇规划占地 5.618 平方公里，分为农民安置区、新市民安置区、商业商务区三个功能区，总建筑面积约 410 万平方米，规划人口规模 8 万人，合理安排了居住、商业、学校以及休闲娱乐场所等配套设施。华明镇将建设成为全市可持续发展的战略支撑区、人与自然和谐相处的宜居区、全国城乡一体化发展的示范区。

2. 精心打造现代化田园宜居小城镇

在城镇环境上，努力体现生态特色，注重人与自然的和谐相处。结合华明镇原有的湿地，规划建设街心公园和湖面。合理利用现有资源，保留田埂上的数千株旱柳、果树等，打造最纯粹的自然景观，形成了不可多得的良性循环生态圈。此外，华明镇还选植适宜本地生长的观赏树种和花草，形成高于城市绿化的田园特色。在公建配套上，华明镇具有现代化新城镇的鲜明特点，是一个交通便利、规划合理、设施完善的宜居小镇。镇内建有九年一贯制学校、幼儿园、中心医院、老年公寓、文化广场等公共设施，同时结合北方农民喜欢户外活动的习惯，按照下楼不出 300 米的原则，建设农民培训学校等服务设施和各类主题公园、花坛绿地。华明镇湿地文化博物馆，展示了华明地区由荒地经过"治碱"走向开发、开放、崛起的美好未来。为了方便农民出行，华明镇还配置电瓶车，免费在小城镇内服务。这些都最大限度地满足了农民教育、卫生、娱乐等方面的需求，形成住宅与园林景观的融合、住宅与公共设施的融合，彰显出现代田园城镇赏心悦目、贴近自然的人居环境。

3. 普及使用低碳节能环保技术

华明镇按照建设绿色环保、生态宜居、可持续发展小城镇的要求，从规划设计到建设实施，注重集建设节能、污水处理、中水回收、太阳能利用、使用清洁能源和社区绿化为一体，积极建设循环型社区。据初步统计，与常规村镇建设相比，该镇每年节约标准煤 1.9 万吨，减少二氧化碳排放 5 万吨，减少二氧化硫排放 478 吨，节约水资源 50 万吨。严格贯彻落实国家规定的"三步节能"设计标准，农民住宅建设全部实行"三步节能"，严格控制设计、施工、验收等各环节，相比传统住宅建设可节能 65%。在体现绿色环保可持续的发展理念上，全部实施集中供热，其中开发利用地热资源，给 30 万平方米住宅供热。安装 9000 套太阳能热水器，并和楼体建筑一体化设计，一体化施工。采用中水处理设施，实施雨污分流，污水零排放，通过雨水收集，经处理直接排入湖内，用于生态景观。此外，全镇采用清洁能源，农民做饭全部使用天然气，从此告别了使用柴火、煤炭的岁月。

（三）循环经济发展模式——子牙循环经济产业区

2007 年，天津被确定为国家循环经济示范试点城市。2008 年 10 月，天津正式颁布《天津市循环经济试点实施方案（2008～2012 年）》，并先后公布了两批共 39 个循环经济示范试点单位，现已建成开发区、北疆电厂、子牙环保产业园等 5 个国家级循环经济试点园区和企业。

1. 成为国家循环经济试点园区

2007 年经国务院批准，子牙循环经济产业区被国家发改委等六部委命名为国家循环经济试点园区，同时被国家工业和信息化部命名为国家级废旧电子信息产品回收拆解处理示范基地，被国家环境保护部命名为国家进口废物"圈区管理"园区。2008 年 5 月 7 日，在胡锦涛主席与日本首相福田康夫的见证下，天津市市长黄兴国和北九州市市长北桥健治共同签署了中日循环型城市合作备忘录。天津子牙循环经济产业区，是目前中国北方最大的再生资源专业化园区，是中日循环型城市的合作项目。

2. 循环经济产业发展突出

子牙循环经济产业区重点发展废旧电子信息产品、报废汽车、橡塑加工、新能源和节能环保产业以及废弃机电产品精深加工与再制造等五大产业。同时延伸产业链条，发展电子零件、机电零部件的修复业、新能源、环保、绿色物流服务业等，形成了"静脉串联"、"动脉衔接"、产业间"动态循环"的循环经济"子牙模式"。子牙循环经济已经走在全国前列，"城市矿山"初现。园区现有企业 135 家，通过对废旧金属绿色无污染拆解，每年处理 150 万吨旧家电、线缆等工业废料，为市场提供 100 万吨金、银、铜、铁、铝等金属原料，一举成为中国北方最大的有色金属原材料市场，其成本比直接从矿山中开采要降低 85% 左右。

3. 生态宜居子牙模式初显雏形

子牙循环经济产业区构建"一心（管理服务中心）、两带（子牙河生态保护带、林下经济带）、三轴（高常路子牙综合发展轴、黑龙港河生活发展轴、津淀公路产业发展轴）、三区（科研服务区、居住区、产业区）"的总体空间布局，设有生产加工区、科研服务区和居住社区。园区内可以形成一二三产的大循环，最终形成一个工业化、科研服务居住区和林下农业服务区三区联动的格局。"循环、智慧、生态、便捷、宜居"的"子牙模式"已初步形成。

三 区域一体化中的天津生态城市建设存在的问题

天津在生态城市建设工作上已取得明显成效,生态环境得到明显改善,城市环境功能得到进一步提升,但与全面实现生态城市建设目标仍有一定差距。从京津冀区域来看,区域生态环境也存在生态环境承载能力较弱、循环经济发展缓慢等问题,制约了区域经济的发展。

(一) 节能减排工作需要进一步深入

2010 年天津单位 GDP 能耗 0.83 吨标准煤/万元,比河北省低 0.753 吨标准煤/万元,但与北京相比仍有差距,低于北京 0.34 吨标准煤/万元。从天津一、二、三产业能源终端消费量来看,2006～2010 年第二产业能源消费量呈现递增趋势,2010 年高达 4702.63 万吨标准煤,占比 71.52%(见图 22-3)。究其原因,在产业结构方面,天津第三产业比重仍然较低,2010 年仅占 45.95%,与北京 75.11% 仍有较大差距,天津服务业比重、规模和水平有待进一步提升;第二产业中部分高耗能、高污染企业没有退出,石化、化工、冶炼等行业比重较大,消耗能源较多,产业结构有待进一步优化。

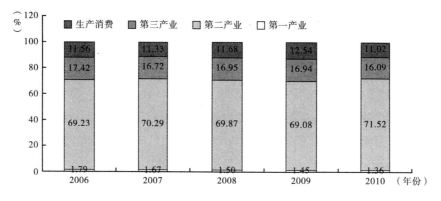

图 22-3　2006～2010 年能源终端消费量

（二）大气污染需要进一步治理

天津市机动车尾气污染日益加重。2010年，机动车保有量179万辆，并以每年25万辆的速度增加（北京480.9万辆，比上年增长79万辆）。机动车保有量的快速增加造成机动车排放尾气日益加重。污染最为严重的"黄标车"还有29万余辆，占机动车保有量的16%，进一步加重了大气污染。外环线内一些化工企业排放工业废气，对周边环境影响较大，在一定程度上影响了中心城区的环境空气质量。同时，臭氧污染问题有所显现，城市灰霾、细颗粒物（PM2.5）等区域复合型污染将成为影响城市环境空气质量改善的新问题。未来几年，天津燃煤量和城镇人口将有较快增长，需要进一步加强对大气污染的治理。

（三）生态环境禀赋基础脆弱

天津市的水资源基础较为薄弱。天津地属半干旱地区，降水较少、蒸发量大，年蒸发量比降水量高2~3倍，水源主要依赖境外来水。多年来，随着上游地区加大开发力度和流域生态失衡，入境水量大为减少，许多河道常年处于断流状态。河流水资源利用率高达90%以上，远远超过国际公认的30%开发利用警戒线。在31个省份水资源压力分布中，天津水资源压力位居全国第二。水资源总量严重不足，2010年人均水资源占有量仅为72.8立方米/人，不足全国人均水平的1/25，远低于联合国确定的1700立方米用水紧张线。天津森林资源相对匮乏，天然林面积比重不足1%，且仅分布于北部蓟县山区，生态林总量不足，尤其是具有较高生态价值的森林仅占林地总面积的4.97%。

（四）京津冀区域生态环境承载能力整体较弱

区域的人口和经济规模超出其生态系统所能承载的范围时，将会导致生态环境的恶化和资源的枯竭，严重时会引起经济社会的畸形发展甚至倒退。

首先，京津冀人口规模即将超出区域生态环境承载能力。京津冀是全国人口相对密集区域，区域总面积约21.6万平方千米，2010年常住总人口约10455万，人口密度为每平方公里484人，约为全国的3.5倍；特别是京津两个国际大都市，在2.8万平方千米区域内，居住着3261万人，人口密度每平方公里高达1100多人，是全国的8倍多。

其次，京津冀水资源对区域发展的支撑能力不足。京津冀地处水资源匮乏的华北地区，区域内水资源与经济总量、人口极不匹配。2010 年区域内人口规模占全国的比重为 7.62%，地区生产总值占 10.9%；而水资源仅占全国的 0.55%，水资源问题已经成为制约京津冀地区社会经济持续、快速发展的掣肘因素。从表22 - 1 可见，近三年来天津、北京、河北水资源总量与人均水资源拥有量逐年递减。2010 年全国人均水资源拥有量为 2310.4 立方米/人，津、京、冀人均水平仅为全国的 3.15%、5.38% 和 8.45%。

表22 - 1 2008~2010 年京津冀水资源总量与人均水资源拥有量

单位：亿立方米，立方米/人

地 区	水资源总量			人均水资源拥有量		
	2008	2009	2010	2008	2009	2010
北 京	34.2	21.8	23.1	205.5	126.6	124.2
天 津	18.3	15.2	9.2	159.8	126.8	72.8
河 北	161.0	141.2	138.9	231.1	201.3	195.3

资料来源：《中国统计年鉴（2011）》。

再次，京津冀森林资源与耕地面积在全国处于较低水平。京津冀林地面积为821.05 万公顷，仅占全国总量的 2.68%；京津冀人均林地面积 1.178 亩，约为全国人均水平的 34.42%。京津冀耕地面积为 657.68 万公顷，仅占全国的5.4%，人均耕地面积为 0.94 亩，也低于全国平均水平，占全国的 69.3%（见表22 - 2）。

表22 - 2 2010 年京津冀森林资源与城镇绿地情况

地 区	林地面积		人均林地面积		耕地面积		人均耕地面积	
	面积（万公顷）	占全国比重（%）	面积（亩）	相当于全国平均水平（%）	面积（万公顷）	占全国比重（%）	面积（亩）	相当于全国平均水平（%）
北 京	101.46	0.33	0.776	22.68	23.17	0.19	0.18	37.63
天 津	14.22	0.05	0.164	4.79	44.37	0.37	0.51	13.01
河 北	705.37	2.31	1.471	42.99	590.14	4.85	1.23	90.37
京津冀	821.05	2.68	1.178	34.42	657.68	5.40	0.94	69.3
全 国	30590.41	—	3.422	—	12172	—	1.36	—

资料来源：《中国统计年鉴（2011）》。

最后，京津冀生态环境承载能力较脆弱还表现在植被退化、水土流失、湖泊富营养化、土壤盐碱化、河流淤积、赤潮频发、土地沙化和沙尘暴等问题。这些都严重威胁着京津冀区域的供水安全和大气环境质量，在很大程度上制约着经济的健康发展。

（五）京津冀区域粗放型经济发展方式仍旧存在

河北省传统的高投入、高消耗、低效率、低利用的粗放型发展方式未从根本上扭转。河北受资源禀赋影响，长期以来经济发展以资源型产业为核心，以能源、原材料和初级产品加工为主，万元产值能耗、水耗和废物排放指标大多超过全国平均水平。从表 22 - 3 可见，河北省单位 GDP 能耗为北京的 3.2 倍，为全国平均水平的 1.5 倍；单位工业增加值能耗为天津的 2.6 倍；单位生产总值电耗分别为天津、北京的 1.8、2.5 倍。河北省钢铁、能源、建材、石化等重化工业比重较大，重化工业增加值占全部工业增加值比重的 80% 左右。给京津冀区域环境治理带来较大压力。

表 22 - 3   2010 年京津冀能耗对比

地　区	单位 GDP 能耗 （吨标准煤/万元）	单位工业增加值能耗 （吨标准煤/万元）	单位生产总值电耗 （千瓦时/万元）
北　京	0.49	—	588.72
天　津	0.83	1.05	818.36
河　北	1.583	2.733	1466.76
全　国	1.03	—	—

资料来源：《中国统计年鉴（2011）》。

（六）京津冀区域生态建设整体推进机制不完善

生态建设具有广域性、整体性、系统性等特征。京津冀三地的生态建设相互依存，密不可分，只有统筹协调，全面推进，建立整体的绿色生态体系，才能从根本上保证区域生态安全。目前，这一推进机制还很不完善，在发展上受到的制约还很多。三方在建设区域整体绿色生态体系上认识还不够统一，尚未建立起便捷有效的沟通协作机制。在开展绿色生态建设上，多数情况下是各做各事，缺乏沟通协调。在合作上也仅限于京冀水源林、森林资源保护等小规模、小范围的局部合作，尚未开展全方位、高层次的全面合作。同时，京津冀还没有制定区域生态建设整体规划，在绿色生态建设上的支持力度不够、整体协调不够。

四　推进区域生态一体化建设的对策建议

生态建设是京津冀区域经济一体化发展的基础和保障。基于天津市生态城市三种发展模式的经验，天津要继续在节能减排、强化水资源保护与治理、产业结构合理化与高级化等方面发挥更加积极的示范作用。天津要带动京津冀全力发展生态产业、带动京津冀全面推进生态一体化建设、带动京津冀构建统一的区域生态补偿机制。

（一）加大节能减排力度

政府推动的干预与引导机制是节能减排与低碳发展工作的根本。天津市要先行一步，尽快制定完善产品单位能耗标准、用能产品能效标准，完善《天津市节能产品认定管理办法》。要实行节能减排目标责任考评体系、循环经济考核体系和政绩考核机制。要落实国家有关政策，推动绿色照明、节能汽车、节能空调、高效电机等节能产品惠民工程。

天津要在各领域努力做好节能工作。建筑节能方面，严格执行新建建筑节能65%的设计标准，积极推动既有居住建筑供热计量及节能改造，加快太阳能、地源热泵等可再生能源技术在建筑上的应用；交通节能方面，加快淘汰油耗高的老旧车辆，加强营运车辆燃油定额管理；商业节能方面，继续开展零售业节能行动，推动大型商场开展系统节能改造；农村能源利用方面，加快以户用沼气为重点的农村新能源建设，淘汰和更新高耗能落后农业机械、渔船；推动公共机构节能，加强公共机构能源管理和统计工作，优先采购节能产品，减少待机能耗，严格公务用车管理。在工业节能降耗方面，一是推进煤炭清洁化利用，提高工业企业能效水平。推动工业锅炉改造、余热余压利用等重点节能工程。二是淘汰高耗能落后工艺和设备，重点推广变频调速、节能变压器、高效电机等一批先进适用新技术、新产品。三是积极发展清洁能源和可再生能源。四是充分发挥合同能源管理财政奖励资金引导作用，在冶金、化工、石化、电力四大重点行业企业开展

合同能源管理，加强对四大行业的节能监管。制定完善的激励政策，对节能服务产业采取适当的税收扶持政策。

（二）强化水资源保护与治理

天津的水环境确实非常严峻，这也成为建设生态城市最大的瓶颈。天津要强化水资源保护与治理，实施最严格的水资源管理制度。一是加强地下水资源保护，针对目前地下水严重超采的问题，加强地下水总量控制制度建设。特别是要加强深层地下水的保护，明确地下水压采方案，明确管理目标，并落实工作责任制，建立地下水监测系统。二是实行严格的取用水管理，按照总量控制指标制定年度用水计划，管理好重点用水行业和用水大户，建立相应的监管制度，完善取水计量监管体系。三是加强水源保护和治理，增加未来供水量。消除城市周边地区劣五类水体，对海河等市区景观河道、水库等水域进行生态治理。天津多达60亿立方米的降水量中只有少部分转化成地表水，大部分水贮存于土壤中，并进一步转化为浅层地下水，这部分水量十分丰富，而目前浅层地下水污染较为严重且难以使用，应加强浅层地下水污染治理，增加未来可供水量。

（三）推进产业结构优化与调整

结合滨海新区的开发和建设，加快发展高新技术产业和现代服务业，以服务业结构升级作为调整产业结构的突破口；引导工业健康发展，增强企业技术改造和自主创新的能力；制定和实施产业集群和产业链计划，注重培育中高端产业集群和产业链的形成发展机制以及要素集聚机制；加快现有工业向新能源、新材料、新技术方向发展，把产业结构调整与发展循环经济结合起来；大力提升城市整体环境，促进高端产业在功能园区的聚集，发挥中高端产业集聚的强辐射作用，对周边区域乃至国内外产生影响和带动力。

天津在产业结构优化升级中，要加快循环经济园区的建设。围绕构建生态农业、生态工业、绿色服务业三次产业互动的发展格局，以子牙循环经济产业区、华明镇为样板，大力推进循环经济示范园区建设，加快完善循环经济产业链条。以化工、汽车、电子、生物医药、新能源及环保产业等为重点，加快搭建覆盖多个重点产业的具有较高水平、较大规模、行业特色突出的循环经济产业链。推进各类园区的循环型改造和构建。结合天津工业布局优化调整，选育一批有特色的区县示范工业园区发展循环经济；在临港经济区、南港工业区等推动重型装备制造业、重化工业的循环经济建设；突出抓好一批以养殖加工和种植企业为主体的农业循环经济示范园区建设。

（四）推动京津冀发展生态产业

京、津、冀在生态产业的选择上既要各有侧重，又要加强生态产业的全面合作。

北京着力发展生态服务业。北京现有土地承载力和人口资源已严重挤占了第二产业的发展空间，将现有第二产业有选择地置换到天津和河北。将第三产业作为龙头产业，着力发展生态服务业，以智力支撑为着力点，发展科技服务业（支撑天津制造业发展）和环保产业（支撑河北生态农业发展），将北京的科技资源和智力资源优势进行有效整合和配置，为津冀产业结构优化与升级提供强力支撑。

天津着力发展生态工业。天津第二产业发展优势明显，滨海新区碳排放交易所的成立，为第二产业循环经济发展的市场化运作提供了平台。因此，优化天津产业结构，政策扶持和市场化运作相结合，优化工业的产业链两端，突出工业发展的生态化和高端高质化，体现经济效益和环境效益的统一，通过技术创新和产业创新推动产业升级，在带动京津冀区域生态产业发展中发挥关键的作用。

河北着力发展生态农业。生态农业就是要保护和改善农业生态环境，有效、持续地促进农业生态系统的物质循环和能量转化。河北省要把粮食生产与多种经济作物生产相结合，把种植业与林、牧、副、渔业相结合，把大农业与二、三产业发展相结合，协调经济发展与环境、资源利用与保护之间的关系，形成生态和经济的良性循环，实现农业和整个产业系统的可持续发展。河北与京津相比，农业发展具有比较优势，但第二产业和第三产业在产业技术层次上都与京津存在明显差距。因此，转变发展方式，调整产业结构，着力发展生态农业，通过技术改造与创新，提升工业发展水平，积极承接京津产业转移，夯实实力，则是河北经济结构调整的思路所在。同时河北省发展生态农业，要在京津冀生态圈建设中承担起护卫京津的绿色生态屏障作用。特别是在对京津环境影响最直接的张家口、承德两地发展生态经济，要充分发挥保水保土、防风固沙、涵养水源的生态屏障

京津冀蓝皮书

作用。河北生态农业的定位是建设成为京津的风沙屏障、水源涵养地、"后花园"和绿色林产品供应基地。

（五）带动京津冀生态一体化建设

天津要担负推进京津冀生态一体化的重要责任。第一，天津要将三个模式推广。鉴于中新天津生态城在绿色建筑、可再生能源利用、中水回用、垃圾真空处理等方面的技术经验，京津冀区域可以参考中新天津生态城建设实践中的各项技术应用参数，各区域编制具有地方特色的技术标准规范和技术评价体系，推广生态环保节能的科技项目和适宜的技术。天津要将华明镇生态发展模式推广到京津冀区域的城镇区域及农村地区，构筑城乡协调发展的生态格局。子牙循环经济走在了全国的前列，天津要将子牙循环经济资源再利用、废旧电子无害化处理的经验在京津冀区域内推广。第二，天津要积极倡导在京津冀区域内进一步加强产业政策和环保政策的沟通与衔接，如制定并实施共同的行业准入标准，对单位产品能耗和排污减量等指标提出严格要求，淘汰落后的耗能企业和产品；修订鼓励与限制发展的产业指导目录，确定调整行业清单；协调与统一投资项目的节能评估和审查管理办法等。

（六）促进京津冀构建统一的区域生态补偿机制

环境和资源问题的根源在于生态环境无价和自然资源低价引发的滥用机制。这种机制下市场本身不能形成合理的价格体系。因此，京津冀生态一体化中政府要采用统一的环境和资源产权制度，根据使用者付费和污染者负担原则，使环境和资源成本成为其真实成本的一部分。天津要积极促成京津冀区域政府统一协调，实行统一的生态补偿机制。按照"谁受益、谁补偿"的原则，建立包括水资源配置资金补偿和发展性补偿在内的利益补偿机制，使生态效益有形化、生态服务有偿化。一是变"无偿调水"为"有偿输水"，探索以水权转让为基础的流域生态补偿机制。为解决上下游日益突出的用水矛盾，建立以初始水权为基础，以出入境水量和水质为依据的水资源使用权转让机制和补偿机制。二是加大抚育和管护投入，妥善解决生态工程后期管护和抚育成本补偿问题。三是探索受益区对治理区的生态补偿机制。在探索横向转移支付制度的同时，可以实施生态工程共建、技术帮扶等多种形式的生态补偿方式。

参考文献

［1］ 周桂荣、蒋素领：《区际间产业生态系统的构建与合作机制研究——以京津冀地区为例》，《天津商业大学学报》2011 年第 3 期。

［2］ 张云：《环首都低碳经济带建设构想》，《生态经济》2010 年第 4 期。

［3］ 谢华生等：《天津生态城市建设实施现状及对策研究》，《天津经济》2011 年第 1 期。

［4］ 天津市人民政府：《2008～2010 年天津生态市建设行动计划》。

［5］ 天津市人民政府：《2011～2013 年天津生态市建设行动计划》。

B.23

国外首都圈的建设经验与启示

—— 以韩国首都圈、日本首都圈和伦敦都市圈为例

邬晓霞 *

摘　要： 首都圈是一种特殊类型的都市圈。以日本首都圈、韩国首都圈和英国伦敦圈为代表，国外首都圈在形成发展过程中采取了制定明确系统的首都圈发展规划、设立跨行政区的管理机构、颁布各种法律法规保障规划的实施、构建合理的区域职能分工、重视交通设施建设等措施，并取得了显著成效。这些都对中国首都圈的发展具有借鉴意义。建议强化政府对规划的指导、建立可行的跨行政区协调机制、制定完善相关的法律配套体系、开展明确的区域职能分工和重视立体交通基础设施建设。

关键词： 首都圈　发展模式　中国首都圈

首都圈作为一种特殊类型的都市圈，与一般意义上都市圈的最大区别在于，首都圈是以首都为中心城市，承担政治服务职能。因此，首都圈的研究必须基于都市圈的相关研究基础之上。都市圈概念最早源于20世纪初的美国，1950年开始在日本被广泛应用。1910年美国政府提出了大都市地区（Metropolitan District）的概念，即人口在10万及10万以上的城市及其周围10英里范围内的郊区，或虽超过10英里但与中心城市连绵不断、人口密度达150人/平方英里的地区。1949年为了适应大都市发展中出现的新形式，美国联邦预算局进一步提出了标准大都市区（Standard Metropolitan Area）的概念，将其定义为由一个大的人口核心地以及邻近的与核心地在经济社会上高度一体化的社区构成的一个地理区域（冯建超，2009）。

---

* 邬晓霞，经济学博士，首都经济贸易大学城市经济与公共管理学院副教授，主要研究领域为区域政策、城市与区域发展。

日本政府在 1950 年接受了这个概念，并提出了都市圈的概念。日本行政管理厅将都市圈定义为：以一日为周期，可以接受城市某一方面功能服务的地域范围，中心城市的人口需在 10 万人以上。20 世纪 60 年代又提出"大都市圈"概念，即中心城市为中央指定市，或人口规模在 100 万人以上，并且邻近有 50 万人以上的城市，外围地区到中心城市的通勤人口不低于本地人口的 15%，大都市间的货物运输量不得超过总运输量的 25%（韦伟、赵光瑞，2005）。

目前，以日本首都圈、韩国首都圈和英国伦敦圈为代表的国外首都圈已经发展成为具有一定国际影响力和竞争力的都市圈，因此，分析国外首都圈的发展建设经验，将对我国首都圈具有重要的借鉴意义。

一　国外首都圈的发展历程

（一）韩国首都圈

韩国首都圈的形成始于 20 世纪 60 年代工业化快速启动时期，70 年代中期初步形成。1982 年韩国颁布《首都地区管理法》，对首都地区的经济发展、土地使用和基础设施建设进行统一规划和管理，并首次确定了首都圈的边界。首都圈的行政范围包括中心城市首尔特别市、仁川直辖市、京畿道行政区及其下属的 64 个次级地方行政区。地理范围包括以首尔为中心 70 公里以内的区域，面积 1.18 万平方公里，占国土总面积的 11.8%。首都圈人口约 2400 万，占全国人口的 45% 以上（金钟范，2005）。首都圈不仅是韩国的产业密集区，也是具有国际影响力的都市圈之一，集中了韩国近一半的制造业和 70% 的 GDP（江曼琦、唐茂华，2007）。

韩国首都圈的发展从 20 世纪 60 年代至今经历了五个不同的发展时期：20 世纪 60 年代的集中发展期、20 世纪 70 年代的分散发展期、20 世纪 80 年代的抑制发展期、20 世纪 90 年代的提升发展期以及 2003 年以来的均衡发展期。每个阶段的特征分析如下：

第一阶段，20 世纪 60 年代的集中发展期。20 世纪 60 年代以来，韩国政府致力于建立"政府主导的资本主义体制"，实行"大城市、大企业和工业为主"的增长战略，促进了首尔的快速发展。韩国政府对当时人力资源、城市基础、港

口等区位条件相对优越的首尔—仁川地区给予重点支持，在京仁地区①集中建设劳动密集型工业园地，对区域内的公路、铁路、港口、用水等基础设施进行投资修建。因此，韩国的产业主要集中分布在首尔—仁川地区。

第二阶段，20世纪70年代的分散发展期。为防止首都人口过度集中，实现经济社会均衡发展，韩国在70年代初制定了"建设卫星城市，积极分散人口"的方针，并在此基础上于1971年制定了第一个全国性、综合性的《国土综合开发规划（1972～1981）》。为防止工业向局部地区过度集中，分散首尔、釜山等大城市的工业，培育中小城市工业发展。政府将国土划分为工业转移促进、工业限制整备区和引进产业区三类地区。其中，首尔属于工业转移促进地区，仁川属于工业限制整备区。此外，该计划要在首尔周边地区建设安养、昌元、美金、陵谷、阳谷等10座卫星城市，吸纳部分从饱和的中心城区分散出来的人口和经济活动单位，促进了首都圈的人口分散以及边缘地区的迅速增长。

第三阶段，20世纪80年代的抑制发展期。1982年《首都圈整备规划法》出台，并进一步制定了《首都圈整备规划（1984～1998）》，把首都圈地区划分为转移促进区、限制装备区、开发保留区和自然保护区等五大类，根据不同地区的要求实施不同程度的限制与分散政策。此外，为促进首尔周边地区的均衡发展，在地方积极开发和供应产业园区，并给予一系列的优惠政策，吸纳了中心城市溢散出的人口和经济活动。

第四阶段，20世纪90年代的提升发展期。《第三次国土综合开发规划（1992～2001）》注重全国的全面均衡发展，城市国际化和国际竞争力以及环境与可持续发展问题。在此背景下，首都圈不再单纯抑制其发展，而是依据全球化背景对产业发展提出的新要求，着力提升自身的产业竞争力，对首都圈的产业区位政策、产业园区开发、产业区位法规建设等方面进行改革。为便于管理，将原有的五类区域归并为拥塞抑制区、成长管理区和自然保护区三大类。产业园区不仅致力于工厂用地等物质性基础职能的建设，还加强了物流、信息及其他综合配套服务设施的供给，强化园区的自主创新能力，加强产学研的全面结合（国土

---

① 京仁地区是韩国经济的核心，位于朝鲜半岛中西部，由汉城、仁川、富川、城南、安养等城市组成。曾是韩国最大的运输中心、商业中心、金融中心和文化中心。1982年随着《首都地区管理法》的颁布，该区域名称被取消。

开发研究院，1996）。

第五阶段，2003 年以来的均衡发展期。根据国际环境的变化以及对环境质量的要求，在 1999 年提前结束了第三次国土规划，从 2000 年开始实行为期 20 年的《第四次国土规划（2000～2020 年）》。2003 年，卢武铉总统为了根治首都圈的"大城市病"，实现地区间的均衡发展，推进了声势浩大的迁都运动，但以失败告终。目前又推行《公共机关迁移案》，计划将首都圈的 346 个公共机关（国营企业和事业单位）中的 176 个迁往地方上的 12 个道或广域市。预计有 32000 名机关职员属于搬迁对象，加上相关产业人员及家属，总共将有 90 万人外迁[①]。

通过多年的发展，韩国首都圈内已经形成了首尔以现代服务业为主导产业，仁川以工业及交通运输业为主，两大核心城市功能分工明确的产业结构。

（二）日本首都圈

根据 1965 年《首都圈整备法（修正）》规定的日本首都圈的地域范围包括 1 都 7 县：东京都、神奈川县、千叶县、埼玉县、茨城县、栃木县、群马县以及山梨县。首都圈全域面积为 3.7 万平方公里，约占日本国土面积的 10%。2000 年总人口 4131.6 万，占日本总人口的 32.6%（杜德斌、智瑞芝，2004）。

日本首都圈的建设始于 20 世纪 50 年代中期，其发展历程与日本政府的立法和城市规划密切相关。1956 年日本国会制定《首都圈整备法》，自此至今，日本政府针对首都圈建设发展阶段的不同特点共实施了五轮基本规划，具体分析如下：

第一次首都圈基本规划（1958～1967 年）。此次规划主要为应对人口、产业向东京的集中，建设与政治、经济、文化中心相称的首都圈。规划地域范围为离东京市中心半径约为 100 公里的地域，规划人口在 1975 年达到 2600 万，且主要仿照 1944 年的大伦敦规划，即在建成区周围设置 5～10 公里宽的绿化带，并在其周围设立卫星城，以控制工业等用地的连续扩散，防止东京规模过大和已有建成区过密状况的出现。

---

① 《韩国政府确定公共机构迁移地方计划案［EB/OL］》，http：//www. hanguo. net. cn/news，2005 年 6 月 28 日。

第二次首都圈基本规划（1968～1975年）。随着首都圈经济的高度增长，绿化带的重新认识以及近郊整备地带的建立，1968年制定的首都圈第二次基本规划给出了"1都7县"的规划地域范围，提出1975年的规划人口为3310万。规划还提出将东京作为日本经济高速成长的管理中枢，并对其进行相应的城市改造；在距都心50公里的地域设立新的近郊整备地带代替第一次规划中的近郊绿地带；在周边各城市开发区继续推行卫星城市的开发政策。

第三次首都圈基本规划（1976～1985年）。此次规划主要是为了改正城市功能向东京都心地区集中的"一极依存形态"，使1985年人口控制在3800万。规划提出在首都圈中分散中枢管理功能，建立"区域多中心城市复合体"的设想。同时，促使周边地域在发展原有农业、工业生产的基础上，充实其业务、教育和文化等功能，形成不依存东京大都市地区通勤的城市近郊外围地。

第四次首都圈基本规划（1986～1999年）。基本上延续了第三次规划的思想，仅对周边核心城市进行调整，规划首都圈人口在2000年为4090万人。在国际化和金融时代背景下，日本提出进一步强化中心区的国际金融职能和高层次中枢管理功能等设想。对于周边地区，主要推行以中型都市圈为中心的多功能集聚，同时，还以强化各地区之间的联合和提高地区的独立性为目标。

第五次首都圈基本规划（1999～2015年）。此次规划融入了以人为本的思想，更加重视环境问题，强调首都圈整体发展。同时，在第三、第四次规划的基础上，再次强调了建立区域多中心城市"分散型网结构"的空间模式，并将首都圈划分为五个区域：东京都市区、北关东地区、西关东地区、内陆西部地区和岛屿地区，并根据各地区的特征分别进行整治。在东京都市圈内形成环状据点都市群，在关东北部、东部、内陆西部地域形成首都圈大环状合作轴。

（三）伦敦都市圈

伦敦都市圈形成于20世纪70年代，以伦敦——利物浦为轴线，包括了伦敦、伯明翰、谢菲尔德、曼彻斯特、利物浦等大城市和众多中小城镇，占地面积约4.5万平方公里，占全国总面积的18.4%，人口3650万，经济总量占英国的80%左右。伦敦都市圈可以划分为四个圈层：中心区域称作内伦敦，包括伦敦金融城及内城区的12个区，占地面积310平方公里；第二个层次为伦敦市，也称做大伦敦地区，包括内伦敦和外伦敦的 20 个市辖区，总面积 1580 平方公里；第三圈层为伦敦大都市区，包括伦敦市及附近 11 个郡，属于伦敦都市圈的内圈，总面积 11427 平方里；最外围圈层即为伦敦都市圈，即包括上述相邻大都市在内的大都市圈（童博，2010）。

伦敦都市圈规划始于 1944 年，至今共经历了早期规划和现代规划两个阶段，现分析如下：

第一阶段，1944 年的第一次伦敦都市圈规划，体现了盖迪斯提出的"组合城市"概念，也遵循了"调查—分析—规划方案"的方法。规划方案在距伦敦中心半径约为 48 公里的范围内建设四个同心圈：第一圈是城市内环，第二圈是郊区圈，第三圈是绿带环，第四圈是乡村外环。规划结构为单中心同心圆封闭式系统，采取放射路与同心环路直交的交通网路连接。1946 年，《新城法》通过后，掀起了新城建设运动，到 1950 年代末，在离伦敦市中心 50 公里半径范围内建成 8 个卫星城，引进工业，避免工业部门单一化，为新城居民提供相当数量的工作岗位，并且配有完善的基本生活服务设施，目的是为了解决城市人口集中，住房条件恶化，工业发展用地紧缺等问题，实现"既能生活又能工作，内部平衡和自给自足"。1960 年代中期，《大伦敦发展规划》试图改变同心圆封闭布局模式，使城市沿着三条主要快速交通干线向外扩展，形成三条长廊地带，在长廊终端分别建设三座具有"反磁力吸引中心"作用的城市，以期在更大的地域范围内解决伦敦及其周围地区经济、人口和城市的合理均衡发展问题。1970 年代，英国政府调整了疏散大城市及建设卫星城的有关政策，1978 年通过《内城法》，开始注重旧城改建和保护。

第二阶段，1994 年伦敦战略规划委员会发表了《伦敦战略规划建议书》，基本前提是强化伦敦作为世界城市的作用和地位，明确指出伦敦大都市圈和东南部地方规划圈之间的关系和发展战略。2000 年开始编制的第二次规划提出要把伦敦建成"一座备受推崇的、可持续的、世界级的城市"。强调并鼓励大伦敦的增长，而不是采取 1980 年代以前的"限制增长、疏散发展"的战略，要"通过经济和人口的增长来取得对环境和生活质量的可持续的改善"，坚持竖向增长，发展紧凑型城市；实施非均衡发展，优先照顾市场需求、交通方便与社会公平（董晓峰、成刚，2006）。

二　国外首都圈的发展经验

通过对韩国首都圈、日本首都圈和伦敦都市圈发展历程的回顾，可以看出，国外都市圈的发展具有以下经验。

（一）制定明确系统的首都圈发展规划

韩国首都圈的发展有着完整的规划为指导。为了完善城市间的分工与合作，1963 年制定的《特定地区开发制度》中划定了首尔—仁川特区，并同其他六个特区一起编制了 10 ~ 30 年的长期开发规划。1972 ~ 2000 年的四次国土综合开发规划中，从国家层面上明确了首都圈的发展目标、战略及实施举措。除了国家层面的规划外，还有针对特定地区的地域规划，其中针对首都圈发展的"首都圈整备规划"包含有明确的规划体系（江曼琦、唐茂华，2007）。日本首都圈自成立以来，已先后制定了 5 次基本规划。每一次基本规划都是在充分考虑政治、经济和文化背景、地域对象以及人口规模等诸多因素下形成的，并适时根据实际情况加以修改。除基本规划外，首都圈还有整备规划和项目规划。整备规划以基本规划为依据，对既成市街地（建成区）、近郊整备地带、城市开发地区的开发事项制定详细规划。项目规划是指年度建设项目的施工内容和施工进度等（杜德斌、智瑞芝，2004）。在伦敦都市圈形成发展过程中，积极有效的城市规划也起到了举足轻重的作用。如 1940 年代的"四个同心圈"规划，1950 年代末的 8 个卫星城规划，1960 年代中期，为改变同心圆封闭布局模式的三条快速主干道发展长廊与三座"反磁力吸引中心"城市规划，1970 年代开始注重旧城区的保护及改建（童博，2010）。因此，首都圈发展规划是首都圈建设和发展的依据，规划将确定区域的发展方向、规模和布局，对环境进行科学的预断和评价，协调各方面发展中的矛盾，统筹各项建设，对整个首都圈的建设发展起着引导作用。

（二）设立跨行政区的管理机构

首都圈的空间范围横跨若干行政区，在其规划和建设过程中必然存在许多矛盾和问题，因此，管理协调机构的设置便显得尤为重要。韩国政府按照《首都地区管理法》设立了跨辖区的超级机构——"首都地区管理委员会",委员会对首都圈范围内各行政区申请新项目拥有最终审查决定权。该委员会有首尔特别市市长、仁川广域市市长和京畿道知事,由国务总理任委员长,财政部部长和建设交通部部长任副委员长,同时还由相关部委长官任委员,体现了中央政府对该区域发展的重视,也保证了各项规划措施的落实。在日本,首都圈和其他两个大都市圈(中部圈和近畿圈)的规划和建设是由国土综合开发厅下属的大都市整备局负责。大都市整备局实质是推行首都圈和另外两个大都市圈建设的政府执行机构,除负责编制大都市圈发展规划外,还负责协调与土地局、调整局等局的关系。另外,在国土审议会还特别成立了三大都市圈整备特别委员会,其成员由都市圈内的各地方政府领导人,如县知事、市长、企业领导人、大学教授组成,同时成立规划部,由大学教授和企业负责。

(三) 颁布各种法律法规保障规划的实施

国外首都圈的发展历程始终与法律法规相伴出现,法律制度为首都圈的发展提供了最可靠的保障。自 20 世纪 60 年代开始,韩国政府不断完善首都圈发展的法律制度框架。国家层面的法律建设包括 1962 年制定的《城市规划法》、1963年制定的《国土综合开发规划法》。针对 60 年代首尔已经出现的规模膨胀现象,1964 年和 1970 年韩国建设部先后出台了《大城市人口防止对策》和《关于抑制首都圈人口过度集中基本方针》。1965 年,以总统令或公告的形式颁布《首尔 - 仁川特定地域指定公告》;1969 年和 1972 年总统府政务秘书官室相继制定了《首都圈集中抑制方案》和《大城市人口分散措施》。1976 年韩国政府修改了《地方税法》,规定在首都圈新建或扩建工厂将以 5 倍的高额收取登记税、取得税和财产税。1978 年韩国政府颁布了《工业布局法》,在此基础上,1982 年颁布实施了《首都圈整备规划法》,并进一步制定了《首都圈整备规划(1984 ~ 1998)》,1986 年又颁布了《首都圈整备施行规划》,从而将首都圈发展管理纳入法制轨道,保证了其权威性。1992 年韩国政府制定了《第三次国土综合开发规划(1992 ~ 2001)》,在 1994 年颁布了《首都圈整备规划修订法》,1997 年又颁布实施了《第二次首都圈整备规划(1997 ~ 2011)》,对首都圈的控制采取了更为灵活的措施。日本首都圈的建设也得益于法律的保障。日本国会于 1956 年制定《首都圈整备法》,从法律上界定了首都圈的范围和发展方向。随后又相继颁

布了《首都圈市街地开发区域整备法》（1958 年）、《首都圈建成区限制工业等的相关法律》（1959 年）、《首都圈近郊绿地保护法》（1966 年）、《多极分散型国土形成促进法》（1986 年）等多部法律法规。在伦敦城市规划过程中，英国议会 1944 年颁布《绿带法》、1946 年颁布《新城法》、1978 年颁布《内城法》，有效地保障了伦敦都市圈的建设和发展。

（四）构建合理的区域职能分工

国外首都圈在形成发展过程中，均形成了合理的区域职能分工。日本首都圈各核心城市根据自身基础和特色，承担不同的职能，在分工合作、优势互补的基础上，共同发挥整体集聚优势（见表 23-1）。不仅在东京大都市圈内形成了以上的区域分工体系，在东京都内部也形成了相对明显的分工，即政治、行政、金融、信息、教育、文化等职能主要集中在东京都区部的核心区，尤其是都心三区（千代田、中央和港区），而居住、生产、科研等职能主要集中在东京都区部的外围区和市町村。

表 23-1　日本首都圈的产业分工现状

地　区	区内中心城市	职　能
东京中心部	区部	国家政治、行政、金融、信息、经济、文化中心
多摩自立都市圈	八王子市、立川市	高科技产业、研发机构、大学集聚地
神奈川自立都市圈	横滨市、川崎市	工业集聚地，国际港湾，部分企业总部和国家行政机关的集聚地
埼玉自立都市圈	大宫市、浦和市	接纳东京都部分政府职能的转移，居住地
千叶自立都市圈	千叶市	国际空港、港湾、工业集聚
茨城南部自立都市圈	土浦市、筑波地区	大学、研究机构集聚

资料来源：卢明华、李国平、孙铁山：《东京大都市圈内各核心城市的职能分工及启示研究》，《地理科学》2003 年第 2 期。

韩国首都圈中，首尔作为首都，是韩国的政治中心、文化中心和经济中心，以现代服务业为主导产业。仁川于 1981 年被确定为直辖市，1995 年正式更名为仁川广域市，是韩国的第三大城市，首都经济圈中重要的生产基地，以工业及交通运输业为主。突显了首都-沿海港口共同构成一个紧密联系的城市功能联合体。

伦敦都市圈中，伦敦城是金融、保险、证券交易中心和股票交易中心，一半以上的英国百强公司和100多个欧洲500强企业在此设立总部。外伦敦的城镇承担产业集中地和居住集聚地功能，60%的伦敦市民和40%的就业机会都集中于此。内伦敦经历了长期的萧条，现在是全国最大的贫困社区集聚地和少数民族聚居地，住房密度高，开放空间有限，公共设施落后，教育水平低。

（五）重视交通设施建设

国外都市圈都建立了由高速公路、高速铁路、大型航港、通信干线、运输管道、电力运输网等构成的区域性交通基础设施网。综合化、网络化的交通基础设施的构建加速了区域间资源的整合，促成了都市圈内部人流、物流、资金流和信息流的协作，提升了区域整体的实力。日本首都圈是城市交通基础设施建设最为发达的地区。东京城市地下轨道交通有14条之多，再加上国铁JR的山手线（包括过境铁路，如京滨东北线、中央线、总武线等）、私铁等各类轨道交通，构成了一个十分便捷的交通网络（张辉、李巧莎，2007）。1996年，韩国首都圈轨道线路包括地铁和电气化铁路，总长度为361.2公里。2005年首尔共有地铁线路9条，全长250多公里，除此之外，仁川地铁线、盆唐地铁线以及南部到达龙仁市的电气化铁路也是首都圈的重要轨道交通（刘佳楠，2009）。伦敦都市圈内功能一体化以及各级中心城市的有效合作，均离不开发达的交通网络。伦敦的航空运输十分发达，拥有希思罗机场和盖茨维克机场两个机场。公共交通方便，域内有9条地铁干线，全长414公里。地铁的技术和管理设备先进，所有调度和信号系统均为自动控制。共有公共汽车线路350多条，总运营里程2800公里，公共汽车6600多辆。伦敦港是英国最大的港口，也是世界著名的港口之一。全港包括皇家码头区、印度和米尔沃尔码头区、蒂尔伯里码头区，与70多个国家的港口建立了联系，年吞吐量4500多万吨（童博，2010）。

三 借鉴国际经验加快中国首都圈的发展

国外首都圈发展建设的成功经验证明，首都圈是一个国家提升国际竞争力和影响力的重要空间组织，因此，要借鉴国际经验，加快中国首都圈的发展建设。

（一） 强化政府对规划的指导

韩国首都圈建设始终注重制定高瞻远瞩的系统完善的国土规划、区域规划、城市规划，这些规划从不同层面确定区域的发展方向、规模和布局，协调各方面发展中的矛盾，统筹各项建设，对整个首都圈的建设发展起到了很好的指导作用。目前，国家相关部门正在研究制定《首都经济圈发展规划》，应该以此为契机，突破现有的行政区划束缚，通过高起点、高水平地制订并实施统一的经济社会发展规划，从区域共同发展和国际产业结构调整、产业转移的大背景统筹考虑城市间的分工与合作，着力做好各个城市的功能定位、产业导向及空间布局以及区域基础设施的合理布局。

（二） 建立可行的跨行政区协调机制

我国都市圈核心城市在发展过程中对周边地区的带动作用不够明显，长期以来重"外引"而轻"内联"，强调"对外辐射"而忽视"对内扩散"（乐言，2004）。与此同时，大都市圈内的各种行政壁垒仍然十分严重，与市场经济体制要求相适应的管理体制尚未形成。这些问题的存在使得整个都市圈发展基本处于松散无序状态，严重制约了都市圈整体效应的发挥。因此，在建立可行的跨行政区域协作机制方面，可效仿日本、韩国成立类似大都市圈整备委员会的机构，负责制定都市圈内的总体规划和协调各相关利益部门；成立专门管理机构，负责大都市圈内的专项公共事务，如消防、供水、公共交通等，以促进大都市圈整体功能的充分发挥。京津冀的高层次协作组织已经初步建立，但是缺少中央政府的指导。建议在京津冀高层协作组织中增加国务院有关部门的领导，并由国务院赋予其相应的权限，以指导协调京津冀以及华北各省市的发展。

（三） 制定完善相关的法律配套体系

区域规划的制定和实施离不开健全的法律保障，日本首都圈、韩国首都圈和伦敦都市圈规划的成功实践也证明了这一点。中国目前有关的城市规划法律只有《城市规划法》，尚缺乏关于都市圈规划的法律和法规。因此，制定相应的都市圈规划相关法律，通过法律法规保障都市圈规划的严肃性和权威性已迫在眉睫。

要加快立法工作的步伐，将首都经济圈的建设与管理纳入法制的轨道，确保都市圈规划的各项内容落地开花。

（四）开展明确的区域职能分工

国际经验表明，大都市圈内城市间的密切协作和分工非常重要。首都经济圈范围内，应该根据不同城市的特点和优势，充分发挥市场机制，形成优势互补的区域产业分工体系。北京凭借其政策、人才、科技等优势大力发展以现代服务业和科学技术研发产业为主的第三产业，以提升城市的辐射能力。首都经济圈涉及的天津各行政区域具有发展现代化制造业的基础和天然的港口优势，应逐步建成世界先进的制造业基地和研发中心，建成我国北方最大的国际贸易口岸和现代物流基地。首都经济圈涉及的河北各行政区域应借助资源丰富、劳动力众多以及内含京津的区位优势，在大力发展传统产业的同时，积极承接京津两市的转移产业，并在环境保护、资源利用等方面与京津两市形成积极的良性的互动。

（五）重视立体交通基础设施建设

国外首都圈的发展经验表明，轨道交通网和快速道路系统是城市密集地区演变为都市圈的重要基础。快速铁路、地铁、轻轨等轨道交通和快速道路系统保障了大都市的运转效率。通过重点建设京津城际轨道交通、铁路客运专线和京津高速公路，加快建设"环京津唐承张"和"环京津沧保张"两条高速公路主干道，形成京津冀综合交通大通道；航运以天津港为港口枢纽，以秦皇岛港、京唐港功能分工为基础，重点加强港口后方铁路、公路、空运建设，形成综合性、多功能的现代化港口集疏运体系；以加强沿海产业带交通联系为目标，重点建设环渤海铁路和公路，形成纵贯南北的综合交通体系。加快首都第二机场的建设，构建立体交通网络。

参考文献

［1］董晓峰、成刚：《国外典型大都市圈规划研究》，《现代城市研究》2006 年第 8 期。

［2］杜德斌、智瑞芝：《日本首都圈的建设及其经验》，《世界地理研究》2004 年第 4 期。

［3］冯建超：《日本首都圈城市功能分类研究》，东北师范大学博士学位论文，2009。

［4］〔韩〕国土开发研究院：《国土五十年汉城》，汉城出版社，1996。

［5］江曼琦、唐茂华：《韩国首都圈建设中的政府作用及其对京津合作发展的启示》，《东北亚论坛》2007 年第 5 期。

［6］金钟范：《韩国区域发展政策》，上海财经大学出版社，2005。

［7］乐言：《我国大都市经济圈出现的问题及对策》，《城市发展战略》2004 年第 2 期。

［8］刘佳楠：《20 世纪 60～90 年代韩国首都圈发展问题研究》，华东师范大学硕士学位论文，2009。

［9］童博：《伦敦都市圈发展路径对建设武汉城市圈的启示》，《中国商界》2010 年第 11 期。

［10］韦伟、赵光瑞：《日本都市圈模式研究综述》，《现代日本经济》2005 年第 2 期。

［11］张辉、李巧莎：《日本都市圈的建设及其对京津冀都市圈建设的启示》，《日本问题研究》2007 年第 4 期。

中国皮书网

发布皮书研创资讯，传播皮书精彩内容
引领皮书出版潮流，打造皮书服务平台

栏目设置：

☐ 资讯：皮书动态、皮书观点、皮书数据、 皮书报道、皮书新书发布会、电子期刊
☐ 标准：皮书评价、皮书研究、皮书规范、皮书专家、编撰团队
☐ 服务：最新皮书、皮书书目、重点推荐、在线购书
☐ 链接：皮书数据库、皮书博客、皮书微博、出版社首页、在线书城
☐ 搜索：资讯、图书、研究动态
☐ 互动：皮书论坛

www.pishu.cn

中国皮书网依托皮书系列"权威、前沿、原创"的优质内容资源，通过文字、图片、音频、视频等多种元素，在皮书研创者、使用者之间搭建了一个成果展示、资源共享的互动平台。

自2005年12月正式上线以来，中国皮书网的IP访问量、PV浏览量与日俱增，受到海内外研究者、公务人员、商务人士以及专业读者的广泛关注。

2008年10月，中国皮书网获得"最具商业价值网站"称号。

权威报告 热点资讯 海量资料

当代中国与世界发展的高端智库平台

皮书数据库 www.pishu.com.cn

皮书数据库是专业的社会科学综合学术资源总库，以大型连续性图书皮书系列为基础，整合国内外其他相关资讯构建而成。包含七大子库，涵盖两百多个主题，囊括了十几年间中国与世界经济社会发展报告，覆盖经济、社会、政治、文化、教育、国际问题等多个领域。

皮书数据库以篇章为基本单位，方便用户对皮书内容的阅读需求。用户可进行全文检索，也可对文献题目、内容提要、作者名称、作者单位、关键字等基本信息进行检索，还可对检索到的篇章再作二次筛选，进行在线阅读或下载阅读。智能多维度导航，可使用户根据自己熟知的分类标准进行分类导航筛选，使查找和检索更高效、便捷。

权威的研究报告，独特的调研数据，前沿的热点资讯，皮书数据库已发展成为国内最具影响力的关于中国与世界现实问题研究的成果库和资讯库。

皮书俱乐部会员服务指南

1. 谁能成为皮书俱乐部会员？

- 皮书作者自动成为皮书俱乐部会员；
- 购买皮书产品（纸质图书、电子书、皮书数据库充值卡）的个人用户。

2. 会员可享受的增值服务：

- 免费获赠该纸质图书的电子书；
- 免费获赠皮书数据库100元充值卡；
- 免费定期获赠皮书电子期刊；
- 优先参与各类皮书学术活动；
- 优先享受皮书产品的最新优惠。

3. 如何享受皮书俱乐部会员服务？

（1）如何免费获得整本电子书？

购买纸质图书后，将购书信息特别是书后附赠的卡号和密码通过邮件形式发送到 pishu@188.com，我们将验证您的信息，通过验证并成功注册即可获得该本皮书的电子书。

（2）如何获赠皮书数据库100元充值卡？

第1步：刮开附赠卡的密码涂层（左下）；

第2步：登录皮书数据库网站（www.pishu.com.cn），注册成为皮书数据库用户，注册时请提供您的真实信息，以便您获得皮书俱乐部会员服务；

第3步：注册成功后登录，点击进入"会员中心"；

第4步：点击"在线充值"，输入正确的卡号和密码即可使用。

社会科学文献出版社 SOCIAL SCIENCES ACADEMIC PRESS (CHINA) 皮书系列

卡号：**1417671224611721**

密码：

〔本卡为图书内容的一部分，不购书刮卡，视为盗书〕

社会科学文献出版社

皮书系列

　　"皮书"起源于十七八世纪的英国，主要指官方或社会组织正式发表的重要文件或报告，并多以白皮书命名。在中国，"皮书"这一概念被社会广泛接受，并被成功运作、发展成为一种全新的出版形态，则源于中国社会科学院社会科学文献出版社。

　　皮书是对中国与世界发展状况和热点问题进行年度监测，以专家和学术的视角，针对某一领域或区域现状与发展态势展开分析和预测，具备权威性、前沿性、原创性、实证性、时效性等特点的连续性公开出版物，由一系列权威研究报告组成。皮书系列是社会科学文献出版社编辑出版的蓝皮书、绿皮书、黄皮书等的统称。

　　皮书系列的作者以中国社会科学院、著名高校、地方社会科学院的研究人员为主，多为国内一流研究机构的权威专家学者，他们的看法和观点代表了学界对中国与世界的现实和未来最高水平的解读与分析。

　　自20世纪90年代末推出以经济蓝皮书为开端的皮书系列以来，至今已出版皮书近800部，内容涵盖经济、社会、政法、文化传媒、行业、地方发展、国际形势等领域。皮书系列已成为社会科学文献出版社的著名图书品牌和中国社会科学院的知名学术品牌。

　　皮书系列在数字出版和国际出版方面也是成就斐然。皮书数据库被评为"2008～2009年度数字出版知名品牌"；经济蓝皮书、社会蓝皮书等十几种皮书每年还由国外知名学术出版机构出版英文版、俄文版、韩文版和日文版，面向全球发行。

法律声明

“皮书系列”（含蓝皮书、绿皮书、黄皮书）由社会科学文献出版社最早使用并对外推广，现已成为中国图书市场上流行的品牌，是社会科学文献出版社的品牌图书。社会科学文献出版社拥有该系列图书的专有出版权和网络传播权，其 LOGO（ ）与“经济蓝皮书”、“社会蓝皮书”等皮书名称已在中华人民共和国工商行政管理总局商标局登记注册，社会科学文献出版社合法拥有其商标专用权。

未经社会科学文献出版社的授权和许可，任何复制、模仿或以其他方式侵害“皮书系列”和（ ）、“经济蓝皮书”、“社会蓝皮书”等皮书名称商标专用权的行为均属于侵权行为，社会科学文献出版社将采取法律手段追究其法律责任，维护合法权益。

欢迎社会各界人士对侵犯社会科学文献出版社上述权利的违法行为进行举报。电话：010－59367121，电子邮箱：fawubu@ ssap. cn。

社会科学文献出版社

权威·前沿·原创

广视角·全方位·多品种

皮书系列为"十二五"国家重点图书出版规划项目